THE BASQUE LANGUAGE

THE BASQUE SERIES

THE BASQUE LANGUAGE

A Practical Introduction

ALAN R. KING

University of Nevada Press

Reno · Las Vegas · London

BASQUE SERIES EDITOR: WILLIAM A. DOUGLASS

Publication of this book was made possible in part by a generous grant from the Consejería de Cultura y Turismo of the Basque government.

The paper used in this book meets the minimum requirements of American National Standard for Information Sciences—ANSI Z39.48-1984. Binding materials were selected for strength and durability.

Library of Congress Cataloging-in-Publication Data

King, Alan R. (Alan Roy), 1954–

    The Basque language: a practical introduction / by Alan R. King.
      p.   cm. — (The Basque series)
    Includes index.
    ISBN 0-87417-155-5 (alk. paper)
    1. Basque language—Textbooks for foreign speakers—English.
    2. Basque language—Grammar. I. Title. II. Series.
PH5035.K56 1993
499'.9282421—dc20   92-40073
                                         CIP

University of Nevada Press, Reno, Nevada 89557 USA
Designed by David A. Comstock
Printed in the United States of America

1 3 5 7 9 8 6 4 2

To my mother and father,
who have always believed in me
and taught me to believe in myself,
in gratitude

In memory of my father
Mark King (1921–1990)

"Nik egingo dut arbola haundi
zuk emandako hazia"

CONTENTS

Study Units

Elementary Reader

Reference Section

Vocabularies

Indexes

ACKNOWLEDGMENTS

If several people, such as Howard Hawhee, Roslyn Frank, Larry Trask, and Xixa Gardner, had not many encouraged me to go ahead with this book many years ago it would probably never have been written. I am also grateful to Mikel Zalbide (of the Basque government's Basque Language Service) for the suggestion, early in the project, that I should apply for a grant from the Basque Department of Education to help me carry out the necessary research phase, as well as to those in the government who made the grant available. I also wish to make special mention of the thirty American university students to whom I taught the language here in the Basque Country using draft versions of this book; their work, enthusiasm, and suggestions have contributed in many ways to improving the final result. I am indebted to Larry Trask and Gorka Aulestia for reading and commenting on the first manuscript, to Ibon Olaziregi, who read the last two drafts, and to Begotxu Olaizola, who checked the final typescript and helped with proofreading; their efforts have helped to reduce the number of errors in the book. My thanks to Kathleen Lewis for her painstaking and conscientious copy editing. I also appreciate the kind permission given by various Basque publishers for reproduction of excerpts in the reader section of this book. Finally, special mention is due to William Douglass of the University of Nevada at Reno, who, representing the publishers of this book, provided initial encouragement and has subsequently shown infinite patience in the face of numerous delays in completing it. I only hope the wait has been worthwhile! **Denei, mila esker.**

PREFACE

This book aims to provide the materials necessary for a student who can understand English to learn Basque, whether working alone or with a teacher in a class. Studying alone requires somewhat different kinds of material than classroom language learning—the fact that a compromise has been sought helps to explain the way I have chosen to present this book. While attempting to make the material as a whole self-explanatory to enable its use without a teacher if necessary, I emphasize the illustrative material (texts and example sentences) so that users of the book (whatever their learning situation) will not feel lost in a sea of explanations. This has been achieved (I hope) mainly by including a separate reference section of considerable length at the end of the book, a brief, self-contained elementary Basque grammar covering nearly all the points that need to be understood to complete the book. The main part of the course contains mostly texts, notes consisting largely of illustrative examples, and a variety of exercises, referring the learner who requires a more analytic explanation to the appropriate parts of the reference section.

The users of the book can be classified according to their purpose in studying Basque: those attracted by a scholarly interest and those wishing to learn Basque for the same reasons many people (other than scholars) learn any language: for travel, to expand their cultural horizons, to facilitate communication with family or friends, to learn about their heritage, or simply as a fascinating hobby. These two groups differ regarding the type or quantity of information they require and also, probably, in their previous linguistic preparation and learning habits. When a choice is necessary, preference is given to the needs of the less academically oriented learners (who after all have just as many rights as the specialist audience), since it is easier for linguists to adapt to and benefit from such a book than vice versa.

Learning a language should be seen as an adventure into a new world not only in the narrow linguistic sense—a language lives in a country, in the heart and soul of a people, who have a way of life, traditions, history, institutions, aspirations, problems, and a view of the world different from one's own and intimately connected with a distinct language. The present book is based on this view of language learning. The Basque language is or should be mainly of interest as the mother tongue of Basque men, women, and children who can only be truly comprehended by those who speak their language; nobody who lacks this basic key can really know the Basques and their country, even after living among them for years speaking only Spanish, French, or English. Conversely, to go to all the trouble of learning the language without taking advantage of the chance to come into intimate contact with the culture and people to whom it belongs would be to waste a great opportunity, as well as to put severe limitations on one's appreciation of the language itself. The users of this book, whether linguists or "mere" learners, are invited to journey in its pages into the towns, villages, bars, houses, schools, mountains, and valleys of the Basque Country and into the mysteries of the national language of that country's inhabitants and emigrants who have made livings and founded families in other parts of the world.

NOTE TO TEACHERS

The aim, strategy, and organization of this book can be discovered by examining its contents and reading the comments in the preface, introductory unit, and elsewhere (particularly the introductory paragraphs accompanying all but the last few units), as can its limitations or peculiarities as a classroom textbook; therefore such points need not be dealt with here. I shall also refrain from discussing teaching approaches and techniques, important as these questions are (certainly, in the case of foreign language teaching at least, just as crucial as the instructor's practical competence in the subject being taught). There is hardly room here to do justice to these matters; besides, hastily stating a few "rules" would only give an appearance of dogmatism with regard to method that would hardly reflect my true intention. A few words in a general sense will suffice.

In the first place I would ask teachers to consider a classroom course is really constituted primarily by the activities of the students with (when necessary) the instructor's guidance—the book is no more than a proposed program and syllabus accompanied by a package of more or less useful resources (readings, exercises, explanations, reference materials) that can be exploited by the teacher and the class. Let the course material serve the class, rather than enslaving the class to the material. It is therefore largely the instructor's job critically to evaluate the materials offered here in terms of their appropriateness to the particular teaching task: to adapt, alter, rearrange, omit, and—especially—supplement these materials accordingly. My only qualification is that language learning requires much practice; when materials for that purpose—readings or exercises—are passed over in the book, they should generally be replaced by other practice activities, usually provided or suggested by the teacher, with a similar purpose. Progress must be measured by increase in the learners' skill in using and handling the language, not in superficial terms of the number of units or number of grammatical paradigms supposedly "covered" in a given period of time.

Second, I urge teachers to attempt, from the start, a realistic appraisal of the learners' purpose and goal in studying Basque, perhaps calling on the students to assist in this task, and to endeavor to make the course answer these, with periodic reassessments and readjustments. If the main aim of the class is practical communicative ability in the new language—as is the case with most students of modern languages today—then focus the content and methods of the course on the practical skill of communication understood globally.

One more point: the task of learning a language is one that demands a considerable amount of individual effort and mental initiative—in a sense every learner must rediscover the language, reconstruct its formal system, and, one could almost say, build his or her own relationship with the language. Experienced language teachers know that there is only so much the instructor can do to encourage acquisition of the language; much of the work can only be done by the student. I believe, therefore, that one of the teacher's responsibilities is to encourage and stimulate each learner's independent development in language learning as the student's level of mastery increases, until the teacher at last becomes superfluous, or at least fulfills quite a different function than at the beginning. This explains why on occasions in this book the learner is left to work out some things for himself or herself or at least is taught the lesson—faithfully reflecting conditions in the real world, where authentic language use happens—that one cannot always expect to have everything in language use explained systematically the very first time it is encountered. This is not necessary (or convenient) for communication to achieve its end and for language acquisition to continue, any more than one needs exhaustive knowledge of a car's mechanics to be a successful driver. The difficult search for a tactful balance between this necessity not to overprotect and underexpose the learner and that of combating the (usually unwarranted) tendency toward frustration and demoralization to which most language learners become prey at certain stages of their progress (the famous plateaus) is one aspect of language teaching pertaining more to the realm of art than of science.

STUDY UNITS

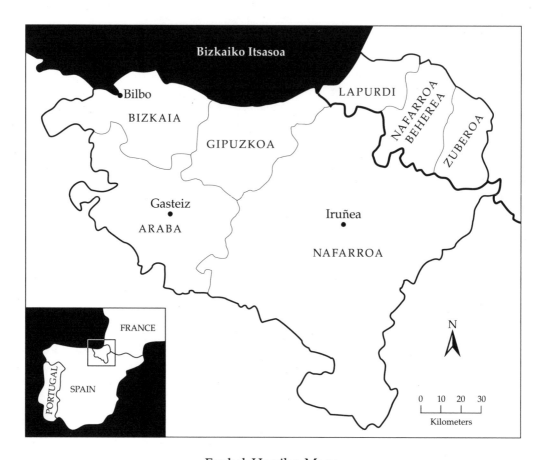

Euskal Herriko Mapa

INTRODUCTORY UNIT

Dialects of Basque

Basque, like other languages including English, has different dialects. In fact, the total range of dialect variation in Basque might perhaps be compared to the extent to which some varieties of English differ from others. In extreme cases (for example, a southern black speaker of English and a Scotsman from Glasgow, or a broad Bizkaian speaker and a Basque from Zuberoa) there may even be serious difficulties in mutual comprehension on initial contact; but these are special cases, not the general rule. In normal circumstances any two Basque speakers, like any two English speakers, can get along fine, and the variety in the ways they pronounce a word, name an object, or construct a sentence merely adds spice to life. A learner of the language will sooner or later come up against such differences—sooner, if he or she has access to any Basque-speaking people. The rule the student ought to follow in this situation is not to be worried (it is a normal state of affairs in any language) and to try to adapt like a chameleon (when in Rome . . .). In some cases, such as when learning Basque for use with one's family, the student may have a special interest in copying the models heard. Since the elementary student usually prefers not to have to worry about these problems, reference is kept to a minimum in this course; when information on dialect differences is occasionally provided, those who are not interested are invited to skip over such notes. More information on dialects, standardization, and related topics is found in one of the Basque study texts.

Basque Pronunciation

By far the best way to learn to pronounce a language is by listening and imitating. As a second best, the following guide is offered. Not all Basques pronounce identically; here a simple and rather neutral form of pronunciation is described that the student may use as a starting point. We'll begin by looking at a simple conversation that might take place between two acquaintances who bump into each other on a street in the town of San Sebastian.

Meeting a Friend
1. Epa! — *Hi!*
2. Egun on. — *Good morning.*
3. Baita zuri ere. — *Good morning.*
4. Zer moduz? — *How are you doing?*
5. Ongi, eta zu? — *Fine, and you?*
6. Ongi. — *Fine.*
7. Non dago zure laguna? — *Where's your friend?*
8. Etxean dago. — *He's/she's at home.*

9. Nora zoaz orain?	*Where are you going now?*
10. Etxera. Eta zu?	*Home. And you?*
11. Ni klasera noa.	*I'm going to class.*
12. Non dago zure klasea?	*Where is your class?*
13. Grosen.	*In Gros.*
14. Zure etxea ere Grosen dago, ez?	*Your house is in Gros too, isn't it?*
15. Bai.	*Yes.*
16. Zurekin joango naiz.	*I'll go with you.*
17. Kotxearekin etorri zara?	*Did you come by car?*
18. Ez, oinez.	*No, on foot.*
19. Elkarrekin joango gara.	*We'll go together.*
20. Ederki!	*Great!*

Your first problem is to know how to pronounce the conversation. The first part of the Reference Section near the end of this book is entitled "Pronunciation"; it sums up the minimum you should know in order to pronounce more or less correctly; this is a good time to study that material, before starting the lessons proper (see the reference section, notes 1–5). In any case, here are a few pointers to help you read the conversation correctly.

(a) The five vowels, **A**, **E**, **I**, **O**, and **U**, must be pronounced correctly and clearly. Practice with these words: **e-pa**, **e-gun**, **on**, **on-gi**, **on-do**, **la-gu-na**, **no-ra**, **ni**, **kla-se-ra**, **Gro-sen**, **e-to-rri**, **ga-ra**.

(b) The letter **Z** is pronounced like an *s*: **zu-ri**, **zu**, **zo-az**, **zu-re**, **ez-ta**, **zu-re-kin**, **za-ra**, **ez**.

(c) The letter **S** is similar but not identical (some Basques don't distinguish **Z** and **S**). **S** is a little closer to *sh* in sound. Say: **kla-se-ra**, **Gro-sen**.

(d) **TX** is pronounced like a *ch*: **e-txe-ra**, **ko-txe-a-re-kin**.

(e) **R** is pronounced with the tip of the tongue, as in Spanish: **zu-ri**, **e-re**, **zu-re**, **no-ra**, **e-txe-ra**, **kla-se-ra**, **zu-re-kin**, **za-ra**, **ga-ra**. When not between two vowels, it is trilled: **e-der-ki**, **zer**. Be sure to pronounce the vowels correctly: the second **e** of **ederki** sounds like the first *e* in the English word *where*. A double **RR** is also strongly trilled: **e-to-rri**, **el-ka-rre-kin**.

(f) **AI** sounds like the *y* in *sky*: **bai**, **o-rain**, **naiz**.

(g) **J** sounds like *y* in *yes* in standard Basque: **jo-an-go**. But Basques in Gipuzkoa pronounce a strong *h* instead.

Pronunciation Exercises

Read out loud:

(a)

bai, gabe, denda, adin, familia, alfer, hemen, nahi, kafe, nekatu, lore, mutil, maite, ume, polit, epa, toki, aita, garbi, gero, egun, jan, laranja, nola, lan, ondo, emango, kanpo, lan bat, andereño, Miren, ere, hor, hartu, gramatika, erre, su, oso, aste, Xabier, kaixo, zu, pozik, gazte.

(b)

andereño, baño, ña, Pello, llabur, batto, ttiki, onddo, hots, lotsa, mahats, atx, etxe, txakur, hotz, dantza, gatz.

(c)

ama, bat, ere, den, ipini, min, oro, on, ukatu, mundu, bai, aita, sei, deitu, doi, goiko, gau, naute, neu, euskara, gaia, gaua, mendia, atea, mundua, mendietan, ateekin, mendiei, ateei.

Note: if possible you should have a Basque speaker read these words for you. (The native speaker's pronunciation may differ in some respects from that described in this book.)

Basque Grammar

What is Basque grammar like? Looking again at the conversation, and comparing it with the translation, you may be able to draw some initial conclusions. One of them will certainly be that Basque grammar is very different from English grammar—and from the grammar of any other language you might know, for that matter. Here are a few of the things you might notice.

(a) Compare lines 11 and 12:

11. **Ni** *klasera* **noa.**
12. **Non dago zure** *klasea*?

Since the two English sentences contain the word *class*, that must be the meaning of **klasea** and **klasera**. Now compare lines 8, 10, and 14:

8. *Etxean* **dago.**
10. *Etxera.* **Eta zu?**
14. **Zure** *etxea* **ere Grosen dago, ez?**

Etxea, etxera, and **etxean** must mean *house* or *home*. You have probably realized that the words for *class* and *house* here consist of a part that remains the same, **klase-** and **etxe-**, to which different endings are added: **-a, -ra, an.** Are you able to guess the functions of these endings? Similarly, compare the Basque equivalents of *you* in lines 5 and 16:

5. **Ongi, eta** *zu*?
16. *Zurekin* **joango naiz.**

(b) Perhaps you have already reached the conclusion that **zurekin** means *with you*. If, then, **Zurekin joango naiz** means *I'll go with you*, it follows that **joango naiz** means *I'll go*. The order of the Basque sentence, then, is *With you I'll go*. And we can guess that in 19—**Elkarrekin joango gara**—**joango gara** means *we'll go*; the sentence is literally *Together we'll go*. Furthermore, we can consider 17—**Kotxearekin etorri zara?**—to be *With the car did you come?* This leads to two conclusions. First, in these sentences the verb is at the end of the Basque sentence; the order of the elements of the sentence is different in Basque than in English. If we analyze:

16. **joango naiz** = *I'll go*
19. **joango gara** = *we'll go*
17. **etorri zara?** = *did you come?*

we can surmise that **joango** and **etorri** correspond approximately to *go* and *come*, while **naiz, gara,** and **zara?** are somehow equivalent to *I'll, we'll,* and *did you?* But once again, the order is different. **Joango naiz** is *go I'll*, **joango gara** is *go we'll*, **etorri zara?** is *come did you?*

Study Procedure

You may want to continue this investigation on your own and discover a few more things about how Basque grammar "works" from the conversation. Particularly if you are learning Basque on your own, this is a good study habit. Thus, when beginning unit 1, it is a good idea to perform this same kind of analysis on the conversation you will find there. When you have learned all you can in this way, study the notes in the unit, which will clarify many of your doubts and confirm your hypotheses. Then be sure to do the exercises, which have been designed to help you assimilate and learn to use the language.

Preview and Review Cycles

It should now be clear that learning is not merely a question of reading an explanation. Learning begins when you are exposed to something new, which you do not understand initially but which gradually starts "making sense." At the crucial point in this process a clear explanation, if understood, consolidates the new concept in the learner's mind. At this stage the concept still needs to be fully assimilated into the student's previous knowledge by another gradual process involving practice (the exercises), repeated exposure to further examples (review), and use of the item by the learner. We must even allow for the fact that one tends to forget some things that then need to be relearned. This whole cyclical process (preview/clarification/review) is incorporated throughout the book; each point of grammar first appears without an explanation but in a context, is then explained (occasionally several units later on), and reappears in subsequent texts, as well as in exercises, to be sure that it is finally assimilated. The existence of a reference section covering the main points of grammar, as well as a general vocabulary, provides support for the solitary student when stuck; in a class, the instructor will be of even more help in such cases. The learner, or teacher when there is one, should apply initiative in further developing the preview/review process and using Basque as much as possible, either in artificial practice situations or, much better, in real-life communication.

UNIT 1

IGELDON

In the first unit you will meet Mikel (Michael), a young American who has recently arrived in San Sebastian and has made a Basque friend there called Iñaki, who is showing him the different parts of the town from one of the best vantage points, Igeldo Hill at the edge of the town. You will learn how to identify places and things and ask for their identification by means of simple sentences. You will also learn how to identify people. The main grammatical concepts introduced are the present of the verb *to be* (**izan**), the demonstratives (*this, that, those*), the expression of singular and plural, and the construction of positive and negative sentences and questions. You will also learn to count up to twelve and to ask and tell the time.

Igeldon	*On Igeldo*

A

IÑAKI: Begira! Hau Igeldo da. Hori itsasoa da . . . eta hura Donostia da.

Look! This is Igeldo. That's the ocean . . . and that over there's San Sebastian.

B

MIKEL: Zer da hori?

IÑAKI: Zer? Hori? Antiguo da.

What is that?
What? That? It's Antiguo.

C

MIKEL: Hura Alde Zaharra da?

IÑAKI: Bai, horixe.

Is that the old part of town?
Yes, that's right.

D

MIKEL: Eta mendia?

IÑAKI: A, mendia; mendia Urgull da.

And the hill?
Ah, the hill; the hill is Urgull.

E

MIKEL: Eta hau Gros da?

IÑAKI: Zer, hau? Ez, ez. Hau ez da Gros.

And is this Gros?
What, this? No, no. This is not Gros.

F

IÑAKI: Begira hor; ez, hor ez, han. Gros, hura da.

Look there; no, not there, over there. Gros is that.

G

IÑAKI: Orain, etorri. Begira hemen. Igeldoko herria da.

Now come here. Look here. It's the village of Igeldo.

H

IÑAKI: Hauek baserriak dira. Baita haiek ere. Mendiak, eta basoak.

These are farmhouses. And so are those over there. Mountains, and forests.

I

MIKEL: Zer dira horiek? Baserriak?

IÑAKI: Ez, ez dira baserriak.

What are those? Farmhouses?

No, they're not farmhouses.

Vocabulary

A

Alde Zaharra   *the Old Part*

amerikano (noun & adj.)   *American*

Antiguo   *Antiguo*

bai   *yes*

baserri   *farm, farmhouse*

baso   *forest*

begira!   *look!*

Donostia   *San Sebastian*

ere   *too, also*

eta   *and*

etxe   *house*

euskaldun (noun & adj.)   *Basque (person)*

ez   *no; not*

Gros   *Gros*

haiek (plural of **hura**)   *those*

hau   *this*

hauek (plural of **hau**)   *these*

haur   *child*

herri   *town, village, country*

hori   *that* (*not far away*)

horiek (plural of **hori**)   *those*

hura   *that* (*over there*)

Igeldo   *Igeldo*

ikasle   *student*

itsaso   *sea, ocean*

mendi   *mountain, hill*

mutil   *boy, guy, fellow*

neska   *girl*

orain   *now*

ordu   *hour; time* (*of day*)

Urgull   *Urgull*

zenbat   *how many, how much*

zer   *what*

B

Some Boys' Names:

Andoni   (*Anthony*)

Iñaki

Jon   (*John*)

Joseba   (*Joseph*)

Mikel   (*Michael*)

Xabier   (*Xavier*)

Some Girls' Names:

Arantza

Edurne

Itziar

Karmele

Maite

Miren   (*Mary*)

Notes and Exercises

A

Donostia (San Sebastian is its well-known Spanish name) is one of the principal towns of the Basque Country and the capital of the province of Gipuzkoa. It is located in the middle of the country's coastline and has roughly a quarter of a million inhabitants. Unfortunately, today three out of four people in Donostia cannot speak Basque, although the language is spoken much more in the surrounding smaller towns. Donostia is nevertheless more Basque-speaking than similar-sized or larger towns like Bilbao, Pamplona, Bayonne, and Gasteiz. Donostia enjoys a rich cultural life and receives many foreign tourists each summer. The town is built around a pretty bay lined with beaches. Igeldo, Urgull, and Ulia are the names of hills; Igeldo commands an excellent view of the whole town as well as the ocean and the surrounding countryside. There is a little village on the other side of the hill, also called Igeldo, which consists mainly of small farms. The downtown area and the old town are situated across the bay from Igeldo. Antiguo and Gros are the names of two important residential districts.

Donostia

B (See section A of the text.)

hau	*this*
hori	*that (near the person spoken to, not far away)*
hura	*that (over there, in the distance)*

C (See section A of the text.)

	Gipuzkoa					Gipuzkoa.
	Donostia					San Sebastian.
	Alde Zaharra					the Old Part.
	Antiguo					Antiguo.
Hau	Gros			*This*		Gros.
Hori	Igeldo	**da.**		*That*	*is*	Mt. Igeldo.
Hura	Urgull			*That over there*		Mt. Urgull.
	Ulia					Mt. Ulia.
	itsasoa					the ocean.
	mendia					a hill.
	basoa					a forest.

Exercise 1
Make up as many sentences as you can from the table in C.
Example: **Hau Donostia da**, **Hura Gros da**.

D (See section B of the text.)

Zer da	hau? hori? hura?	What is	this? that? that (over there).

Donostia Alde Zaharra Igeldo Itsasoa Mendia Basoa	da.	It's	San Sebastian. the Old Part. Mt. Igeldo. the ocean. a hill. a forest.

Exercise 2

Ask and answer various questions like those appearing in the table in D.
Example: **Zer da hau? Donostia da.**

E (See sections C–E of the text.)

Hau Hori Hura	Donostia Gipuzkoa Gros mendia itsasoa basoa	da?	Is	this that that over there	San Sebastian? Gipuzkoa? Gros? a hill? the ocean? the forest?

Bai. Ez.	Yes. No.

Exercise 3

Ask and answer questions of the type shown in the table in note E.
Example: **Hau Donostia da? Bai.**

F (See sections F–G of the text.)
hemen   *here*
hor   *there (near the person spoken to, not far away)*
han   *there, over there (in the distance)*
orain   *now*

G (See sections H–I of the text.)

hauek *these*	
horiek *those (near the person spoken to, not far away)*	
haiek *those (over there, in the distance)*	

Review note B.

H (See section H of the text.)

Hauek Horiek Haiek	mendiak basoak etxeak baserriak Alde Zaharra eta Gros Urgull eta Ulia Iñaki eta Mikel	dira.

These Those Those over there	are	mountains. forests. houses. farmhouses. the Old Part and Gros. Urgull and Ulia. Iñaki and Mikel.

Exercise 4

Make sentences similar to those shown in note H.

Examples: **Hauek mendiak dira, Haiek Iñaki eta Mikel dira.**

I (See section I of the text.)

Zer dira	hauek? horiek? haiek?

What are	these? those? those over there?

Mendiak Basoak Etxeak Baserriak Alde Zaharra eta Gros Urgull eta Ulia Iñaki eta Mikel	dira.

They're	hills. forests. houses. farmhouses. the Old Part and Gros. Urgull and Ulia. Iñaki and Mikel.

Hauek Horiek Haiek	baserriak basoak Miren eta Karmele Mikel eta Iñaki	dira?

Are	these those those over there	farmhouses? forests? Miren and Karmele? Mikel and Iñaki?

Review notes D and E.

Exercise 5

Ask and answer questions of the kinds suggested by the tables in note I.

Examples: **Zer dira hauek? Mendiak dira. Haiek Mikel eta Iñaki dira? Ez.**

J (See sections E and I of the text.)

Hau Hori Hura		da	Donostia. Miren. mendia. ikaslea.
	ez		
Hauek Horiek Haiek		dira	Miren eta Iñaki. mendiak. ikasleak.

This That	is		San Sebastian. Miren. a mountain. a student.
		not	
These Those	are		Miren and Iñaki. mountains. students.

Donostia Igeldo Atlantikoa Iñaki Karmele Mikel	ez	da	mendia. itsasoa. herria. ikaslea. neska. mutila. euskalduna. amerikanoa.
Igeldo eta Ulia Mutilak Neskak		dira	mendiak. herriak. ikasleak. amerikanoak.

Donostia Igeldo The Atlantic Iñaki Karmele Mikel	*is*	*not*	*a hill. an ocean. a town. a student. a girl. a boy. a Basque. an American.*
Igeldo and Ulia The boys The girls	*are*		*hills. towns. students. Americans.*

Most speakers pronounce **ez da** and **ez dira** as if they were spelled **ezta, eztira**.

Exercise 6
Make up negative sentences following the patterns shown in note J.
Examples: **Hau ez da Donostia. Neskak ez dira amerikanoak.**

Exercise 7
    (a) Make the following sentences negative.
    (b) Make questions out of the sentences and answer positively and negatively.
    (c) Make questions with **zer** from the sentences and answer them. Check your
        answers against the key.
Example:
Hau Igeldo da.
(a) **Hau ez da Igeldo.**
(b) **Hau Igeldo da?**
    Bai, Igeldo da.
    Ez, ez da Igeldo.
(c) **Zer da hau?**
    Igeldo da.
  1. Hori itsasoa da.
  2. Hura Donostia da.
  3. Antiguo da.
  4. Mendia Urgull da.
  5. Igeldoko herria da.
  6. Hauek baserriak dira.
  7. Etxeak dira.
  8. Horiek mendiak dira.
  9. Haiek basoak dira.
10. Hau baserria da, eta haiek etxeak dira.

Exercise 8
Make the following sentences plural.
Example:
Hau baserria da. **Hauek baserriak dira.**

1. Hau etxea da.
2. Hori herria da.
3. Hura mendia da.
4. Basoa da.
5. Baserria da?
6. Hura basoa da?
7. Hori ez da mendia.
8. Ez da herria.
9. Zer da?
10. Zer da hau?

K

mendi	→ **mendia**	*a hill, the hill, hill*	**mendiak**	*hills, the hills*
herri	→ **herria**	*(a, the) town*	**herriak**	*(the) towns*
baso	→ **basoa**	*(a, the) forest*	**basoak**	*(the) forests*
etxe	→ **etxea**	*(a, the) house*	**etxeak**	*(the) houses*
ordu	→ **ordua**	*(a, the) hour*	**orduak**	*(the) hours*
mutil	→ **mutila**	*(a, the) boy*	**mutilak**	*(the) boys*
euskaldun	→ **euskalduna**	*(a, the) Basque*	**euskaldunak**	*(the) Basques*

Words ending in **r**:

haur	→ **haurra**	*(a, the) child*	**haurrak**	*(the) children*

Words ending in **a**:

neska	→ **neska**	*(a, the) girl*	**neskak**	*(the) girls*

The endings **-a** (singular) and **-ak** (plural) are called *articles*. The articles cannot be added to most *proper nouns* (e.g., **Igeldo**, **Urgull**, **Gros**, **Antiguo**, **Mikel**, **Iñaki**, **Miren**, **Karmele**). The **a** at the end of some words, such as **Donostia**, **Gipuzkoa**, **Ulia**, **Arantza**, **Joseba**, **neska**, is an *organic a*; that is to say, it is part of the word, and not an article. The **a** of **Alde Zaharra**   *the Old Part* is the article (**zahar** = *old*), even though used as a proper name.

L

Mutila **Neska**	**naiz.**	*I'm*	*a boy.* *a girl.*
Ikaslea **Haurra**	**zara.**	*You're*	*a student.* *a child.*
Amerikanoa **Euskalduna** **Iñaki** **Arantza**	**da.**	*He's* *She's* *It's*	*an American.* *a Basque.* *Iñaki.* *Arantza.*

Mutilak Neskak Ikasleak Haurrak Amerikanoak Euskaldunak Iñaki eta Arantza	gara. zarete. dira.		We're You're They're	boys. girls. students. children. Americans. Basques. Iñaki and Arantza.

Ikaslea Amerikanoa Euskalduna Arantza Iñaki	naiz? zara? da?		Am I Are you Is he Is she Is it	a student? an American? a Basque? Arantza? Iñaki?
Ikasleak Amerikanoak Euskaldunak	gara? zarete? dira?		Are we Are you Are they	students? Americans? Basques?

Basque makes no distinction among *he*, *she*, and *it*.

Exercise 9

Translate into Basque and check your answers against the key.
64(a)
 1. She's a student.
 2. He's a student.
 3. I'm a student.
 4. You're a student.
 5. They're students.
 6. We're students.
 7. You're students.
 8. I'm an American.
 9. You're a boy.
10. We're girls.
11. You're children.
12. She's (a) Basque.
 (b)
 1. Are you a student? Yes.
 2. Is the girl a Basque? No, she's an American.
 3. Is that the sea?
 4. Are you an American?
 5. Are you Americans?
 6. Are the girls students?
 7. Are they boys?
 8. Is this the Old Part? Yes.
 9. Is that the Old Part too? No, that's Gros.
10. Are you Basques? Yes, we're Basques.

M

Ez	naiz	mutila. neska.
	zara	ikaslea. haurra.
	da	amerikanoa. euskalduna. Iñaki. Arantza.
	gara	mutilak. neskak.
	zarete	ikasleak. haurrak.
	dira	amerikanoak. euskaldunak. Iñaki eta Arantza.

			not	
I am	a boy. a girl.
You are	a student. a child.
He is She is It is	an American. a Basque. Iñaki. Arantza.
We are	boys. girls.
You are	students. children.
They are	Americans. Basques. Iñaki and Arantza.

Exercise 10

Translate into Basque and check your answers against the key.

1. He's not an American; he's a Basque.
2. They're not students.
3. I'm not a Basque.
4. You're not a girl.
5. We're not Americans.
6. You're not children!
7. The boy is a student.
8. The girl is a student too.
9. The children are not students.
10. I'm not a student.

N

zenbat? *how many?*　　**zazpi** *seven*
bat *one*　　**zortzi** *eight*
bi *two*　　**bederatzi** *nine*
hiru *three*　　**hamar** *ten*
lau *four*　　**hamaika** *eleven*
bost *five*　　**hamabi** *twelve*
sei *six*

Exercise 11

Read these numbers in Basque:

　　　1, 3, 2, 4, 5;
　　　1, 3, 5, 2, 4, 6, 7;
　　　4, 6, 8, 5, 7, 9;
　　　5, 6, 7, 8, 9;
　　　10, 11, 12;
　　　2, 4, 6, 8, 10;
　　　3, 6, 9, 12;
　　　7, 8, 9, 10, 11.

O

ordu bata   *one o'clock*
ordu biak   *two o'clock*
hirurak   *three o'clock*
laurak   *four o'clock*
bostak   *five o'clock*
seiak   *six o'clock*

zazpiak   *seven o'clock*
zortziak   *eight o'clock*

Zer ordu da?   *What time is it? What's the time?*
Ordu bata da.   *It's one o'clock.*

Ordu biak Hirurak Laurak ··· Hamarrak Hamaikak Hamabiak	dira.	It's	*two o'clock.* *three o'clock.* *four o'clock.* *···* *ten o'clock.* *eleven o'clock.* *twelve o'clock.*

Exercise 12
Zer ordu da?
Example:
5:00. **Bostak dira.**

    1:00; 2:00; 3:00; 4:00; 5:00;
    6:00; 7:00; 8:00; 9:00; 10:00;
    12:00; 5:00; 8:00; 10:00; 11:00;
    12:00; 4:00; 6:00; 11:00; 9:00;
    7:00; 3:00; 2:00; 1:00; 9:00.

Exercise 13 (Review)
Note the suggestions in parentheses.
  1. Look, what's that.
  2. What are you, an American?
  3. What are the boys? They're Americans.
  4. These are Basques, and those are Americans.
  5. The children are Basques too.
  6. The house is Basque-speaking (**euskaldun**).
  7. Are the villages Basque-speaking? Yes, they (**haiek**) too.
  8. The boy and the girl are Basque speakers (**euskaldun**).
  9. Look, that's San Sebastian over there.
 10. What are you? We're students.
 11. Look here, Joseph. Look there, Xavier.
 12. What time is it now? It's seven o'clock.
 13. What? Is it seven o'clock? Yes, that's right (**horixe**).
 14. This is not Edurne. It's Itziar.
 15. Boys. Girls. Children. Students.
 16. I'm not Arantza. I'm Maite.
 17. How many? Twelve? No, eleven.
 18. It is not nine o'clock. It's eight o'clock now.

Reference Notes

Explanations of the points covered in this unit can be found in the following places in the reference section at the end of the book:

6 (affirmative and negative sentences)   39 (rules for adding suffixes)

7 (questions)   62 (simple tenses of **izan**)

15 (the articles)   177 (telling the time)

21 (proper nouns and pronouns)   203 (numbers)

UNIT 2
ALDE ZAHARREAN

In this unit Mikel and Iñaki arrange to meet again in the evening in the old part of town. There the two friends walk around the narrow streets, then go into a bar for a drink of wine. You will learn how to arrange to meet somebody, to describe things, to ask a friend what he or she wants to drink in a bar, and to order, as well as various very common expressions. Grammatically, you will learn about adjectives and about a category of words called determiners. The unit also introduces the personal pronouns and some more numbers and shows more about telling the time.

Alde Zaharrean	*In the Old Part*
A	
IÑAKI: Ikusi duzu Alde Zaharra?	*Have you seen the Old Part?*
MIKEL: Ez.	*No.*
IÑAKI: Joango gara gaur? Horrela, ikusiko duzu.	*Shall we go today? That way, you'll see it.*
MIKEL: Ederki.	*Fine.*
B	
MIKEL: Alde Zaharra atsegina da?	*Is the Old Part nice?*
IÑAKI: Bai, oso atsegina da.	*Yes, it's very nice.*
C	
IÑAKI: Goazen gaur, ba.	*Let's go today, then.*
MIKEL: Zer ordutan?	*At what time?*
IÑAKI: Zortzietan?	*At eight o'clock?*
MIKEL: Ongi, zortzietan.	*Okay, at eight.*
D	
IÑAKI: Gero arte, ba.	*See you later, then.*
MIKEL: Bai, gero arte.	*Yes, see you later.*
E	
(Zortzi t'erdiak dira orain.)	*(It's eight-thirty now.)*
IÑAKI: Kaixo!	*Hi!*
MIKEL: Barkatu, berandu da.	*I'm sorry, it's late.*
IÑAKI: Lasai, berdin da.	*Never mind, it's all right.*
MIKEL: Goazen, ba.	*Let's go, then.*
F	
(Parte Zaharrean.)	*(In the Old Part.)*
IÑAKI: Hau Kale Nagusia da.	*This is Main Street.*
MIKEL: Kale hau? Baina oso txikia da!	*This street? But it's very small!*
IÑAKI: Bai. Zaharra da eta. Kale hauek, txikiak eta zaharrak dira. Baina politak.	*Yes. It's old, you see. These streets are small and old. But pretty.*

G

MIKEL: Eta orain, nora?   *And now, where to?*
IÑAKI: Taberna batera.   *To a bar.*
MIKEL: Hori taberna bat da, ezta?   *That's a bar, isn't it?*
IÑAKI: Bai; baita haiek ere.   *Yes, and those too.*
MIKEL: Ene! zenbat taberna!   *Wow! what a lot of bars!*
IÑAKI: Taberna asko, bai.   *A lot of bars, yes.*

H

MIKEL: Taberna hori ona da?   *Is that bar good?*
IÑAKI: Bai. Goazen barrura.   *Yes. Let's go in.*

I

(Tabernan.)   *(In the bar.)*
IÑAKI: Zer nahi duzu? Ardoa? Beltza,   *What do you want? Wine? Red, rosé, or*
    gorria ala zuria?   *white?*
MIKEL: Gorria, mesedez.   *Rosé, please.*

J

(Barran.)   *(At the counter.)*
IÑAKI: Beltza eta gorria! Tori.   *A red and a rosé! Here you are.*
MIKEL: Eskerrik asko.   *Thank you.*

K

IÑAKI: Bederatzietan, lagun batzu   *At nine o'clock, some friends will be com-*
    etorriko dira.   *ing.*
MIKEL: Ederki.   *Great.*

Vocabulary

A

ardo   *wine*
asko   *a lot, many, much*
atsegin   *pleasant, nice*
ba   *well, then*
baina   *but*
bat   *one, a(n)*
batzu   *some (plural)*
beltz   *black; (of wine) red*
berandu   *late*
berdin   *(the) same, similar*
ederki   *fine, very well, great*
erdi   *half*
etorriko (naiz)   *(I) will come*

gorri   *red; (of wine) rosé*
joango (naiz)   *(I) will go*
kale   *street*
lagun   *friend*
laurden   *quarter*
on   *good*
ongi   *well*
oso   *very*
polit   *pretty*
taberna   *bar*
txiki   *small*
zahar   *old*
zuri   *white*

B

Some Expressions:
Barkatu!   *I'm sorry! Excuse me!*
Berdin da!   *It doesn't matter!*
Ederki!   *Fine! Great! Wonderful!*
Eskerrik asko!   *Thank you!*
Gero arte!   *See you later!*
Goazen!   *Let's go!*
Horixe!   *That's right!*

Kaixo!   *Hi!*
Lasai!   *Never mind! Don't worry!*
Mesedez!   *Please!*
Ongi!   *Good! Fine! Okay!*
Zer nahi duzu?   *What do you want? What would you like?*

Notes and Exercises

A

As in other Basque towns, the Old Part (**Alde Zaharra**) is an important focal point of social life for local inhabitants and visitors alike. Consequently the narrow streets of this compact district are lined with countless bars, where people of all ages and backgrounds gather on evenings and weekends to chat with friends over some drinks, most often red wine (**ardo beltza** or **beltza** for short, literally, *black wine*), which is served in small quantities for a low price. One may also drink rosé (**[ardo] gorria**, literally, *red*) or white wine (**[ardo] zuria**), or a very short drink of beer called **zuritoa**; a larger glass of beer on tap is called **kaña.** Most Basques consume a considerable quantity of wine (especially **beltza**) every day; it accompanies every meal except breakfast. In general, overt drunkenness is neither frequently seen nor well thought of. Wine is rarely drunk after meals, when coffee (**kafea**) and liquor (**kopa**) are preferred; because it is so common, wine is not really thought of as a "party drink." The **Alde Zaharra** is a good place for the student of Basque to "hang out": in addition to the opportunities for socializing, most of its barmen, storekeepers, and inhabitants are Basque speakers and provide many chances to practice the language.

B (See section B of the text.)

	atsegina	
Alde Zaharra	polita	
Herria	ona	
Kalea	txikia	da.
Baserria	zaharra	
Taberna	zuria	
Ardoa	gorria	
	beltza	

	pleasant.	
The Old Part	pretty.	
The town	good.	
The street	small.	is
The farmhouse	old.	
The bar	white.	
The wine	red/rosé.	
	black/red.	

The **a** on the end of these adjectives is the article.

Exercise 14

   (a) Describe things using the sentence model shown in B.
Example:
Baserria zuria da.

   (b) Ask and answer questions about what things are like with sentences like these:
Alde Zaharra polita da?
Bai, (oso) polita da.
Ez, ez da polita.

   (c) Make negative sentences about what things are like.
Example:
Ardoa ez da zaharra.

C (See section F of the text.)

Kaleak Herriak Tabernak Baserriak	txikiak zaharrak politak atseginak zuriak berdinak	dira.

The streets The towns The bars The farmhouses	are	small. old. pretty. pleasant. white. similar.

When the subject is plural, the article on the adjective must also be plural in agreement (**-ak**).

Exercise 15
Make the following sentences plural.
Example:
Baserria txikia da. **Baserriak txikiak dira.**

1. Etxea zuria da.
2. Mendia polita da.
3. Taberna zaharra da.
4. Ikaslea ona da.
5. Kalea berdina da?
6. Basoa zaharra da?
7. Laguna ez da atsegina.
8. Herria ez da txikia.
9. Mutila amerikanoa da.
10. Neska euskalduna da.

Exercise 16 (Substitution drill)
Replace the element in capitals with each of the items in italics in turn.
Example:
Baserria TXIKIa da. *atsegin/zahar/euskaldun*
Baserria atsegina da.
Baserria zaharra da.
Baserria euskalduna da.

1. Kalea POLITa da. *txiki/atsegin/berdin*
2. Umeak TXIKIak dira. *euskaldun/on/polit*
3. Etxea ez da ZURIa. *gorri/beltz/zahar*
4. Lagun horiek ez dira AMERIKANOak. *euskaldun/on/zahar*

D (See sections F and H of the study text.)

Kale Taberna Herri	hau hori hura	txikia zaharra atsegina	da.
Neska Mutil Lagun	hauek horiek haiek	txikiak zaharrak atseginak	dira.

This That	street bar etc.	is	small. old.
These Those	streets bars etc.	are	pleasant.

Compare:

kale*a* (*a, the*) *street* **kale** *hau* *this street*	singular
kale*ak* (*the*) *streets* **kale** *hauek* *these streets*	plural

The article (**-a, -ak**) and the demonstratives (**hau, hauek**) have singular and plural forms; **kale** does not change for singular and plural. **Hau, hauek, -a** and **-ak** are *determiners*. The noun that precedes the determiner (**kale, taberna . . .**) does not change.

E (See sections G and K of the text.)

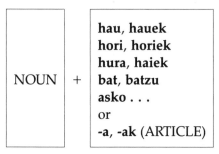

kale **taberna**	**bat**	*a/one*	*street(s)* *bar(s)*
herri **neska**	**batzu**	*some*	*town(s)* *girl(s)*
mutil **lagun**	**asko**	*many*	*boy(s)* *friend(s)*

Bat, batzu, and **asko** are determiners too. They are placed after the noun (**kale, taberna . . .**), which is invariable. In Basque a noun almost always has a determiner with it. The most common determiner is the article, which is used automatically when no other determiner is present:

NOUN	+	**hau**, **hauek** **hori**, **horiek** **hura**, **haiek** **bat**, **batzu** **asko** . . . or **-a, -ak** (ARTICLE)

DETERMINER

Exercise 17

Make the following sentences plural.

Examples:

Baserri hau zuria da. **Baserri hauek zuriak dira.**

Lagun bat amerikanoa da. **Lagun batzu amerikanoak dira.**

1. Mendi hura polita da.
2. Ardo hau oso beltza da.
3. Baso bat oso zaharra da.
4. Etxe hori berdina da.
5. Kale bat atsegina da.
6. Neska hori ikaslea da.
7. Baso hura ez da txikia.

8. Euskaldun bat ez da zaharra.
9. Ardo hori gorria da?
10. Ikasle bat amerikanoa da?

Exercise 18 (Substitution drill)
Replace the element in capitals with each of the items in italics in turn. If none is asked for (—), automatically insert the article in singular or plural as the context requires.
Example:
Baserri HAU zuria da.   *hura/bat/—*
Baserri hura zuria da.
Baserri bat zuria da.
Baserria zuria da.

1. Etxe HAU gorria da.   *hori/hura/bat/—*
2. Herri HAUEK txikiak dira.   *horiek/haiek/asko/—*
3. Mutil BAT ez da euskalduna.   *hori/—/hura*
4. Taberna HAIEK onak dira.   *asko/batzu/—/horiek*

F (See sections A and K of the text.)

	naiz.		*I'll*	
	zara.		*You'll*	
			He'll	
Joango	**da.**		*She'll*	*go.*
			It'll	
Etorriko			*We'll*	*come.*
	gara.		*You'll*	
	zarete.		*They'll*	
	dira.			

Here **naiz**, **da**, etc. (the verb *izan*) is used as an auxiliary verb.

G

ni	*I*
zu	*you* (singular)
gu	*we*
zuek	*you* (plural)
hura or **bera**	*he, she, it*
haiek or **berak**	*they*

These pronouns can normally be omitted: **Euskalduna naiz** or **Ni euskalduna naiz**   *I am Basque*. In such cases the pronoun should only be used when you wish to express a contrast or emphasis. Examples: *Ni* **joango naiz**   *I'll go* (emphasis); **Zu euskalduna zara, baina ni ez naiz euskalduna**   *You're Basque, but I'm not Basque* (contrast).

Exercise 19
Translate into Basque. Do not omit the pronouns in italics.

1. *She*'s Basque, but *we*'re not Basque.
2. *I*'m American; and *you*?
3. *You* and *me*.
4. *Me* (I) too.
5. Are *you* Americans too?
6. We're going to go now.
7. *They*'re very pretty.
8. *I*'m not Basque.
9. What are you?
10. What is *he*?

H

(a)

Mutila ikaslea da. *Neska ere* **ikaslea da.**
The boy is a student. The girl is a student too.
Hauek euskaldunak dira. *Haurrak ere* **euskaldunak dira.**
These are Basques. The children are Basques too.
Zuek ere **amerikanoak zarete?**
Are you Americans too?

(b)

Mutila ikaslea da. *Neska ere bai.*
The boy is a student. The girl too (So is the girl).
Hauek euskaldunak dira. *Haurrak ere bai.*
These are Basques. The children too (So are the children).
Zuek ere bai?
You too?

(c)

Mutila ikaslea da; *bai eta neska ere.*
The boy is a student; and so is the girl.
Hauek euskaldunak dira; *bai eta haurrak ere.*
These are Basques; and so are the children.

Bai eta is pronounced as if spelled *baita* and may be spelled that way.

Exercise 20
In the sentence **Ardoa ona da; zerbeza ere bai,** "zerbeza ere bai" is short for *Zerbeza ere ona da.*

In the sentence **Amerikanoa etorriko da; bai eta euskaldunak ere,** "bai eta euskaldunak ere" is short for *Eta euskaldunak ere etorriko dira.*

What is the second part of the following sentences short for?
Examples:
Ulia mendia da; *Igeldo ere bai.*
Igeldo ere mendia da.

Iñaki euskalduna da, *bai eta Joseba ere.*
Eta Joseba ere euskalduna da.
 1. Etxe hau zaharra da; *herria ere bai.*
 2. Taberna hau oso ona da, *bai eta hori ere.*
 3. Lagun batzu etorriko dira, *bai eta Xabier ere.*
 4. Neska asko joango dira; *mutil asko ere bai.*
 5. Ni joango naiz; *zu ere bai?*

I

hamaika *eleven*		**hemeretzi** *nineteen*	
hamabi *twelve*		**hogei** *twenty*	
hamahiru *thirteen*		**hogeitabat** *twenty-one*	
hamalau *fourteen*		**hogeitabi** *twenty-two*	
hamabost *fifteen*		**hogeitahiru** *twenty-three*	
hamasei *sixteen*		**hogeitalau** *twenty-four*	
hamazazpi *seventeen*		**hogeitabost** *twenty-five*	
hamazortzi *eighteen*			

Exercise 21
Read these numbers in Basque.

        2, 4, 6, 8, 10;
        12, 14, 16, 18, 20;
        1, 3, 5, 7, 9;
        11, 13, 15, 17, 19;
        21, 22, 23, 24, 25.

J

Ordu bat **Ordu bi** **Hiru** **Lau** . . . **Hamabi**	**t'erdiak**	**(dira.)**		*(It's)*	*one* *two* *three* *four* . . . *twelve*	*thirty.*

T'erdiak is the contraction of **eta erdiak** (**erdi**   *half*).

Ordu bata **Ordu biak** **Hirurak** **Laurak** . . . **Hamabiak**	**eta**	**bost.** **hamar.** **hogei.** **hogeitabost.**		*One* *Two* *Three* *Four* . . . *Twelve*	*five* *ten* *twenty* *twenty-five*

Ordu bata **Ordu biak** **Hirurak** **Laurak** . . . **Hamabiak**	**eta laurden.**		*One* *Two* *Three* *Four* . . . *Twelve*	*fifteen.*

Review unit 1, note O.

Exercise 22
Zer ordu da?
Examples:
5:30. **Bost t'erdiak dira.**
7:05. **Zazpiak eta bost dira.**
     1:30; 2:30; 3:30; 4:30; 5:30;
     6:30; 7:30; 8:30; 9:30; 10:30;
     11:30; 12:30; 1:15; 2:15; 3:15;
     4:15; 5:05; 6:05; 7:10; 8:10;
     9:20; 10:20; 11:25; 12:25.

Exercise 23 (Review)
Translate the following.
  1. What time is it now, please?
  2. It's seven-thirty, look!
  3. Thank you, but I'm not going to go.
  4. Excuse me, is this Main Street (**Kale Nagusia**)?
  5. No, this is not Main Street.
  6. Is this wine good?
  7. It isn't very good.
  8. What do you want? Red wine?
  9. Don't worry, he'll come now.
10. Okay then.
11. Those mountains are similar.
12. A lot of students will be coming, and Americans too.
13. Some girls are going to go; will you go too?
14. It's a quarter after five now.

Reference Notes
12 (determiners)	153 (**bai**, **ez**, and **ere**)
14 (singular and plural)	177 (telling the time)
22 (personal pronouns)	203 (numbers)
24 (predicate adjectives)	

UNIT 3
TABERNAN

Later the same evening Mikel and Iñaki are joined by some of Iñaki's friends. In this unit you will learn how to make presentations, some useful things for casual conversation, how to say what you want and ask other people what they would like, and how to count things. Among the grammatical points are the possessive adjectives (*my*, *your*, etc.), more about adjectives and determiners, and an introduction to the verb forms **dut** and **duzu** and to Basque's famous ergative suffix. You will also finish learning about telling time and find out how to count to forty.

Tabernan	*In the Bar*
A	
MIKEL: Zer ordutan etorriko dira zure lagunak?	*What time are your friends coming?*
IÑAKI: Bederatzietan.	*At nine o'clock.*
MIKEL: Eta zer ordu da orain?	*And what's the time now?*
IÑAKI: Bederatziak bost gutxi.	*Five to nine.*
MIKEL: Goazen ba. Non egongo dira?	*Let's go then. Where will they be?*
IÑAKI: Josetxo tabernan.	*In the Josetxo Bar.*
B	
(Josetxo tabernan.)	*(In the Josetxo Bar.)*
IÑAKI: Hemen daude. Gabon!	*Here they are. Good evening!*
JOSEBA ETA ITZIAR: Berdin!	*Good evening!*
IÑAKI: Epa, Xabier!	*Hi, Xabier!*
C	
IÑAKI: Hau Mike da, eta hauek nere lagunak dira: Joseba, Itziar, eta Xabier.	*This is Mike, and these are my friends: Joseba, Itziar, and Xabier.*
JOSEBA: Epa!	*Hi there!*
ITZIAR: Kaixo!	*Hi!*
MIKEL: Kaixo!	*Hi!*
XABIER: Pozten naiz, Mike.	*Pleased to meet you, Mike.*
D	
JOSEBA: Ea Iñaki, zer nahi duzu?	*Well, Iñaki, what do you want?*
IÑAKI: Nik ardo beltza nahi dut.	*I want red wine.*
JOSEBA: Eta zuk, Mike?	*And you, Mike?*
MIKEL: Ardo gorria, mesedez.	*Rosé wine, please.*
JOSEBA: Itziar?	*Itziar?*
ITZIAR: Nik ere gorria.	*Rosé for me too.*

JOSEBA: Beltza eta bi gorri. Zuk zer, Xabier?

XABIER: Nik beltza.

JOSEBA: Bai eta nik ere. Orduan . . . Adizu, bi gorri eta hiru beltz!

E

MIKEL: Ardo ona!

XABIER: Ona hau? Ez, ez! Hau ez da ardo ona. Ardo txarra da, baina . . .

F

ITZIAR: Barkatu, nola da zure izena?

MIKEL: Nere izena? Mike.

ITZIAR: Hor Mikel da euskaraz, ezta?

MIKEL: Bai, Mikel.

ITZIAR: Izen polita da hori!

XABIER: Bai, izen euskalduna!

G

ITZIAR: Zer moduz hemen, Donostian?

MIKEL: Ongi.

ITZIAR: Zer ikusi duzu hemen? Igeldo ikusi duzu?

MIKEL: Bai, gaur izan gara Igeldon. Handik, Donostia guztia ikusi dut.

ITZIAR: Toki polita da Donostia, e?

MIKEL: Bai, oso polita. Asko gustatzen zait. Itsasoa, mendi berdeak . . .

H

IÑAKI: Zer, ardoa bukatu duzu? Goazen beste toki batera!

A red and two rosés. What about you, Xabier?
Me, red.
And me too. So . . . I say, two rosés and three reds!

Good wine!
Good, this? Not really. This isn't good wine. It's bad wine, but . . .

Excuse me, what's your name?
My name? Mike.
That's Mikel in Basque, isn't it?
Yes, Mikel.
That's a pretty name!
Yes, a Basque name!

How're you doing here, in San Sebastian?
Fine.
What have you seen here? Have you seen Igeldo Hill?
Yes, we were on Igeldo today. From there, I saw all San Sebastian.
San Sebastian is a pretty place, huh?
Yes, very pretty. I like it a lot. The ocean, green hills . . .

What, have you finished your wine? Let's go to another place!

Vocabulary

A

arratsalde *afternoon*
berde *green*
berri *new*
beste *other, another*
bukatu dut *I finished*
eder *fine, beautiful*
egun *day*
emakume *woman*
epa *hi there*
euskara *Basque language*
euskaraz *in Basque*
gau *night, evening*
gazte *young, young person*

gizon *man*
gustatzen zait *I like (it)*
guti or **gutxi** *few, little*
guzti or **guzi** *all, every*
ikusi dut *I saw*
izen *name*
nahi dut *I want (it)*
orduan *then*
pozten naiz *I'm glad*
toki *place, room, space*
txar *bad*
zein *which*
zer moduz *how (informal)*

B

Expressions:

Adizu! *Hey! I say! (pronounced* **aizu***)*   **Epa!** *Hi there!*
Arratsalde on! *Good afternoon!*   **Gabon!** *Good evening! Good night!*
Bai eta zuri ere! *Same to you!*   **Pozten naiz!** *Pleased to meet you!*
Berdin! *Same to you!*   **Zer moduz?** *How're you doing?*
Egun on! *Good day! Good morning!*

Notes and Exercises

A

nere zure gure zuen	etxea kalea herria ardoa laguna izena etxeak lagunak haurrak		*my* *your* (sg.) *our* *your* (pl.)		*house* *street* *town* *wine* *friend* *name* *houses* *friends* *children*

Exercise 24

Add **nere**, **zure**, **gure**, or **zuen** (whichever you feel fits in best) in the appropriate place in the following sentences.
Example:
Herria Igeldo da. **Nere herria Igeldo da.**

1. Etxea oso polita da.
2. Zer moduz haurra?
3. Mendiak berdeak dira.
4. Nola da izena euskaraz?
5. Neska berandu etorriko da.
6. Adizu, ardoa mesedez?
7. Kaixo, mutilak!
8. Gustatzen zait tokia.
9. Begira: guzti hau basoa da.
10. Gero arte, lagunak!

B (See sections D–G in the text.)

toki mendi ardo izen	polit berde on txar(r) beltz gorri euskaldun	-a -ak	*pretty* *green* *good* *bad* *black* (red) *red* (rosé) *Basque*	*place* *mountain* *wine* *name*	— -s

The rule is that the article always goes at the end of the last word in the noun phrase, which in this case is an adjective (in note A it is the noun). Compare:

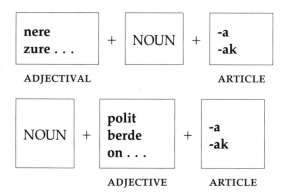

ADJECTIVAL   ARTICLE

ADJECTIVE   ARTICLE

Exercise 25
Expand the following sentences by inserting one of the adjectives given into the noun phrase in italics.
Example:
Hernani herria da.
Hernani herri txikia da.
(Be sure to put the article at the end of the noun phrase.)

1. *Ardoa* ona da.
2. *Herriak* euskaldunak dira.
3. Hauek *nere lagunak* dira.
4. *Gaua* da.
5. *Ardoa* bukatu dut.
6. Hau *nere izena* da.
7. *Ikasleak* etorriko dira.
8. *Ikasleak* joango dira.

amerikano
euskaldun
gorri
on
txar
txiki
zuri

C

bi	mendi	*two*	*mountains*
hiru	lagun	*three*	*friends*
lau	gizon	*four*	*men*
bost	emakume	*five*	*women*
hamar	ardo	*ten*	*wines*
hogeitabat	egun	*twenty-one*	*days*

but:

mendi			*mountain*
lagun			*friend*
gizon	bat	*one*	*man*
emakume			*woman*
ardo			*wine*
egun			*day*

Exercise 26
In each of the following sentences, instead of *some* (**batzu**) specify the exact number (given in parentheses).

Example:

Lagun batzu etorriko dira. (3)

Hiru lagun etorriko dira.

Remember not to put any article after the noun.

1. Etxe batzu zuriak dira. (4)
2. Haur batzu joango dira. (6)
3. Ardo batzu, mesedez. (5)
4. Herri batzu berdinak dira. (2)
5. Toki batzu txarrak dira. (3)

D

ze(r)	mendi? toki?	*what*	*mountain(s)?* *place(s)?*
zein	lagun? gizon? emakume? ardo?	*which/what*	*friend(s)?* *man/men?* *woman/women?* *wine?*
zenbat	egun? gau? ordu?	*how many/how much*	*days(s)?* *night(s)?* *hour(s)/time?*

With the question words **zer** (or **ze**) *what*, **zein** *which, what*, **zenbat** *how many, how much*, and (usually) with the cardinal numbers **bi**, **hiru**, **lau**, etc., neither the singular nor the plural article is used. In unit 2, note E, we saw that the Basque article (**-a**, **-ak**) is used when no other determiner (**hau**, **hauek**, **bat**, **batzu**, **asko**, **gutxi**, etc.) is present. The question words and the cardinal numbers are determiners too, so they are used without the article. The only difference is that these determiners are placed *before the noun* (they are prepositive) instead of at the end of the noun phrase like the determiners previously studied:

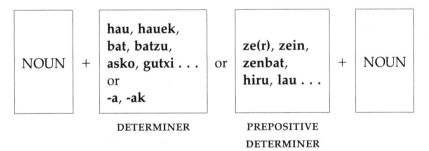

NOUN + [**hau**, **hauek**, **bat**, **batzu**, **asko**, **gutxi** . . . or **-a**, **-ak**] or [**ze(r)**, **zein**, **zenbat**, **hiru**, **lau** . . .] + NOUN

DETERMINER   PREPOSITIVE
                  DETERMINER

Exercise 27

Translate the following.

1. The day.
2. A day.
3. Which day?
4. What day?
5. How many days?
6. Many days.
7. Few days.
8. One day.

9. Some days.
10. This day.
11. These days.
12. Three days.

E

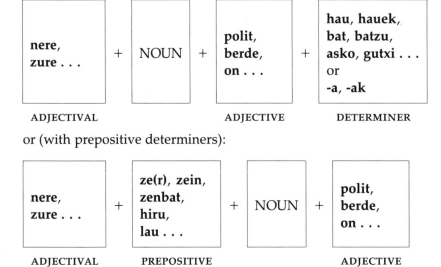

| ADJECTIVAL | | ADJECTIVE | DETERMINER |

or (with prepositive determiners):

| ADJECTIVAL | PREPOSITIVE DETERMINER | | ADJECTIVE |

This summarizes what you have learned about the structure of the Basque noun phrase. Here are some examples:

ADJECTIVAL	PREP. DETERM.	NOUN	ADJECTIVE	DETERM.
—	—	baserri	—	-a
—	—	etxe	—	bat
—	—	mendi	polit	-ak
—	—	mutil	gazte	hauek
nere	—	lagun	—	-a
zure	—	haur	txiki	hori
—	zein	ardo?	—	—
—	hiru	ikasle	amerikano	—

Exercise 28
Translate the following.
1. A fine afternoon.
2. One fine afternoon.
3. Many fine afternoons.
4. Three fine afternoons.
5. A young woman.
6. The young woman.
7. This young woman.

8. My friends.
9. My good friends.
10. These good friends of mine.

Exercise 29
Go back to the answers to exercises 27 and 28 and set them all out in a chart with five columns like that shown in note E. Start like this:

ADJECTIVAL	PREP. DETERM.	NOUN	ADJECTIVE	DETERM.
		egun egun egun?		-a bat
	zein			

F
ardo *guztia*   *all the wine*
haur *guztiak*   *all the children*
nere lagun *guztiak*   *all my friends*
ardo zuri *guztia*   *all the white wine*
toki *guzti* **hauek**   *all these places*

 Guzti is placed after the noun or adjective and is used together with the article or a demonstrative.

G
beste **etxea**   *the other house*
beste **herriak**   *the other towns*
beste **ardo hau**   *this other wine*
beste **ardo zuri horiek**   *those other white wines*
beste **ikasle guztiak**   *all the other students*
beste **toki bat**   *another place*
beste **izen euskaldun bat**   *another Basque name*
beste **lau gazte**   *four other young people*
beste **lau gazteak**   *the four other young people* (see note H)

 Beste is placed in front of the noun (or prepositive determiner) and is used with a determiner. *Another* is expressed by **beste . . . bat**.

H
bost **ikasle**   *five students*
but:
bost **ikasle**ak   *the five students*
bost **ikasle** *haiek*   *those five students*

 The cardinal numbers from **bi** up are usually used without any other determiner (see note C); **bost ikasle**. However, they may also be used together with an article or demonstrative when the sense of the noun phrase is *definite* (*the, those,* etc.).

Exercise 30

Translate the following.

 1. The other woman.
 2. Another woman.
 3. The other young woman.
 4. Another young woman.
 5. Four women.
 6. The four women.
 7. These four women.
 8. Four other women.
 9. All the women.
10. All the young women.
11. All the other women.
12. All the other young women.

I (See section D of the text.)

Ardoa Ardo beltza Toki bat Hau	nahi	dut. duzu.

I You	want	wine. red wine. a place. this.

Dut and **duzu** are forms of an auxiliary verb called **ukan**, which is used with *transitive verbs*. (**Naiz**, **zara**, etc., belong to the auxiliary verb **izan**, used with *intransitive verbs*—review unit 2, note F.)

J (See sections G and H of the text.)

Etxea Ardoa Hori	ikusi bukatu	dut. duzu.

I You	saw/have seen finished/have finished	the house. the wine. that.

And so with questions:

Etxea Ardoa Hori	nahi duzu? ikusi duzu? bukatu duzu?

Do you want Did you see Did you finish	the house? the wine? that?

Zer Zein etxe Zenbat ardo	nahi duzu? ikusi duzu? bukatu duzu?

What Which house How much wine	do you want? did you see? did you finish?

K (See section D of the text.)

Ni	amerikanoa	naiz.
	joango	
Zu	. . .	zara.

but:

Nik	ardoa nahi Igeldo ikusi	dut.
Zuk	bukatu . . .	duzu.

The subject of a *transitive* verb (such as verbs with **dut, duzu**) in Basque must take the suffix **-k: ni-k, zu-k**. This **-k** is called the *ergative suffix*. Subjects of *intransitive verbs* (such as **naiz, zara**, and verbs taking these) do *not* take the ergative suffix: *Ni* **Igeldora joango naiz**   *I will go to Igeldo*; *Nik* **Igeldo ikusi dut**   *I have seen Igeldo*.

L

hogeitasei *twenty-six*	**hogeitahamalau** *thirty-four*
hogeitazazpi *twenty-seven*	**hogeitahamabost** *thirty-five*
hogeitazortzi *twenty-eight*	**hogeitahamasei** *thirty-six*
hogeitabederatzi *twenty-nine*	**hogeitahamazazpi** *thirty-seven*
hogeitahamar *thirty*	**hogeitahamazortzi** *thirty-eight*
hogeitahamaika *thirty-one*	**hogeitahemeretzi** *thirty-nine*
hogeitahamabi *thirty-two*	**berrogei** *forty*
hogeitahamahiru *thirty-three*	

Exercise 31
Read these numbers in Basque:

    10, 20, 30, 40;
    5, 15, 25, 35;
    22, 24, 26, 28, 30;
    21, 23, 25, 27, 29;
    31, 33, 35, 37, 39;
    32, 34, 36, 38, 40.

M

Ordu bata Ordu biak Hirurak Laurak . . . Hamabiak	bost hamar laurden hogei hogeitabost	gutxi.

Five Ten A quarter Twenty Twenty-five	to	one. two. three. four. . . . twelve.

Exercise 32
Zer ordu da?
Example:
2:55. **Hiruak bost gutxi dira.**

    1:55; 3:55; 5:55; 7:55; 9:55; 11:55;
    2:50; 4:50; 6:50; 8:50; 10:50; 12:50;
    1:45; 3:45; 5:45; 7:45; 9:45; 11:45;
    2:40; 4:40; 6:40; 8:40; 10:40; 12:40;
    1:35; 3:35; 5:35; 7:35; 9:35; 11:35.

Exercise 33 (Review)

Good morning. San Sebastian 235678, please. Is that San Sebastian 235678? Are you Edurne? Hi! How are you doing? I'm Itziar. Great! Yes? I'm glad. It doesn't matter. Don't worry, woman! Thank you. Yes, yes, that's right. Good, then. Fine; I'll go then. Yes, yes, don't worry, I'll go. What? Look, it's very late. See you later then.

Exercise 34 (Review)

Translate the following:

1. How many will come?
2. How many men? How many women? How many children?
3. Five men, six women, and seven children will come.
4. Which town is it?
5. Great, I like that village.
6. That's a new place, isn't it (**ezta**)?
7. I like the sea.
8. That's my new name.
9. Hey man, let's go!
10. What's new?—Nothing new (**Zaharrak berri!**—literally, *Old* [*thing*]*s new*).

Reference Notes

12 (determiners)

13 (placement of determiners)

17 (the article is sometimes definite in meaning)

25 (attributive adjectives)

26 (semideterminers)

27 (adjectivals)

42 (the ergative case)

177 (telling the time)

203 (numbers)

UNIT 4

REVIEW AND PRACTICE

This is the first of several review and practice units, whose purposes are to review the ideas recently introduced (particularly the communication functions you have learned), possibly introducing one or two new functions; to provide exercises and activities for further language practice; to give the learner a rest from the hard work of assimilating new grammatical patterns; and to escape the monotony of the regular units by breaking their rhythm.

Greeting People

You can greet people you see or meet by saying:

Kaixo! or **Epa!**		*informal*
Egun on. **Arratsalde on.** **Gabon.**	(*morning*) (*afternoon*) (*evening*)	*formal*

Introducing People

Hau	**Mikel** **nere ama** **Itziar nere laguna** . . .	**da.**

Being Introduced

You can say to a person to whom you are being introduced:

Kaixo! or **Epa!**	*informal*
Pozten naiz.	*formal*

Taking Leave

When leaving a person you might say:

Gero arte! or **Ikusi arte!**	*informal*
Agur or **Adio.**	*more formal*

The other person replies by saying the same thing.
Example:

A: **Gero arte!**
B: **Gero arte!**

Attracting Attention

If you wish to attract someone's attention, you say:

Adizu!	*informal*
Barkatu! or **Mesedez!**	*formal*

Exercise 35

(a) In an *informal* situation at school or work, you get the attention of a fellow student or worker; after greeting each other, you introduce him or her to a friend of yours. They greet each other. Then everyone leaves. (Use as many of the expressions we have been reviewing as you can, but feel free to expand the dialogue by adding anything else you think would be appropriate to the conversation.)

(b) Now go through the same steps, but in a more *formal* situation.

Exercise 36

Which expressions on the left are appropriate to which of the communicative functions given on the right?

Adizu.
Agur.
Bai.
Barkatu.
Berdin da.
Ederki.
Eskerrik asko.
Ez.
Gero arte.
Horixe.
Kaixo.
Ongi.

apologize
attract attention
express agreement
express approval
express disagreement
express gratitude
express forgiveness
express indifference
greet people
take leave

Example: To *apologize* we can say **Barkatu**. **Barkatu** can also be used to *attract attention*, and so can **Adizu**. To *express agreement* . . .

Exercise 37

Invent a conversation in which some of the expressions listed in exercise 36 are used.

Exercise 38

One of these sentences has an identifying function. The other expresses appreciation. Which is which?

1. Mendi hura Igeldo da.
2. Ardo hau oso ona da.

(a) Write several sentences that you might use to identify places, people, and things.

(b) Write several sentences that you might use to express your appreciation of places, people, and things.

Exercise 39

Say or write as much as you can about yourself and your friend.

Exercise 40

Invent a conversation taking place in a bar.

UNIT 5
BESTE TABERNA BATEAN

In this unit we rejoin Mikel and his new acquaintances, who have just entered yet another bar in the Old Part. Mikel tells some things about himself: where he started learning Basque, where he is staying, where his parents live. You will learn how to talk about yourself, ask others about themselves, and talk about other people; you will also find out how to express the important notion of where something is (or where someone lives, etc.). The grammar concentrates on this last point, and also includes the possessive pronouns (*mine*, *yours*, etc.), more about the verb **dut** (not for the last time), and the verbs *to know* (**jakin**) and *to live* (**bizi izan**). You will also count up to a hundred and discover how to talk about ages and prices.

Beste Taberna Batean	*In Another Bar*
A	
IÑAKI: Toki hau betea dago!	*This place is full!*
ITZIAR: Zer nahi duzue? Zenbat beltz?	*What do you guys want? How many red wines?*
JOSEBA: Hiru, uste dut. Mikelek gorria nahi du, ezta?	*Three, I think. Mikel wants rosé, doesn't he?*
ITZIAR: Orduan . . .	*So . . .*
B	
ITZIAR: Hiru beltz eta bi gorri.	*Three reds and two roseś.*
TABERNARIA: Zer? Nola?	*What? Huh?*
ITZIAR: Hiru beltz eta bi gorri. Zenbat da?	*Three reds and two rosés. How much is it?*
TABERNARIA: Berrogeitahamar. Eskerrik asko.	*Fifty. Thank you.*
C	
ITZIAR: Gorria?	*Rosé?*
MIKEL: Hemen. Nerea da.	*Here. It's mine.*
ITZIAR: Hartu. Amerikanoa zara, ezta?	*Here you are. You're American, aren't you?*
MIKEL: Bai.	*Yes.*
ITZIAR: Eta euskaraz dakizu!	*And you speak Basque!*
MIKEL: Bai, pixka bat.	*Yes, a little.*
ITZIAR: Non ikasi duzu?	*Where did you learn?*
MIKEL: Ameriketan ikasi dut, Californian.	*I learned in America, in California.*
ITZIAR: Benetan? Hori oso ongi dago. Eta non bizi zara orain?	*Really? That's very good. And where do you live now?*
MIKEL: Orain hemen bizi naiz, Donostian.	*Now I live here, in San Sebastian.*

XABIER: Non zaude Donostian?   *Where are you in Donostia?*
MIKEL: Grosen, ostatu batean.   *In Gros, in a small hotel.*
XABIER: Non dago zure ostatua?   *Where is your hotel?*
MIKEL: Zabaleta kalean.   *In Zabaleta Street.*

D

ITZIAR: Zure aita eta ama non daude? Californian?   *Where are your father and mother? In California?*
MIKEL: Bai. San Franciscon bizi dira.   *Yes. They live in San Francisco.*
XABIER: Ongi dakizu euskaraz!   *You speak Basque well!*
JOSEBA: Bai, oso ongi daki.   *Yes, he speaks very well.*
MIKEL: Ongi?! Ez dut uste! Gutxi dakit.   *Well?! I don't think so! I don't know much.*
JOSEBA: Non ikasi du euskara?   *Where did he learn Basque?*
ITZIAR: Californian ikasi du.   *He learned it in California.*
JOSEBA: Bai? Eta nola ikasi duzu? Klase batean?   *Oh yes? And how did you learn? In a class?*
MIKEL: Ez. Bakarrik ikasi dut.   *No. I learned on my own.*

E

IÑAKI: Zer? Bukatu dugu, ezta?   *Well? We've finished, haven't we?*
XABIER: Bai, uste dut.   *Yes, I think so.*
JOSEBA: Nik bai.   *I have.*
IÑAKI: Goazen ba. Berandu da . . .   *Let's go then. It's late . . .*
ITZIAR: Zer ordu da, ba?   *What time is it, then?*
MIKEL: Ez dakit.   *I don't know.*
IÑAKI: Hamarrak lauden gutxi dira.   *It's a quarter to ten.*
ITZIAR: Ez da berandu orduan!   *It isn't late then!*

Vocabulary

aita *father*
ama *mother*
Amerika *America*
bakarrik *alone, only*
benetan *really*
bete *full*
bizi naiz *I live*
dakit *I know*

hartu! *here you are!* (literally, *take!*)
ikasi dut *I learned*
klase *class*
nola *how*
non *where*
ostatu *small hotel*
pixka bat *a little bit*
uste dut *I think, I believe*

Notes and Exercises

A (See section C in the text.)
Review unit 3, note A; then compare:

Etxea Herri hau Izen hori Ardo hura	nere- zure- gure- zuen-	A	da.
Etxeak Haur hauek Toki horiek . . .		AK	dira.

The house This town That name That wine	is	mine. yours.
The houses These children Those places . . .	are	ours. yours.

Negative:

Etxea Herri hau	ez	da	nere- zure- gure- zuen-	A.
Etxeak Hau horiek		dira		AK.

Exercise 41
Answer negatively.
Example:
Hori zure ardoa da? **Ez, ardo hori ez da nerea.**
  1. Hura zure baserria da?
  2. Hau zure etxea da?
  3. Horiek zure haurrak dira?
  4. Hauek zure ikasleak dira?
  5. Hau zure kalea da?
  6. Hura zure taberna da?
  7. Hori zure tokia da?
  8. Haiek zure klaseak dira?

B

Ardo beltza	nahi	duT. duZU. du. duGU. duZUE. duTE.

I want *You want* *He/she wants* *We want* *You (pl.) want* *They want*	*red wine.*

If we wish to use the subject pronouns (review unit 2, note G), these must end in **-k** (unit 3, note K), as follows:

nik	**(. . . dut)**
zuk	**(. . . duzu)**
guk	**(. . . dugu)**
zuek	**(. . . duzue)**
hark or **berak**	**(. . . du)**
haiek or **berek**	**(. . . dute)**

Negative:

Ez	dut duzu du dugu duzue dute	ardo beltza	nahi.

Exercise 42
Zer nahi duzu?
Ardo beltza nahi dut.
You are answering these questions in a bar, telling someone what each person in the group wants to drink. The things people can have include **ardo beltza**   *red wine*; **ardo gorria**   *rosé wine*; **ardo zuria**   *white wine*; **zerbeza**   *beer*; **kafea**   *coffee*; and **kafesnea**   *coffee with milk*.
Examples:
Eta haiek? **Haiek ardo gorria nahi dute.**
Eta zuk? **Nik zerbeza nahi dut.**
  1. Eta Mikelek?
  2. Eta zuek?
  3. Eta hark?
  4. Eta Itziarrek?
  5. Eta zuk?
  6. Eta Josebak eta Xabierrek?

C
Some verbs conjugated with **dut**, etc.:
nahi dut   *I want*
uste dut   *I think, I believe*
ikusi dut   *I saw, I've seen*
ikasi dut   *I learned, I've learned*
bukatu dut   *I finished, I've finished*
Examples:
Zer nahi du Itziarrek   *What does Itziar want?*
Nik ez dut uste.   *I don't think (so).*
Gaur gure laguna ikusi dugu.   *We saw our friend today.*
Nola ikasi duzu euskara?   *How did you learn Basque?*
Ez dute bukatu ardoa.   *They haven't finished the wine.*

D (See sections C and D of the text.)
The verb **jakin**   *to know*:

dakiT	*I know*
dakiZU	*you know*
daki	*he/she knows*
dakiGU	*we know*
dakiZUE	*you (pl.) know*
dakiTE	*they know*

Examples:
Asko daki   *He knows a lot.*
Ez dakit   *I don't know.*
Euskaraz dakizu?   *Do you know (how to speak) Basque? Do you speak Basque?*
    Since **jakin** is a transitive verb, subjects must take **-k**:
Nik ez dakit hori   *I don't know that.*
    Note: when they are not negative (e.g., **ez dakit**), verbs like **jakin** often take the prefix **ba-**, which we shall study more carefully later:

Badakit   *I know.*
Badakigu euskaraz   *We speak Basque.*
Badakizu euskaraz?   *Do you speak Basque?*

E (See section C of the text.)

California	→ **Californian**	*in California*
Baiona	→ **Baionan**	*in Bayonne*
Donibane	→ **Donibanen**	*in Donibane (St. John)*
Baigorri	→ **Baigorrin**	*in Baigorri*
San Francisco	→ **San Franciscon**	*in San Francisco*
Lekeitio	→ **Lekeition**	*in Lekeitio*
Mutriku	→ **Mutrikun**	*in Mutriku*

Irun	→ **Irunen**	*in Irun*
Gasteiz	→ **Gasteizen**	*in Gasteiz (Vitoria)*
Zarautz	→ **Zarautzen**	*in Zarautz*
Gros	→ **Grosen**	*in Gros*
Madril	→ **Madrilen**	*in Madrid*
Bakersfield	→ **Bakersfielden**	*in Bakersfield*
Wyoming	→ **Wyomingen**	*in Wyoming*

Names ending in **r**:

Eibar	→ **Eibarren**	*in Eibar*

All these words are *proper nouns*. Remember that these do not take the article (review unit 1, note K). The ending shown here, **-n** after vowels and **-en** after consonants, is the mark of the *inessive case*, expressing *where*, often translated, as here, by *in* in English.

Exercise 43
Non da zure aita orain?
Say where your father is.
Example:
California. **Nere aita Californian da.**
1. Igeldo.
2. Idaho.
3. Nevada.
4. Bilbo (or Bilbao).
5. Oñati.
6. Asteasu.
7. New York.
8. Oregon.
9. Londres (= *London*).
10. Elgoibar.

F (See section C of the text.)

> bat → **batean**   *in a, in one*

Examples:

ostatu batean   *in a hotel*

beste taberna batean   *in another bar*

The inessive is used to translate *on* and *at* as well as *in*, since all these prepositions express *where* something is:

mendi batean   *on a mountain*

toki batean   *at a place*

baserri batean   *at a farm, on a farm*

klase batean   *in a class*

The case ending, like the article (review unit 3, note B), is only added to the *last* element of the noun phrase, which is **bat** in these examples: **ostatu bat***ean*.

Exercise 44

Non da zuen laguna?

Say where your friend is.

Example:

etxe. **Gure laguna etxe batean da.**

1. baserri
2. baso
3. herri
4. mendi
5. kale
6. klase
7. ostatu
8. taberna

G

Inessive of the singular article:

kalea	→ **kale***an*	*in the street*
herria	→ **herri***an*	*in the town*
itsasoa	→ **itsaso***an*	*in the ocean*
ostatua	→ **ostatu***an*	*in the hotel*
mendi berdea	→ **mendi berde***an*	*on the green hill*
ardo zuria	→ **ardo zuri***an*	*in white wine*
herri guztia	→ **herri guzti***an*	*in all the town*

izena	→ **izen***ean*	*in the name*
zuhaitza	→ **zuhaitz***ean*	*in the tree*
Alde Zaharra	→ **Alde Zaharr***ean*	*in the Old Part*
toki atsegina	→ **toki atsegin***ean*	*in a pleasant place*
ardo beltza	→ **ardo beltz***ean*	*in red wine*

Words ending in **a**:

taberna	→ **tabern***an*	*in the bar*

The inessive form of the singular article is **-an** after vowels, **-ean** after consonants.

Exercise 45
Translate the following.
(a)
Example:
On the farm. **Baserrian.**
  1. In the forest.
  2. At home (in the house).
  3. In the town.
  4. In the ocean.
  5. On the mountain.
  6. At the time (= hour).
  7. In the wine.
  8. Out (in the street).
  9. At the bar.
10. In the afternoon.
11. In the day.
12. In the Basque language.
13. At night (takes **-ean**).
14. In the name.
15. In the place.
16. In class.
17. In the hotel.
(b)
Example:
In the American bar. **Taberna amerikanoan.**
  1. At a pleasant time (= hour).
  2. On the black day.
  3. In a half hour.
  4. In the red farmhouse.
  5. In a quarter hour.
  6. On a good day.
  7. In the pretty house.
  8. On the old street.
  9. In the white hotel.
10. In the green forest.
11. At the new place.
12. At the other place.
13. On the beautiful ocean.
14. (In) all the afternoon.
15. In bad wine.
16. In a full hotel.
17. In my house.

18. In your name.
19. In our class.
20. In your (pl.) town.

H
Inessive of the plural article:

kaleak	→ **kale***etan*	*in the streets*
herriak	→ **herri***etan*	*in the towns*
basoak	→ **baso***etan*	*in the forests*
ostatuak	→ **ostatu***etan*	*in the hotels*
mendi berdeak	→ **mendi berde***etan*	*on the green hills*
etxe zuriak	→ **etxe zuri***etan*	*in the white houses*
herri guztiak	→ **herri guzti***etan*	*in all the towns*
izenak	→ **izen***etan*	*in the names*
zuhaitzak	→ **zuhaitz***etan*	*in the trees*
etxe zaharrak	→ **etxe zaharr***etan*	*in the old houses*
toki atseginak	→ **toki atsegin***etan*	*in pleasant places*
ordu txarrak	→ **ordu txarr***etan*	*at bad times*

Words ending in **a**:

tabernak	→ **tabern***etan*	*in bars*

The inessive form of the plural article is **-etan** after both vowels and consonants.
    Note: **Amerika** *America*, but **Ameriketan** *in America* (= *in the Americas*).

Exercise 46
Change from singular to plural.
Example:
Baserrian. **Baserrietan.**
 1. Basoan.
 2. Etxean.
 3. Mendian.
 4. Tabernan.
 5. Arratsaldean.
 6. Egunean.
 7. Gauean.
 8. Izenean.
 9. Herri amerikanoan.
10. Toki atseginean.
11. Ordu beltzean.
12. Ardo onean.
13. Kale zaharrean.
14. Etxe zurian.
15. Klase berrian.
16. Beste herrian.
17. Egun ederrean.

18. Egun guztian.
19. Toki txarrean.
20. Gure mendian.

I (review)
non? *where?*

hemen   *here* (corresponds to **hau**)
hor   *there* (corresponds to **hori**)
han   *over there* (corresponds to **hura**)

J (See sections C and D of the text.)

Hemen		**naiz.**	*I*			*here.*
Idahon		**zara.**	*You*			*in Idaho.*
Ostatu batean	**bizi**	**da.**	*He/she*	*live(s)*		*in a hotel.*
Herrian		**gara.**	*We*			*in town.*
Alde Zaharrean		**zarete.**	*You*			*in the Old Part.*
Etxe txikietan		**dira.**	*They*			*in little houses.*

K

Mikel		**dago** (or **da**).
Ostatua	**Zabaleta kalean**	
Nere aita eta ama	**ederki**	
Taberna horiek		**daude** (or **dira**).

Da and **dira** come from the verb **izan**   *to be*. **Dago** and **daude** come from the verb **egon**, which also usually means *to be*. **Egon** is often used in certain kinds of sentences, but it is always all right to use **izan** instead. **Egon** can be used:
—to say *where* something or someone is (**Zabaleta kalean dago**   *He/she/it is in Zabaleta Street*);
—to say *how* or *in what state* something or someone is (**Ederki dago**   *He/she/it is fine*).
Examples:
Ongi dago   *He is well.*
Nola dago?   *How is he?*
Zer moduz dago?   *How is he?*
Bakarrik dago   *He is alone.*
Euskaraz dago   *It is in Basque.*
Betea dago   *It is full.*
     Egon is *not* used as an auxiliary: **bizi** *da*, **joango** *da*, etc.

Exercise 47
     (a) Repeat exercise 43 using **dago** instead of **da**.
Example:
Non dago zure aita orain? **Nere aita Californian dago.**
     (b) Do the same with exercise 44.
Example:

Non dago zuen laguna? **Gure laguna etxe batean dago.**

    (c) Put (a) into the plural.

Example:

Non daude zure aita eta ama orain? **Nere aita eta ama Californian daude.**

    (d) Put (b) into the plural.

Example:

Non daude zuen lagunak? **Gure lagunak etxe batean daude.**

Exercise 48

    (a) Make these sentences plural.

    (b) Make the sentences negative.

Examples:

Mendia ederra da.

Ostatua hemen dago.

(a) **Mendiak ederrak dira.**

    Ostatuak hemen daude.

(b) **Mendia ez da ederra.**

    Ostatua ez dago hemen.

  1. Taberna txikia da.

  2. Taberna betea dago.

  3. Klasea euskaraz da.

  4. Klasea atsegina da.

  5. Nere ama ongi dago.

  6. Nere ama amerikanoa da.

  7. Nere ama bakarrik dago.

  8. Ostatu hau txarra da.

  9. Gazte hori beste toki batean dago.

10. Gizon berria hor dago.

L

berrogeitabat *forty-one*		**hirurogeitabat** *sixty-one*	
berrogeitabi *forty-two*		**hirurogeitahamar** *seventy*	
berrogeitahiru *forty-three*		**hirurogeitahamaika** *seventy-one*	
berrogeitahamar *fifty*		**laurogei** *eighty*	
berrogeitahamaika *fifty-one*		**laurogeitabat** *eighty-one*	
berrogeitahamabi *fifty-two*		**laurogeitahamar** *ninety*	
berrogeitahamahiru *fifty-three*		**laurogeitahamaika** *ninety-one*	
hirurogei *sixty*		**ehun** *a hundred*	

M

Zenbat urte dituzu?	*How old are you?*

18 21 90	**urte ditut.**	*I am*	18 21 90	*years old.*

Exercise 49
Zenbat urte dituzu?
Example:
20 urte. **Hogei urte ditut.**
  1. 22 urte.
  2. 30 urte.
  3. 32 urte.
  4. 35 urte.
  5. 40 urte.
  6. 50 urte.
  7. 43 urte.
  8. 56 urte.
  9. 61 urte.
10. 71 urte.

N

Zenbat da, mesedez?	*How much is it, please?*
Zenbat da hau, mesedez?	*How much is this, please?*

20 **30** **95**	**pezeta** or **pezta.**	*20* *30* *95*	*pesetas.*

Exercise 50
Zenbat da, mesedez?
  1. 25 pta.
  2. 42 pta.
  3. 51 pta.
  4. 60 pta.
  5. 75 pta.
  6. 80 pta.
  7. 85 pta.
  8. 90 pta.
  9. 99 pta.
10. 100 pta.

Exercise 51 (Review)
    (a) Put the appropriate verb form in the blank: **naiz, zara, da, gara, zarete, dira, dut, duzu, du, dugu, duzue, dute.**
    (b) Put the sentences into the negative.
Examples:
Ni hor bizi _____.
Nik hori nahi _____.
(a) **Ni hor bizi naiz.**
   Nik hori nahi dut.

(b) **Ni ez naiz hor bizi** or **Ni ez naiz bizi hor.**
   Nik ez dut hori nahi or **Nik ez dut nahi hori.**

1. Mikel asko pozten _____.
2. Mikelek gizon bat ikusi _____.
3. Gure haurrak etorriko _____.
4. Gu bakarrik joango _____.
5. Zu baso batean bizi _____?
6. Zuek berandu etorriko _____.
7. Guk euskara ikasi _____.
8. Zuk itsasoa ikusi _____.
9. Zuek ederki bukatu _____.
10. Mutil guztiek uste _____ hori.

Exercise 52 (Review)
Translate the following.

1. Where do you live?
2. I live in America.
3. I saw Mikel at night in the Old Part.
4. My father is at sea.
5. Look over there!
6. The boys are in class now.
7. Hey! Excuse me! Where is this place, please?
8. Look: it's there.
9. Thank you very much. See you later.
10. Hi. What do you want? A wine? Here you are.
11. I'm glad, really. —So am I!
12. How many children will come in the afternoon? —Forty.
13. Will the girls go? —No, they don't want (to). Only the boys will go.
14. I live in the Old Part, and I speak Basque. —Great!
15. I don't want much wine.

Reference Notes

28 (adjectivals without a noun)   48 (the inessive case)
36 (basic case suffixes)   69 (simple tenses of **jakin**)
37 (placement and forms of case endings) 178 (**izan** and **egon**)
41 (the absolute case)

UNIT 6

KALEAN AFALTZEN

Since it is getting to be Basque dinnertime (nine o'clock or later), the friends decide to go to a restaurant, where they get a table, sit down, and order a typical Basque meal. Besides learning how to order food in a restaurant, you will also acquire the ability to say more about places and things, say what exists and what is available, and say what you want and what you don't want. You will learn another verb *to be*, **egon**, and make the acquaintance of two essential grammatical elements, the affirmative prefix **ba-** and the partitive suffix **-ik**. The unit also finishes off the cardinal numbers and shows how to express years.

Kalean Afaltzen	*Having Dinner Out*
A	
(Hamarrak dira, eta gure lagunak oraindik kalean daude.)	(*It's ten o'clock, and our friends are still out.*)
ITZIAR: Gose naiz!	*I'm hungry.*
IÑAKI: Bai eta ni ere.	*So am I.*
JOSEBA: Ni ere goseak nago.	*I'm hungry too.*
XABIER: Ez da harritzekoa. Afaltzeko ordua da eta.	*It's not surprising. It's dinnertime.*
B	
IÑAKI: Zer egingo dugu? Etxera joango gara?	*What shall we do? Shall we go home?*
ITZIAR: Ala hemen afaldu?	*Or have dinner here?*
JOSEBA: Bale, baina non?	*Okay, but where?*
ITZIAR: Ba, ez dakit . . .	*Well, I don't know . . .*
XABIER: Kale honetan badago toki bat . . .	*In this street there's a place . . .*
JOSEBA: Bai, badago bat; ona gainera.	*Yes, there is one; good too.*
ITZIAR: Joan nahi duzue?	*Do you want to go?*
JOSEBA: Ni behintzat prest nago afaltzeko.	*I'm certainly ready for dinner.*
XABIER: Goazen orduan.	*Let's go then.*
IÑAKI: Goazen ba.	*Let's go.*
C	
XABIER: Hemen da tokia. Begira. Irekita dago.	*Here's the place. Look. It's open.*
IÑAKI: Jende asko dago barruan.	*There are a lot of people inside.*
JOSEBA: Ea, goazen barrura!	*Come on, let's go in!*
D	
(Barruan.)	(*Inside.*)

IÑAKI: Ez dago mahairik. Beteta
    daude guztiak.

There's no table. They're all full.

JOSEBA: Ez dago tokirik.

There isn't any room.

XABIER: Badago, begira! Badago ma-
    hai bat hor.

There is, look! There's a table there.

ITZIAR: Bai, libre dago.

Yes, it's free.

MIKEL: Goazen mahaira azkar.

Let's go to the table quickly.

E

IÑAKI: Joseba non dago?

Where's Joseba?

MIKEL: Ez dakit ba . . .

I don't know . . .

XABIER: E, Joseba! Non zaude?

Hey, Joseba! Where are you?

JOSEBA: Hemen nago!

I'm here!

XABIER: Mahai bat dago hemen. Etorri
    eta eseri!

There's a table here. Come and sit down!

F

(Mahaian eserita daude.)

(They are sitting at the table.)

JOSEBA: Uf! nekatuta nago.

Phew! I'm tired.

MIKEL: Ni ere bai.

So am I.

IÑAKI: Zer dago afaltzeko?

What is there for dinner?

XABIER: Ez dakit. Orain ikusiko dugu.

I don't know. We'll see now.

G

MUTILA: Gabon.

Good evening.

ITZIAR: Berdin. Zer dago afaltzeko?

Good evening. What is there for dinner?

MUTILA: Hasteko entsalada eta
    arrainzopa. Gero txuleta, legatza
    edo bixigua.

To begin, salad and fish soup. Then steak,
hake, or sea bream.

H

MIKEL: Zer dira horiek? Ez dut ulertu.

What are they? I didn't understand.

IÑAKI: Txuleta, haragia da. Legatza
    eta bixigua, arrainak dira.

Txuleta *is meat.* **Legatza** *and* **bixigua**
are fish.

I

ITZIAR: Nik entsalada eta txuleta nahi
    dut.

I want salad and steak.

XABIER: Nik ere bai.

So do I.

JOSEBA: Nik ez dut haragirik nahi.
    Legatza jango dut. Zuk ere bai?

I don't want meat. I'm going to eat hake.
You too?

IÑAKI: Ez, ez dut arrainik nahi. Txule-
    tak onak dira hemen, gainera. Nik
    txuleta. Eta zuk, Mikel?

No, I don't want fish. Besides, the steaks
are good here. I'll have a steak. How
about you, Mikel?

MIKEL: Nik? Arrainzopa, eta gero txu-
    leta.

Me? Fish soup, and then steak.

J

ITZIAR: Ekarri entsalada handi bat eta
    arrainzopa bat; gero lau txuleta eta
    legatz bat, mesedez.

Bring a big salad and one fish soup; then
four steaks and one hake, please.

MUTILA: Entsalada handia,
    arrainzopa, legatza eta lau txuleta.
    Edateko? Ardoa?

A large salad, a fish soup, a hake, and
four steaks. To drink? Wine?

XABIER: Beltza nahi duzue?

Do you want red wine?

BESTEAK: Bai, bai, beltza.   *Yes, red wine.*
MUTILA: Beltza. Ederki.   *Red wine. Very well.*

Vocabulary

ala *or*
arrain *fish*
balio du *it costs, it is worth*
barruan *inside*
behintzat *certainly, at least*
bixigu *sea bream (a kind of fish)*
edo *or*
egingo dut *I'll do, I'll make*
ekarri! *bring!*
entsalada *salad*
eseri! *sit (down)!*
eseri (participle) *sitting*
gainera *furthermore, also, besides*
gero *afterward, later, then*

gose *hungry*
handi or **haundi** *big, large, great*
haragi *meat*
ikusiko dut *I'll see*
ireki (participle) *open*
jende *people*
legatz *hake*
libre *free*
mahai *table*
nekatu (participle) *tired*
prest *ready*
txuleta *steak on a bone, chop*
urte *year*

Notes and Exercises

A

The verb **izan** *to be* (review):

(*ni*)	**Naiz**
(*hura*)	**Da**
(*gu*)	**Gara**
(*zu*)	**Zara**
(*zuek*)	**Zarete**
(*haiek*)	**Dira**

The verb **egon** *to be* (see unit 5, note K):

(*ni*)	**Nago**
(*hura*)	**Dago**
(*gu*)	**Gaude**
(*zu*)	**Zaude**
(*zuek*)	**Zaudete**
(*haiek*)	**Daude**

Note changed order of the persons, putting **zara** after **gara** and **zaude** after **gaude**—this arrangement shows better how the paradigm is formed. From here on this order will be used.

Exercise 53

Invent answers to the following questions, using **egon**.
Example:
Non dago zure laguna?
Nere laguna etxean dago or

Mendian dago or
Idahon dago.
1. Non daude arrainak?
2. Zu non zaude?
3. Ni non nago?
4. Zuek non zaudete?
5. Gu non gaude?

B
Review unit 2, notes B and C:

Alde Zaharra	atsegin-	A	da.
Ni	amerikano-	A	naiz.
Taberna	bete-	A	da/dago.
Kaleak	atsegin-	AK	dira.
Gu	euskaldun-	AK	gara.
Ostatuak	bete-	AK	dira/daude.

Now compare:

Mahai hori	libre	dago.		
Mahai horiek	libre	daude.		
Ni	gose	naiz	*or*	**Ni goseak nago.**
Gu	gose	gara	*or*	**Gu goseak gaude.**
Mikel	prest	dago.		
Besteak ere	prest	daude.		
Ama	bakarrik	dago.		
Haurrak	bakarrik	daude.		
Ni	ongi	nago.		
Gu	ongi	gaude.		

Some predicates, like these, are used without the article, and so are the same in singular and plural. Many of them take the verb **egon**, but not all. So also **Berandu da**, **Berdin da** (unit 1).

Exercise 54
Use each of these words in a sentence, taking care to check whether it requires the article (e.g., **atsegin**) or not (e.g., **prest**):
1. atsegin
2. prest
3. bakarrik
4. beltz
5. berandu
6. gorri
7. on
8. ongi

9. polit
10. eder
11. ederki
12. txiki
13. zahar
14. berri
15. berdin
16. berde
17. goseak
18. gazte
19. gose
20. txar
21. haundi

C

Taberna Denda Neska Mikel	bete- ireki- eseri- nekatu-	**TA**	**dago.**
Ostatuak Dendak Gizonak Nere lagunak			**daude.**

The bar *The store* *The girl* *Mikel*	*is*	*full.* *open.* *sitting.* *tired.*
The hotels *The stores* *The men* *My friends*	*are*	

Notes:
  (a) **Bete, ireki, eseri,** and **nekatu** are *participles*. The suffix **-ta** (**-da** after **n** or **l**) may be added to participle predicates like these. No article is used, so it does not change for singular and plural.
  (b) It is also correct to use these participles with the article instead (which changes for singular and plural):
Taberna betea or **beteta dago.**   *The bar is full.*
Tabernak beteak or **beteta daude.**   *The bars are full.*
  (c) The same forms that are used as participles (*dictionary forms*) may be used as *imperatives*: **Eseri!**   *Sit down!* **Ireki hau!**   *Open this!*

Exercise 55
Complete the following sentences.
Example:
Mikel . . . nekatu . . . **Mikel nekatuta dago.**
  1. Nere aita . . . eseri . . .
  2. Mikel eta Itziar . . . nekatu . . .
  3. Dendak . . . ireki . . .
  4. Taberna hau . . . bete . . .
  5. Toki hori . . . ireki . . .
  6. Hiru emakume . . . eseri . . .
  7. Ostatu guztiak . . . bete . . .

D

Ba-	da or dago	ardoa. tokia. mahai bat. haur bat.
	dira or daude	ostatuak. bi neska. taberna batzu. herri asko.

There	is	wine. room. a table. a child.
	are	hotels. two girls. some bars. many towns.

Notes:

(a) Concerning **ba-**, see unit 5, note D.

(b) **Bada**, **badago**, etc., may be placed either before or after the noun: **Badago ardoa** or **Ardoa badago**.

(c) **Ardoa dago** is also possible: **Jende asko dago barruan**; **Mahai bat dago hemen**.

Exercise 56

Tell what there is in the town.

Examples:

Jendea. **Badago** (or **Bada**) **jendea herrian**.

Tabernak. **Badaude** (or **Badira**) **tabernak herrian**.

Ostatu bat. **Badago** (or **Bada**) **ostatu bat herrian**.

1. Gizonak.
2. Berrogei gizon.
3. Baserri polit bat.
4. Baso atseginak.
5. Etxe zahar batzu.
6. Ikasle asko.
7. Haur asko.
8. Hirurogei mutil eta laurogei neska.
9. Alde Zahar bat.
10. Taberna on bat.

E

Ez da(go)	ardorik. tokirik. mahairik. haurrik. ostaturik. neskarik. tabernarik.

There isn't any There is no	wine. room. table. child. hotel. girl. bar.

The ending **-(r)ik**, known as the *partitive suffix*, is here roughly equivalent to *any* in English. It has no plural, and always takes a singular verb.

mendi	→ mendi*rik*	*any hill*
baso	→ baso*rik*	*any forest*
etxe	→ etxe*rik*	*any house*
ordu	→ ordu*rik*	*any hour*

mutil	→ mutil*ik*	*any boy*
euskaldun	→ euskaldun*ik*	*any Basque*
haur	→ haur*rik*	*any child*

Words ending in **a**:

neska	→ neska*rik*	*any girl*

Exercise 57

Tell what there is none of in the town, using the cues from exercise 56. Remember to omit the determiner when adding **-(r)ik**.
Examples:
Ez dago (da) jenderik herrian.
Ez dago (da) tabernarik herrian.
Ez dago (da) ostaturik herrian.

F

Ez	dut dugu . . .	ardorik mahairik haurrik	nahi.

I *We* . . .	*don't want*	*any wine.* *a table.* *a child.*

Exercise 58

Say that you don't want the following things.
Examples:
ardoa. **Ez dut ardorik nahi.**
etxe bat. **Ez dut etxerik nahi.**
ardo beltza. **Ez dut ardo beltzik nahi.**
 1. haragia
 2. arraina
 3. haur bat
 4. lagun berri bat
 5. baserri haundi bat
 6. etxe zuri bat
 7. neska bat
 8. ardo pixka bat
 9. bixigua
10. txuleta bat

G
(a)

Hamarrak dira, *eta* gure lagunak oraindik kalean daude.
Nik entsalada *eta* txuleta nahi dut.
Eta non bizi zara orain?

(b)

Kale hauek txikiak eta zaharrak dira, *baina* politak dira.
Mahai hau zaharra *baina* ona da.
Hau Kale Nagusia da. —Hau?? *Baina* oso txikia da!

(c)

Zer dago afaltzeko? —Txuleta, legatza *edo* bixigua.
Non dago zure laguna orain? —Californian *edo* Idahon. Ez dakit.
Zenbat neska etorriko dira? —Hiru *edo* lau, uste dut.

(d)

Zer nahi duzu? Haragia *ala* arraina?
Non bizi zara? Californian *ala* Idahon? —Idahon.
Etxera joango gara, *ala* hemen jango dugu?

H

ehun eta bat *101*	**zortzirehun** *800*
ehun eta bi *102*	**bederatzirehun** *900*
ehun eta hogeitahamalau *134*	**mila** *1,000*
berrehun *200*	**mila (eta) ehun eta hamaika** *1,111*
hirurehun *300*	**bi mila** *2,000*
laurehun *400*	etc.
bostehun *500*	**milioi bat** *one million*
seirehun *600*	**bi milioi** *two million*
zazpirehun *700*	

I

Zenbat balio du?	*How much does it cost?*

15 100 2000	**pezeta balio du.**	*It costs*	15 100 2,000	*pesetas.*

Exercise 59
Zenbat balio du?
1. 200 pta.
2. 210 pta.

   3. 300 pta.
   4. 320 pta.
   5. 400 pta.
   6. 430 pta.
   7. 500 pta.
   8. 540 pta.
   9. 600 pta.
 10. 650 pta.
 11. 700 pta.
 12. 760 pta.
 13. 800 pta.
 14. 870 pta.
 15. 900 pta.
 16. 980 pta.
 17. 1000 pta.
 18. 1090 pta.
 19. 1500 pta.
 20. 1900 pta.

J
Urteak (*Years*):
Mila bederatzirehun eta laurogei (*1980*)
Mila bederatzirehun eta hirurogeitabederatzi (*1969*)
Mila bederatzirehun eta laurogeitahamar (*1990*)
    When not used in isolation, the names of the years take the singular article:
Mila bederatzirehun eta laurogei*a* **(1980a) urte txarra zen.** *1980 was a bad year.*
1969*an* **jaio nintzen.** *I was born in 1969.*

Exercise 60
Zein urte?
   1. 1981
   2. 1982
   3. 1983
   4. 1984
   5. 1985
   6. 1960
   7. 1961
   8. 1963
   9. 1967
 10. 1970
 11. 1972
 12. 1979
 13. 1948
 14. 1958
 15. 1936

Exercise 61 (Review)
Translate the following, paying special attention to word order.
   1. The ocean is big.

2. The ocean is not green!
3. What is green, then?
4. The mountains are green.
5. The mountains are also (**gainera**) pleasant.
6. What is there on the mountain?
7. There's a wood on the mountain.
8. Where is your farm?
9. My farm is on the mountain.
10. Is San Sebastian in the mountains?
11. No, San Sebastian is not in the mountains.
12. How is your mother?
13. Mother is not well.
14. I know Basque.
15. Do you know Basque? Yes, I do (**badakit**).
16. Do you know Basque too?
17. Yes, I know Basque too.
18. There are people inside here.
19. There's a girl inside.
20. Which is your child? That one is my child.
21. What have you seen?
22. I've seen the Old Part.
23. What shall we do? We'll see the Old Part.
24. A guy is going to come.
25. But he'll come late.
26. Have you finished your (the) wine?
27. I haven't finished my (the) wine.
28. We haven't seen the ocean.
29. We're going to see it now.
30. I've certainly seen the ocean.

Exercise 62 (Review)

Translate the following.
1. I'm hungry.
2. I'm not ready.
3. I'm a little tired.
4. Are you ready?
5. It isn't late.
6. The people are sitting in the street.
7. Sit there. It's full inside.
8. Bring a table, please.
9. Are you okay?
10. This isn't bad.
11. I like the evening.
12. Besides, it's a fine night.
13. Look over there! Who's (**nor**) there? It's my friends.
14. How much does it cost, please?
15. What shall we do then?
16. I don't know what.
17. Shall we do that, or shall we go?

18. Have a little wine, I don't want (it)!

19. What wine is this?

20. They're in Bilbao (**Bilbo**) or Gasteiz; I don't know where.

Reference Notes

19 (the partitive)

24 (predicate adjectives)

30 (participles)

64 (simple tenses of **egon**)

151 (coordinating conjunctions)

178 (**izan** and **egon**)

UNIT 7
GOAZEN MERKATURA!

Mikel is on his way to one of Donostia's markets to buy some food, and runs into Iñaki, who has just come from a class. They decide to go to the market together. For the first time the English translation of the text is not given; this is a new challenge, to be tackled with patience and perseverance, but remembering that full comprehension will come gradually. On the first reading you should be happy with catching the gist of the story, even if you miss details; what you don't understand today will make more sense tomorrow. Having already learned to express the notion of *where*, in this unit you will discover how to say *where to* and *where from*, which are equally important. You will also learn the verbs *come* and *go* and some ways of talking about time, including the names of the days of the week.

Goazen Merkatura!

A
Donostiako Alde Zaharrean, badago merkatu handi bat. *Bretxa* du izena. Gauza asko saltzen dute han: fruta, haragia, arraina.
B
Ostirala da. Hamar t'erdiak dira. Mikel, gure lagun amerikanoa, kalean dabil orain. Etxetik dator. Eta nora doa? Merkatura doa. Bretxara doa.
C
Baina begira, begira! Nor dator hor? Nor da beste mutil hori? Hori ere gure laguna da. Eta Mikelen laguna da. Nola du izena? Iñaki. Bera ere Alde Zaharrean dabil. Entzun orain.
D
MIKEL: Iñaki! Kaixo mutil!
IÑAKI: Epa, Mikel! Zer zabiltza hemen? Nora zoaz?
MIKEL: Merkatura noa. Zu nondik zatoz?
IÑAKI: Orain klasetik nator.
E
MIKEL: Zer ordutan da zure klasea?
IÑAKI: Bederatzietatik hamarretara.
MIKEL: Eta orain bukatu duzu?
IÑAKI: Ez. Ez dut bukatu. Badago beste klase bat hamaika t'erdietan. Hamaika t'erdietan joango naiz berriz.
F
MIKEL: Ni orain merkatura noa. Eta gero, hemendik etxera.
IÑAKI: Zein merkatutara zoaz?
MIKEL: Alde Zaharreko merkatura. Nola du izena? Ez dakit.
IÑAKI: Bretxa du izena. Ezagutzen duzu?
MIKEL: Ez, ez dut ezagutzen. Baina orain joango naiz Bretxara, eta ikusiko dut.

IÑAKI: Ni ere hara joango naiz ba; eta gero klasera.
MIKEL: Ederki. Etorri.
Eta elkarrekin doaz biak merkatura.

Vocabulary

Eautobus *bus*
biak *both*
boltsa *bag*
denda *store*
dut izena *I am called*
elkarrekin *together*
entzun! *listen!*
esku *hand*
etorri! *come!*
ezagutzen dut *I know, am acquainted
  with*

fruta *fruit*
gauza *thing*
hondartza *beach*
kafe *coffee*
merkatu *market*
nor *who?*
oinez *on foot*
plaza *plaza*
saltzen dut *I sell*

Notes and Exercises

A

California →	**Californi*a*ra**	*to California*
Donibane →	**Donibane*ra***	*to Donibane*
Baigorri →	**Baigorri*ra***	*to Baigorri*
Lekeitio →	**Lekeitio*ra***	*to Lekeitio*
Mutriku →	**Mutriku*ra***	*to Mutriku*
Gasteiz →	**Gasteiz(*er*)*a***	*to Gasteiz*
Eibar →	**Eibarr(*er*)*a***	*to Eibar*
Irun →	**Irun(*er*)*a***	*to Irun*
Madril →	**Madril(*er*)*a***	*to Madrid*

This ending, **-ra** after vowels and **-a** or **-era** after consonants, is that of the *allative case*, expressing *where to*, usually translated by *to* in English.

Exercise 63
Nora joango da zure laguna?
Say where your friend is going.
Example:
California.
Nere laguna Californiara joango da.
 1. Igeldo.
 2. Idaho.
 3. Nevada.
 4. Bilbo (Bilbao).
 5. Oñati.
 6. Asteasu.
 7. New York.
 8. Oregon.
 9. Londres (London).
10. Elgoibar.

B

California	→ **Californiatik**	*from/through California*
Donibane	→ **Donibanetik**	*from/through Donibane*
Baigorri	→ **Baigorritik**	*from/through Baigorri*
Lekeitio	→ **Lekeitiotik**	*from/through Lekeitio*
Mutriku	→ **Mutrikutik**	*from/through Mutriku*
Gasteiz	→ **Gasteiztik**	*from/through Gasteiz*
Eibar	→ **Eibartik**	*from/through Eibar*

Names ending in **n** or **l**:

Irun	→ **Irundik**	*from/through Irun*
Madril	→ **Madrildik**	*from/through Madrid*

This ending **-tik** (**-dik** after **n** or **l**) is that of the *ablative case*, expressing *where from* or *through where, which way.*

Exercise 64
Nondik etorriko dira zure aita eta ama?
Using the cues of exercise 63, say where your parents will be coming from.
Example:
Nere aita eta ama Californiatik etorriko dira.

C

bat → **batera** *to a*	**batetik** *from a, through a*

Examples:
taberna batera   *to a bar*
Goazen beste taberna batera!   *Let's go to another bar!*
herri batetik   *from a town*
kale batetik   *through a street*

D
Allative and ablative of the singular article:

	to	from, through
taberna	→ **tabernara**	**tabernatik**
kalea	→ **kalera**	**kaletik**
herria	→ **herrira**	**herritik**
itsasoa	→ **itsasora**	**itsasotik**
ostatua	→ **ostatura**	**ostatutik**
mendi berdea	→ **mendi berdera**	**mendi berdetik**
ardo zuria	→ **ardo zurira**	**ardo zuritik**
herri guztia	→ **herri guztira**	**herri guztitik**

izena	→ izen*era*	izen*etik*
zuhaitza	→ zuhaitz*era*	zuhaitz*etik*
Alde Zaharra	→ Alde Zaharr*era*	Alde Zaharr*etik*
toki atsegina	→ toki atsegin*era*	toki atsegin*etik*
ardo beltza	→ ardo beltz*era*	ardo beltz*etik*

The allative form of the singular article is **-ra** after vowels, **-era** after consonants.
The ablative form of the singular article is **-tik** after vowels, **-etik** after consonants.

Exercise 65

    (*a*) Answer negatively.
    (*b*) Answer positively.

Examples:

Iñaki klase batean dago?

Emakume horiek merkatuan daude?

(*a*) **Ez, baina klase batera joango da orain.**
    Ez, baina merkatura joango dira orain.

(*b*) **Bai. Orain klase batetik etorriko da.**
    Bai. Orain merkatutik etorriko dira.

1. Mikel taberna batean dago?
2. Zure aita itsasoan dago?
3. Joseba etxean dago?
4. Neska-mutil horiek Alde Zaharrean daude?
5. Zure laguna Bilbon dago?
6. Gazte haiek baserri batean daude?
7. Nere ikaslea kalean dago?
8. Mikelen lagunak Gasteizen daude?

E

Allative and ablative of the plural article:

		to	*from, through*
kaleak	→ kale*etara*	kale*etatik*	
herriak	→ herri*etara*	herri*etatik*	
basoak	→ baso*etara*	baso*etatik*	
ostatuak	→ ostatu*etara*	ostatu*etatik*	
mendi berdeak	→ mendi berde*etara*	mendi berde*etatik*	
etxe zuriak	→ etxe zuri*etara*	etxe zuri*etatik*	
herri guztiak	→ herri guzti*etara*	herri guzti*etatik*	
izenak	→ izen*etara*	izen*etatik*	
zuhaitzak	→ zuhaitz*etara*	zuhaitz*etatik*	
etxe zaharrak	→ etxe zaharr*etara*	etxe zaharr*etatik*	
toki atseginak	→ toki atsegin*etara*	toki atsegin*etatik*	
ordu txarrak	→ ordu txarr*etara*	ordu txarr*etatik*	

Words ending in **a**:

tabernak	→ taberne*tara*	taberne*tatik*

The allative form of the plural article is **-etara**, and the ablative form is **-etatik**, after both vowels and consonants.

Exception: **Amerika** forms the inessive **Ameriketan**, allative **Ameriketara**, ablative **Ameriketatik**.

Exercise 66
Change from singular to plural:
Examples:
Baserrira. **Baserrietara.**
Dendatik. **Dendetatik.**

 1. Basoan.
 2. Etxera.
 3. Menditik.
 4. Tabernara.
 5. Arrainetik.
 6. Mahaira.
 7. Autobusetik.
 8. Boltsan.
 9. Nere eskura.
10. Beste hondartzan.
11. Gure merkatutik.
12. Plaza handian.
13. Gauza txikitik.
14. Toki atseginera.
15. Kale zaharretik.

F

Inessive:
non? *where?*
hemen *here*
hor *there*
han *over there*
Allative:
nora? *where (to)?*
hona (*to*) *here*

horra (*to*) *there*
hara (*to*) *over there*
Ablative:
nondik? *where from? through where?*
hemendik *from here, through here*
hortik *from there, through there*
handik *from over there, through there*

G (See section B of the text.)
(a)

> **Nondik** *dator* **Mikel orain?** **Etxetik** *dator.*
> *Where is Mikel coming from now? He's coming from home.*
> **Nor** *dator?* **Iñaki** *dator.*
> *Who's coming? Iñaki's coming.*
> **Non dago Itziar?** **Ba***dator.*
> *Where's Itziar? She's coming.*

(b)

> **Nora *doa* Mikel? Merkatura *doa*.**
> *Where's Mikel going? He's going to the market.*
> **Autobus hau ez *doa* nere etxera.**
> *This bus doesn't go to my house.*
> **Autobusa ba*doa* orain.**
> *The bus is going now.*

(c)

> **Non *dabil* Mikel orain? Kalean *dabil*.**
> *Where is Mikel now? He's out (in the street).*
> **Nola (Zer moduz) *dabil* zure ama? Ongi *dabil*.**
> *How is your mother getting on? She's doing fine.*

H

> **Nondik *datoz* gizon horiek? Etxetik *datoz*.**
> *Where are those men coming from? They're coming from home.*
> **Nere lagunak ba*doaz* orain.**
> *My friends are going now.*
> **Amerikano hauek ederki *dabiltza* Euskal Herrian.**
> *These Americans are getting along fine in the Basque Country.*

Exercise 67
Using the cues of exercise 65:
    (a) Answer like this:
Ez, baina klase batera doa orain.
Ez, baina merkatura doaz orain.
    (b) Answer like this:
Ez, baina klase batetik dator orain.
Ez, baina merkatutik datoz orain.
    (c) Answer like this:
Bai, klase batean dabil orain.
Bai, merkatuan dabiltza orain.

Exercise 68
    (a) In this exercise, complete the sentences choosing the verb according to the
        case of the noun:
if allative (**-ra**), use **doa/doaz**;
if ablative (**-tik**), use **dator/datoz**;
if inessive (**-an**), use **dabil/dabiltza**.
    (b) Make the same sentences negative.

(c) From the cues, produce questions and answers, using **non**, **nora**, or **nondik** in the questions.

Examples:

Mikel etxera . . .

Gure aita itsasoan . . .

Neska-mutilak Donostiatik . . .

(a) **Mikel etxera doa.**

Gure aita itsasoan dabil.

Neska-mutilak Donostiatik datoz.

(b) **Mikel ez doa etxera.**

Gure aita ez dabil itsasoan.

Neska-mutilak ez datoz Donostiatik.

(c) **Nora doa Mikel? Etxera doa.**

Non dabil gure aita? Itsasoan dabil.

Nondik datoz neska-mutilak? Donostiatik datoz.

1. Gizon hura baserrian . . .
2. Emakume batzu Bretxara . . .
3. Amerikano hori Alde Zaharretik . . .
4. Edurne eta Itziar elkarrekin . . . kalean.
5. Autobus hau merkatura . . .
6. Neska hauek Iñakiren klasetik . . .
7. Haur haiek bakarrik . . . kaleetan.
8. Gazteak mendietara . . .
9. Mutila Ameriketatik . . .
10. Lagun guztiak Donostian . . .

I

ETORRI	JOAN	IBILI	EGON
Nator	Noa	Nabil	Nago
Dator	Doa	Dabil	Dago
Gatoz	Goaz	Gabiltza	Gaude
Zatoz	Zoaz	Zabiltza	Zaude
Zatozte	Zoazte	Zabiltzate	Zaudete
Datoz	Doaz	Dabiltza	Daude

Exercise 69

Invent answers to the following questions.

Example:

Nora doa autobus hau, mesedez?

Autobus hau Donostiara doa.

1. Nora zoaz orain?
2. Nondik datoz fruta hauek?
3. Nor dabil plazan orain?
4. Nora goaz?
5. Nora zoazte elkarrekin?
6. Oso berandu da! Nondik zatoz?

7. Nola zatozte hondartzatik?
8. Non zabiltza egun guztian?

J

astelehen(a) *Monday*   **ostiral(a)** *Friday*
astearte(a) *Tuesday*   **larunbat(a)** *Saturday*
asteazken(a) *Wednesday*   **igande(a)** *Sunday*
ostegun(a) *Thursday*

Notes:
(a) In Basque the names of days of the week are not written with a capital letter unless at the beginning of the sentence: **Gaur igandea da.** *Today is Sunday.*
(b) In Basque days of the week are treated as common nouns and require the article (as above) or another determiner.

K

The inessive, allative, and ablative cases are used in expressions of time:

(a) Inessive expressing *when*:

Asteazkenean **joango naiz.** *I'll go on Wednesday.*
Beste egun batean **etorriko gara.** *We'll come another day.*
Badago klase bat *hamaika t'erdietan.* *There's a class at eleven-thirty.*

(b) Ablative expressing *since*:

Igandetik **ez dut Itziar ikusi.** *I haven't seen Itziar since Sunday.*

(c) Ablative and allative expressing *from . . . until*:

Astelehenetik ostiralera **badaude klaseak.** *There are classes from Monday to Friday.*
Bederatzietatik hamarretara. *From nine to ten o'clock.*

Exercise 70 (Review)
Translate the following.
1. Come here, please.
2. Let's go there.
3. From here to Bilbao in an hour.
4. Where from and where to?
5. From there to here.
6. Then we'll go to the American bar.
7. From six o'clock to seven-thirty.
8. From the afternoon to the night.
9. From plaza to plaza.
10. From one to the other.
11. I'm walking (going on foot) to a small village.
12. I'm coming now.
13. I'm doing (use the verb **ibili**) well here.
14. Are you coming on foot?
15. Are you going to a class? Which class is it?
16. How (**zer moduz**) are you doing?
17. We're very tired.
18. We've finished the coffee and we're going home.
19. Hey, we're coming too!

20. Where are you guys going?

21. Are you guys coming then?

Exercise 71 (Review)
Translate the following.

There are three fine beaches in San Sebastian. But one is really very, very pretty. It is called La Concha, or, in Basque, Kontxa. Now it is afternoon, and Mikel and Iñaki are there. The beach is big, but there are a lot of people. Old and young, men and women, boys and girls and little children too.

The beach is full. Some are in the ocean; others are sitting together; others, asleep (**lotan**). There is no free space on the beach.

Now it's late. The people are tired and they're going home. It's tranquil (**lasai**) on the Kontxa now. A really pleasant hour! At night there are few people there. The two friends are alone, but they're glad!

Reference Notes

49 (the allative case)
50 (the ablative case)
65 (simple tenses of **etorri**)
66 (simple tenses of **joan**)

67 (simple tenses of **ibili**)
175 (time expressions)
202 (days of the week)

UNIT 8
REVIEW AND PRACTICE

First you will practice recognizing and reproducing functional elements in conversations. Then you will read the first text of the elementary reader found after the study units and learn a bit of Basque geography. There is also an exercise to help you to penetrate the mysteries of Basque word order.

A Chance Meeting

MARGARI: Aupa, Mari Jose!

MARI JOSE: Oi! zu hemen!

MARGARI: Zer dugu, neska? Zer moduz?

MARI JOSE: Bizi gara!

MARGARI: Zer zabiltza? Dendetan?

MARI JOSE: Bai neska, merkatura noa, arrain pixka bat nahi dut eta.

MARGARI: Ederki. Ni hementxe . . . Zer berri?

MARI JOSE: Ez dago gauza haundirik.

MARGARI: Zer moduz etxean?

MARI JOSE: Ongi, denak ongi. Zuek ere bai?

MARGARI: Bai, ondo esan beharko.

MARI JOSE: Nola dira aita eta ama?

MARGARI: Aita ongi dabil orain. Ama ere poliki dabil. Hau zure ahizpa txikia da, ezta?

MARI JOSE: Bai. Ez duzu ezagutzen? Amaia du izena.

MARGARI: Nola?

MARI JOSE: Amaia.

MARGARI: A, Amaia! Bai izen polita! Asko gustatzen zait. Kaixo Amaia!

AMAIA: Kaixo.

MARGARI: Zenbat urte dituzu, Amaia? Badakizu?

MARI JOSE: Lau urte ditu.

MARGARI: Lau urte dituzu?

AMAIA: Bai.

MARGARI: Oso handia zara, ezta?

AMAIA: Bai.

MARGARI: A ze neska polita!

AMAIA: Zer dago zure boltsan?

MARGARI: Nere boltsan? Sagarrak, fruta, eta beste gauza batzu, begira. Nahi duzu sagar bat?

AMAIA: Bai!

MARGARI: Tori! Hartu sagarra!

MARI JOSE: Amaia, esan eskerrik asko!

AMAIA: Eskerrik asko.

MARI JOSE: Horixe da. Oso ondo.

MARGARI: Ez horregatik. Zer, Mari Jose, taberna batera joango gara?

MARI JOSE: Ez neska, berandu da eta. Gainera, Amaia gose da. Ordu bata laurden gutxi. Uf! zer berandu!

MARGARI: Beno, beste bat arte orduan.

MARI JOSE: Bai, ikusi arte, Margari. Esan agur, Amaia.

AMAIA: Agur.

MARGARI: Agur, Amaia.

MARI JOSE: Eskuminak zure aita eta amari.

MARGARI: Eskerrik asko. Agur eta ondo ibili.

MARI JOSE: Bai, berdin. Adio, adio.

Exercise 72

Join "sentence beginnings" from the left to "sentence endings" from the right to form correct sentences that describe the preceding conversation accurately. Example:

Mari Jose eta Margari lagunak dira.

Mari Jose eta Margari Mari Jose Margariren aita eta ama Mari Joseren ahizpak Margarik Amaiaren izena Amaiak Gauza asko Amaia Mari Josek	sagar bat nahi du. merkatura doa. daude Margariren boltsan. ez du Amaia ezagutzen. gose da. lau urte ditu. ongi daude orain. gustatzen zaio Margariri. Amaia du izena. etxera joan nahi du. taberna batera joan nahi du. lagunak dira.

Exercise 73

Take Mari Jose's part in this abridged version of the conversation:

MARGARI: Aupa, Mari Jose!

MARI JOSE: Oi! _____ hemen!

MARGARI: Zer dugu, neska? Zer moduz?

MARI JOSE: Bizi _____!

MARGARI: Zer zabiltza? Dendetan?

MARI JOSE: Bai _____, merkatura _____, arrain _____ _____ nahi _____ eta.

MARGARI: Ederki. Ni hementxe . . . Zer berri?

MARI JOSE: _____ _____ _____ haundirik.

MARGARI: Zer moduz etxean?

MARI JOSE: _____, denak _____. _____ _____ _____?

MARGARI: Bai, ondo, esan beharko.

MARI JOSE: Nola _____ _____ _____ _____?

MARGARI: Aita ongi dabil orain. Ama ere poliki dabil. Zer, Mari Jose, taberna batera joango gara?

MARI JOSE: _____ neska, berandu _____ _____. Gainera, _____ gose _____.
_____ bata _____ gutxi. _____! _____ berandu!

MARGARI: Beno, beste bat arte orduan.

MARI JOSE: _____, ikusi _____, Margari. _____ agur, Amaia.

AMAIA: Agur.

MARGARI: Agur, Amaia.

MARI JOSE: Eskuminak _____ _____ eta amari.

MARGARI: Eskerrik asko. Agur eta ondo ibili.

MARI JOSE: _____, _____. _____, _____.

Exercise 74

(a) Find expressions and sentences in the conversation that are used to fulfill the following communicative functions:

—asking someone to repeat something
—expressing approval
—expressing gratitude
—expressing or asking about knowledge
—expressing liking
—greeting people
—introducing people and being introduced
—making suggestions and responding to them
—offering and giving
—taking leave

(b) Keep a notebook in which you list as many ways as possible of expressing each of these and other communicative functions in Basque. Add new expressions as you encounter them.

Exercise 75

You are in a big bar full of people, all talking loudly. It is impossible to hear what people are saying around you, except that you sometimes hear short snatches of different conversations. These are enough to tell you that someone is agreeing, someone else disagreeing, or offering something, or making a suggestion. As you "eavesdrop," try to say which communicative function is being fulfilled each time:

Functions

1. Adizu motel! Ep! Zu!

2. Ez horregatik, gizona! Ez da ezer hori!

| Asking someone to repeat something |

3. Oso ederki! Primeran!

4. Eskerrik asko benetan. Ez dakizu zenbat eskertzen dizudan!

| Attracting attention |

5. Bai, badakit. Ezagutzen dut, bai.

| Expressing agreement |

6. Nahi duzu? Tori. Hartu bat.

7. Zer egingo dugu? Beste taberna batera joan nahi duzue? Ea ba, goazen!

| Expressing disagreement |

8. Nola? Zer esan duzu?

| Expressing gratitude |

9. Hau da ardoa, hau! Bai goxoa!

| Expressing knowledge |

10. Zu, etorri hona! Eseri hemen!
11. Ez jauna! Kia! Gezurra da, gezurra!
12. Bai, motel, noski. Horixe!

| Expressing liking |
| Expressing satisfaction |
| Making a suggestion |
| Offering someone something |
| Responding to someone's expression of gratitude |
| Telling someone to do something |

Exercise 76

Play the part of yourself in the following conversation with Edurne, giving appropriate replies.

EDURNE: Amerikanoa zara zu, ezta?

YOU:

EDURNE: Orduan Ronald Reagan ezagutzen duzu.

YOU:

EDURNE: Herri hau gustatzen zaizu?

YOU:

EDURNE: Zure aita eta ama hona etorriko dira?

YOU:

EDURNE: Gaur gauean lagun batzu herri batera joango gara afaltzera. Zuk etorri nahi duzu?

YOU:

EDURNE: Orduan, egon Gurea tabernan zortzi t'erdietan, eta handik joango gara denok. Bale?

YOU:

EDURNE: Beno, banoa orain. Zortzi t'erdietan Gurean egongo gara. Agur.

YOU:

Exercise 77

Rewrite this unit's conversation using the following outline as a guide. There is no need for you to follow the original literally; you can introduce as many variations as you like as long as you keep to the same overall scheme of communicative content.

   Margari and Mari Jose see each other by chance in the street and greet each other, exchanging some typical "small talk." Mari Jose introduces her little sister Amaia to Margari, who doesn't know her. Mari Jose has to repeat her sister's name because Margari doesn't catch it the first time she hears it. Margari thinks it's a nice name and talks to Amaia, saying hello to her and asking her how old she is. She thinks Amaia is a pretty girl. Amaia wants to know what is in Margari's bag, and Margari offers her an apple. Mari Jose tells Amaia to thank Margari. Then Margari suggests going to a bar, but Mari Jose declines, because it is late and Amaia is hungry. They say good-bye.

Vocabulary

erdian *in the middle*
espainol *Spanish*
estatu *state*
Euskal Herria *the Basque Country*
frantses *French*
herrialde *region*

hiri *city, town*
hiriburu *capital*
iparralde *north*
kosta *coast*
pertsona *person*
probintzia *province*

Also study the reference section (204, Geography).

Reading

Read the text "Euskal Herriko Probintziak," text 1 of the elementary reader section of this book.

Exercise 78
Zein probintziatan daude herri eta hiri hauek?
Locate a map and use this exercise to learn some Basque geography.
Example:
Altsasu
Zein probintziatan da(go) Altsasu?
Altsasu Nafarroan da(go).

1. Atharratze.
2. Azpeitia.
3. Baiona.
4. Beasain.
5. Bergara.
6. Bermeo.
7. Bilbo.
8. Donapaleu.
9. Donibane Garazi.
10. Donibane Lohizune.
11. Donostia.
12. Durango.
13. Eibar.
14. Elizondo.

15. Gasteiz.
16. Gernika.
17. Irun.
18. Iruñea.
19. Izaba.
20. Laudio.
21. Lizarra.
22. Markina.
23. Maule.
24. Orduña.
25. Tafalla.
26. Tolosa.
27. Tutera.

Grammar

Study the reference section (8–11), on focus and topic and their effect on Basque word order. Then attempt exercise 79. Also read the reference section (16), on the Basque article.

Exercise 79
After studying the reference section (8–11), you will see that standard Basque word order can be analyzed in terms of the four categories Topic, Focus, Verb, and Other Elements, which generally appear (when they appear at all) in that order. Thus we can set out simple sentences in a table like this:

Topic	Focus	Verb	Other Elements
	Ardoa	nahi dut.	
Nik	ardoa	nahi dut.	
	Ardoa	nahi dut	nik.
	Nik	nahi dut.	
	Nik	nahi dut	ardoa.
	Aita	dator.	
Aita		badator.	
		Badator	aita.
Orain	aita	dator.	
	Aita	dator	orain.
Aita		badator	orain.
		Badator	aita orain.
	Aita	etorriko da.	
Aita		etorriko da.	
		Etorriko da	aita.
Aita		ez dator.	
		Ez dator	aita.
Aita		ez da	etorriko.
		Ez dut	ardorik nahi.
Ardorik		ez dut	nahi.
Nik		ez dut	ardorik nahi.
Nik ardorik		ez dut	nahi.
	Zer	nahi duzu?	
etc.			

Practice analyzing Basque sentences by setting them out in such a table. Begin with the answers to exercise 61 (see the key). For example:

Topic	Focus	Verb	Other Elements
Itsasoa	handia	da.	
Itsasoa		ez da	berdea!
	Zer	da	berdea?
	Mendiak	dira	berdeak.
Mendiak	atseginak	dira,	(gainera).

UNIT 9
MERKATUAN EROSTEN

In this unit we follow Mikel and Iñaki to the market, where Mikel finds plenty to look at and listen to as he waits in line at a vegetable stand. You will learn the names of some important foods and other useful shopping vocabulary and how to wait in a "line" (actually there usually is no physical line, only a mental one, since each person knows who comes ahead and who is next behind; confusion can be avoided simply by asking, when one arrives, who was last). You will also make some important discoveries about the expression of the present, past, and future tenses in Basque and will begin to grapple with certain intricacies of the case suffixes. If you find that these are a bit much for you at present, put them aside until you return for a fresh attack when reviewing later on; nothing disastrous will happen as a result!

Merkatuan Erosten

A
Mikel eta Iñaki Bretxako merkatura joan dira elkarrekin, eta han dabiltza orain. Mikelek ez du inoiz ikusi horrelako merkaturik.

B
Jende asko dago gauzak saltzen. Baserriko emakumeak eta gizonak dira asko. Batzuk barruan saltzen dute. Beste batzuk kanpoan, plaza txiki batean. Hizketan edo lanean ari dira.

C
Emakume asko etorri dira gauzak erostera, eta hor dabiltza batetik bestera, erosten edo hizketan. Boltsa handiak dituzte eskuetan.

D
Mikel gauza asko ikusten eta entzuten ari da. Hemen frutak, letxuak, tomateak . . . Hor oilaskoak eta arraultzeak. Han haragia . . . Ogia, gazta, loreak . . .

E
Batzu euskaraz ari dira hizketan. Beste batzu erdaraz ari dira.

F
"Zer behar duzu?" esaten du Iñakik.
"Letxua behar dut," esaten du Mikelek.

G
Barruan daude, eta kanpora doaz letxua erostera. Kanpoan, baserriko emakume bat ari da letxuak, tomateak eta beste gauza asko saltzen.

H
Mikel eta Iñaki ez dira lehenengoak. Emakume bat erosten ari da, eta beste bi edo hiru daude zain. Iñakik esaten du: "Zein da azkena hemen, mesedez?" "Ni naiz azkena," esaten du emakume zahar batek.

I

Gure Iñaki eta Mikel zain daude. Emakume zaharra euskaraz erosten ari da, eta Mikel entzuten ari da.

J

EMAKUMEA: Orain ekarri bi letxua, mesedez.

SALTZAILEA: Hemengo letxuak, ala kanpokoak?

EMAKUMEA: Hemengoak.

SALTZAILEA: Hauek oso onak eta goxoak dira. Zenbat esan duzu? Bi, ezta? Horrela?

EMAKUMEA: Bai. Zenbat balio dute?

SALTZAILEA: Bi hauek, hamabi duro.

EMAKUMEA: Uf! Hamabi duro? Bai garestia!

SALTZAILEA: Garestia neska? Merkea da! Baina begira nolako letxuak! Goxo-goxoak.

K

SALTZAILEA: Zer gehiago behar duzu?

EMAKUMEA: Emaidazu tipula, mesedez.

SALTZAILEA: Tipula. Zenbat?

EMAKUMEA: Kilo erdia.

SALTZAILEA: Hartu libra bat tipula. Zer gehiago?

EMAKUMEA: Bi kilo patata, eta tomate batzu.

SALTZAILEA: Nolako tomateak? Honelako gorri-gorriak?

EMAKUMEA: Ez, berdeagoak. Entsaladakoak.

SALTZAILEA: Hartu zuk tomateak. Hauek? Ederki. Libra eta erdi. Besterik?

EMAKUMEA: Ez, besterik ez. Zenbat da dena?

SALTZAILEA: Letxuak, hirurogei pezeta; tipula, hogei; patatak, berrogei; eta tomateak, hogeitahamar. Guztira, ehun eta berrogeitahamar pezeta; hogeitahamar duro.

Vocabulary

ari naiz *I am doing, I am (doing something)*

arraultze *egg*

azken *last*

azukre *sugar*

batetik bestera *from one place to another*

behar dut *I need*

besterik *anything else*

botila *bottle*

duro *(coin of) five pesetas*

emaidazu *give me!*

entzuten *listening*

erdara *Spanish or French, language other than Basque*

erdaraz *in Spanish or French*

erosten *buying*

esaten dut *I say*

esne *milk*

gaileta *cookie*

garesti *expensive*

gazta *cheese*

goxo *tasty, nice, good (of food)*

hartu *take!*

hemengo *from here, local*

hizketan *talking*

honela *like this, this way*

honelako *like this, this kind of*

horrela *like that, that way*

horrelako *like that, that kind of*

ikusten *seeing, watching*

joan naiz *I went*

kanpoan *outside*

kilo *kilo, kilogram (2.2 lbs)*

lan *work*

lanean *at work, working*

lehen or **lehenengo** *first*

letxua *lettuce*

libra *Basque pound (500 grams)*

litro *liter (2.1 Am. pints)*

lore *flower*
merke *cheap*
nolako *what kind of, what . . . like*
ogi *bread*
oilasko *chicken*
olio *oil*
pakete *packet*
patata *potato*

pezeta *peseta (unit of Spanish currency)*
saltzen *selling*
tipula *onion*
tomate *tomato*
ur (ur-a, etc.) *water*
zain (w. **egon**) *waiting*

Notes and Exercises

A

(a) The Near Past Tense:

bukatu dut *I finished, I have finished*
egin dut *I made, I did, I have made, I have done*
egon naiz *I was, I have been*
esan dut *I said, I have said*
etorri naiz *I came, I have come*
ezagutu dut *I knew, I have known*
ikasi dut *I learned, I have learned*

ikusi dut *I saw, I have seen*
izan naiz *I was, I have been*
jan dut *I ate, I have eaten*
joan naiz *I went, I have gone*
poztu naiz *I was glad*
saldu dut *I sold, I have sold*
ulertu dut *I understood, I have understood*

(b) The Future Tense:

bukatuko dut *I will finish, I am going to finish*
egingo dut *I will make, I will do, I am going to make/do*
egongo naiz *I will be, I am going to be*
esango dut *I will say*
etorriko naiz *I will come*
ezagutuko dut *I will know*

ikasiko dut *I will learn*
ikusiko dut *I will see*
izango naiz *I will be*
jango dut *I will eat*
joango naiz *I will go*
poztuko naiz *I will be glad*
salduko dut *I will sell*
ulertuko dut *I will understand*

(c) The Present Habitual Tense:

bukatzen dut *I finish*
egiten dut *I make, I do*
egoten naiz *I am (habitually)*
esaten dut *I say*
etortzen naiz *I come*
ezagutzen dut *I know*
ikasten dut *I learn*

ikusten dut *I see*
izaten naiz *I am (habitually)*
jaten dut *I eat*
joaten naiz *I go*
pozten naiz *I am glad*
saltzen dut *I sell*
ulertzen dut *I understand*

(d) The Simple Present Tense:
(simple verbs)
naiz *I am*
nago *I am*
nator *I am coming*
(compound verbs)
bizi naiz *I live*
ari naiz *I am doing* (see note B)
nahi dut *I want*

noa *I am going*
nabil *I am*, etc.
dakit *I know*

behar dut *I need*
uste dut *I think*
balio du *it costs*

Exercise 80

Use each of the following in a sentence. Make sure in particular that you realize what tense—present, future, or past—each verb form is in. You may make the verb negative if you wish; for example, **ikusi dut** may be converted into **ez dut (. . .) ikusi**, etc. You may use questions.

If there is more than one student, another student can respond to each sentence by saying whether it is true (**egia**) or false (**gezurra**).

1. ikusi duzu	16. balio dute
2. egingo dugu	17. dakizue
3. ikasi du	18. nahi dut
4. ikusiko duzue	19. esan duzu
5. daude	20. saltzen dugu
6. etorriko naiz	21. bizi da
7. uste duzu	22. esaten dute
8. etorri gara	23. ezagutzen duzue
9. doa	24. egongo naiz
10. izan zarete	25. zatoz
11. jango dute	26. behar dugu
12. pozten naiz	27. joan da
13. ulertu duzu	28. dabiltza
14. gara	29. joango zarete
15. bukatu du	30. gustatzen zait

B

(Ni)	entzuten		naiz.
Mikel	merkatua ikusten		da.
(Gu)	fruta saltzen	ari	gara.
(Zu)	erosten		zara.
(Zuek)	entsalada jaten		zarete.
Emakumeak	euskara ikasten		dira.

I am listening, Mikel is seeing the market, We are selling fruit, etc. This is the *present continuous*, which is a *periphrastic tense*. The real verb is **ari naiz** *I am* (*doing something*), which is used as an auxiliary; the main verb takes the form **entzuten**, **ikusten, saltzen, erosten, jaten, ikasten,** etc. This is the same form used in the present habitual tense (see note A), so we shall call it the verb's *habitual form* (although its meaning here is not habitual!); this form always ends in **-tzen** or **-ten**. Notes on the present continuous:

(a) The real verb, **ari naiz**, is intransitive, so the subject (**ni, Mikel,** etc.) does *not* take **-k** with this tense.

(b) The verb **ari naiz** can be used alone as a main verb expressing some kind of activity: **Zer ari zara?** *What are you doing?* **Euskaraz ari dira** *They are (talking) in Basque.*

C
(a)

(Ni)		naiz	entzuten	
Mikel		da	merkatua ikusten	
(Gu)	ez	gara	fruta saltzen	ari.
(Zu)		zara	erosten	
(Zuek)		zarete	entsalada jaten	
Emakumeak		dira	euskara ikasten	

(b)

Zer	ikusten jaten ikasten	ari zara?	or	Zer ari zara	ikusten? jaten? ikasten?

What are you seeing/eating/learning?

D

There are other variations of the present continuous:

    (a) Other verbs, particularly **egon** and **ibili**, may be used instead of **ari izan**, for example:

> **Mikel entzuten** *dago.*
> **Iñaki fruta erosten** *dabil.*

Bear in mind each verb's particular nuance of meaning: **egon** suggests stillness, **ibili** movement.

    (b) In place of the habitual form of a verb, another word that expresses the activity the subject is engaged in may be used:

Mikel	*lanean* ari da. *hizketan* ari da. *euskaraz* ari da. *erdaraz* ari da. *begira* dago. *zain* dago.	Mikel is	*working.* *talking.* *speaking Basque.* *speaking Spanish.* *watching.* *waiting.*

Exercise 81

Complete the following sentences by inserting any of the following words that makes sense: **entzuten, erosten, hizketan, ikasten, jaten, lanean, saltzen, zain.**
Example:

Mikel libra bat tomate ＿＿＿＿ ari da.

Mikel libra bat tomate erosten ari da.

1. Elkarrekin daude eta _____ ari dira.
2. Ogia behar dut, baina jende asko dago dendan, eta _____ nago.
3. Mikel euskara asko _____ ari da merkatuan.
4. Zer ari dira gizon haiek? _____ ari dira.
5. Zer ari da emakume hori merkatuan? Arraultzeak eta oilaskoak _____ ari da.

Exercise 82
Translate the following.
1. My mother is shopping (buying) now.
2. Edurne is working in the store.
3. I've seen Edurne working.
4. The youngsters are talking on the bus.
5. Listen! They're speaking Basque.
6. Yes, I'm listening.
7. The people are speaking Spanish in the store.
8. Do you know Spanish?
9. Only a little.
10. I've learned to listen (**entzuten**) well.
11. What are you doing?
12. I'm selling; what do you want?
13. We're waiting here, but the bus isn't coming.
14. This man is buying sugar, milk, coffee, and cookies in the store, but he needs a bag.
15. Who's working here, please?
16. We're not seeing the sea; we're seeing the mountains.
17. Are you buying water? Yes, it's mineral water (**ur mineral**).
18. They are going to the north.
19. "Are you listening?" she says.
20. I need oil from the store. Oh (**A**), and some cookies too, please. Two packets. Thank you. Oh yes, and bring two liters of milk (**bi litro esne**). Nothing else (**Besterik ez**).

E

(a) Money: in the southern Basque Country Spanish currency is used. The unit is the **pezeta** (or **pezta**), worth about one American cent. Five pesetas is called a **duro**.

In the northern Basque Country French currency is used. The unit is the **franko** or **libera**, worth about twenty American cents.

(b) Weight: the metric units of weight, in common use, are the **kilo** (2.2 lbs.) and the **gramo** (a thousandth of a kilo; 1 oz. = 28.3 g.). Basques also use the **libra** (*pound*) sometimes, which they consider equal to half a kilo.

(c) Volume: the usual metric unit of volume is the **litro** (2.1 American pints). This is the size of large soda bottles, bottles of cheap wine, cartons of milk, bottles of oil, etc.

(d) Distance: the metric units of distance are the **metro** (39.4 inches) and the **kilometro** (0.62 miles), which contains a thousand meters.

Note: Owing to inflation, current prices will be higher than those mentioned.

F

Emaidazu	libra bat bi kilo ehun gramo	tipula patata gazta	—	mesedez.
—	litro bat botila bat pakete bat	esne olio azukre	nahi dut	

Note that while ordinary verbs (**nahi dut**) often go at the end (**Libra bat tipula nahi dut, mesedez**), imperative verbs (**emaidazu**) are frequently put at the beginning of the sentence (**Emaidazu libra bat tipula, mesedez**).

Exercise 83

Mikel is doing his shopping in the market. Invent the following three dialogues.

1. He has been waiting in line to buy some salad vegetables. At last it is his turn. He wants a lettuce and half a pound (**libra erdia**) of tomatoes.
2. Then he goes to buy some cheese. He wants a quarter of a kilo.
3. He goes to a flower stand and picks out some pretty red flowers.

G

(a) Adverbs of manner:

nola   *how?*

honela   *this way, like this*

horrela   *that way, like that* (corresponds to **hori**)

hala   *that way, like that* (corresponds to **hura**)

For example:

Nola dakizu hori?   *How do you know that?*; **Nola joango gara etxera?**   *How will we go home?*; **Nola ikusten duzu?**   *How do you see it? What do you think of it?*; **Nik honela ikusten dut**   *I see it this way*; **Erosi zuk, eta horrela merkea izango da**   *You buy it, and that way it will be cheap*; **Hala da**   *It's like that/That's how it is.*

(b) Adjectivals derived from adverbs of manner:

nolako   *what kind (of)*

(**Nolakoa da?**   *What is it like?*)

honelako   *this kind (of), like this*

horrelako   *that kind (of), like that*

halako   *that kind (of), like that*

For example:

Nolako ardoa nahi duzu?   *What kind of wine do you want?*; **Nolako loreak dira hauek?**   *What kind of flowers are these?*; **Nolakoa da zure laguna?**   *What is your friend like?*; **Honelako ardoa gustatzen zait**   *I like this kind of wine*; **Nere lagunak ez dira horrelakoak**   *My friends are not like that.*

H

Review:

	INESSIVE	ALLATIVE	ABLATIVE
PROPER NOUN (VOWEL):	**Bilbo***n*	**Bilbo***ra*	**Bilbo***tik*
PROPER NOUN (CONS.):	**Gros***en*	**Gros***(er)a*	**Gros***tik*, **Irun***dik*
SING. ARTICLE (VOWEL):	**mendi***an*	**mendi***ra*	**mendi***tik*
SING. ARTICLE (CONS.):	**autobus***ean*	**autobus***era*	**autobus***etik*
PLUR. ARTICLE (VOWEL):	**mendi***etan*	**mendi***etara*	**mendi***etatik*
PLUR. ARTICLE (CONS.):	**autobus***etan*	**autobus***etara*	**autobus***etatik*

Repeat exercise 66.

I
Determiners and Pronouns

	INESSIVE	ALLATIVE	ABLATIVE
BAT:	**bat***ean* or **bat***etan*	**bat***era* or **bat***etara*	**bat***etik* or **bat***etatik*
BATZU:	**batzu***tan*	**batzu***tara*	**batzu***tatik*
ASKO:	**asko***tan*	**asko***tara*	**asko***tatik*
GUTXI:	**gutxi***tan*	**gutxi***tara*	**gutxi***tatik*
ZENBAT:	**zenbat***etan*	**zenbat***etara*	**zenbat***etatik*
ZER:	**zer***tan*	**zer***tara*	**zer***tatik*
ZEIN:	**zein***etan*	**zein***etara*	**zein***etatik*
Demonstratives:			
Singular			
HAU:	*honetan*	*honetara*	*honetatik*
HORI:	*horretan*	*horretara*	*horretatik*
HURA:	*hartan*	*hartara*	*hartatik*
Plural			
HAUEK:	*hauetan*	*hauetara*	*hauetatik*
HORIEK:	*horietan*	*horietara*	*horietatik*
HAIEK:	*haietan*	*haietara*	*haietatik*

Determiners and pronouns regularly end in **-tan**, **-tara**, **-tatik** if their last letter is a vowel; **-etan**, **-etara**, **-etatik** if their last letter is a consonant. Thus **bat** has regular and irregular forms (the irregular forms use the singular article suffixes instead). **Zer** is also irregular because the endings without **e** are used. The demonstratives are completely irregular in the singular, where the stems change; these should be studied carefully.

Exercise 84
Translate the following.
1. In many places.
2. In few days.
3. In some farmhouses.
4. In that ocean.

5. In those woods.
6. On that day.
7. (In) some nights.
8. At this hour.
9. To this plaza.
10. To that beautiful beach.
11. To those places.
12. From many houses.
13. From this bag.
14. From those villages.
15. Since that afternoon.

J

zein zer zenbat	mendi-	TAN TARA TATIK
bi hiru lau	autobus- —	ETAN ETARA ETATIK

For example: **zein mendi***tan?*   *on which mountain?*; **bi autobus***etan*   *in two buses*, etc.

Note: the same suffixes we saw in note I are added to the last element of the noun phrase when there is no article. These rules are summarized in note K.

Exercise 85
Translate the following.
1. In what hotel?
2. In two bars.
3. In how many towns?
4. In which name?
5. In five places.
6. To which bus?
7. To three beaches.
8. From which house?
9. Through four villages.
10. On how many days?

K

Reviewing unit 3, note D, you will remember that these three structures are possible with common nouns:
(1) NOUN + ARTICLE (e.g., **mendia, autobusak**)
(2) NOUN + OTHER DETERMINER (e.g., **mendi** *asko,* **autobus** *hau*)
(3) DETERMINER + NOUN (e.g., *zein* **mendi?,** *hiru* **autobus**)
In the inessive, allative, and ablative cases, these become:

$$(1)\ \text{NOUN} + \begin{cases} an \\ ra \\ tik \end{cases} \text{(vowel stems),}\ \text{NOUN} + \begin{cases} ean \\ era \\ etik \end{cases} \text{(consonant stems)}$$

in the singular; or

$$\text{NOUN} + \begin{cases} etan \\ etara \\ etatik \end{cases}$$

in the plural. To review, see unit 5, notes G and H, and unit 7, notes D and E.

(2) NOUN + DETERMINER + $\begin{cases} tan \\ tara \text{ (vowel stems)} \\ tatik \end{cases}$

NOUN + DETERMINER + $\begin{cases} etan \\ etara \text{ (consonant stems)} \\ etatik \end{cases}$

To review, see note I of this unit.

(3) DETERMINER + NOUN + $\begin{cases} tan \\ tara \text{ (vowel stems)} \\ tatik \end{cases}$

DETERMINER + NOUN + $\begin{cases} etan \\ etara \text{ (consonant stems)} \\ etatik \end{cases}$

To review, see note J of this unit.
The suffixes not containing the article, **-(e)tan, -(e)tara, -(e)tatik**, are known as *indefinite* suffixes.

Exercise 86 (Review)

Today (**gaur**) Mikel and Iñaki have gone to Tolosa. From San Sebastian to Tolosa there are fifteen miles (convert to kilometers). An hour (**ordubete**) in the bus.

Iñaki's (**Iñakiren**) friends, Jon and Maite, live in Tolosa. There are twenty thousand inhabitants (**bizilagun**) in this town. There is an old part, a market, and some factories. Around (**inguruan**), there are hills. It is an old town.

These four friends are walking through the center of Tolosa (**Tolosa[ren] erditik**). It's six o'clock in the afternoon (**Arratsaldeko seiak dira**). They are talking.

"Do you know Basque?" says Maite.

"Yes, a little," says Mikel. "I'm learning now."

"I think that you know a lot (**asko dakizula**)," says Jon.

"No, no. I only know a little. Very little, really."

"And how are you getting on in San Sebastian?"

"Very well. I like it a lot. It's a pretty town, and I like the people too."

"Yes, San Sebastian is very pleasant," says Jon.

"But I like Tolosa too," says Mikel.

Exercise 87 (Review)

You go to a store to buy milk, mineral water, coffee, bread, potatoes, onions, oil, sugar, eggs, cheese, and cookies. Make up the conversation in the store.

Reference Notes

23 (question words and related words)
37 (placement and forms of case endings)
38 (the case endings)

40 (irregularly declined determiners and pronouns)
59 (use of simple verb forms)

60 (the simple tenses)
61 (verbs with simple tenses)
97 (the present habitual)
98 (the near past)
99 (the future)

113 (use of **ari**)
114 (other continuous constructions)
121 (compound verbs)
122 (compound verbs with **izan** or **ukan**)

UNIT 10
EUSKALTEGIA

In this unit Mikel goes to a language school to sign up for Basque classes and answers the school secretary's questions. As you learn more grammatical structures you will find yourself able to understand and express a much wider range of notions; this unit will take you quite a way in this sense, at the price of some conscientious work, of course. Don't skip the exercises! Here you are going to learn how to say what you or others want to do and need to do, how to express possession, origin, and other genitive relationships, and how to put into Basque various constructions with subordinate verbs where English generally has an infinitive. You will also find out more about the ergative suffix and things about the verb **dut** that you will no doubt think surprising.

Euskaltegia

A
Mikelek euskara pixka bat ikasi du Ameriketan, Euskal Herrira etorri baino lehen. Ikasten ari da oraindik, eta Donostian klaseetara joan nahi du gehiago ikastera.
B
Zer egin behar du? Irakasle bat bilatu behar du, edo Donostiako euskaltegi batera joan behar du.
C
Euskadiko hirietan badira eskola asko euskara ikasteko. Batzu *euskaltegiak* deitzen dira; beste batzu, *akademiak*. Azken hauetan, jendeak euskara eta beste gauzak ikasten ditu. Baina euskaltegietara euskara ikastera bakarrik joaten da jendea.
D
Mikelek badu lagun bat. Badakizu Mikelen lagunak Iñaki duela izena. Iñaki euskara irakaslea da eskola batean. Lau klase ditu Iñakik eskolan.
E
Mikelek klase batera sartu nahi du, eta Iñakiren eskolara joan da. Eskolako helbidea du eskuan. Hau da: Okendo kalea, 15. Orain Mikel eskolako atean dago. Atea irekita dago, eta barruan, neska bat dago mahai batean eserita. Idazkaria da.
F
IDAZKARIA: Sartu, sartu! Egun on.
MIKEL: Egun on.
IDAZKARIA: Zer behar duzu?
MIKEL: Klase batean sartu nahi dut.
IDAZKARIA: Ongi. Zer maila duzu?
MIKEL: Nola?
IDAZKARIA: Zein da zure maila? Zenbat euskara dakizu?
MIKEL: Ba, begira. Amerikanoa naiz. Ameriketan euskara pixka bat ikasi dut hango

klase batean. Zerbait ikasi dut horrela, ez asko baina . . . Orain hona etorri naiz
Euskal Herrian bizitzera, eta klaseak behar ditut gehiago ikasteko.

IDAZKARIA: Ederki. Badugu azterketa bat, zure maila ikusteko. Zazpi maila ditugu.
Baina orain, azterketa egin baino lehen orri hau bete behar duzu. Nola duzu
izena?

MIKEL: Michael Borda dut izena.

IDAZKARIA: Nola idazten da?

MIKEL: Eme i ze hatxe a e ele; be o erre de a.

IDAZKARIA: Ongi. Eta zure helbidea? Non bizi zara?

MIKEL: Zabaleta kalea, 18.

IDAZKARIA: Ederki. Zenbat urte dituzu, Michael?

MIKEL: Hogeitahiru urte ditut.

IDAZKARIA: Beno. Orain azterketa egingo dugu. Horrela zure maila ikusiko dugu.

MIKEL: Eta noiz hasten dira klaseak?

IDAZKARIA: Urriaren hamarrean hasten da ikastaro berria.

MIKEL: Eskerrik asko.

Vocabulary

aste *week*
ate *door*
azterketa *exam, test*
baino lehen *before*
bete (betetzen) *fill, fill out*
bilatu (bilatzen) *look for*
deitzen da *it is called*
eskola *school*
etorri (etortzen) *come*
Euskadi *the Basque Country*
gehiago *more*
hasten naiz *I start, I begin*
helbide *address*
hetsi or **itxi** (verb) *close*

idazkari *secretary*
idazten da *(it) is spelled*
ikasi (ikasten) *learn*
irakasle *teacher*
jai *holiday, fiesta*
joan (joaten) *go*
joaten naiz *I go*
lantegi *workshop, factory*
maila *level*
oraindik *still, yet*
orri *sheet of paper, form*
sartu *come in, go in, get in, enter*
urri(a) *October*

Notes and Exercises

A

Euskara ikasi Irakasle bat bilatu Euskaltegi batera joan Klase batean sartu Orri hau bete Azterketa egin Gero hona etorri	nahi dut. behar dut.

Note: **nahi** and **behar** are preceded by the *dictionary form* of the verb (e.g., **ikasi**, **bilatu**, **joan**, **sartu**, **bete**, **egin**, **etorri**). The dictionary form is the form of the verb given in vocabularies and is also the form used in the near past tense (see unit 9, note A).

B

Lagun bat Klase bat Azterketa bat Izen euskalduna	dut. du. dugu. duzu. duzue. dute.	or	BA-	dut du dugu duzu duzue dute	lagun bat. klase bat. azterketa bat. izen euskalduna.

I have He/she has We have You (sg.) have You (pl.) have They have	a friend. a class. an exam. a Basque name.

Negative:

Ez	dut du dugu duzu duzue dute	lagun- haur(r)-	IK.
		klase- azterketa-	RIK.

Exercise 88

Using the structures shown in note B, and practicing the different persons, say:

(a) *One thing* that each person has.

For example: **Nik etxe haundi bat dut.** (or **Nik badut etxe haundi bat.**)

(b) Something that each person does not have.

For example: **Mikelek ez du haurrik.**

Then say:

(c) One thing that each person either wants or needs.

For example: **Guk lagun bat behar dugu.**

(d) Something that each person does not want or does not need.

For example: **Itziarrek ez du ardo gorririk nahi.**

Using the structure shown in note A, say:

(e) Something each person either wants or needs to (has to) do.

For example: **Zuk euskara ikasi behar duzu.**

(f) Something that each person either does not want to do or should not (must not) do.

For example: **Ikasle onek ez dute klaseetara berandu etorri behar.**

C

With a plural object:

Lagun asko Klase batzu Azterketak Hogei urte	ditut. ditu. ditugu. dituzu. dituzue. dituzte.	or	BA-	ditut ditu ditugu dituzu dituzue dituzte	lagun asko. klase batzu. azterketak. hogei urte.

I have a lot of friends; He has some classes; We have exams; You are twenty years old (literally, *You have twenty years*), etc. This verb, whose dictionary form is **izan** or **ukan**, has distinct forms for singular and plural objects. We shall see later that this is true of all transitive verbs. For example, **Azterketak dut** is not good Basque, because the plural object **azterketak** requires a plural verb form (i.e., **ditut**).

Exercise 89

Supply whichever of these forms of the verb **ukan** is correct; **dut, du, dugu, duzu, duzue, dute, ditut, ditu, ditugu, dituzu, dituzue, dituzte.**
Examples:
Guk boltsa haundi bat _____. **Guk boltsa haundi bat dugu.**
Haiek lore asko _____. **Haiek lore asko dituzte.**
1. Nik arratsaldean klase bat _____.
2. Nik lore eder batzu _____.
3. Zuk aste honetan jaia _____.
4. Zuk zenbat pezeta _____?
5. Kafeak azukrerik _____?
6. Gizon horiek bixigu bat _____.
7. Donostiak hiru hondartza _____.
8. Frantses haiek lau lantegi _____.
9. Guk botila berdeak _____.
10. Legatza, bixigua eta oilaskoa _____ zuek?

D

Bilbo*ko* jendea atsegina da.
Bilbao people are nice.
Euskal Herri*ko* hiriak ez dira oso handiak.
The cities of the Basque Country are not very big.
Alde Zaharre*ko* merkatuak Bretxa du izena.
The market in the Old Part is called Bretxa.
Araba, Bizkaia, Gipuzkoa, Lapurdi, Nafarroa, Nafarroa Beherea eta Zuberoa Euskadi*ko* zazpi probintziak dira.
Araba, Bizkaia, Gipuzkoa, Lapurdi, Nafarroa, Nafarroa Beherea, and Zuberoa are Euskadi's seven provinces.
Bretxa*ko* merkatua Donostia*ko* alde zaharrean dago.
The Bretxa market is in the old part of San Sebastian.
Eskola*ko* helbidea Okendo 15 da.
The school's address is 15 Okendo.
Haurrak eskola*ko* atean daude.
The children are at the school door.
Nere klasea arratsalde*ko* seietan hasten da.
My class starts at six o'clock in the afternoon.
Sei t'erdi*etako* autobusean joango gara.
We'll go in the six-thirty bus.
Hemen*go* letxuak oso goxoak dira.
The lettuces from here are very good.
Californian izan naiz, eta euskara pixka bat ikasi dut han*go* klase batean.
I was in California, and I learned a little Basque in a class there.

Exercise 90
Change each of these sentences, making it begin in the way shown.
Example:
Kaleak politak dira Donostian. *Donostiako . . .*
Donostiako kaleak politak dira.
 1. Mendiak berdeak dira Gipuzkoan. *Gipuzkoako . . .*
 2. Probintziak txikiak dira Euskal Herrian. *Euskal Herriko . . .*
 3. Arrainak haundiak dira hemen. *Hemengo . . .*
 4. Irakasle guztiek euskara dakite eskola honetan. *Eskola honetako . . .*
 5. Lantegiak hetsita daude hor. *Horko . . .*
 6. Hiriak atseginak dira iparraldean. *Iparraldeko . . .*
 7. Hondartzak beteak daude Euskadin. *Euskadiko . . .*
 8. Jaiak gustatzen zaizkit (*I like*) Nafarroan. *Nafarroako . . .*
 9. Bixiguak asko balio du han. *Hango . . .*
10. Ostatuak merkeak dira Estatu Espainolean. *Estatu Espainoleko . . .*

E

(a)

California → **California***ko*	*of/from California*	
Donibane → **Donibane***ko*	*of/from Donibane*	
Gasteiz → **Gasteiz***ko*	*of/from Gasteiz*	
Eibar → **Eibar***ko*	*of/from Eibar*	
Irun → **Irun***go*	*of/from Irun*	
Madril → **Madril***go*	*of/from Madrid*	

(b)

	SINGULAR	PLURAL
taberna(k) → **taberna***ko* *of/from the bar*	**tabern***etako* *of/from the bars*	
kalea(k) → **kale***ko* *of/from the street*	**kale***etako* *of/from the streets*	
herria(k) → **herri***ko* *of/from the town*	**herri***etako* *of/from the towns*	
izena(k) → **izen***eko* *of/from the name*	**izen***etako* *of/from the names*	
autobusa(k) → **autobus***eko* *of/from the bus*	**autobus***etako* *of/from the buses*	

(c)

bat → **bat***eko* or **bat***etako* *of/from one/a*		
batzu → **batzu***tako* *of/from some*		
asko → **asko***tako* *of/from many*		
gutxi → **gutxi***tako* *of/from few*		
zer → **zer***tako* *of/from what?*		
zein → **zein***etako* *of/from which?*		

(d)

hau	→ *honetako*	*of/from this*
hori	→ *horretako*	*of/from that*
hura	→ *hartako*	*of/from that* (*over there*)
hauek	→ *hauetako*	*of/from these*
horiek	→ *horietako*	*of/from those*
haiek	→ *haietako*	*of/from those* (*over there*)

(e)

zein zer zenbat	mendi-	**TAKO**
bi hiru lau	autobus-	**ETAKO**

(f)

non	→ **non**go	*of/from where?*
hemen	→ **hemen**go	*of/from here*
hor	→ **hor**ko	*of/from there*
han	→ **han**go	*of/from (over) there*

These are the forms of the *local-genitive case.*

F

Nongoa zara?	*Where are you (sg.) from?*
Nongoak zarete?	*Where are you (pl.) from?*

Californiako- **Idahoko-**	**A**	**naiz.**
Hemengo- **Herri honetako-**	**AK**	**gara.**

G

Translating *to learn, to see, to go,* etc.:

(a)

Want to: DICTIONARY FORM + **nahi.**

Need to: DICTIONARY FORM + **behar.**

Have to: DICTIONARY FORM + **behar.**

For example: **Euskara ikasi nahi dut**   *I want to learn Basque;* **Klasera joan behar dut**   *I have to go to class.* Review note A.

(b)

Go/Come to . . .: FORM IN **-T(Z)ERA** + **joan/etorri.**

For example:

> **Emakume asko *etorri* dira merkatura gauzak eros*tera*.**
> *A lot of women have come to the market to buy things.*
> **Mikel eta Iñaki kanpora *doaz* letxua eros*tera*.**
> *Mikel and Iñaki go outside to buy a lettuce.*
> **Mikelek klaseetara *joan* nahi du gehiago *ikastera*.**
> *Mikel wants to go to classes to learn more.*
> **Orain hona *etorri* naiz Euskal Herrian bizi*tzera*.**
> *Now I have come here to live in the Basque Country.*

(c)
To . . . expressing purpose: FORM IN **-T(Z)EKO**.
For example:

> **Klaseak behar ditut euskara ikas*teko*.**
> *I need classes (in order) to learn Basque.*
> **Badugu azterketa bat zure maila ikus*teko*.**
> *We have an exam (in order) to see your level.*
> **Tomate batzu nahi ditut entsalada egi*teko*.**
> *I want some tomatoes to make a salad.*
> **Buka*tzeko* ordua da.**
> *It's time to finish.*

Note: the *forms in -t(z)era* are obtained from the *habitual forms* (review unit 9, note B) by changing the final **n** to **ra**. The *forms in -t(z)eko* are obtained by changing the final **n** to **ko**. For example:

HABITUAL FORM		FORM IN -T(Z)ERA	FORM IN -T(Z)EKO
bukatzen *finish(ing)*	→	**bukatzera**	bukatzeko
egiten *make/making, do(ing)*	→	**egitera**	egiteko
egoten *be(ing)*	→	**egotera**	egoteko
esaten *say(ing)*	→	**esatera**	esateko
etortzen *come/coming*	→	**etortzera**	etortzeko
ezagutzen *know(ing)*	→	**ezagutzera**	ezagutzeko
ikasten *learn(ing)*	→	**ikastera**	ikasteko
ikusten *see(ing)*	→	**ikustera**	ikusteko
izaten *be(ing)*	→	**izatera**	izateko
jaten *eat(ing)*	→	**jatera**	jateko
joaten *go(ing)*	→	**joatera**	joateko

Exercise 91
Translate the following:
1. I want to eat fish today.
2. What is there to eat here?
3. Let's go to the bar to eat something.

4. Come and (to) see my house.
5. We need to see Iñaki, please.
6. What do you need to make fish soup?
7. I have to buy fish.
8. Mikel will go to the market to buy the fish.
9. I want to say something.
10. Mikel is here to learn Basque.

H

> **Mikel*ek* ba*du* lagun bat.**
> **Mikelen lagun*ak* Iñaki *du* izena.**
> **"Zer behar duzu?" esaten *du* Iñaki*k*.**
> **"Ni naiz azkena," esaten *du* emakume zahar bat*ek*.**
> **Ni*k* ardo beltza nahi *dut*.**
> ***Hartu* zu*k* tomateak!**
> **Gu*k* ez *dakigu* erdaraz.**
> **Mikel*ek* ez *du* inoiz ikusi horrelako merkaturik.**
> **Mikel*ek* klase batera sartu nahi *du*.**
> **Lau klase *ditu* Iñaki*k* eskolan.**
> **Mikel*ek* euskara pixka bat ikasi *du* Ameriketan.**
> **Akademietan, jende*ak* euskara eta beste gauzak ikasten *ditu*.**

The subject of any transitive verb must go into the *ergative case* and always ends in **k**. Of course, this **k** is not to be confused with the plural article ending **-ak**.

I

(a)

ERGATIVE

> **Joseba → Joseba*k***
> **Edurne → Edurne*k***
> **Iñaki   → Iñaki*k***
>
> **Mikel → Mikel*ek***
> **Jon   → Jon*ek***
> **Itziar → Itziar*rek***

(b)

		ERGATIVE SING.	ERGATIVE PLUR.
ikaslea(k)	→	**ikasle*ak***	**ikasle*ek***
emakumea(k)	→	**emakume*ak***	**emakume*ek***
oilaskoa(k)	→	**oilasko*ak***	**oilasko*ek***
neska(k)	→	**nesk*ak***	**nesk*ek***
gizona(k)	→	**gizon*ak***	**gizon*ek***
mutila(k)	→	**mutil*ak***	**mutil*ek***
haurra(k)	→	**haur*rak***	**haur*rek***

(c)

ERGATIVE

ni	→ ni*k*
gu	→ gu*k*
zu	→ zu*k*
zuek	→ zu*ek*

(d)

ERGATIVE

bat	→ bat*ek*
batzu	→ batzu*k*
asko	→ asko*k*
gutxi	→ gutxi*k*
zenbat	→ zenbat*ek*
nor	→ nor*k*
zer	→ zer*k*
zein	→ zein*ek*

(e)

ERGATIVE

hau	→ *honek*
hori	→ *horrek*
hura	→ *hark*
hauek	→ *hauek*
horiek	→ *horiek*
haiek	→ *haiek*

(f)

zein zer zenbat	ikasle-	K
bi hiru lau	gizon-	EK

Exercise 92

The following sentences are complete as they stand; nevertheless we can, if we wish, add a pronoun representing the subject. Depending on the form of the verb (and depending on whether it is intransitive or transitive!), the pronoun subject could be one of the following: **ni**, **nik**, **hura**, **hark**, **gu**, **guk**, **zu**, **zuk**, **zuek**, **haiek**. Add the correct subject pronoun to each sentence.

Examples:

Loreak saltzen ditut. **Nik loreak saltzen ditut.**

Ez da etorriko orain. **Hura ez da etorriko orain.**

1. Zer behar duzu Gasteizen?
2. Ez dakizue erdaraz?
3. Ez ditugu fruta hauek ezagutzen.
4. Zenbat balio dute?
5. Euskara ikastera etorri gara.
6. Nola deitzen zara?
7. Nola duzu izena?
8. Asko pozten naiz.
9. Zer ordutan etorriko zara ni ikustera?
10. Aste honetan berandu etorri behar du.
11. Arratsaldeetan taberna guztiak irekita ikusi ditut.
12. Euskara ikasten ari da.
13. Hori uste duzue, baina ez da horrela.
14. Entsalada eta txuleta nahi ditu.
15. Ostatu merkeak dituzu hemen.
16. Estatu Frantsesean dabiltza.
17. Olioa merke erosten eta garesti saltzen dabil.
18. Zer egingo du orain?
19. Oinez etorri nahi dute.
20. Ikusten duzu ostatu hauek berdinak direla.

J

> **Nor da Iñaki? Iñaki Mikel*en* laguna da.**
> **Mikel*en* lagunak Iñaki du izena.**
> **Nor*en* eskola da hori? Iñaki*ren* eskola da.**
> **Mikel*en* lagun*aren* eskola da.**
> **Donostia Gipuzkoa*ren* hiriburua da.**
> **Non dago Nafarroa? Euskal Herri*aren* erdian dago.**
> **Hau Mikel da, eta hau *haren* laguna da.**
> ***Haien* izenak Mikel eta Iñaki dira.**
> **Begira; hori lagun bat*en* etxea da.**

Possession is expressed with the *possessive-genitive* case. This always ends in **-en**, except for the possessive forms of the pronouns, **nere**, **gure**, **zure**, **bere** (but **zu*en***); these were studied in unit 3, note A, and unit 5, note A.

K

(a)

POS.-GEN.

> **Joseba** → **Joseba*ren***
> **Edurne** → **Edurne*ren***
> **Iñaki** → **Iñaki*ren***
>
> **Mikel** → **Mikel*en***
> **Jon** → **Jon*en***
> **Itziar** → **Itziar*ren***

(b)

	POS.-GEN. SING.	POS.-GEN. PLUR.
ikaslea(k) →	ikasle*aren*	ikasle*en*
emakumea(k) →	emakume*aren*	emakume*en*
oilaskoa(k) →	oilasko*aren*	oilasko*en*
neska(k) →	nesk*aren*	nesk*en*
gizona(k) →	gizon*aren*	gizon*en*
mutila(k) →	mutil*aren*	mutil*en*
haurra(k) →	haur*raren*	haur*ren*

(c)

POS.-GEN.

ni	→	*nere* (*nire, ene*)
gu	→	*gure*
zu	→	*zure*
zuek	→	*zuen*

(d)

POS.-GEN.

bat	→	bat*en*
batzu	→	batzu(*r*)*en*
asko	→	asko*ren*
gutxi	→	gutxi*ren*
zenbat	→	zenbat*en*
nor	→	nor*en*
zer	→	zer*en*
zein	→	zein*en*

(e)

POS.-GEN.

hau	→	*honen*
hori	→	*horren*
hura	→	*haren*
hauek	→	*hauen*
horiek	→	*horien*
haiek	→	*haien*

(f)

zein zer zenbat	ikasle-	REN
bi hiru lau	gizon-	EN

Exercise 93

Using the possessive-genitive case, convert each pair of sentences into a single sentence.

Examples:

Mikelek etxe bat du. Zuria da. **Mikelen etxea zuria da.**

Joseba lantegi batera joaten da. Hetsita dago orain. **Josebaren lantegia hetsita dago.**

1. Iñakik lau klase ditu. Beteta daude.
2. Itziarrek boltsa bat du. Irekita dago.
3. Maitek oilaskoak saltzen ditu. Oso goxoak dira.
4. Xabier etxe batean bizi da. Azken atean dago.
5. Maritxuk badu aita. Gaztea da.
6. Gizonak fruta saltzen du. Fruta pixka bat berdea (*unripe*) dago.
7. Gu ostatu batean gaude. Txarra da.
8. Edurne loreak saltzen ari da. Loreak garestiak dira?
9. Ikasle honek baditu klase batzu. Klase guztiak euskaraz dira.
10. Nik lagun asko ditut. Lagun guztiek euskal izenak dituzte.

Exercise 94

Nola idazten da zure izena?

Nola idazten da hori?

Spell out various names and other words in Basque. If necessary review the reference section (1, The Alphabet).

Exercise 95 (Review)

Translate the following.

1. The capital of Lapurdi, Baiona, is on the coast.
2. The French and the Spanish do not believe that!
3. How much does meat cost?
4. One kilo costs 800 pesetas.
5. We still need two liters more.
6. This youngster will do it.
7. Do I have to come on the bus? No, you have to walk.
8. They have fine salads there and good meat too.
9. I've finished a bottle.
10. I like the north of Navarre.
11. Joseba's farm is very old.
12. Excuse me, are you Iñaki's student?
13. The Frenchman's friends are free in the afternoons.
14. The wine in this bar is really bad.
15. Bring a little more, please.

Exercise 96 (Review)

"Look what fine weather (**Begira zer eguraldi ederra**)!" says Itziar. "Let's go to the beach today (**gaur**)!"

    "Okay then," says Iñaki.

    "Yes, but where (to)?" says Mikel. "You know: it's Sunday today, and on Sundays people go to San Sebastian's beaches by the thousands (**milaka**)."

"That's true (**Egia da**)," says Itziar. "The beaches will be really full here; there won't be any room. Like that it isn't very pleasant."

"*I* know!" says Iñaki. "This is what we'll do (**Hauxe egingo dugu**): we'll go to Hondarribia. Do you want to come to Hondarribia? The beach (of) there is very large; there's lots of room on that beach."

"But how will we go?"

"On the bus."

"Where is Hondarribia?" says Mikel. "I don't know it."

"It's next to the border (**mugaren ondoan**). By the side of Irun and Hendaia."

"What? You don't know Hondarribia yet? Then we have to go! It's very pretty."

"The center (**erdialde**) of the town is old and pleasant. There is a river (**ibai**) too."

"Well, come on then, let's go there! That way he will see!"

Reference Notes

  1 (the alphabet)
 42 (the ergative case)
 44 (the possessive-genitive case)
 51 (the local-genitive case)
 63 (simple tenses of **ukan**)

115 (use of **nahi**)
116 (use of **behar**)
142 (use of **-t[z]era**)
143 (common uses of **-t[z]eko**)

UNIT 11
REVIEW AND PRACTICE

This unit reviews many of the ways of talking about yourself (or about anyone you like) already at your disposal: stating who you are, your job, your age, the people you live with, your nationality, where you were born, where you live, and giving your telephone number. All this is very important for making conversation and getting to know people—and we all enjoy talking about ourselves. There is also practice in talking about one's family. Then there is another text to be read from the elementary reader, with more interesting facts about the country of the Basques.

Mikel Talks about Himself

Michael Borda dut izena.
Ikaslea naiz.
Hogeitahiru urte ditut.
Bakarrik bizi naiz.
Amerikanoa naiz.
Californiakoa naiz.
Grosen bizi naiz.
Ez dut telefonorik.

The Secretary of the Language School
Introduces Herself

Miren Ugarte naiz.
Akademia batean lan egiten dut.
Hogeitahamar urte ditut.
Ezkondua naiz.
Euskalduna naiz.
Hondarribian jaioa naiz.
Nere etxea Antiguon da.
Nere telefonoa 273249 da.

Saying Who You Are

(Ni)	**Michael Borda** **Miren Ugarte** **Itziarren laguna** **ikasle berri bat** . . .	naiz.

or

| (Nik) | Michael Borda
Miren Ugarte
. . . | dut izena. |

Saying What Your Occupation Is

| Ikaslea
Irakaslea
Idazkaria
Baserritarra
. . . | naiz. |

or

| Akademia batean
Denda batean
Lantegi batean
Baserri batean
. . . | lan egiten dut. |

Saying Your Age

| Hogeitahiru
Hogeitahamar
. . . | urte ditut. |

Saying Who You Live With

| Bakarrik
Nere familiarekin
Familia batekin
Lagun batekin
Lagun batzuekin
Mutil batekin
Neska batekin | bizi naiz. |
| Ezkondua nago. | |

Saying Your Nationality

| Amerikanoa
Euskalduna
Frantsesa
Espainola
Inglesa
. . . | naiz. |

Saying Where You Were Born

Californiakoa New York-ekoa Hondarribiakoa Irungoa ...	naiz.

or

Californian New York-en Hondarribian Irunen ...	jaioa naiz.

Saying Where You Live

Grosen Antiguon Zabaleta kalean Plazan Herri honetan ...	bizi naiz.

or

Nere etxea	Grosen Antiguon Zabaleta kalean plazan herri honetan ...	dago.

Giving Your Telephone Number

Nere telefonoa or Nere zenbakia	273249 ...	da.
Ez dut telefonorik.		

Saying telephone numbers:
273249 **bi-zazpi, hiru-bi, lau-bederatzi**
431 5869 **lau-hiru-bat, bost-zortzi, sei-bederatzi**

Exercise 97
Reread Mikel's and the secretary's descriptions of themselves. Then give a similar description of yourself.

Filling Out a Form

```
┌─────────────────────────────────────────────────────────────────┐
│ IZENA......  Michael Borda ......................................│
│                                                                   │
│ HELBIDEA...  Zabaleta kalea 18, Donostia, Gipuzkoa ..............│
│                                                                   │
│ TELEFONOA.  (ez dut)............  NAZIONALITATEA.. amerikanoa ..  │
│                                                                   │
│ ☒ EZKONGABEA                                                      │
│                                                                   │
│ ☐ EZKONDUA                        ADINA ....23...................│
│                                                                   │
│ ☐ DIBORTZIATUA                                                    │
│                                                                   │
│ JAIOTERRIA  .San Francisco......  LANBIDEA...ikaslea ............│
└─────────────────────────────────────────────────────────────────┘
```

Exercise 98

(a) Copy the form shown and fill it out for Miren Ugarte.

(b) Make another copy and fill this out with your own particulars.

(c) Act out or write out a dialogue in which the secretary asks a person questions in order to fill out a form. Questions such as these may be used:

Nola duzu izena?

Zer (lan) egiten duzu?

Non egiten duzu lan?

Zenbat urte dituzu?

Ezkondua zaude?

Zein da zure nazionalitatea?

Nongoa zara?

Non jaioa zara?

Non bizi zara?

Zein da zure helbidea?

Baduzu telefonorik?

Zein da zure zenbakia?

Exercise 99

Think of a person you know and fill out the following questionnaire:

```
┌─────────────────────────────────────────────────────────────────┐
│                      PERTSONA BAT                                 │
│                                                                   │
│ 1. Zer da? ☐ gizona ☐ emakumea ☐ mutila ☐ neska                 │
│                                                                   │
│ 2. Zure laguna da? ☐ bai ☐ ez                                    │
│                                                                   │
│ 3. Nolakoa da? ☐ sinpatikoa ☐ ederra ☐ polita ☐ itsusia         │
│                                                                   │
│ 4. Haundia ala txikia da? ☐ haundia ☐ txikia                     │
│                                                                   │
│ 5. Zer adinetakoa da? ☐ haurra ☐ haundia (heldua)               │
│                                                                   │
│                        ☐ gaztea ☐ zaharra (adinekoa)             │
└─────────────────────────────────────────────────────────────────┘
```

Now say or write a complete description of the person. If you are in a class, other members can guess who the person is; you may play another version in which other students have to ask questions to find out who the person is.

Mikel Talks about His Family

Nere familia ez da oso haundia.
Lau anai-arreba gara.
Arreba bat eta bi anaia ditut.
Anaia haundia ezkondua dago; bi haur ditu.
Ni naiz bigarrena.
Gero arreba dago.
Anaia txikienak hamabi urte ditu.
Amona bere ahizpa batekin bizi da.
Aitona hil da.
Osaba eta izeba asko ditut.

Exercise 100
Talk about your family.

Exercise 101
- (a) You meet a friend on your way to the market. Act out or write the conversation with your friend, in which you talk about what you are going to buy at the market.
- (b) Now you have arrived at the market. Act out or write the conversations involved in doing your shopping.
- (c) After you leave the market you meet a friend (the same one or a different one). Act out or write another conversation, talking about the things you have bought.

Instead, you may imagine you go shopping for clothes, books, or anything you like.

Vocabulary

alde side, area, part
aparte besides, apart from
arrantzale fisherman
aurkitzen da exists, is found
berriz on the other hand
ekialde east
elementu element
gehien most
geografia geography
geografiko geographical
hegoalde south
ibai river
industria industry
industrial industrial
inguruan around

itsasportu seaport
langile worker
lurralde region, country
Mediterraneo Mediterranean
mendebalde west
metro meter
muga limit, boundary, border
mutur edge, end
nagusi main, chief, principal
ondoan by, beside, next to
Pirineo Pyrenee
turismo tourism, tourist trade
zehar across, through, throughout
zelai flat, open (of land)

Reading

Read "Euskal Herriko Geografia," text 2 of the elementary reader section.

Exercise 102
On the basis of texts 1 and 2 of the reader, pick a Basque province and say or write all you know about it.

UNIT 12
IÑAKIREN ETXEA

Mikel and Itziar pay Iñaki a visit in this unit, permitting us to inspect Iñaki's house and meet his family. This is an opportunity to acquire vocabulary relating to the household and to observe Basques socializing in this situation. Some more very useful grammar is introduced too; in particular you learn how to express the idea *with*, an important notion. Other points covered are the instrumental case, intensive forms in **-xe**, *before doing something* and *after doing something*, and another verb meaning *to have*. You also learn the names of the months, so that you will be able to communicate dates.

Iñakiren Etxea

A

"Iñaki ikustera joango gara?" galdetzen du Mikelek.

"Ederki," erantzuten du Itziarrek, "baina etxean egongo da?"

"Joan baino lehen, telefonoz deituko dugu."

"Baina ez dakit Iñakiren zenbakia."

"Nik hemen daukat haren zenbakia paper batean: 361048. Telefonorik bada hemen?"

"Begira: hantxe bada bat."

"Goazen deitzera orduan."

B

"Bai? Nor da?"

"Iñaki hor al dago, mesedez?"

"Momentu bat. Oraintxe dator."

"Esan!"

"Iñaki zara?"

"Bai, nor da?"

"Mikel naiz."

"Mikel! Kaixo mutil! Zer berri?"

"Adizu, Iñaki. Itziarrekin nago kalean. Libre al zaude orain?"

"Bai. Zer egingo dugu? Nere etxera etorri nahi duzue?"

"Ondo."

"Horrela nere familia ezagutuko duzue."

"Ederki ba. Oraintxe goaz."

"Badakizu hona etortzen?"

"Badakit, bai. Autobusa hartuko dugu."

C

"Iñaki, norbait dago atean," esaten du Iñakiren amak. "Zure lagunak izango dira."

"Banoa," erantzuten du Iñakik, eta atea irekitzera doa. Atean Mikel eta Itziar daude.

"Sartu, sartu!" esaten du Iñakik. Gero: "Hau nere ama da."

"Arratsalde on," esaten dute Mikelek eta Itziarrek.

"Baita zuri ere, baita zuri ere! Mikel zara, ezta? Iñakik zutaz hitz egin du batzutan."

"Eta hau Itziar da, beste lagun bat," esaten du Iñakik.

"Pozten naiz," esaten du Itziarrek.

"Ni ere bai. Etxea aurkitu duzue . . ."

"Bai, bai, aurkitu dugu. Helbidea daukat eta."

"Baina nola etorri zarete? Oinez?"

"Autobusez etorri gara."

"A. Ederki. Ba, hau duzue gure etxea."

"Polita da," esaten du Itziarrek.

"Ikusi nahi duzu?" galdetzen du Iñakiren amak.

D

"Hemen sukaldea. Eta ondoan, saloia."

"Baina telebista sukaldean daukazue," esaten du Mikelek.

"Bai, hementxe sukaldean egoten gara eta. Hor dago komuna; eta beste aldean logelak daude. Iñakiren gela hauxe da." Iñakiren gelako atea irekitzen du.

Iñakik gauza gutxi dauzka bere gelan. Ohea, mahai bat eta aulki bat . . . Liburu batzu daude paper batzuekin mahaian. Badago armario bat ere, arropaz betea, baita leiho bat ere. Leihotik kalea ikusten da.

E

Gela guztiak ikusi eta gero sukaldera joan eta sukaldeko mahai ondoan esertzen dira lauak. Iñakiren amak botila batzu ateratzen ditu.

"Zerbait hartuko duzue? Zer nahi duzue? Zerbeza? Ardoa? Edo nahiago duzue patxarana?"

"Goxoa da. Etxeko patxarana. Pixka bat hartu nahi duzue?" esaten du Iñakik.

"Gustatzen zaizu patxarana?" galdetzen dio amak Mikeli.

"Bai," erantzuten du Mikelek.

"Orduan hartu!" Eta bi kopa ateratzen ditu. "Zuk ere bai, Itziar?"

"Bai, bota pixka bat orduan," esaten du Itziarrek.

"Ez al da goxoa?" esaten du amak.

"Mm! arrazoia duzu. Oso goxoa!"

F

"Norekin bizi zara hemen?" galdetzen dio Itziarrek Iñakiri.

"Amarekin, aitarekin, eta anai-arrebekin."

"Zenbat anai-arreba zarete?"

"Hiru; ni, anaia bat eta arreba bat. Oraintxe etorriko da aita nere arrebarekin."

"Entzun! atean daude orain," esaten du amak.

G

Sukaldean sartzen dira berrogeitahamar urteko gizon bat eta hogei urteko neska bat.

"Arratsalde on!" esaten du aitak, Iñakiren lagunak ikusi eta gero. "Kaixo," esaten du Iñakiren arrebak.

"Itziar eta Mikel dira hauek," esaten du Iñakik. "Nere aita, eta nere arreba Arantxa."

"Andoni, gazte hau amerikanoa da, eta euskara ulertzen du!" esaten du Iñakiren amak.

"Eta ondo hitz egiten du gainera," esaten du Iñakik.

"Bai?" esaten du aitak.

"Gustatzen zaizu Euskal Herria?" galdetzen dio Iñakiren arrebak Mikeli.

Vocabulary

anaia *brother*
armario *cupboard, closet*
arreba *sister (of a man)*
arropa *clothes*
aulki *chair*
aurkitu dut *I found*
berriz *again*
bota *throw, pour*
deitu (deitzen) *call*
deituko dut *I'll call*
egongo naiz *I'll be*
erantzuten dut *I answer*
esertzen naiz *I sit down*
etorri (etortzen) *come*
etorri naiz *I came*
ezagutuko dut *I'll meet, I'll get to know*
familia *family*
galdetzen dut *I ask*
gela *room*
gustatzen zaizu *(do) you like*
hantxe *(just) over there*
hartu *take, have*
hartuko dut *I'll take, I'll have*
hauxe *this*
hementxe *(right) here*

hitz egin dut *I talked*
hitz egiten dut *I talk*
ikusi (ikusten) *see*
ireki (irekitzen) *open*
izango naiz *I'll be*
komun *bathroom, toilet*
leiho *window*
liburu *book*
logela *bedroom*
norbait *someone, somebody*
noski *of course*
ohe *bed*
oraintxe *right now, just now, just*
paper (paper-a, etc.) *paper*
patxaran *a liqueur made with sloe berries and anisette*
saloi *living room*
sartzen naiz *I come in, I enter*
sukalde *kitchen*
telebista *television*
telefono *telephone*
ulertzen dut *I understand*
zenbaki *number*
zerbait *something*
zerbeza *beer*

Notes and Exercises

A

(a) Review unit 10, notes B and C.

(b) Another way to express *to have* is with the verb **eduki**, whose forms are given below. This use of **eduki** is characteristic of the western dialects: a Bizkaian says **Liburu on bat daukat** whereas a Navarrese would say **Badut liburu on bat**.

Lagun bat Klase bat Azterketa bat Izen euskalduna	daukat. dauka. daukagu. daukazu. daukazue. daukate.	Lagun asko Klase batzu Azterketak Hogei urte	dauzkat. dauzka. dauzkagu. dauzkazu. dauzkazue. dauzkate.

Note: **Daukat** cannot be used instead of **dut** when this is an auxiliary (e.g., **ezagutzen dut**) or in such forms as **nahi dut**, **behar dut**, etc.

Exercise 103
To practice **eduki**, go back over exercise 89 inserting the correct forms of this verb.
Examples:
Guk boltsa haundi bat daukagu.
Haiek lore asko dauzkate.

B

> **Nere famili*arekin* bizi naiz.**
> *I live with my family.*
> **Lagun bat*ekin* bizi naiz.**
> *I live with a friend.*
> **Itziar*rekin* nago kalean.**
> *I am with Itziar in the street.*
> **Liburu batzu daude paper batzu*ekin*.**
> *There are some books with some pieces of paper.*
> **Nere arreb*arekin* etorriko da.**
> *He will come with my sister.*
> **Nor*ekin* bizi zara?**
> *Who do you live with?*

This is the *comitative case.*

C

COM.

Joseba	→ **Joseb*arekin***
Edurne	→ **Edurne*rekin***
Iñaki	→ **Iñaki*rekin***
Mikel	→ **Mikel*ekin***
Jon	→ **Jon*ekin***
Itziar	→ **Itziar*rekin***

	COM. SING.	COM. PLUR.
ikaslea(k)	→ **ikasle*arekin***	**ikasle*ekin***
emakumea(k)	→ **emakume*arekin***	**emakume*ekin***
oilaskoa(k)	→ **oilasko*arekin***	**oilasko*ekin***
neska(k)	→ **nesk*arekin***	**nesk*ekin***
gizona(k)	→ **gizon*arekin***	**gizon*ekin***
mutila(k)	→ **mutil*arekin***	**mutil*ekin***
haurra(k)	→ **haurr*arekin***	**haurr*ekin***

COM.

ni	→ *nerekin* (*nirekin, enekin*)
gu	→ *gurekin*
zu	→ *zurekin*
zuek	→ *zuekin*

COM.

bat	→ bat*ekin*
batzu	→ batzu(*r*)*ekin*
asko	→ asko*rekin*
gutxi	→ gutxi*rekin*
zenbat	→ zenbat*ekin*
nor	→ nor*ekin*
zer	→ zer*ekin*
zein	→ zein*ekin*

COM.

hau	→ *honekin*
hori	→ *horrekin*
hura	→ *harekin*
hauek	→ *hauekin*
horiek	→ *horiekin*
haiek	→ *haiekin*

zein zer zenbat	ikasle-	REKIN
bi hiru lau	gizon-	EKIN

Exercise 104

Say that X's friend lives with X.

Examples:

Hau nere laguna da. **Nerekin bizi da.**

Horiek irakaslearen lagunak dira. **Irakaslearekin bizi dira.**

1. Hura amaren laguna da.
2. Hauek Andoniren lagunak dira.
3. Haiek gure lagunak dira.
4. Hori Xabierren laguna da.
5. Hura nere anaien laguna da.
6. Hau gizonaren laguna da.
7. Hauek ikasle batzuen lagunak dira.
8. Hau neska horren laguna da.

9. Hura mutil honen laguna da.

10. Hori euskaldun hauen laguna da.

D

(a)

> **Telefonoz deituko dugu.**
> *We'll phone. (literally, We'll call by phone.)*
> **Oinez etorri zarete hona?**
> *Did you walk here? (literally, Did you come here on foot/by foot?)*
> **Autobusez etorri gara.**
> *We came by bus.*
> **Euskaraz erantzun du.**
> *He answered in Basque.*
> **Zer da hori inglesez?**
> *What is that in English?*

(b)

> **Iñakiren armarioa arropaz betea dago.**
> *Iñaki's closet is full of clothes.*
> **Taberna hau jendez betea dago.**
> *This bar is full of people.*

(c)

> **Iñakik askotan Mikelez hitz egiten du.**
> *Iñaki often talks about Mikel.*
> **Zutaz hitz egin dugu.**
> *We talked about you.*

This is the *instrumental case.*

E

You need not learn all the endings of the instrumental case at present, but they may be found in the reference section (36–40). Unlike other case suffixes, the instrumental is most frequently added to nouns with no article; the value is more or less adverbial. Examples:

telefonoz   *by telephone*
autobusez   *by bus*
oinez   *on foot*
euskaraz   *in Basque*
The ending is **-z** after vowels, **-ez** after consonants.

F

Basic Forms		Intensive Forms
hau *this*		**hauxe**
hori *that*		**horixe**

hura *that*	**huraxe**
hemen *here*	**hementxe**
hor *there*	**hortxe**
han *there*	**hantxe**
orain *now*	**oraintxe**
orduan *then*	**orduantxe**
honela *like this*	**honelaxe**
horrela *like that*	**horrelaxe**
hala *like that*	**halaxe**
berehala *straightaway*	**berehalaxe**

Intensive forms are often used in speech and are also found in writing. At present it is sufficient for you to recognize and understand such forms when you hear or read them.

G
Compare:

(a)

Herri hau ezagutzen *dut*.	**Herri hauek ezagutzen** *ditut*.
Iñaki ikusi *dut*.	**Iñaki eta Itziar ikusi** *ditut*.
Txuleta bat jango *dugu*.	**Patatak jango** *ditugu*.
Liburu bat saldu *du*.	**Liburu batzu saldu** *ditu*.
Ikasleek hitz bat ulertzen *dute*.	**Ikasleek hitz guztiak ulertzen** *dituzte*.

(b)

Txuleta bat jan nahi *dut*.	**Patatak jan nahi** *ditut*.
Liburu hau bukatu behar *dugu*.	**Liburu hauek bukatu behar** *ditugu*.

Exercise 105
Supply whichever of these forms of **ukan** is correct: **dut, du, dugu, duzu, duzue, dute, ditut, ditu, ditugu, dituzu, dituzue, dituzte.**
Examples:
Nik telebista ikusi nahi _____.
Nik telebista ikusi nahi dut.
Zuk nere lagunak ezagutzen _____.
Zuk nere lagunak ezagutzen dituzu.
  1. Nere aitak mahai eta aulki berriak erosiko _____.
  2. Ikasleek hitz asko ikasi behar _____.
  3. Zuek liburu hau erosiko _____?
  4. Nik nere leihotik mendiak ikusten _____.
  5. Nere anaiak euskara ongi ikasi nahi _____.
  6. Guk patxaran pixka bat bota _____.
  7. Nere arrebak ez _____ mutil hauek ezagutzen.
  8. Haiek zure familia ezagutu nahi _____.
  9. Hona etortzeko, zuk bi autobus hartu behar _____.
  10. Nik gauza batzu egin nahi _____ arratsaldean.

H
(a)

> **Kafea baino lehen, ardo gehiago hartuko dut.**
> *Before coffee, I'll have more wine.*
> **Eskola eta gero, Alde Zaharrera goaz.**
> *After school, we're going to the Old Part.*

(b)

> **Telebista** *ikusi baino lehen*, **nere liburua irakurri nahi dut.**
> *Before watching television, I want to read my book.*
> **Idazkariarekin** *hitz egin eta gero*, **Mikelek azterketa bat egin du.**
> *After talking to the secretary, Mikel took a test.*

Before **baino lehen** *before* and **(e)ta gero** *after* we use the dictionary form of the verb (**ikusi, egin, bukatu**, etc.). (Alternative words for *before* and *after* are **aurretik** and **ondoren**; they are used in the same way.)

Note: the adverbs *before* and *after*(*ward*) are **lehen** (or **aurretik**) and **gero** (or **ondoren**), respectively.

Exercise 106
Rephrase these sentences, expressing them the other way around (e.g., instead of *After studying Basque I want to study French* say *Before studying French I want to study Basque*).
Examples:
Txuleta baino lehen, arrainzopa hartuko dugu.
Arrainzopa eta gero, txuleta hartuko dugu.
Euskara ikasi eta gero, frantsesa ikasi nahi dut.
Frantsesa ikasi baino lehen, euskara ikasi nahi dut.
  1. Etxera joan baino lehen Euskal Herria ongi ezagutuko dut.
  2. Guztia ikasi eta gero azterketa egingo dut.
  3. Telebista ikusi eta gero, ohera joan naiz.
  4. Bazkaldu baino lehen, ardo pixka bat hartzen dugu.
  5. Geografia eta gero euskara dugu.

I

urtarril(a)	*January*	**uztail(a)**	*July*
otsail(a)	*February*	**abuztu(a)**	*August*
martxo(a)	*March*	**irail(a)**	*September*
apiril(a)	*April*	**urri(a)**	*October*
maiatz(a)	*May*	**azaro(a)**	*November*
ekain(a)	*June*	**abendu(a)**	*December*

Notes:
  (a) Like the days of the week, the names of the months do not take a capital letter in Basque.
  (b) Like the days of the week, they are treated as common nouns and require the article.

(c) The usual way to express a date is:

MONTH + **aren** DAY + (article)

for example:

urriaren hamarra (urriaren 10a)   *October 10.*

The first of the month may be expressed with the cardinal (**bata**) or the ordinal (**lehena**). *On* a date is expressed with the inessive case (as with days of the week): **maiatzaren hiruan (maiatzaren 3an)**   *on May 3.* **Maiatzak hiru** is another formula, often used at the beginning of letters.

Exercise 107 (Review)

Make up a sentence using each of the following words.

1. ikusteko.
2. telefonoz.
3. Itziarrekin.
4. oinez.
5. autobusez.
6. irekitzera.
7. Mikelez.
8. amarekin.
9. ondoan.
10. esertzen.
11. euskaraz.
12. hasten.

Exercise 108 (Review)

Reread the text "Iñakiren Etxea," then answer these questions.

1. Nor ikustera joaten dira Mikel eta Itziar?
2. Nola deitzen dute?
3. Nork dauka telefono zenbakia?
4. Norekin dago Mikel?
5. Noren etxera doaz?
6. Nola joaten dira?
7. Nor etortzen da atea irekitzera?
8. Noren ama dago etxean?
9. Nortaz hitz egin du Iñakik batzutan etxean?
10. Norekin hitz egiten dute Mikelek eta Itziarrek?
11. Non daukate telebista Iñakiren etxean?
12. Sukaldearen ondoan zer dago?
13. Iñakik zer dauka bere gelan?
14. Iñakiren armarioa zertaz betea dago?
15. Zer ikusten da Iñakiren gelako leihotik?
16. Gela guztiak ikusi eta gero, nora joaten dira?
17. Non esertzen dira sukaldean?
18. Zer hartzen dute?
19. Norekin bizi da Iñaki?
20. Zenbat dira Iñakiren etxean?
21. Gero nor sartzen da?
22. Iñakiren aitak zenbat urte ditu?

23. Arrebak nola du izena?
24. Honek azkenean zer galdetzen du?

Exercise 109 (Review)

Translate the following.

1. Most Basque young (people) live with (their) families.
2. I'll have my coffee with a little milk, please.
3. Which is the province's chief industry?
4. Are we ready to go to the market now?
5. It's late. After having some milk with some cookies we'll go to bed.
6. I saw a woman buying (**erosten**) old clothes in the middle of the market.
7. How many pesetas does a bag of potatoes cost?
8. At last (**azkenean**) I understand everything.
9. How do you spell your name?
10. Our workplace is (**aurkitu**) just here.
11. Do you want to open these packets, or shall I do it?
12. What is this river called? I don't know, I haven't learned the name yet.
13. Someone is (**aurkitu**) in my chair! And someone is in my bed!
14. The west and the east are not the same.
15. The west is full of industry and workers, but in the east there are few work-places, and young people can't find work.

Exercise 110 (Review)

Hondarribia is a pleasant town in the east of Gipuzkoa, by the Lapurdi border. It is located on the coast and it has a beach. It is really a fishing village, but it has a big tourist trade too. The town is very pleasant and pretty. If you go to Gipuzkoa (**Gipuzkoara joaten bazara**), you really must go to see Hondarribia!

Today three friends are going to Hondarribia. You know them, of course; they are Mikel, Itziar, and Iñaki. They are going together in the bus. Mikel asks many things, and Iñaki and Itziar answer.

"First (**lehenbizi**) you will see Pasaia," says Iñaki. "Look, do you see? That is Gipuzkoa's chief port."

"Yes, it's big," says Mikel.

Then Iñaki says, "Now we are entering another town. There are a lot of factories here."

"What is it called?"

"Errenteria."

At last they are in Hondarribia. They see the Bidasoa River.

"Now let's go see the village a bit," says Itziar.

"Great," answers Mikel.

Reference Notes

46 (the comitative case)
47 (the instrumental case)
68 (simple tenses of **eduki**)
110 (auxiliary agreement in compound tenses)

145 (some uses of the dictionary form)
164 (other time clauses)
202 (months; dates)

UNIT 13

MENDIRA JOANGO GARA?

Mikel, Iñaki, and Iñaki's sister decide to go for a mountain hike (one of the Basques' favorite pastimes), thus giving us a glimpse of the Basque countryside and introducing us to some of the vocabulary of rural life, where the Basque language is most at home. You will learn how to talk about the weather as well as the names of a few animals. There are also more cases to be learned and a brand new verb form.

Mendira Joango Gara?

A

Gaur Mikel goiz altxatu da, eta zazpi t'erdietan kalean dago, prest Iñaki eta Arantxarekin mendira joateko. Gustatzen zaio mendia Mikeli, baina oraindik ez da Gipuzkoako mendietan izan. Gaur Aiako Harrietan ibili nahi du bere lagunekin. Eta non aurkitzen dira Aiako Harriak? Irundik hegoaldera, Nafarroako muga ondoan.

B

Iñaki ere goiz altxatu da. Etxetik atera da bere arrebarekin. Baina badaukate problema txiki bat. Gauean euria egin du eta, Iñakiren kotxea urez betea dago eta ez dabil. Zer egin orain, ba? Autobusez joan behar.

C

Mikel etorri da. "Egun on!" esaten du, Iñaki eta Arantxa ikusi eta gero.

"Bai eta zuri ere."

Iñaki ez dago oso pozik.

"Zer da problema?" galdetzen du Mikelek.

"Ez daukagu kotxerik gaur," esaten du Iñakik. "Autobusa hartu behar dugu."

"Berdin zait neri," erantzuten du Mikelek. "Zein autobusetan joan behar dugu?"

"Errenteriako autobusean, uste dut. Errenteriara joan eta gero, handik aurrera oinez joango gara."

Orduantxe Arantxak autobus bat ikusten du. "Begira," esaten dio Iñakiri, "autobus hura da Errenteriakoa. Goazen!"

D

Hiruak autobusera sartu eta gero, Iñakik guztiena pagatzen du. "Hiru," esaten du.

Laster Errenterian dira. Han kafetegi batera sartzen dira gosaltzera, ez dute ezer gosaldu etxean eta. Iñakik kafesnea nahi du, baina Arantxak eta Mikelek txokolatea hartzen dute.

E

Orain kafetegitik atera dira, eta zerua ikusten dute. Urdin-urdina dago, eguzkia egiten du eta.

"Zer iruditzen zaizu?" galdetzen dio Arantxak Iñakiri. "Eguraldi ona edukiko dugu gaur?"

"Baietz uste dut. Ez du hotzik egiten. Eta goiz da oraindik."

"Berorik ere ez."

"Hobe! Beroa ez zait gustatzen ibiltzeko."

"Ez eta neri ere. Baina euria ere ez!" esaten du Mikelek.

"Gaur ez du euririk egingo," esaten du Iñakik. "Ez zait iruditzen behintzat. Eguraldi ederra edukiko dugu."

F

"Urrun dago mendia hemendik?" galdetzen du Mikelek gero.

"Ez dago oso urrun; baina kotxerik gabe, bai."

Errenteriatik atera dira. Mendi eta lur berdeak ikusten dituzte beren inguruan alde guztietan. Baserriak ere bai, han eta hemen. Baserrien inguruan oiloak ikusten dituzte, edo zerri bat, behiak, ardi batzu, eta baratzeak. Mikelentzat guzti hau berri-berria da. Eta asko gustatzen zaizkio gauza hauek.

G

Baina Aiako Harriak . . . urrun daude, oso urrun! Bi orduz ibili eta gero, oraindik ez daude han. Ibili eta ibili, azkenean Arantxak besteei esaten die:

"Lagunak, nik uste dut beste egun batean joan beharko dugula Aiako Harrietara."

"Nik ere bai," esaten dio Iñakik. "Oraindik beste bi ordu dauzkagu hemendik Errenteriara itzultzeko."

H

Itzuli baino lehen, sagardotegi batera sartzen dira zerbait hartzera. Ibili eta gero gose dira, noski. Mahai bat aurkitu eta gero, tortila haundi bat hartzen dute bi botila sagardorekin. Bukatu eta gero etxera itzultzen dira, nekatuta, baina oso pozik.

Vocabulary

altxatu naiz *I got up*
ardi *sheep*
atera naiz *I went out, I left*
baratze *(vegetable) garden*
behi *cow*
bere *his, her, its* (reflexive)
beren *their* (reflexive)
bero *hot; heat*
edukiko dut *I'll have*
egin *make, do*
egin dut *I made, I did*
egon naiz *I've been, I was*
eguraldi *weather*
eguzki *sun*
euri *rain*
ezer *anything*
gabe *without*
gaur *today*
goiz *early*

hotz *cold*
ibiliko naiz *I'll go, I'll walk*
ikusten dut *I see*
iruditzen zait *it seems to me*
itzuli *return, go back*
itzultzen naiz *I return, I go back*
kafesne *coffee with hot milk*
kafetegi *café*
kotxe *car*
lur *land, piece of land*
noiz *when* (in questions)
oilo *hen*
ordaintzen dut *I pay*
pozik *happy*
problema *problem*
sagardo *cider*
sagardotegi *cider house, place where cider is made and sold*
tortila *omelet*

gosaldu (gosaltzen)   *have breakfast*
gosaldu dut   *I had breakfast*
gosaltzen dut   *I have breakfast*
harri   *stone, rock* (**Aiako Harriak**   *the Aia Rocks*)
hilabete   *month*

txokolate   *chocolate; cocoa*
urdin   *blue*
urrun or **urruti**   *far*
zerri or **txerri**   *pig*
zeru   *sky*

Notes and Exercises

A
Describing the Weather
(a)

Hotz Bero Hotz haundia Bero haundia Euria Elurra Eguzkia Haizea	egiten du.		It is	cold. hot. very cold. very hot. raining. snowing. sunny. windy.

(b)

Euria Elurra	ari du.		It is	raining. snowing.

(c)

Eguraldi	ona ederra txarra . . .	dago. dugu.

B
(a)

Hotz Bero	naiz.	or	Hotzak Beroak	nago.		I'm	cold. hot.

The second structure shows a curious idiomatic use of the ergative case, seen also in **Goseak nago**   *I'm hungry.* This construction is popular and stylistically informal.

(b)
Exclamations:

Ze	hotza! beroa! eguraldi ederra! eguraldi txarra!

One can also say **A ze hotza!** or **Hau hotza!** and so forth.

Exercise 111

Write a long conversation between two people about the weather.

C

> **Mikel*entzat* guzti hau berri-berria da.**
> *For Mikel this is all completely new.*
> **Hau zure ait*arentzat* da.**
> *This is for your father.*
> **Hau zur*etzat* da.**
> *This is for you.*

This is the *benefactive case*. It is formed by adding onto the *possessive-genitive forms* the ending **-tzat**.
Examples:

> **Joseba → Josebaren → Joseba*rentzat***
> **Mikel → Mikelen → Mikel*entzat***

> **ikaslea → ikaslearen → ikasle*arentzat***
> **gizon → gizonaren → gizon*arentzat***
>
> **ikasleak → ikasleen → ikasle*entzat***
> **gizon → gizonen → gizon*entzat***

> **ni → nere/nire/ene → *neretzat/niretzat/enetzat***
> **gu → gure → *guretzat***
> **zu → zure → *zuretzat***
> **zuek → zuen → *zuentzat***
> **— bere → *beretzat***
> **— beren → *berentzat***

Exercise 112

Answer these questions.
Examples:
Non dago Josebaren liburua?
Liburu hau Josebarentzat da.
Non dago nere kafea?
Kafe hau zuretzat da.

1. Non dago Iñakiren kafesnea?
2. Non dago gure kotxea?
3. Non dago nere arrebaren sagardoa?
4. Non dago Mikelen txokolatea?
5. Non daude mutilen tortilak?

D

> **Arantxak Iñaki*ri* esaten dio . . .**
> *Arantxa says to Iñaki, Arantxa tells Iñaki . . .*
> **Arantxak Mikel*i* galdetu dio.**
> *Arantxa asked Mikel.*
> **Berdin zaio Mikel*i*.**
> *It is the same to Mikel/Mikel doesn't mind.*
> **Berdin zait ne*ri*.**
> *It is the same to me/I don't mind.*
> **"Egun on." "Bai eta zu*ri* ere."**
> *"Good day." "The same to you."*
> **Mendia gustatzen zaio Mikel*i*.**
> *Mikel likes the mountain (The mountain is pleasing to Mikel).*
> **Ongi iruditzen zait ne*ri*.**
> *It seems okay to me.*

This is the *dative case*. Note that when there is a dative in the sentence the verb takes special forms that agree with it in person (e.g., **dio**, **zaio**, **zait**).

E

DAT.

> **Joseba → Joseba*ri***
> **Mikel → Mikel*i***

DAT. SING.	DAT. PLUR.
ikaslea(k) → ikasle*ari*	**ikasle*ei***
gizona(k) → gizon*ari*	**gizon*ei***
neska(k) → nesk*ari*	**nesk*ei***

DAT.

> **ni** → *neri (niri, eni)*
> **gu** → *guri*
> **zu** → *zuri*
> **zuek** → *zuei*

DAT.

> **bat** → **bat*i***
> **batzu** → **batzu*ei* or batzu*ri***
> **asko** → **asko*ri***
> **nor** → **nor*i***

DAT.

hau	→ *honi*
hori	→ *horri*
hura	→ *hari*
hauek	→ *hauei*
horiek	→ *horiei*
haiek	→ *haiei*

zein zer zenbat	ikasle-	RI
bi hiru lau	gizon-	I

Exercise 113

Change the sentences as indicated.

Examples:

Botila hau Iñakirentzat da.

Eman botila hau Iñakiri. (*Give this bottle to Iñaki.*)

Lore hauek gure lagunentzat dira.

Eman lore hauek gure lagunei. (*Give these flowers to our friends.*)

1. Boltsa hau Mikelentzat da.
2. Arrain hau zure amarentzat da.
3. Esne hau Itziarrentzat da.
4. Gazta hau Arantxaren aitarentzat da.
5. Letxua hau irakaslearentzat da.
6. Ogi hau langileentzat da.
7. Oilasko hori zure arrebarentzat da.
8. Patata eta tipula horiek gizon horrentzat dira.
9. Aulki txikia Josebarentzat da.
10. Paper haiek ikasleentzat dira.
11. Tortila neska-mutil horientzat da.
12. Sagardoa gazte honentzat da.

F

(a)

Da with a dative object changes to:

neri:	zai*t*
hari (Mikeli, Itziarri . . .):	zaio
guri:	zai*gu*
zuri:	zai*zu*
zuei:	zai*zue*
haiei (Mikel eta Itziarri . . .):	zai*e*

(b)

Dira with a dative object changes to:

neri:	**zaizki***t*
hari (Mikeli, Itziarri . . .):	**zaizki***o*
guri:	**zaizki***gu*
zuri:	**zaizki***zu*
zuei:	**zaizki***zue*
haiei (Mikel eta Itziarri . . .):	**zaizki***e*

Examples:

> **Mendia gustatzen *zaio* Mikeli.**
> **Ongi iruditzen *zait* neri.**
> **Mendiak gustatzen *zaizkio* Iñakiri.**
> **Liburu hauek gustatzen *zaizkigu* guri.**
> **Hori ez *zait* gustatzen.**

Exercise 114

Instead of *wanting* these things, say that the people *like* them.
Examples:
Nik kafea nahi dut.
Neri kafea gustatzen zait.
Mikelek liburuak nahi ditu.
Mikeli liburuak gustatzen zaizkio.

1. Nik entsalada nahi dut.
2. Nik arraultzeak nahi ditut.
3. Itziarrek txuleta nahi du.
4. Arantxak loreak nahi ditu.
5. Zuk fruta nahi duzu?
6. Zuk gailetak nahi dituzu?
7. Hark azukrea nahi du.
8. Guk ura nahi dugu.
9. Iñaki eta Arantxak tipula nahi dute entsaladan.
10. Guk klaseak nahi ditugu.
11. Zuek arropa berriak nahi dituzue.
12. Haiek opilak nahi dituzte.

G

(a)

> **Nere laguna *gabe* etorri naiz.**
> *I have come without my friend.*
> **Nola hartzen duzu kafea, azukrearekin ala azukrerik *gabe*?**
> *How do you take your coffee, with sugar or without sugar?*

(b)

> **Mikel etxera joan zen mendia ikusi *gabe*.**
> *Mikel went home without seeing the mountain.*
> **Gosaldu *gabe* etorri naiz klasera.**
> *I have come to class without having breakfast.*

Gabe is both a postposition (equivalent of an English preposition) and a conjunction. When a conjunction, it is preceded by the dictionary form of the verb.

H

> **Nere amak badaki ogia *egiten*.**
> *My mother knows how to make bread.*
> **Badakizu gazta *erosten* merkatuan?**
> *Do you know how to buy cheese in the market?*
> **Euskaraz ongi *hitz egiten* ikasi behar dut.**
> *I must learn (how) to speak Basque well.*

Exercise 115 (Review)
Translate the following.
1. I want to say something but I don't know how to say it in Basque.
2. It's hot today and we're happy in this garden.
3. He doesn't like his coffee-with-milk; it's cold.
4. How much did you pay in the cider house?
5. I don't have anything for you today.
6. Which do you like, cow's milk or sheep's milk?
7. Good sheep's cheese is expensive.
8. He's going to market with his pig.
9. He won't have any problem selling that cow.
10. Have you seen this hen's eggs?
11. It's very cold today. Where are you going with those clothes?
12. The flat lands are good.
13. New industries are a good thing for this province.
14. We are not going into geographical problems here.
15. Listen carefully (well) before answering.
16. When will the exams be?
17. The water of this river is black.
18. But does this seem okay to the workers?

Exercise 116 (Review)
Mikel, Iñaki, and Itziar are walking in the main street of Hondarribia. It is sunny, and there are a lot of people out (in the street). This street is full of pretty houses. They are red, green, blue, and white, and all have flowers in the windows. On the street there are stores, bars, and restaurants (**jatetxeak**). There are people selling things outside in the street: clothes, fruit, and other things.

Our three friends, after walking a little, enter a bar and have some beer. Around him Mikel hears Basque, Spanish, and French too. After they have their beer they go out again. Iñaki has seen a friend in the street. "Hello, Xabier," he says, "how are you?"

"Fine," his friend answers. "And you? I haven't seen you in San Sebastian. What's new?"

"You know, working hard (**lan eta lan**)."

"Today, you've come to the beach, eh?"

"Yes, I've come with these friends. We're going to the beach right now."

"Great."

"And when are you going to come to San Sebastian to see us?"

"I don't know when; we'll see."

"Well, call."

"Yes, I'll call."

"Okay, then, see you later."

"Yes, see you later then."

Reference Notes

43 (the dative case)
45 (the benefactive case)
55 (postpositions governing the absolutive)

89 (dative forms: present of **izan**)
141 (common uses of -t[z]en)

UNIT 14

REVIEW AND PRACTICE

A chance to learn some very practical things for a visitor, such as getting a hotel room, going to a bank, buying stamps, and finding a bus. There are also some grammar exercises to check on how your nouns and verbs are getting on. You will read text 3 of the reader, with some information about the Basque language's present-day situation, dialects, and standardization. For students interested in knowing more about the dialects, some extra notes are provided at the end of the unit.

In Hondarribia

Hondarribian zabiltza. Ez da oso herri haundia. Bi edo hiru kale dira herriko kale nagusiak, eta kale hauetan aurkitzen dira dendak, bankuak, autobusak, eta gauza gehienak. Eta tabernak eta jatetxeak ere bai, noski. Baina ez zoaz taberna batera orain; ez duzu ezer hartu nahi. Beste gauza batzu behar dituzu.

Dolar batzu dituzu, baina ez daukazu pezetarik. Bankura joan behar duzu. Bankuak irekita daude orain? Arratsaldeetan bankuak ez dira irekitzen hemen, baina goiza da orain eta irekita daude.

Gero, karta bat eta postal batzu bidali nahi dituzu Ameriketara. Seiluak erosi behar dituzu. Eta non saltzen dituzte seiluak? Tabako dendetan. Bankura joan eta gero, tabako denda batera joan behar duzu seiluak erostera. Baina non dago tabako denda bat? A bai, badago bat han, kalearen beste aldean.

Orain ostatu bat behar duzu. Hondarribia txikia da, eta ez dago hotel haundirik, baina badaude ostatu pribatu batzu. Emakume bat ikusten duzu kalean, eta berari galdetzen diozu non dagoen ostatu bat.

Ostatua aurkitu eta gero, sartzen zara galdetzera. Baina gaur ez daukate gelarik libre. Turista asko daude Hondarribian, eta ez da ezer aurkitzen. Zer egin behar duzu? Donostiara itzuli. Kale nagusira zoaz berriz.

Eta Donostiara joateko autobusa non gelditzen da? Gizon bati galdetzen diozu. Beste kalean. Eta hartzen duzu autobusa Donostiara.

Exercise 117
Act out or write out what you say:
- (a) in the bank.
- (b) buying stamps in the tobacco store.
- (c) looking for a hotel.
- (d) asking for a room in the hotel.
- (e) looking for the bus to San Sebastian.

Exercise 118
The five conversations have been jumbled together. Can you work out which lines

belong to which conversation? (Each contains six lines, and they are given in the right order.)

1. Seiluak behar ditut karta honentzat, mesedez.
2. Non gelditzen dira autobusak, mesedez?
3. Nora doa?
4. Pezetak behar ditut, mesedez.
5. Egun on, ostatua da hau?
6. Nora joan behar duzu?
7. Ameriketara.
8. Adizu, badago ostaturik hemen inguruan?
9. Zenbat dolar kanbiatu nahi dituzu?
10. Ba, ez dakit. Zergatik ez duzu galdetzen taberna batean?
11. Beltz bat, mesedez. Badakizu non dagoen ostatu bat?
12. Ehun dolar.
13. Bai.
14. Baduzu gelarik libre?
15. Zure pasaportea, mesedez.
16. Donostiara.
17. Gaur ez. Dena betea dago. Hemen Hondarribian ez duzu ezer aurkituko.
18. Ostatu bat? Nere amak badaki; hari galdetuko diot.
19. Zenbat balio du dolarrak gaur?
20. Berrogeitazazpi pezeta, mesedez. Besterik nahi duzu?
21. Amatxo! Gazte honek galdetzen du non dagoen ostatu bat!
22. San Pedro kalean, Toki Ona tabernaren aurrean. Autobus berde guztiak doaz Donostiara.
23. Plaza Berrian badago bat, baina ez dakit, gelarik egongo den libre.
24. Noiz aterako da autobusa?
25. Ez dakit, baina ordu erditik ordu erdira ateratzen dira.
26. Ehun eta laurogeitasei pezeta.
27. Non aurkituko dut zerbait?
28. Bai, postal batzu erosi nahi ditut.
29. Donostian egongo da, baina hemen ez.
30. Hor daude, mahaiaren ondoan.

Exercise 119

Are you keeping a notebook listing ways to express different communicative functions, as suggested in exercise 74? Check that your list covers the following functions, for which examples can be found in recent units:

—expressing that you know something
—expressing that you think something
—expressing necessity or obligation
—asking and giving permission
—making plans
—expressing what you want
—asking about what others want
—asking for things.

Exercise 120

ABSOLUTIVE	Bilbo
ERGATIVE	Bilbok
DATIVE	Bilbori
POSSESSIVE-GENITIVE	Bilboren
BENEFACTIVE	Bilborentzat
COMITATIVE	Bilborekin
INESSIVE	Bilbon
ALLATIVE	Bilbora
ABLATIVE	Bilbotik
LOCAL-GENITIVE	Bilboko

In the same way write out the paradigms of: **Donibane**, **Irun**, **herria**, **lurra**, **gela**, **mendiak**, **gauzak**. If in doubt, you may find it useful to refer to the reference section (38–39).

Exercise 121
egon
nago
dago
gaude
zaude
zaudete
daude
Write out similar paradigms for **etorri**, **ibili**, **joan**, and **izan** (intransitive).

Vocabulary

bakar (adjective) *only*
bakarrik (adverb) *only*
dialekto *dialect*
errepresio *repression*
gai *subject, material*
galdu (galtzen) *lose*
galdu (participle) *lost*
herrialde *region*

historia *history*
hizkuntza *language*
ia *almost*
idatzi (idazten) *write*
inmigrante *immigrant*
irakurri (irakurtzen) *read*
kontra *against*
ofizial *official*

Reading

Read the text "Euskal Herria eta euskara," text 3 of the Elementary Reader.

Exercise 122
After reading the text "Euskal Herria eta euskara," say whether the following statements are true or false, giving reasons or commenting on each answer.
Example:
Jende gehienak badaki euskaraz Euskal Herrian.
Ez. Jende gehienak ez daki euskaraz Euskal Herrian. Lau pertsonatatik batek daki bakarrik (or something similar).
  1. Erdaraz dakitenak, erdaldunak deitzen dira.
  2. Euskaldun berriek ez dakite ongi euskaraz.

3. Batzuk ez dute erdara ikasi etxean eta ez dakite erdaraz.
4. Telebista guztia erdaraz dago.
5. Historian zehar errepresio haundia izan da euskararen kontra, baina orain ez.
6. Gaur euskara galdua dago Araban.
7. Baionan ez dago euskaldunik.
8. Euskaldun gutxi daude herrialde industrialetan, gehienak beste probintzietara joan dira eta.
9. Gaur euskara ematen da eskola guztietan Euskal Herrian.
10. Orain arte euskarak dialekto batzu izan ditu, baina gaur ez dago dialektorik.

The Spoken Dialects

Spoken dialects of Basque differ from each other in details of pronunciation, grammar, vocabulary, and idiom. Among the first are: the letter **h**, only pronounced in northern dialects; the letter **j**, pronounced variously [y], [ž], or [χ]; palatalization of certain dental consonants; the pronunciation of certain vowels; and differences in stress.

Students living where a certain dialect is spoken will increasingly tend to adopt that form of Basque as they become accustomed to it. Otherwise, the question of dialect differences, as far as potential users of this book are concerned, will mostly interest American Basques whose families speak a variety that they wish to understand and learn to speak. Such families generally come from two main dialect areas: Bizkaian or Low Navarrese. For the sake of such students this section includes notes on these two kinds of Basque, covering the vocabulary and grammar dealt with so far in the course. Students who have no special interest in either of these dialects may pass over this section.

(a) Main Differences in Grammar
Bizkaian

(1) The numeral **bi** *two* is placed after, not before, its noun (e.g., **etxe bi** *two houses*). Numerals higher than two precede the noun: **hiru etxe** *three houses.*

(2) *With* is expressed by the ending **-agaz** instead of **-arekin** (e.g., **nire laguna-gaz** *with my friend*).

(3) The demonstratives are as follows: **au** *this*, **ori** *that*, **a** *that* (*in the distance*); **ónek** *these*, **órrek** *those*, **árek** *those* (*in the distance*) (plural forms stressed on the first syllable).

(4) Demonstratives are placed in front of their noun, which takes the article (e.g., **au etxea** *this house*).

(5) Frequent use is made of the intensive personal pronouns: **neu** *I*, **geu** *we*, **zeu** *you*, **zeuek** *you* (*plural*).

(6) The form **ari naiz** is not used; instead **nago** is often used (e.g., **irakurtzen nago** *I'm reading*).

Low Navarrese

(1) When counting, *two* is **biga**; otherwise it is **bi**.

(2) *To* (the allative) often ends in **t** (e.g., **etxerat** *to the house*).

(3) *For* (the benefactive) is **-tako** (e.g., **zuretako** *for you*) or **-endako** (e.g., **ene adiskidearendako** *for my friend*).

(4) The direct object of a verb in **-t(z)eko**, **-t(z)era**, or **-t(z)en ari (naiz)** takes the

possessive-genitive case (e.g., **liburu baten irakurtzen ari naiz**   *I'm reading a book*).

(5) Verbs ending in **n** in the dictionary form take **-en** rather than **-go** in the future (e.g., **eginen dut**   *I'll make/do*).

(b) Differences in Vocabulary

Bizkaian	Meaning:	In Other Dialects:
a	*that (in the distance)*	hura
alan	*like that, that way*	hala
alkarregaz	*together*	elkarrekin
amaitu	*finish*	bukatu
apur bat	*a little*	pixka bat
ardao	*wine*	ardo
arin	*fast*	azkar
baltz	*black; red wine*	beltz
bardin	*same*	berdin
barik	*without*	gabe
bariku	*Friday*	ostiral
barri	*new*	berri
barriro, barriz	*again*	berriro, berriz
be	*too, also*	ere
behar (egin)	*work*	lan (egin)
belu	*late*	berandu
bentana	*window*	leiho
berba egin, berbetan	*talk(ing)*	hitz egin, hizketan
domeka	*Sunday*	igande
ederto (adverb)	*fine*	ederki
eguasten	*Wednesday*	asteazken
eguen	*Thursday*	ostegun
eskaratz	*kitchen*	sukalde
euren	*their*	beren
gaztai	*cheese*	gazta
geratu	*remain, stop*	gelditu
gura	*want*	nahi
itaundu, preguntau	*ask*	galdetu
izeko	*aunt*	izeba
jezarri, jarri	*sit*	eseri
karu	*expensive*	garesti
martitzen	*Tuesday*	astearte
neba	*brother (of a woman)*	anaia
oin	*now*	orain
okela	*meat*	haragi
olan	*like this, this way*	hola (honela, horrela)
ondiño	*still, yet*	oraindik
ondo	*well*	ongi
ortu	*(vegetable) garden*	baratze
uri	*town*	hiri
urten	*go out, leave*	atera
zabaldu, zabalik (verb, participle)	*open*	ireki
zapatu	*Saturday*	larunbat
zelako	*what kind of, what a*	nolako

| zelan; zelan zagoz? | *how; how are you?* | nola; zer moduz? |
| zeozer | *something* | zerbait |

Low Navarrese	Meaning:	In Other Dialects:
abantzu	*almost*	ia
adio	*good-bye*	agur, adio
adiskide	*friend*	lagun, adiskide
adreza	*address*	helbide
aitzina	*ahead, forward*	aurrera
akitu	*tired*	nekatu
anitz	*a lot*	asko
arno, arno gorri	*wine; red wine*	ardo, ardo beltz
arrapostu	*answer*	erantzun
askaldu	*have breakfast*	gosaldu
atzeman	*find*	aurkitu
ba	*yes*	bai
barna	*through, across*	zehar
barnean, barnera(t)	*inside*	barruan, barrura
beha	*waiting; look(ing)*	zain; begira
ber	*same*	berdin
berant	*late*	berandu
besta	*fiesta*	jai
biera	*beer*	zerbeza
bixkotx	*cookie*	gaileta
biziki	*very*	oso
bon	*well then*	beno
borda	*farm*	baserri
borta	*door*	ate
deus	*anything*	ezer
egiazki	*really*	benetan
egubakoitz	*Saturday*	larunbat
egun	*today*	gaur
emazte	*woman*	emakume
erran	*say, tell*	esan
eskualdun	*Basque (person)*	euskaldun
eskuara	*Basque language*	euskara
finitu	*finish*	bukatu
fite	*fast*	azkar
galde egin	*ask*	galdetu, eskatu
gasna	*cheese*	gazta
guzi	*all*	guzti
hameka	*eleven*	hamaika
hogoi	*twenty*	hogei
hun	*good*	on
iduri zaut	*it seems to me*	iruditzen zait
igorri	*send*	bidali
irakurtu	*read*	irakurri
izigarri	*very*	oso, izugarri
izkiriatu	*write*	idatzi
jarri; jar zite!	*sit; sit down!*	eseri; eseri (zaitez)!
jin	*come*	etorri
kadira	*chair*	aulki
kario	*expensive*	garesti

karrika	*street*	kale
konprenitu	*understand*	ulertu
kontent	*happy, glad*	pozik
libera	*French franc*	franko
lusagar	*potato*	patata
magazina	*store*	denda
maite dut	*I like*	gustatzen zait
milesker	*thank you*	eskerrik asko
mintzatu	*talk*	hitz egin
mutiko, neskatxa	*boy, girl*	mutil, neska
nola zira?	*how are you?*	zer moduz (zaude)?
oihan	*wood, forest*	baso
orai	*now*	orain
oraino	*still, yet*	oraindik
oren, hiru orenak	*hour, three o'clock*	ordu, hiruak
oto (auto)	*car*	kotxe, auto
otto	*uncle*	osaba
plazer baduzu	*please*	mesedez
sarri artio	*see you later*	gero arte
tenore; zer tenore da?	*time; what time is it?*	ordu; zer ordu da?
trankil	*calm, tranquil*	lasai, trankil
ttantta	*aunt*	izeba
ttipi	*small*	txiki
ukan	*have*	izan, eduki
untsa	*well*	ondo
uri	*rain*	euri
zauri!	*come here!*	etorri!
zoin	*which*	zein
zonbait	*some, a few*	batzu
zonbat	*how many, how much*	zenbat

UNIT 15

ITZIARREN GERNIKAKO LAGUNA

This unit introduces you to a new character in our story, Edurne, a Bizkaian woman. You will learn to talk about everyday activities such as meals, going to work or school and coming home, watching television, and going to bed. This and the next few units will clarify many of your ideas about Basque verbs and tenses, including the crucial distinction in Basque between transitive and intransitive. Because you have more vocabulary and rules in your head by now, progress may seem more difficult and you probably get the feeling at times that you're stuck or stagnated. It's actually difficult to tell whether one is progressing or not (except at the very beginning)—rather than going by what you feel, put it to a test. Go back to unit 5 and read the text "Beste Taberna Batean" again. If you understand it more easily than when you were on unit 5, this proves that you've made progress since then! Now perform the same test on unit 10. If you can't make any sense of unit 10, then it's time for a review; if you can, stop worrying now and get back to work. When you reach unit 20 you can check back by rereading unit 15.

Itziarren Gernikako Laguna

A

Edurne Itziarren laguna da. Bizkaitarra da, eta Gernikan bizi da bere familiarekin. Goizetan Edurnek lan egiten du. Arratsaldeetan, berriz, ikastera joaten da. Gernikako ikastola batean egiten du lan. Unibertsitatean Euskal Filologia ikasten du, eta Bilbora joan behar du egunero.

B

Edurne zortzietan jaikitzen da egunero, eta zortzi t'erdietan gosaltzen du. Kafesnea hartzen du beti, batzutan ogiarekin eta beste batzutan gailetekin. Gero lanera joaten da. Gehienetan oinez joaten da, baina batzutan autobusa hartzen du. Bederatzietan egoten da ikastolan, orduan hasten da lanean eta.

C

Bederatzietatik ordu batera klasea ematen du. Ordu batean ateratzen da, eta etxera joaten da bazkaltzera. Haren aitak, berriz, ordu bat t'erdietan bukatzen du bere lantegian, eta ordu bietan edo horrela etortzen da bazkaltzera. Gero guztiek elkarrekin bazkaltzen dute. Edurnek bi ahizpa eta anaia bat ditu; sei dira familian.

D

Kafea hartu eta gero, Edurnek zigarro bat erretzen du, eta telebista ikusten du edo bere liburuak irakurtzen ditu. Arratsaldeko bostetan Bilboko autobusa hartzen du. Haren klaseak gaueko bederatzietan bukatzen dira, eta azken autobusa hartzen du beti. Oso nekaturik sartzen da etxera, noski. Ohera joan baino lehen zerbait zafaltzen du. Gero, askotan ohera joaten da zuzen-zuzen, goizean goiz jaiki behar du eta.

Vocabulary

afaldu   *have dinner*
ahizpa   *sister (of a woman)*
arreba   *sister (of a man)*
askotan   *many times, often*
batzutan   *sometimes*
bazkaldu   *have lunch*
beti   *always*
bizkaitar   *Bizkaian*
egunero   *every day*

erre   *burn; smoke (tobacco)*
Euskal Filologia   *Basque Studies*
gehienetan   *mostly often, usually*
goiz   *early; morning*
jaiki   *get up, rise*
lan egin   *work*
unibertsitate   *university*
zigarro   *cigarette*
zuzen   *straight*

Notes and Exercises

Exercise 123

(a) Retell what you know about Edurne in your own words, without looking at the original text.

(b) Imagine you are Edurne, and retell the text in the first person. Begin like this: **Itziarren laguna naiz, eta Gernikan bizi naiz.**

(c) Tell or write a similar composition about yourself and what you do every day.

A

These verbs are *intransitive* in Basque:

> **Edurne arratsaldeetan Bilbora** *joaten da.*
> **Ordu bietan** *etortzen da* **bazkaltzera.**
> **Bederatzietan ikastolan** *egoten da.*
> **Goizeko bederatzietan** *hasten da* **lanean.**
> **Nor** *esertzen da* **zure ondoan?**
> **Igandeetan mendian** *ibiltzen da.*

With intransitive verbs the auxiliary **naiz**, **da**, etc., is used.
The following verbs are *transitive* in Basque:

> **Edurnek Euskal Filologia** *ikasten du* **Bilbon.**
> **Kafesnea** *hartzen du* **beti.**
> **Bederatzietatik ordu batera klasea** *ematen du.*
> **Aitak ordu bat t'erdietan** *bukatzen du.*
> **Zigarro bat** *erretzen du.*
> **Ohera joan baino lehen zerbait** *afaltzen du.*

With transitive verbs the auxiliary **dut**, **du**, etc., is used, and the subject is in the ergative case (**-k**).

B

Some verbs can be used as intransitives or transitives, the sense varying accordingly:

Edurne aulkitik *altxatzen da*.
Edurne gets up from the chair.
Edurnek gaileta bat *altxatzen du* mahaitik.
Edurne picks up a cookie from the table.
Ordu batean Edurne lanetik *ateratzen da*.
At one o'clock Edurne gets out of work.
Edurnek bere liburua *ateratzen du*.
Edurne takes out her book.
Klasea ordu batean *bukatzen da*.
Class finishes at one.
Edurnek ordu batean *bukatzen du*.
Edurne finishes at one.
Edurne beti *galtzen da*.
Edurne always gets lost.
Edurnek beti *galtzen du* bere tabakoa.
Edurne always loses her tobacco.
Atea *irekitzen da*.
The door opens.
Edurnek atea *irekitzen du*.
Edurne opens the door.
Edurne Gernikara *itzultzen da* azken autobusean.
Edurne returns to Gernika on the last bus.
Edurnek liburua Mikeli *itzultzen dio*.
Edurne returns the book to Mikel.
Also: **Edurnek liburua euskarara *itzultzen du*.**
Edurne translates the book into Basque.

Exercise 124

Here are the sentences in notes A and B with the verbs missing. Can you supply them?

Example:

Goizeko bederatzietan _____ _____ lanean.

Goizeko bederatzietan hasten da lanean.

1. Edurnek ordu batean _____ _____.
2. Edurnek Euskal Filologia _____ _____ Bilbon.
3. Atea _____ _____.
4. Edurnek beti _____ _____ bere tabakoa.
5. Bederatzietan ikastolan _____ _____.
6. Aitak ordu bat t'erdietan _____ _____.
7. Klasea ordu batean _____ _____.
8. Edurne beti _____ _____.
9. Ordu batean lanetik _____ _____.
10. Bederatzietatik ordu batera klasea _____ _____.

11. Zigarro bat _____ _____.
12. Nor _____ _____ zure ondoan?
13. Kafesnea _____ _____ beti.
14. Edurnek gaileta bat _____ _____ mahaitik.
15. Edurnek liburua Mikeli _____ _____.
16. Edurne arratsaldeetan Bilbora _____ _____.
17. Ohera joan baino lehen zerbait _____ _____.
18. Edurnek liburua euskarara _____ _____.
19. Edurne aulkitik _____ _____.
20. Edurnek bere liburua _____ _____.
21. Ordu bietan _____ _____ bazkaltzera.
22. Igandeetan mendian _____ _____.
23. Edurnek atea _____ _____.
24. Edurne Gernikara _____ _____ azken autobusean.

C

The intransitivity or transitivity of Basque verbs is not perfectly predictable or obvious from their meaning. Therefore you should take note of how each new verb that you learn is to be used. Of the verbs seen so far in this book, the following are *intransitive*:

> **egon, eseri, etorri, gustatu, ibili, iruditu, joan**

Gustatu and **iruditu** need a dative object (e.g., **gustatzen zait**   *I like* [*it*]; **iruditzen zait**   *it seems to me*).
The following are *transitive*:

> **afaldu, bazkaldu, bilatu, bota, eduki, entzun, erantzun, erosi, esan, ezagutu, galdetu, gosaldu, hartu, hitz egin, idatzi, ikasi, ikusi, irakurri, lan egin, ordaindu, saldu, ulertu**

(However, **afaldu, bazkaldu**, and **gosaldu** are intransitive in northern Basque.)

D

The remaining verbs studied so far may be *intransitive* or *transitive*:

> **altxatu, atera, aurkitu, bete, bukatu, deitu, egin, erre, galdu, hasi, hetsi (itxi), ireki, itzuli, izan, poztu, sartu**

ALTXATU (intr. *get up, rise*; tr. *lift up, raise*): see examples in note B.
ATERA (intr. *go out, leave*; tr. *take out, extract*): see examples in note B.
AURKITU (intr. *exist, be* [*se trouver, hallarse*]; tr. *find*):
   Liburudenda banku baten ondoan *aurkitzen da.*
   Ez dut aurkitzen liburudenda hori.
BETE (intr. *become full*; tr. *fill, fill out, fulfill, satisfy, make full*):
   Taberna hau beti *betetzen da* ordu honetan.

Iñakik Mikelen basoa ardoz *betetzen du*.

Mikelek orri bat *betetzen du* bankuan.

BUKATU (intr. *come to an end, finish*; tr. *bring to an end, finish something*): see examples in note B.

DEITU (intr. *be called*; tr. *call*):

Taberna hau Izkiña *deitzen da*.

Edurnek egunero *deitzen du*.

EGIN (intr. *get, become*; tr. *make, do*):

Berandu *egiten da*.

Zer *egiten duzu*?

ERRE (intr. *burn, become burnt*; tr. *burn, cause to burn, smoke*):

Zerbait *erretzen da*!

Zer *erretzen dute* hemen?

Zigarroa? Ez eskerrik asko, *ez dut erretzen*.

GALDU (intr. *get lost, be lost*; tr. *lose*): see examples in note B.

HASI (intr. *start, begin* [*doing something*]; tr. *start something*):

Klasea bederatzietan *hasten da*.

Edurne bederatzietan *hasten da* (lanean).

Edurnek klase berri bat *hasten du* gaur.

HETSI (ITXI) (intr., tr. *close, shut*):

Taberna hamarretan *hesten* (*ixten*) *da*.

Edurnek bere liburua *hesten* (*ixten*) *du*.

IREKI (intr., tr. *open*): see examples in note B.

ITZULI (intr. *return, go back*; tr. *return, give back, translate*): see examples in note B.

IZAN (intr. *be*; tr. *have*):

Edurneren klaseak onak *izaten dira* gehienetan.

Batzutan Edurnek problema txiki bat *izaten du*.

Note: in Low Navarrese dialect **izan** is *be* (intr.) and **ukan** is *have* (tr.).

SARTU (intr. *enter, go in, come in*; tr. *put in*):

Edurne bederatzietan *sartzen da* ikastolan.

Edurnek bere tabakoa boltsan *sartzen du*.

Exercise 125

Translate the following.

1. Edurne goes to Bilbao every day.
2. Mikel walks in the mountains on Sundays.
3. Iñaki knows Gipuzkoa well.
4. This woman sells in the market.
5. Xabier pours the **patxaran**.
6. Mikel understands everything.
7. Itziar always pays.
8. The television finishes at eleven-thirty.
9. All children grow up (get big, using **egin** for *get*).
10. Edurne works hard (does a lot of work).
11. Joseba always goes into (enters) the same bars.
12. Where is Lizarra located (**aurkitu**)?
13. The weather is usually fine in August (habitual of **izan**).
14. What time do you leave the house?

15. Mikel doesn't get lost in the mountains.

16. How does Edurne come?

17. Edurne is usually at home on Sundays (habitual of **egon**).

18. Donostia seems small to Mikel.

19. What do you learn at the university?

20. Where do you buy this cheese?

21. What does Itziar say?

22. That child always talks in class.

23. That pleases Edurne very much.

24. Who fills the bottles?

25. Edurne starts another day.

26. After entering the class, Edurne shuts the door.

27. I always return the money.

28. Who burns the paper?

29. What do you hear?

30. Iñaki looks for a place to sit.

31. After lifting up his hand, the student asks something.

32. What time do you have breakfast?

33. What time does Itziar call?

34. I start at ten thirty.

35. Joseba gets up from the chair.

36. Edurne takes out another cigarette.

37. Edurne likes her work.

38. Edurne usually has three classes (**eduki**).

39. Edurne works in a school.

40. Where does that boy sit?

Exercise 126
Remember that in transitive verbs the auxiliary agrees with the *direct object* too. Review unit 12, note G, and repeat exercise 105.

Exercise 127
Complete this text by supplying the appropriate forms in the present habitual tense of the verbs whose dictionary forms are given in parentheses.
Example:
Goizetan Edurnek lan egiten du, baina arratsaldeetan . . .

   Goizetan Edurnek (LAN EGIN), baina arratsaldeetan ikastera (JOAN). Euskal Filologia (IKASI). Egunero goizeko zortzietan (JAIKI) eta (GOSALDU). Gero lanera (JOAN). Autobusa (HARTU) lanera joateko. Bederatzietan (EGON) ikastolan, bederatzietan (HASI) lanean eta. Ikastolan klasea (EMAN), eta ordu batean (ATERA) eta etxera (JOAN) bazkaltzera. Haren aitak lantegian ordu bat t'erdietan (BUKATU). Guztiek elkarrekin (BAZKALDU) ordu bietan. Bazkaldu eta gero Edurnek kafe bat (HARTU), zigarro bat (ERRE), eta telebista (IKUSI) edo bere liburuak (IRAKURRI). Gero Bilbora (JOAN). Unibertsitateko klaseak seietan (HASI) eta bederatzietan (BUKATU). Azken autobusean (ITZULI) etxera. Berandu (SARTU) eta afaldu eta gero askotan ohera (JOAN) zuzen-zuzen, oso nekatuta (EGON) eta.

E
Compare these two sets of sentences:

Akademia honetan *Iñakik* euskara *irakasten du.*
Iñaki teaches Basque in this school.
Afaldu eta gero *jendeak* kopak *hartzen ditu.*
After dinner people drink liqueurs.
Bederatzietan *afaltzen dugu.*
We eat dinner at nine.

Akademia honetan euskara *irakasten da.*
Basque is taught in this school.
Afaldu eta gero kopak *hartzen dira.*
After dinner liqueurs are drunk.
Bederatzietan *afaltzen da.*
Dinner is eaten at nine.

In the second set of sentences, the subject (or agent)—**Iñakik**, **jendeak**, **guk** (understood)—has been eliminated, making the sentences impersonal in meaning (often equivalent to an English passive with no agent expressed, as here). Observe that the eliminated subject was in the ergative case, and the verb was transitive. In the impersonal sentences, the verb takes the *intransitive* form (**irakasten *da***, **hartzen *dira***, **afaltzen *da***), agreeing if necessary with the original direct object (**euskara**, **kopak**), which has become the subject in the new sentences. Here are some more examples of impersonal sentences:

Iñakiren gelatik kalea *ikusten da.*
From Iñaki's window the street can be seen.
Non *saltzen da* sagardoa?
Where is cider sold?
Hitz hori *ez da entzuten* Gipuzkoan.
That word is not heard in Gipuzkoa.
Nola *esaten da* "bookstore" euskaraz?
How does one say "bookstore" in Basque?
Nola *idazten da* zure izena?
How is your name written (i.e., spelled)?

Exercise 128
Make the following sentences impersonal by deleting the ergative subject and replacing the transitive auxiliary with the appropriate intransitive one.
Example:
Eskola honetan ikasleek euskara ikasten dute.
Eskola honetan euskara ikasten da.
1. Zer ordutan hartzen duzue kafea?
2. Seiluak tabakodendan erosten ditugu.
3. Jendeak ez du asko irakurtzen hemen.

4. Euskal Herrian asko erretzen dute.

5. Noiz ordaintzen dugu?

F

(a) Note that **ari izan** is always intransitive (**ari *naiz*, ari *da*,** etc.) and its subject is in absolute form no matter what the main verb is (e.g., *Iñaki* **ohetik jaikitzen ari *da*, *Iñaki* kafesnea hartzen ari *da*);** review unit 9, note B, and exercises 81 and 82. (Special exception: *ari du* in weather expressions: review unit 13, note A.)

(b) Note that **nahi** and **behar** are always transitive (**behar *dut*, nahi *du*,** etc.) and their subject is in the ergative no matter what the main verb is (e.g., *Iñakik* **ohetik jaiki behar *du*, *Iñakik* kafesnea hartu nahi *du*);** review unit 10, note A. (This is true in literary Basque; there is a colloquial tendency to break the rule.) However, in *impersonal* expressions (see note E) **nahi** and **behar** are regularly made *intransitive* (e.g., **Euskara ikasi behar da**   *One must learn Basque, Basque must be learned*).

Exercise 129

Say three sentences about yourself using **ari naiz**, three using VERB + **nahi dut/ditut**, and three using VERB + **behar dut/ditut**.

Examples:

Euskara ikasten ari naiz, etc.

Euskal Herrira joan nahi dut, etc.

Liburu asko irakurri behar ditut, etc.

G

It is very difficult to give watertight rules about the uses of tenses, but the following should serve as a rough guide for the present tenses. To express what is going on *now, at the moment*:

(a) If possible, use a simple present; for example: **Begira! Iñaki *dator***   *Look! Iñaki's coming.* (The expressions **bizi *naiz*, nahi *dut*,** etc., are really in the simple present, because **naiz** and **dut** are the real verbs, not **bizi** and **nahi**).

(b) When the simple present cannot be used (because most verbs have no simple forms), the present continuous is used. This construction emphasizes the continuous aspect of the activity (e.g., **Iñaki liburu bat *irakurtzen ari da***   *Iñaki's reading a book*).

(c) With some verbs it is often better to use the present habitual even to express what is happening now (e.g., **Orain Iñakik *ulertzen du***   *Iñaki understands now*; **Nere laguna *ikusten dut***   *I (can) see my friend*).

H

To express what happens *generally, usually, always,* or *never,* the present habitual is used (e.g., **Goizetan Edurnek lan *egiten du*; arratsaldeetan berriz ikastera *joaten da***   *In the mornings Edurne works; but in the afternoons she goes to study*). As we have seen, this is not the only use of the habitual tense, but it is an important one.

I

We have decided to refer to the form of the verb ending in **-tzen** or **-ten** as the habitual form (because it is used in the habitual tense), even though it has other uses that are not habitual in meaning (for example, the formation of the continuous tense). To obtain the habitual form from the dictionary form of the verb:

(a) First we must remove the suffix of the dictionary form, if there is one. The suffix may be **-tu** (e.g., **buka*tu***), **-du** (e.g., **sal*du***), **-i** (e.g., **ikas*i***), or **-n** (e.g., **joa*n***). This gives us the *stem* of the verb: **buka-, sal-, ikas-, joa-**.

(b) Next we add **-tzen** or **-ten** to the stem: **buka-*tzen*, sal-*tzen*, ikas-*ten*, joa-*ten***. If the *stem* ends in **s** or **z**, add **-ten**: **ikas*ten***. Also add **-ten** if the *dictionary form* ends in **-n**, which we have removed: **joa*n*** → **joa*ten***. In other cases, add **-tzen**.

(c) Note: when the stem ends in **ts** or **tz** (e.g., **idatz-** from **idatz*i***), first alter **ts** to **s** or **tz** to **z** (**idatz-** → **idaz-**), then add **-ten**: **idaz*ten***.

Exercise 130

Give the habitual forms of the verbs whose dictionary forms are given in the boxes in notes C and D.

J

When **eta** occurs at the beginning of a phrase, or between two sentence elements, it is a coordinating conjunction meaning *and*. But when placed at the *end* of a phrase, it does not mean *and*, but gives an *explanatory* force to that phrase. For example: **Bederatzietan egoten da ikastolan,** *orduan hasten da lanean eta* She is at the school by nine, as she starts work at that time; **Askotan ohera joaten da zuzen-zuzen,** *goizean goiz jaiki behar du eta* She often goes straight to bed, since she has to get up early in the morning.

Remember that **eta** (whatever its function) is often pronounced **ta**.

Exercise 131 (Review)

"Where do you live, Edurne?"

"In Gernika."

"Ah, then you're a Bizkaian. Do you live alone?"

"No, I live with my father and mother, with my sisters and with my brother."

"Are you a student?"

"Yes, I study at the university. But in the mornings I work."

"Where?"

"I work in a school."

"Do you give classes?"

"Yes, that's right; I'm a teacher."

"How do you go to work? By car?"

"No, I don't go by car. I walk, or sometimes I take the bus. Usually I walk."

"Do you start at eight in the morning?"

"No, I don't start at eight. I start at nine."

"What time do you come out for [to have] lunch?"

"At one."

"Do you want to come to have a wine with me at one, then?"

"No, I always go straight home. I have to do a lot of things in the afternoon."

"Okay then. See you later!"

Reference Notes

59 (use of simple verb forms)
60 (the simple tenses)
61 (verbs with simple tenses)
97 (the present habitual)
110 (auxiliary agreement in compound tenses)
111 (intransitivization)

112 (introduction to periphrastic tenses)
113 (use of **ari**)
115 (use of **nahi**)
116 (use of **behar**)
137 (the habitual form)
152 (use of **eta**)

GERNIKARA

No visitor to the Basque Country can pass through the famous Bizkaian town of Gernika, bombed almost out of existence by Hitler's air attacks in the Spanish Civil War (as a "lesson" to the Basques and as a convenient test run for the Germans in preparation for World War II) and now rebuilt into a flourishing town, without a visit to the Basques' sacred historic monument, the Tree of Gernika. Mikel and his friends decide to make a trip to Gernika, where Itziar's friend Edurne lives. In addition to expanding your travel vocabulary somewhat and learning how to ask the way and give or be given directions, you will practice talking about events, saying what has happened, and speaking in the past tense. You will also find out what postpositions are and work some more on subordinate verb constructions.

Gernikara

A

Mikel hasi da Euskal Herria ezagutzen.

"Gernikan izan zara inoiz?" galdetzen dio Iñakik Mikeli igande goiz batean.

"Ez," erantzuten dio Mikelek, "ez naiz inoiz izan."

"Orduan ez duzu inoiz ikusi Gernikako Arbola!" esaten dio Itziarrek.

"Ez, baina entzun bai, zerbait entzun dut. Oso famatua da."

"Eta *Gernika*, Picassoren koadro famatua, ikusi duzu?" galdetzen dio Iñakik.

"Bai horixe."

"Ba al dakizu koadro horren historia?"

"Bai, orain badakit, Itziarrek esan dit eta."

B

"Joan nahi zenuke Gernika ikustera gaur?"

"Bai, joan nahi nuke, noski. Beti gustatzen zait toki berriak ikustea."

"Goazen orduan. Baina berehala hasi behar dugu; bestela berandu egingo zaigu. Gernikan egon nahi nuke bazkaltzeko."

"Badaukat nik lagun bat Gernikan," esaten du Itziarrek. "Telefonoz deituko diot joan baino lehen."

C

Itziarrek Edurneri deitzen dio. Edurne asko pozten da Itziar entzutean. Itziar, Iñaki eta Mikel ikusi nahi ditu Gernikan, eta esaten dio Itziarri bere etxera joateko. Baina Itziarrek ez daki joaten Edurneren etxera, eta esaten dio Edurneri ordu bietan Gernikako Arbolaren azpian egoteko, Arbola famatua Gernikaren erdian dago eta. Gernikara sartzean, zuzen joango dira Arbolara. Telefonoz hitz egin eta gero, hiru lagunak Iñakiren kotxera doaz. Kotxearen barruan esertzen dira. Iñaki eta Itziar aurrean esertzen dira, Mikel atzean. Eta Gernika aldera!

D

Ezagutzen al duzu Donostiatik Gernikara joateko bidea? Lehenengo, kostatik joan behar da Debaraino. Deba herri txiki bat da Bizkaiko mugaren ondoan. Debatik aurrera, bi bide daude: kostako bidea eta barruko bidea. Kostakoa oso atsegina da baina poliki joan behar da. Azkar joateko, barrukoa hobea da. Eibartik eta Durangotik Zornotzaraino joan eta gero, eskuinera eta zuzen aurrera.

E

Gaur hiruak ongi ibili dira Zornotzaraino; baina gero gaizki joan dira. Eskuinetara joan ordez, ezkerretara joan dira eta aurrera Galdakaoraino. Galdakaon aurkitzean, Bilboko bidean, buelta eman dute Zornotzara itzultzeko. Gero Zornotzan ezkerretara joan behar izan dute. Gernikara sartu eta gero, zuzenean Arbolara joaten dira, ia ordu erdi berandu. Baina Edurne haien zain dago oraindik.

F

Urrundik ikustean, Itziarri deitzen dio:

"Itziar! Hemen nago! Azkenean etorri zara!"

"Kaixo Edurne! Barkatu!" esaten dio Itziarrek. "Oso berandu etorri gara, baina . . ."

"Lasai, neska! Galdu zarete?"

"Bai, gutxi gora behera," esaten du Iñakik. "Zornotzan eskuinetara joan ordez ezkerretara joan gara, eta gero buelta eman dugu."

G

"Bazkaltzeko ordua da," esaten du Itziarrek. "Goazen jatetxe batera zerbait jatera."

"Ondo, baina berehala joan behar dugu," esaten du Edurnek. "Bestela ez dugu ezer izango, jatetxe gehienak hiruetan ixten dira eta."

"Zu hemengoa zara," esaten dio Iñakik Edurneri. "Nora joango gara, orduan?"

"Etorri nirekin," erantzuten du Edurnek. "Jatetxe bat ezagutzen dut, eta beharbada zabalik egongo da oraindik."

"Hori espero dut nik," esaten du Mikelek. "Ni behintzat goseak nago!"

Vocabulary

arbola	*tree*	**ezker**	*left*
artean	*between, among*	**famatu**	*famous*
atzean	*behind*	**gainean**	*on, on top (of), over*
aurrean	*in front (of)*	**gaizki**	*badly, bad, wrong*
aurrera	*forward, ahead, on, onward*	**goian**	*above, upstairs*
azkar	*fast, quickly*	**gutxi gora behera**	*more or less*
azpian	*below, under*	**haserre**	*angry*
beharbada	*perhaps*	**hetsi** or **itxi**	*close, shut*
behean	*below, downstairs*	**hobe**	*better*
berehala	*straightaway, immediately*	**inoiz**	*ever*
bestela	*otherwise*	**jan**	*eat*
bide	*way*	**jatetxe**	*restaurant*
buelta eman	*turn around*	**koadro**	*picture*
edan	*drink*	**lehen** or **lehenengo**	*first*
ekarri	*bring*	**nahi nuke**	*I would like*
eliza	*church*	**nahi zenuke?**	*would you like?*
eraman	*take (somewhere), carry*	**ordez**	*instead of*
eskuin	*right (opposite of left)*	**poliki**	*slowly*
espero dut	*I hope; I expect*	**zabilik**	*open (= irekita)*

Notes and Exercises

A

It is Monday night. Read about what Edurne did today:

Edurne zortzietan *jaiki da* gaur, eta zortzi t'erdietan *gosaldu du*. Kafesnea *hartu du* gailetekin. Gero lanera *joan da*. Gaur autobusa *hartu du*. Bederatzietan *iritsi da* ikastolara, eta lanean *hasi da*.

The verbs in italics are in the *near past* tense and tell us *what happened today*. To change a verb from the present habitual to the near past, we only need to put the *dictionary form* of the verb (**jaiki, gosaldu, hartu, joan, iritsi, hasi**) in place of the habitual form (**jaikitzen, joaten**, etc.).

Exercise 132

The text about Edurne in note A is based on section B of the reading for unit 15, "Itziarren Gernikako Laguna." Turn back to that reading, and write out the rest of the account of what Edurne did today on the basis of sections C and D.

Exercise 133

Suppose *you* are Edurne. On the basis of the text "Itziarren Gernikako Laguna" tell about yourself and about what you did today *in the first person.* Begin: **Itziarren laguna naiz. Bizkaitarra naiz, eta . . .**

B

Reread section A of this unit's study text, "Gernikara." Notice these verbs:

Mikel *hasi da* Euskal Herria ezagutzen.
"Gernikan *izan zara* inoiz?"
"Ez, *ez naiz* inoiz *izan.*"
"Orduan *ez duzu* inoiz *ikusi* Gernikako Arbola!"
"Ez, baina entzun bai, zerbait *entzun dut.*"
"Picassoren koadro famatua *ikusi duzu*?"

These are also in the near past tense, but here they don't refer to something that happened *today*, but at some unspecified time before the present. This is the near past's other function. Note that English has two different tenses:

BASQUE	ENGLISH
(a)	
Edurne zortzietan *jaiki da* gaur.	Edurne *got* up at eight today.
Gero lanera *joan da.*	Then she *went* to work.
(b)	
Picassoren koadroa *ikusi duzu*?	*Have* you *seen* Picasso's picture?
***Ez naiz* inoiz *izan* Gernikan.**	I *have* never *been* to Gernika.

Exercise 134

To practice the "unspecified time" use of the near past tense, ask a fellow student or an imaginary friend if he or she has done various things. For example:

Euskal Herrian izan zara inoiz?
Liburu hau irakurri duzu?

C

Debaraino joan behar duzu.
You must go as far as Deba.
Zornotzaraino joan eta gero eskuinetara.
Go as far as Zornotza and then to the right.

The ending **-raino** means *as far as, up to*. To obtain this form of any word, just take the allative form (in **-ra**) and add the extra letters **-ino**; for example:

ALLATIVE

---

itsasoa	→ **itsasora**	→ **itsasora*ino***
etxe urdina	→ **etxe urdinera**	→ **etxe urdinera*ino***
arbolak	→ **arboletara**	→ **arboletara*ino***
Tolosa	→ **Tolosara**	→ **Tolosara*ino***
non?	→ **nora?**	→ **nora*ino*?**

D

mahaiaren *gainean*   *on the table*
mahaiaren *azpian*   *under the table*
etxearen *aurrean*   *in front of the house*
etxearen *atzean*   *behind the house*
herriaren *erdian*   *in the middle of the town*

herriaren *inguruan*   *around the town*
herrien *artean*   *between/among the towns*
tabernaren *barruan*   *inside the bar*
tabernaren *ondoan*   *next to the bar*

The words in italics are known as *postpositions*, because their position is after the noun (**mahaia, etxea,** etc.) that they govern. Notice that the postpositions shown here take the possessive-genitive case: **mahai*aren* gainean,** etc. But it is also often possible to use them directly after the noun with no case ending or article (e.g., **mahai gainean, etxe aurrean, taberna ondoan, Tolosa inguruan**).

Exercise 135
Translate the following.
1. under the trees
2. in front of the church
3. inside the famous restaurant
4. behind the picture
5. among your sisters
6. next to the university
7. in the middle of the region
8. around the vegetable garden
9. on the cow
10. as far as the sun

E

The postpositions we have seen in note D may also be used as adverbs without a governed noun; to this list we can add three more words, **kanpoan, goian,** and **behean.**

Nere liburuak	gainean azpian aurrean atzean erdian inguruan barruan ondoan kanpoan goian behean	**daude.**	*My books are*	*on top.* *underneath.* *in front.* *behind.* *in the middle.* *around.* *inside.* *next to (it/them).* *outside.* *above, upstairs.* *below, downstairs.*

F

Review unit 15, note I, on the formation of the habitual form. By dropping the final **n** of the habitual form, we get the *verbal noun stem* form. Thus the verbal noun stem ends in **-tze** or **-te**:

DICTIONARY FORM	VERBAL NOUN STEM	HABITUAL FORM
bukatu	**buka***tze*	**bukatzen**
saldu	**sal***tze*	**saltzen**
ikasi	**ikas***te*	**ikasten**
joan	**joa***te*	**joaten**
idatzi	**idaz***te*	**idazten**

The verbal noun stem is the basis of:

(a) the habitual form (VNS + **n**), e.g., **bukatzen**;
(b) the **-tzera** form (VNS + **ra**), e.g., **bukatzera**;
(c) the **-tzeko** form (VNS + **ko**), e.g., **bukatzeko**;
(d) the **-tzean** form (VNS + **an**), e.g., **bukatzean**;
(e) the verbal noun (VNS + **a**), e.g., **bukatzea**.

G

Review unit 13, note H, where we saw one of the uses of the habitual form (e.g., **Nere amak badaki ogia** *egiten*). The habitual form is not only used with verbs like **jakin** and **ikasi**, but also with **hasi**   *start* and several others that you will learn in due course: *Jaten* **hasiko gara orain**   *We'll start eating now.*

H

Review unit 10, note G, where we saw how the forms **ikastera** and **ikasteko** may both mean *to learn* and the difference between them; for example, **Mikelek klase- etara joan nahi du euskara** *ikastera*, but **Klaseak behar ditu euskara** *ikasteko*. The form in **-t(z)eko** has another use too: it translates *to . . .* in the sense of *telling someone **to do** something* (*tell* is **esan**); for example, **Itziarrek Edurneri esaten dio ordu bietan arbolaren azpian** *egoteko*   *Itziar tells Edurne to be under the tree at two o'clock.*

I

The form **-t(z)ean** is used to express *time when*:

> **Edurne asko pozten da Itziar *entzutean*.**
> *Edurne is very pleased when she hears Itziar.*
> **Gernikara *sartzean*, zuzen joango dira Arbolara.**
> *When they get into Gernika, they'll go straight to the Tree.*

J

The verbal noun itself is, as its name indicates, a kind of noun. When used as a noun it normally requires the article **-a** to be added. Thus we have **bukatzea** (*the act of*) *finishing*, **saltzea** (*the act of*) *selling*, **joatea** (*the act of*) *going*, etc. The verbal noun can still have an object or other complement, even a subject: **liburuak saltzea** (*the act of*) *selling books*, **Gernikara joatea** (*the act of*) *going to Gernika*, **zu Gernikara joatea** (*the fact that*) *you are going to Gernika*. Since the verbal noun is a noun of sorts, it can be used as subject, object, etc., of the main sentence. Thus **Hizkuntzak ikastea ona da** means *Learning languages is good* (**hizkuntzak ikastea** is the subject of the sentence)—that is, *It is good to learn languages*.

The verbal noun is used regularly with certain verbs, such as **gustatu**. Thus to say *I like to read books* or *I like reading books*, we have **Liburuak irakurtzea gustatzen zait**.

Exercise 136

Choose the appropriate form (**-t[z]en**, **-t[z]era**, **-t[z]eko**, **-t[z]ean**, **-t[z]ea**) for each verb whose dictionary form is given in parentheses in the following passage.

Asko gustatzen zait hizkuntzak (IKASI). Orain klaseetara joaten naiz euskara (IKASI). Irakasleak batzutan esaten du liburu bat (EROSI), eta liburudendara joaten naiz (EROSI). Hizkuntzak (IKASI) oso ona da. Euskara ikasi eta gero, Euskal Herrira joan nahi nuke, baina garestia da hara (JOAN). Diru asko behar dut Euskal Herrira (JOAN). Baina lehenengo, ikasi nahi dut euskaraz ongi eta azkar (EGIN). Bestela, Euskal Herrira (JOAN) ez dut ezer ulertuko. Hasi naiz euskara (IKASI). Badakit gauza asko (ESAN). Egun batean, joango naiz Donostia, Bilbo, eta Gernikako Arbola (IKUSI).

Exercise 137 (Review)

Translate the following.

My house is in the middle of the town, between the plaza and the church. We have a vegetable garden behind the house. Inside the house there is a living room and three bedrooms. And a kitchen and a bathroom too, of course. The kitchen and living room are downstairs; the bedrooms, on the other hand, are upstairs. This is my room; would you like to come and see it? Excuse me, there are some clothes on my bed. When looking through the window one sees those mountains. Around this town there are many mountains. My brother is not at home now; he's out. But I can see (I see) him from here. He's in front of the church. And where is my little sister? Listen! Do you hear that? She's under the bed! She's listening to everything!

Reference Notes

49 (the allative case)

52 (use of postpositions)

53 (postpositions governing the possessive-genitive)

54 (postpositions following the noun directly)

98 (the near past)

139 (the verbal noun)

140 (common uses of the verbal noun)

141 (common uses of **-t[z]en**)

143 (common uses of **-t[z]eko**)

144 (use of **-t[z]ean**)

158 (indirect commands and requests)

UNIT 17

REVIEW AND PRACTICE

More practice saying what happened and storytelling. Then we focus on some other communicative functions: expressing annoyance and disappointment, telling people what to do, and warning them to be careful. There is also practice using postpositions to explain exactly where things are and more exercises on giving directions. Finally—some songs to sing.

A Morning Walk

Gaur goizean goiz jaiki gara, eta gosaldu baino lehen buelta bat eman dugu (we went for a walk). Toki guztiak itxita eta kaleak hutsik (empty) aurkitu ditugu. Ezkerrera eta eskuinera, herria gurea zen (was). "Beharbada eguraldi ona izango dugu gaur," esan dut. "Hala espero dut; hondartzara joan nahi nuke gaur arratsaldean." Aurrera joan gara poliki. "Nora doa hau?" galdetu dut, kale berri bat ikustean. "Ez dakit," erantzun du nere anaiak. "Goazen ikustera." Asko ibili gara. Azkenean menditxo baten gainean aurkitu gara. Handik herria eta lurra ikusi ditugu behean. Oso ederra zen. Eliza ikusi dut herriaren erdian, eta kaleak eta plazak elizaren inguruan. "Begira," esan du anaiak, eta eskua atera du. Ur tanta (drop) batzu ziren (were) eskuaren gainean. "Euria hasi du," esan du. Gora (up) begiratu du, eta berehala euria hasi du goitik behera. "Hobe dugu behera (down) herrira joatea azkar," esan du, eta berehala hasi da korrika. Horixe egin dut nik ere, noski, baina haserre nintzen (I was). Dena (everything) gaizki atera zait gaur. Hondartzara joan ordez, euriaz busti naiz. Herrira itzultzean, lehenengo tabernan sartu gara, eta kafe beroa edan dugu, eta zerbait jan. Beharbada bihar (tomorrow) eguraldi hobea izango dugu!

Exercise 138
Agree or disagree with each of the following statements about the text "A Morning Walk," correcting, commenting, or giving your reasons.
Example:
Gosaldu eta gero atera dira buelta bat ematera.
Ez, gosaldu baino lehen atera dira.
1. Denda batzu zabalik (irekita) aurkitu dituzte.
2. Etxetik ateratzean, eguraldia ona zen.
3. Azkar ibili dira.
4. Hondartzan ibili dira.
5. Menditxotik itsasoa ikusi dute.
6. Herrira azkar itzuli dira.
7. Kafea hartu eta gero, hondartzara joan dira.
8. Herrira itzultzean, gose ziren.

Exercise 139

    (a) Retell the story without looking at the original, in the first person.

    (b) Make up a continuation to the story.

Expressing Disappointment and Annoyance

If you want to go to the beach when it starts to rain, you can express your disappointment by saying:

> **Pena da.** *It's a shame.*
> **Ze pena!** *What a pity!*

If you wish to give vent to your frustration, you may say instead:

> **Kaka zaharra!** *Shit!*
> **Mekauen!** *Darn it!*

For example:

> **Ze pena! eta nik hondartzara joan nahi nuen.**
> **Kaka zaharra! orain ederki bustiko gara!**

Telling Someone What to Do

To give someone instructions, simply use the dictionary form of the verb; for example:

> **Ekarri hona aulki hori.**
> **Itxi atea.**
> **Egin zure lana.**

To convert these into requests, say **mesedez** (in the north, **plazer baduzu**):

> **Ekarri hona aulki hori, mesedez.**

But to be still more polite, you can rephrase your request as a question in the future, thus:

> **Aulki hori hona ekarriko duzu, mesedez?**

This is equivalent to *Would you bring that chair over here, please?*

Exercise 140

The following commands are too brusque to be polite. Transform them into polite requests following the pattern of the example.

Example:

Ekarri hona aulki hori!

Aulki hori hona ekarriko duzu, mesedez?

1. Itxi atea!
2. Esan hitz hori berriz!
3. Eseri nere ondoan!
4. Bota ardo gehiago!
5. Etorri tabernara nerekin!

Warning Somebody to Be Careful

The exclamation **Kontuz!** (in some dialects **Kasu!**) means *Be careful!* or *Watch out!* For example:

> **Kontuz, beroa dago.**
> **E, kontuz! erreko zara!**

Kontuz may be followed by the comitative case:

> **Kontuz labanarekin!**

We can warn someone *not to do something* by placing **ez** in front of the dictionary form:

> **Ez etorri berandu!**

Exercise 141

(a) Look at a map of the Basque Country. Referring to the list of towns in exercise 78, ask and answer just where each one is on the map; for example:

Non dago Altsasu mapan?
Iruñea eta Gasteizen artean dago./
Beasainen azpian dago./
Lizarraren gainean dago eta pixka bat ezkerrera.

(b) In a class this can be transformed into a game. A map of the whole country with provincial borders and provincial capitals *only* is drawn on the blackboard. Then one student goes to the board and must put in the rest of the towns; the other students have a map and can tell what towns are missing and where they are or correct errors, always speaking in Basque, of course.

Exercise 142

Do you remember how Iñaki, Mikel, and Itziar "got lost" on the way to Gernika (unit 16, "Gernikara")? Suppose it is still the same day and you are Mikel. Tell someone else about what happened. These expressions will be useful: **ezkerretara, eskuinetara, zuzen aurrera, buelta eman, itzuli.**

Exercise 143

Now imagine it is time for Iñaki and friends to return to Donostia. Just to be sure they don't go wrong again, Edurne gives Iñaki clear instructions on which way to go. Take Edurne's part and give the instructions.

Reading
See the songs in section 4 of the elementary reader.

UNIT 18

JATETXERA

The four friends go to a restaurant and order lunch, giving you a chance to review the language needed for these occasions. On the grammatical side the unit focuses on the formation and uses of the dictionary form and participle of verbs. There is also some more about postpositions and a first glimpse of the simple past tense (a mere hint of things to come).

Jatetxera

A

Denak jatetxera joan dira bazkaltzera. "Beharbada itxita dago—edo beteta!" esan du Edurnek bidean.

"Beharbada janari guztia bukatua izango da!" esan du Mikelek.

"Lasai, mutil," esan du Itziarrek; "hirurak arte behintzat ematen dute eta."

"Hori espero dut, bestela ez dakit nora joan!" esan du Edurnek.

"Bazkaldu gabe geldituko gara ba!" esan die Iñakik.

B

Baina laster jatetxearen aurrean aurkitu dira eta ez dute itxita edo beteta aurkitu. Irekita dago, eta erdi hutsik gainera.

Barrura sartu eta mahai batzu libre ikustean, Iñakik galdetzen die: "Non jarriko gara?"

"Hemen ez dago inor eta ondo gaude," esaten du Itziarrek leiho ondoko mahai batera joan eta gero.

Denak eseri eta neska batek gauza guztiak kentzen ditu mahai gainetik. Mahaia garbitu eta gero honela esaten die:

"Zer nahi zenukete? Badago entsalada eta salda, gero txuleta, solomoa, legatza."

C

"Pentsatu bitartean, ekarri ardoa mesedez," esaten dio Edurnek neskari.

"Nolako ardoa edango duzue? Beltza?"

"Bai, beltza mesedez."

Edurnek esan bezala, neskak botila bat eta lau baso ekarri eta mahai gainean jartzen ditu. Mahaiaren aurrean gelditzen da, eta Iñaki hasten da eskatzen:

"Eskerrik asko. Nik salda nahi dut hasteko."

Besteek, berriz, entsalada eskatzen dute.

Neskak azkar eramaten ditu platerak. Iñakiri salda ematen dio, eskatu bezala, eta besteei entsalada ematen die. Berehala hasten dira denak jaten. Gosearekin, oso goxoa iruditzen zaie, eta lehenengo platera bukatu arte ez dira hasten hizketan.

Vocabulary

arte *until*
baso *(drinking) glass, tumbler*
bezala *like, as*
bitartean *while, meanwhile*
dena *everything*
denak *everyone, all*
eman *give, serve*
eskatu *ask for, order*
garbitu (verb) *clean, clear*
gelditu *remain, stay, be left, stop, be,*
  get

hutsik *empty*
inor *anyone, anybody*
jarri *sit, place oneself, put, put on*
kendu *take (from), take away, take off*
laster *soon*
nolako *what kind of, what . . . like*
ondo *well* (= **ongi**)
pentsatu *think*
plater (**plater-a**, etc.) *plate, bowl, dish*
salda *(clear) soup, broth*
solomo *loin steak*

Notes and Exercises

Exercise 144

In the following seven-sentence summary of the text "Jatetxera" that you have just read, only the beginnings of the sentences are given in the correct order. The endings of the sentences have been separated and mixed up (on the right); one of the "endings" doesn't even belong there at all! Connect the right endings with the beginnings to reconstitute the summary.

1. Denek . . .
2. Jatetxea . . .
3. Hori ikustean . . .
4. Eseri eta gero . . .
5. Neskak . . .
6. Pentsatu eta gero . . .
7. Dena goxoa da . . .

ardo beltza ekartzen die.
eskatzen dute.
gose dira eta.
jatetxe batera joan nahi dute.
mahai gainean esertzen dira.
neska bat etorri eta mahaia garbitzen du.
oraindik irekita dago, eta ez dago beteta.
sartu eta mahai batean jartzen dira.

Exercise 145

This is another summary of the story, which you are to complete by filling each space with one of the words on the right. All the words are used, and one of them twice.

_____ jatetxera joaten dira bazkaltzera. "_____ janari guztia bukatua izango da!" esaten du Mikelek. "Lasai, hirurak _____ ematen dute," esaten du Itziarrek. "Hori espero dut," esaten dio Iñakik, "bestela bazkaldu _____ geldituko gara!" Baina jatetxea irekita eta erdi _____ dago. Eseri eta _____, neska batek gauza

arte
beharbada
bezala
bitartean

guztiak _____ ditu mahai _____. "Zer nahi zenukete?"
galdetzen die. Baina ez dakite _____, eta pentsatu _____
neskak ardoa ekartzen die. Gero mahaiaren aurrean _____ da;
Iñakik salda _____ du, eta besteek entsalada. Neskak salda eta
entsalada ekartzen ditu, eskatu _____. Lehenengo_____
bukatu _____ ez dute hitz egiten.

denak
eskatzen
gabe
gainetik
gelditzen
gero
hutsik
kentzen
oraindik
platera

A

The verb form referred to in this book as the dictionary form (e.g., **garbitu**, **kendu**, **jarri**, **eman**, **atera**) either is formed from the stem of the verb by adding one of three possible suffixes or else is identical to the stem. The suffixes are:

-tu, e.g., **garbitu**, **galdetu**, **bukatu**, **deitu**, **sartu**, **hartu**, **ulertu**. Instead of **-tu**, **-du** is used if the preceding letter is **n** or **l** (e.g., **kendu**, **gosaldu**).

-i, e.g., **jarri**, **etorri**, **ibili**, **ikusi**, **ikasi**, **erosi**, **idatzi**.

-n, e.g., **eman**, **joan**, **egon**, **izan**, **egin**, **esan**, **entzun**.

Examples of dictionary forms that are the same as the stem are **atera**, **bota**, **bete**, **erre**, **eduki**, **hil**.

Exercise 146

To practice producing the dictionary form from the habitual form, complete these sentences in the same way as the model given.

Example:

Egunero garbitzen dut nere gela, eta gaur ere garbitu dut.

  1. Egunero goiz gosaltzen dut, eta gaur ere goiz _____ dut.
  2. Egunero ikusten dut nere ahizpa, eta gaur ere _____ _____.
  3. Egunero ibiltzen naiz parkean, eta gaur ere han _____ _____.
  4. Egunero joaten naiz lanera, eta gaur ere _____ _____.
  5. Egunero esaten duzu hori, eta gaur ere _____ _____.
  6. Egunero hitz egiten dugu, eta . . .
  7. Egunero irakurtzen dut pixka bat, eta . . .
  8. Egunero gelditzen naiz besteak joan arte, eta . . .
  9. Egunero ateratzen naiz kalera, eta . . .
 10. Egunero zigarro asko erretzen dituzue, eta . . .

B

We have seen some of the uses of the dictionary form of the verb. You know, for example, that it is used in front of **nahi** and **behar**:

Hemen *gelditu* **nahi duzue?**
Zer *egin* **behar dugu orain?**

You also know that the dictionary form may be used as an imperative:

> *Eseri* hemen.
> *Kendu* platerak, mesedez.

C

We have also seen that the dictionary form is used with the conjunctions **baino lehen** and **eta gero**, which are placed *after* the verb at the end of the clause. The same occurs with **aurretik** *before* and **ondoren** *after*, which are synonyms of **baino lehen** and **eta gero**, respectively; for example:

> Ohera *joan* baino lehen/Ohera *joan* aurretik, zerbait irakurriko dut.
> *Bazkaldu* eta gero/*Bazkaldu* ondoren, buelta bat ematera joango gara.

This same dictionary form construction is used with various other conjunctions, including **bitartean** *while*, **arte** *until*, **gabe** *without*, **ordez** *instead of*, and **bezala** *as*; for example:

> *Pentsatu* bitartean, ekarri ardoa mesedez.
> *While (we) think, bring some wine please.*
> Lehenengo platera *bukatu* arte ez dira hasten hizketan.
> *They don't start talking until they finish the first course.*
> Batzutan *gosaldu* gabe joaten naiz lanera.
> *Sometimes I go to work without having breakfast.*
> Etxean gelditu behar dut Gernikara *joan* ordez.
> *I have to stay home instead of going to Gernika.*
> Neskak ardo botila bat eraman du mahaira, Edurnek *eskatu* bezala.
> *The waitress took a bottle of wine to the table, as Edurne had asked.*

Exercise 147
Write a sentence using each of the following conjunctions with a dictionary form:
arte, aurretik, baino lehen, bezala, bitartean, eta gero, gabe, ondoren, ordez.

D

Look at these compound sentences in which two ideas are joined by **eta**:

> Barrura sartzen dira *eta* mahai batzu libre ikusten dituzte.
> Denak esertzen dira *eta* neska batek mahaia garbitzen du.
> Neskak lau botila ekarri ditu *eta* mahai gainean jartzen ditu.

Instead of the finite verb forms that end each of the clauses to the left of the word **eta—sartzen dira, esertzen dira, ekarri ditu**—it is sufficient to write the dictionary form; this results in the following sentences:

> Barrura *sartu* eta mahai batzu libre ikusten dituzte.
> Denak *eseri* eta neska batek mahaia garbitzen du.
> Neskak lau botila *ekarri* eta mahai gainean jartzen ditu.

In this construction the finite verb that is replaced by the dictionary form may be in any tense.

E

> **Atea** *irekia* **dago.**   *The door is open.*
> **Nere basoa** *betea* **dago.**   *My glass is full.*
> **Etxe hau** *saldua* **dago.**   *This house is sold.*
> **Aulki hori** *hartua* **dago.**   *That seat is taken.*
> **Kontu guztiak** *pagatuak* **daude.**   *All the bills are paid.*
> **Bazkaria** *egina* **dago.**   *Lunch is made.*
> *Altxatua* **zaude?**   *Are you up?*
> **Haur horiek** *galduak* **daude.**   *Those children are lost.*

The forms **irekia**, **betea**, **saldua**, etc., are participles. But in fact the participle is identical to the dictionary form: the **-a** or **-ak** added in these examples is the article. Any dictionary form may be used as a participle. Sometimes the suffix **-ta** is used instead of an article with participles (e.g., **Atea irekita dago**). Remember that **-ta** does not change in the plural: **Ateak irekita daude.**

Exercise 148
Supply the nonfinite verbs, which have been omitted from the text.
Denak jatetxera joan dira _____. "Beharbada _____ dago," esan du Edurnek bidean. "Edo beharbada janari guztia _____ izango da!" esan du Mikelek. "_____ gabe gueldituko gara orduan!" esan die Iñakik. Baina jatetxea _____ aurkitu dute. Barrura _____ eta mahai batzu libre ikusten dituzte. Denak _____ eta neska batek gauza guztiak kentzen ditu mahaitik. Mahaia _____ ondoren esaten du: "Badago entsalada, salda." "_____ bitartean, _____ ardoa mesedez," esaten dio Edurnek. Edurnek _____ bezala, neskak botila bat eta lau baso _____ eta mahai gainean jartzen ditu. Iñaki hasten da _____: "Nik salda nahi dut _____." Besteek entsalada eskatzen dute. Neskak Iñakiri salda ematen dio, _____ bezala, eta besteei entsalada. Berehala hasten dira _____. Gosearekin oso goxoa iruditzen zaie, eta lehenengo platera _____ arte ez dira hasten hizketan.

F
You have surely noticed that the postpositions and adverbs listed in unit 16, notes D and E, all end in **-(e)an**, that is, the inessive suffix; and of course they are inessive in meaning too, since they all express different aspects of *where* something is. These same words can be used to express *where to* and *where from* if instead of the inessive ending we use the allative, **-(e)ra**, or the ablative, **-(e)tik**. Compare:

> **Mikel Itziarren** *ondoan* **dago.**   *Mikel is next to Itziar.*
> **Mikel Itziarren** *ondora* **doa.**   *Mikel goes over to (to next to) Itziar.*
> **Platerak mahai** *gainean* **daude.**   *The dishes are on the table.*
> **Neskak platerak mahai** *gainetik* **kentzen ditu.**   *The waitress takes the dishes off (from on) the table.*
> **Mutilak** *kanpoan* **daude.**   *The boys are outside.*
> **Mutilak** *kanpora* **doaz.**   *The boys go outside.*
> **Mutilak** *kanpotik* **sartzen dira.**   *The boys come in from outside.*

Here is a list of possible forms:

gainean	**gainera**	**gainetik**
azpian	**azpira**	**azpitik**
aurrean	**aurrera**	**aurretik**
atzean	**atzera**	**atzetik**
erdian	**erdira**	**erditik**
inguruan	**ingurura**	**ingurutik**
artean	**artera**	**artetik**
ondoan	**ondora**	**ondotik**
barruan	**barrura**	**barrutik**
kanpoan	**kanpora**	**kanpotik**
goian	**gora**	**goitik**
behean	**behera**	**behetik**

Note carefully that the allative form of **goian**, **gora**   *up* is irregular.

Exercise 149

Fill in the blanks with the right words from the list on the right to make sense of this story.

KATUA ETA TXAKURRA

Gure _____ beste familia bat bizi da. Beren etxean txakur bat dute. Pintto du izena. Guk berriz katua dugu. Gaur goizean _____ atera naiz zerbait erostera. Itzultzean, sukaldera joan naiz zuzenean boltsarekin, atea itxi _____. Sukaldera joan _____, Pintto txakurra nere atearen _____ gelditu da, eta azkenean _____ sartu da. Katua aulki baten _____ zen, baina txakurra sartzean, azkar joan da aulki _____ mahai _____. Txakurraik katua bilatu eta katuaren _____ joatean, katua _____ atera eta telebistaren _____ jarri da. Orduan ni sukaldetik saloira sartu eta txakur eta katuaren _____ jarri naiz. Txakurra nere _____ joan da azkar, eta katua ere telebistaren _____ atera da. Txakurra kalera bota dut, baina non zen katua? Bilatu eta bilatu _____, armario baten _____ aurkitu dut!

artean
atzean
atzetik
aurrean
azpira
azpitik
barruan
barrura
bitartean
gabe
gainean
gainetik
kanpora
ondoan
ondora
ondoren
ondotik

G

Simple present of **izan**:

naiz
da
gara
zara
zarete
dira

Simple past of **izan**:

nintzen
zen
ginen
zinen
zineten
ziren

Examples:

> **Hau nere etxea** *zen.*
> **Haiek nere lagunak** *ziren.*
> **Euskadira etorri baino lehen, Ameriketan bizi** *nintzen.*
> **Hitz egiten ari** *ginen.*
> **Zure etxera joan naiz, baina ez** *zinen* **etxean.**
> **Gose** *zineten*!

Note that past forms all end in the letter **n**.

Exercise 150

Change these sentences from present to past.

Example:

Mikel amerikanoa da. **Mikel amerikanoa zen.**

 1. Neska horren izena Arantxa da.
 2. Gure katuak zuriak dira.
 3. Gazte naiz.
 4. Mutil ona zara.
 5. Gu anai-arrebak gara.
 6. Baina zuek ez zarete ikasleak.
 7. Non bizi da?
 8. Zein liburu irakurtzen ari dira?
 9. Kotxe bat erosten ari naiz.
10. Nerekin hitz egin nahi duzu?

Reference Notes

53 (postpositions governing the posses-
sive-genitive)

  62 (simple tenses of **izan**)

  134 (the dictionary form)

145 (some uses of the dictionary form)

147 (the participle)

148 (the suffix **-ta**)

UNIT 19

HIZKETAN

Here we listen in on Mikel, Iñaki, Itziar, and Edurne's conversation over the lunch table. (You have probably guessed that eating is one of the Basques' national obsessions!) Your knowledge of Basque has now approached the transition from the elementary level to the intermediate; that is why some new types of exercise have been making their appearance and old ones have been abandoned. By now, for example, you can not only say or understand some things but express them in more than one way, or at least understand different ways of expressing them. The mastery of synonyms and alternative expressions, although adding an extra burden in learning, is nevertheless beneficial for several reasons: apart from stylistic functions, the expression or interpretation of the speaker's real intentions and attitudes may be at stake or differences of dialect may be involved. All these aspects have practical importance for communication. The grammar of this unit deals with the future tense, the concept of *cannot* (**ezin**), and indirect statements and introduces a few new verb forms.

Hizketan

A

"Arraioa! denak isilik, jan eta jan, inork hitzik esan gabe!" esaten du Itziarrek.

"Bai neska," esaten du Edurnek, "badakit goseak zaudetela, baina . . . zerbait esan jan bitartean, e! Hau jendea!"

"Ba nik esan behar dut," erantzuten dio Iñakik, "txuleta hau goxo-goxoa dela!"

"Nerea ere bai," esaten du Mikelek.

Edurnek Iñakiri begiratzen dio. "Zelan duzu izena?" galdetzen dio.

"Iñaki Goikoetxea. Zergatik?"

"Ezagutzen zaitut. Nonbait ikusi zaitut."

"Bai? Ez dakit. Beharbada Donostian ikusi nauzu."

B

"Eta zu inglesa zara, ezta?" esaten dio Edurnek Mikeli.

"Inglesa ez, amerikanoa."

"Hori harrigarria da, amerikano batek euskara ikastea!"

"Ba ez da hain zaila!"

"Baina ez da erraza izango euskara ikastea. Nik ezin dut inglesa ikasi!"

"Baina hizkuntza bat ikastea ez da hitzak eta gramatika ikastea bakarrik. Kultura berri bat ikastea da. Hizkuntza bakoitza kultura bat da."

"Zu zergatik zaude euskara ikasten?"

"Euskal kultura ezagutzeko."

"Ederto."

"Uste dut euskara ikasi behar dela Euskal Herria ezagutzeko. Ezin da ondo ezagutu eta ulertu euskaraz jakin gabe."

C

"Zer Mikel," esaten du Iñakik, Mikelen txuleta bukatu gabe dagoela ikusiz, "ezin duzu bukatu?"

"Ez, ezin dut txuleta osoa jan. Beteta nago."

"Utzi ba. Kafea non hartuko dugu, hemen ala kanpoan?"

"Kafetegi batean hobe."

"Orduan zigarro bat erreko dut orain," esaten du Edurnek. "Zuek gura duzue?"

Itziarrek erretzen du, baina bi mutilek ez. Edurnek sua atera eta sua ematen dio Itziarri. "Neskari kontua eskatuko diogu?" esaten die gero besteei.

D

Neskari kontua eskatzen diote, eta honek ekartzen du.

"Hiru mila berrehun eta berrogei," esaten du Itziarrek, kontua irakurriz. "Bakoitzak . . ."

"Bakoitzak zortzirehun eta hamar jarri behar dugu," esaten du Edurnek.

"Zerbait gehiago utziko al dugu?" galdetzen du Iñakik.

"Ba, utzi bost edo hamar duro," esaten dio Itziarrek. Dirua mahai gainean uzten dute.

"Agur, eta eskerrik asko," esaten diote jatetxeko neskari kalera ateratzean.

"Zuei, zuei eskerrik asko; agur!" erantzuten die neskak.

Vocabulary

agur *good-bye*
arraioa! *my goodness!*
bakoitz *each*
diru *money*
erraz *easy, easily*
ezin *unable, impossible, cannot*
gramatika *grammar*
hain *so* (e.g., **hain erraz** *so easy*)
harrigarri *surprising, amazing*
hitz *word*
ingles *English, Englishman/woman*

isilik *quiet, silent*
jakin (dakit . . .) *know*
kontu *account, bill*
kultura *culture*
nonbait *somewhere*
oso *whole*
poxpolu *match*
su *fire; a light* (e.g., *a match*)
utzi *leave, let*
zail *difficult, hard*
zergatik *why*

Notes and Exercises

Exercise 151

Say whether these statements are true or false, and comment further on each.

1. Bazkaldu bitartean inork ez du hitz egiten.
2. Txuletak ez zaizkie gustatzen.
3. Iñakik Edurne ezagutzen du.
4. Edurnek ez daki Mikel amerikanoa dela.
5. Edurnek uste du oso zaila dela euskara ikastea.
6. Mikelek ere hori uste du.
7. Mikelek bere txuleta bukatzen du.
8. Ez dute kaferik nahi.
9. Itziarrek ez du erretzen.
10. Bakoitzak mila pezeta pagatzen du.

Exercise 152
Each of the expressions on the left means the same as one of the expressions on the right. Match them.

zaila da		ez daukat poxpolurik	
ez du hitz egiten		jende guztia	
sua behar dut		ez dakit	
txuleta osoa		haragi guztia	
denak		ez da erraza	
beharbada bai, beharbada ez		isilik dago	

Exercise 153
The fact that Edurne is Bizkaian shows up in some of the words and expressions she uses; Iñaki and Arantza, Gipuzkoans, would say certain things with different words. Which of Edurne's sentences on the left are equivalent to which of Arantza's on the right?

EDURNE: ARANTZA:

EDURNE	ARANTZA
Jatetxea zabalik dago oraindino.	Mikel euskara ikasten ari da.
Zelan duzu izena?	Nola duzu izena?
Mikel euskara ikasten dago.	Jatetxea irekita dago oraindik.
Ederto!	Ederki!

Now give the Gipuzkoan equivalents of these Bizkaian words and expressions:
1. ederto
2. ikasten nago
3. oraindino
4. zabalik
5. zelan

A

RECENT PAST   FUTURE

etorri naiz	→ **etorriko naiz**
ikusi dut	→ **ikusiko dut**
bukatu dut	→ **bukatuko dut**
altxatu naiz	→ **altxatuko naiz**
atera naiz	→ **aterako naiz**
bota dut	→ **botako dut**
joan naiz	→ **joango naiz** (or **joanen naiz**)
egin dut	→ **egingo dut** (or **eginen dut**)

Exercise 154
Continue the sentences as in the example.
Example:
Oraindik ez naiz joan . . .
Oraindik ez naiz joan, baina laster joango naiz.
  1. Oraindik ez dut deitu, baina laster _____ _____.
  2. Oraindik ez dira hasi . . .
  3. Oraindik ez dugu erosi . . .
  4. Oraindik ez du bukatu . . .
  5. Oraindik ez dute egin . . .
  6. Oraindik ez duzu ulertu . . .
  7. Oraindik ez zarete sartu . . .
  8. Oraindik ez duzue pagatu . . .
  9. Oraindik ez da eseri . . .
 10. Oraindik ez gara atera . . .

B
The Basque future tense does not always simply express what is going to happen
in the future. Here are three other uses of the tense:
(a)

> **Atea itxiko duzu, mesedez? (= Atea itxi, mesedez!)**
> **Hona etorriko zara, mesedez? (= Etorri hona, mesedez!)**

Here we use the future to make a polite request.
(b)

> **Gernikara joango gara? (= Gernikara joan nahi duzu/duzue?)**
> **Hemen bazkalduko dugu? (= Hemen bazkaldu nahi duzu/duzue?)**

Here we use the future to suggest doing something. We can also *offer* to do
something:

> **Atea itxiko dut?** (*Shall I close the door?*)

(c)

> **Zaila izango da euskara ikastea. (= Uste dut zaila dela euskara ikastea.)**
> **Edurnek jakingo du. (= Uste dut Edurnek badakiela.)**
> **Hotz egingo du kalean. (= Uste dut hotz egiten duela kalean.)**

Here the future tense indicates that we are making a conjecture about the present.

Exercise 155
Show how the following sentences can be rephrased using the future tense.
Examples:
Irakurri hitz hau, mesedez! **Hitz hau irakurriko duzu, mesedez?**

Uste dut ondo ulertzen duzula. **Ondo ulertuko duzu.**
  1. Uste dut Mikel ezagutzen duzula. (Mikel _____ _____.)
  2. Orain hitz egin nahi duzu? (Orain hitz _____ _____?)
  3. Hasi irakurtzen, mesedez! (Irakurtzen _____ _____, mesedez?)
  4. Zigarro bat erre nahi duzu? (Zigarro bat _____ _____?)
  5. Uste dut denek dakitela.
  6. Joan atera, mesedez.
  7. Uste dut pozten zaretela.
  8. Orain hasi nahi duzue?

C

Nik *ezin dut* inglesa *ikasi*.   *I cannot learn English.*
***Ezin dut* txuleta osoa *jan*.**   *I cannot eat the whole steak.*
***Ezin duzu* hori *egin*!**   *You can't do that!*

To express *cannot*, use **ezin** followed by an auxiliary, with the main verb in diction-ary form. The intransitive auxiliary is used with intransitive verbs:

Ni *ezin naiz joan*.   *I cannot go.*
***Ezin zara* hemen *eseri*!**   *You can't sit here!*
***Ezin gara* hemendik *atera*.**   *We can't get out of here.*

However, *I can't* in isolation is always **ezin dut**:

Ireki atea!—*Ezin dut!*
Eseri hemen!—*Ezin dut!*

Exercise 156
This child wants to do a lot of things. You are the child's mother and you tell him that he can't do these things; you also say why.
Example:
Ama, txokolatea jan nahi dut!
Ezin duzu txokolaterik jan. Bestela ez duzu afalduko!
  1. Ama, telebista ikusi nahi dut! (_____ _____ telebista ikusi . . . behar duzu!)
  2. Ama, kalera joan nahi dut! (_____ _____ kalera joan; . . .)
  3. Ama, zurekin eseri nahi dut!
  4. Ama, txakur bat erosi nahi dut!
  5. Ama, ohean gelditu nahi dut!
  6. Ama, . . . (*Make up your own!*)

D
But if *can* means *know how to*, it is better to use **jakin** with the habitual form of the main verb; compare:

Ezin dut idatzi.   *I can't write (I haven't got a pen).*
Ez dakit idazten.   *I can't write (I don't know how).*

Exercise 157

A friend has lots of suggestions for you, but you can't do any of the things she suggests. Say so (using either **ezin** or **ez dakit**); if you say **ezin**, give a reason why.
Examples:

Zergatik ez zara Euskal Herrira joaten?

Ezin naiz Euskal Herrira joan, oso garestia da eta.

Zergatik ez duzu idazten euskaraz?

Ez dakit euskaraz idazten.

   1. Zergatik ez duzu tortila bat egiten?
   2. Zergatik ez zara gurekin etortzen?
   3. _____ _____ _____ euskara ikasten?
   4. _____ _____ _____ hori euskaraz esaten?
   5. _____ _____ _____ mendian ibiltzen?
   6. _____ _____ _____ _____ _____ (*Make it up!*)

E

Compare:

"Nere aita eta ama Californian daude," esan du Mikelek.
Bide hori Gernikara doa. Iñakik hori uste du behintzat.
Kafetegi harten kafe ona egiten dute. Edurnek badaki.

Bere aita eta ama Californian daude*la* esan du Mikelek.
Iñakik uste du bide hori Gernikara doa*la*.
Edurnek badaki kafetegi hartan kafe ona egiten dute*la*.

The suffix **-la** indicates that the clause that contains it is a *subordinate clause* and an *indirect statement* (it tells what someone says, thinks, knows, etc.). This **-la** can only be suffixed to a conjugated verb form. With certain verb forms the suffix is not **-la** but **-ela**. For example:

Beharbada Edurnek Iñaki ezagutzen du. Edurnek hori uste du.
Gernika Bizkaian dago. Mikelek badaki hori.
"Txuleta hau oso goxoa da!" esaten du Mikelek.

Edurnek uste du Iñaki ezagutzen du*ela*.
Mikelek badaki Gernika Bizkaian dago*ela*.
Txuleta oso goxoa d*ela* esaten du Mikelek.

We may call the suffix **-(e)la** a *subordination marker* because it serves to distinguish a subordinate clause.

Exercise 158

   (*a*) Say that you *think* the following things.
   (*b*) Say that you *know* the following things.

Example:

Arantxa etorriko da.
(a) **Uste dut Arantxa etorriko dela.**
(b) **Badakit Arantxa etorriko dela.**
Consult this table to do the exercise:

da	→ d**e***la*
dago	→ **dago***ela*
dator	→ **datorr***ela*
dauzka	→ **dauzka***la*
dira	→ **dir***ela*
du	→ **du***ela*
dute	→ **dut***ela*
duzu	→ **duzu***la*
naiz	→ **naiz***ela*
zara	→ **zar***ela*
zaude	→ **zaude***la*

1. Arantxa eta Iñaki Donostian bizi dira.
2. Amerikanoa zara.
3. Galdu naiz.
4. Edurnek erretzen du.
5. Jatetxe batean bazkaldu dute.
6. Euskara oso ondo ikasi duzu.
7. Haur hau nekatuta dago.
8. Goseak zaude.
9. Autobus bat dator.
10. Arantxak bi anaia dauzka.

F

> **"Kaixo," esaten *dio* Edurnek Itziarri.**
> **Edurnek Itziarri sua ematen *dio*.**
> **Iñakik bere kotxea lagun bati salduko *dio*.**
> **Mikelek bere aitari karta bat idatzi *dio*.**

The auxiliary form **dio** is used because the verb is transitive and has an indirect object—because *someone* is doing (saying, giving, selling, writing) *something* to *someone* (there are *three* entities involved). In the first example, Edurne is the subject, **kaixo** is what she is saying, and Itziar is who she is saying it to. The auxiliary must *agree* with all three elements in person and number; **dio** is the form used when these are all third person singular, as in the above examples. If the indirect object is third person plural (if someone is doing something to more than one person), the auxiliary is **die**:

> **"Kaixo," esaten *die* Edurnek bere lagunei.**
> **Iñakik Itziar eta Edurneri sua ematen *die*.**
> **Iñakik bere kotxea lagun batzuei salduko *die*.**
> **Mikelek bere aita eta amari karta bat idatzi *die*.**

Exercise 159
Fill in the appropriate auxiliary forms.
Barrura sartzean, mahai batzu libre daudela ikusten _____ Iñakik. "Non jarriko
gara?" galdetzen _____ bere lagunei. "Hemen," erantzuten _____ Itziarrek Iña-
kiri. Denak eseri eta gero, neska batek mahaia garbitzen _____, eta esaten _____
denei: "Zer hartuko duzue?"

G
In the text "Hizketan" you have also encountered two other auxiliary forms, **zaitut**
and **nauzu**. This is how they are used:

Ezagutzen Ikusi Aurkituko	zaitut.		I	know have seen will find	you.

Ezagutzen Ikusi Aurkituko	nauzu.		You	know have seen will find	me.

Thus **zaitut** could be translated as *I . . . you* and **nauzu** as *you . . . me*; we will learn
more about these in a later unit.

H

> "Zer? Ezin duzu bukatu?" esaten du Iñakik, Mikelen txuleta bukatu gabe
>   dagoela *ikusiz*.
> *"What? Can't you finish it?" says Iñaki, seeing that Mikel's steak is unfinished.*
> "Hiru mila berrehun eta berrogei," esaten du Itziarrek, kontua *irakurriz*.
> *"Three thousand two hundred forty," says Itziar, reading the check.*
> Hizkuntza bat *ikasiz*, kultura berria ere ikasten da.
> *Learning a language, one also learns a new culture.*
> Euskara *ulertuz*, beharbada Euskal Herria ulertuko duzu.
> *By understanding the Basque langauge, perhaps you will understand the Basque Coun-*
>   *try.*

See the reference section (146).

I

> Hizkuntza bakoitz*a* kultura bat *da*.
> Bakoitz*ak* bostehun pezeta pagatuko *du*.

The points to note here are that **bakoitz** always requires the singular article and is
always singular in agreement. (The sentence **Bakoitzak 810 jarri behar *dugu*** *We
must each put in 810 pesetas* should be considered an exception.)

Reference Notes

99 (the future)   146 (the adverbial participle in **-tuz**, etc.)
118 (use of **ezin**)   156 (indirect statements)

UNIT 20

REVIEW AND PRACTICE

There are two conversations to practice with, involving two rather different kinds of visit: one to a friend's home, the other to the doctor. There is also some grammar work aimed at putting a little order into the various auxiliary verb forms you have encountered so far, showing that they all fit into one well-organized system. **Zorionak** (congratulations) on reaching unit 20! **Segi aurrera!**

Exercise 160
Make up the other side of this dialogue.
A: Arraioa! Norbait dago atean! Nor izango da?! Joango naiz ikustera. Joango naiz atea irekitzera. A, zu zara! Kaixo!
B:
A: Zer moduz?
B:
A: Sartu, ez gelditu atean! Nere etxea inoiz ikusi duzu?
B:
A: Ba, hauxe da. Eseri, eseri saloian.
B:
A: Zer aterako dut? Ardoa? Zerbeza? Beste zerbait?
B:
A: Ezer ez?? Nola, ezer ez?! Ardo pixka bat hartuko duzu, ez?
B:
A: Oraintxe ekarriko dut . . . Beno ba, zer berri?
B:
A: Xabier ikusi al duzu?
B:
A: Beharbada gaur ikusiko dugu. Gaur goizean deitu diot.
B:
A: Esan diot gaur gauean gurekin ateratzeko, lanean bukatu eta gero. Ezin da bederatziak baino lehen etorri, baina bederatzietan ondo dago neretzat; eta zuretzat?
B:
A: A, ezin zara etorri gaur?
B:
A: A, orduan hamarrak arte ezin duzu.
B:
A: Bai, berandu da, ezta? Orduan berriz deitu eta ez etortzeko esango diot. Zigarrorik nahi?
B:
A: Ez? Surik baduzu?

B:

A: A, ez duzu erretzen. Poxpoluak nonbait utzi ditut. Sukaldera joan beharko dut. Hori oso ondo dago, ez erretzea.

B:

A: Utzi nahi nuke, baina ezin dut.

B:

A: Bai bai, hasi eta gero zaila da. Lehenengo bat, gero bi, gero hamar; eta gero uztea ez da erraza, ez. Askotan pentsatzen dut: "Hau azkena izango da!" Hori esaten dut, baina gero, ez dakit zergatik baina, beti hasten naiz berriz erretzen. Harrigarria da!

B:

Exercise 161
Continue the previous conversation, making up both sides now.

Some Dative Auxiliary Forms

> *Edurnek* Itziarri sua eman *dio.*
> *Nik* Itziarri sua eman *diot.*
> *Zuk* Itziarri sua eman *diozu.*
>
> *Iñakik* neskei sua eman *die.*
> *Nik* neskei sua eman *diet.*
> *Zuk* neskei sua eman *diezu.*

These forms of the auxiliary are conjugated to agree with the subject as follows:

	INDIRECT OBJECT	
	hari	*haiei*
nik	diot	diet
hark	dio	die
guk	diogu	diegu
zuk	diozu	diezu
zuek	diozue	diezue
haiek	diote	diete

These are easy to learn if you notice that the *endings* are exactly the same as those used in **dut, du, dugu,** etc.

Exercise 162
Complete the answers to these questions.
Example:
Nork emango dio dirua neskari? nik
Nik emango diot dirua neskari.
 1. Iñakik eta Mikelek
 2. guk
 3. Edurnek

4. zuek

5. zuk

Nork pagatuko die langileei?

6. zuek

7. nik

8. nere aitak

9. Itziarrek eta Edurnek

Nork galdetu dio irakasleari?

10. Mikelek

11. zuk

12. nik

Nork saldu dio Iñakiri kotxe zahar hori?

13. lagun batzuk

14. guk

15. gizon honek

Agreement in the Basque Verb

You now know that a Basque verb can agree with subject and object in four ways:

(a) With the subject only (e.g., **naiz**). Such verb forms are intransitive, and Basques often call them "NOR verbs."

(b) With the subject and the direct object (e.g., **dut**). These are transitive, and Basques call them "NOR-NORK verbs."

(c) With the subject and the indirect object (e.g., **zait**). These are intransitive-dative, or "NOR-NORI verbs."

(d) With the subject, the direct object, and the indirect object (e.g., **diot**). These are transitive-dative, or "NOR-NORI-NORK verbs."

Can you see why Basques like to use those names?

Auxiliary Verbs

This is a checklist of the forms of *auxiliary verbs* that you now know:

NOR	NOR-NORK		NOR-NORI		NOR-NORI-NORK	
naiz	dut	ditut	zait	zaizkit	diot	diet
da	du	ditu	zaio	zaizkio	dio	die
gara	dugu	ditugu	zaigu	zaizkigu	diogu	diegu
zara	duzu	dituzu	zaizu	zaizkizu	diozu	diezu
zarete	duzue	dituzue	zaizue	zaizkizue	diozue	diezue
dira	dute	dituzte	zaie	zaizkie	diote	diete

A Visit to the Doctor

Susana beste ikasle amerikano bat da. Bere ere Donostian bizi da, eta euskara ikasten ari da. Baina orain gaiso dago; katarro haundia du. Medikua ikustera joan da.

MEDIKUA: Buenos días.

SUSANA: Barkatu, ez dakit erdaraz. Euskaraz badakizu?

MEDIKUA: Pixka bat. Nongoa zara?

SUSANA: Amerikanoa naiz.

MEDIKUA: A! Eta zer duzu?

SUSANA: Sukarra dut eta . . .

MEDIKUA: Zenbat gradu?

SUSANA: Gaur goizean hogeitahemeretzi nuen.

MEDIKUA: Zer gehiago duzu? Buruko mina? Tripako mina? Eztula?

SUSANA: Atzo tripako min haundia nuen eta ezin nuen ezer jan. Eta gauean ezin nuen lo egin. Gaur pixka bat hobeki sentitzen naiz, baina buruko mina daukat eta eztul egiten dut.

MEDIKUA: Ezer hartzen ari zara?

SUSANA: Aspirina bakarrik.

MEDIKUA: Ahoa irekiko duzu? Mingaina atera mesedez. Orain arnasa hartu. Ongi . . . arnasa bota. Hartu berriz . . . bota. Ederki. Katarroa daukazu, besterik ez. Hemen duzu errezeta. Erosi botika hauek farmazia batean. Hartu pastilak egunean hiru aldiz, eta jarabea lau aldiz; eta ohean gelditu egun pare bat. Bale?

SUSANA: Eskerrik asko.

MEDIKUA: Agur.

Vocabulary .

aho *mouth*	**gradu** *degree*
aldiz *times* (e.g., **hiru aldiz**)	**hobeki** *better*
arnasa *breath*	**jarabe** *syrup, cough syrup*
arnasa bota *breathe out*	**katarro** *cold* (*the ailment*)
arnasa hartu *breathe, breathe in*	**lo egin** *sleep*
aspirina *aspirin*	**mediku** *doctor, physician*
atzo *yesterday*	**min** *pain, ache*
bera *he, she, it*	**mingain** *tongue*
botika *medicine, pharmacy*	**nuen** *I had* (past of **dut**)
buruko min *headache*	**pare bat** *a couple*
errezeta *prescription*	**pastila** *pill*
eztul (noun) *cough*	**sentitu** (intr.) *feel*
eztul egin (verb) *cough*	**sukar** *fever*
farmazia *pharmacy*	**tripa** *stomach*
gaiso or **gaisorik** *sick, ill*	

Note on Temperatures

All over continental Europe the centigrade system is used. In centigrade the freezing point of water is 0° and the boiling point is 100°. Normal body temperature is 37° and a fever is measured from 37° up (thus a temperature of 39° is sometimes described as "two degrees of fever"). To convert temperatures from centigrade to fahrenheit, multiply by ⁹⁄₅ and add 32. To convert from fahrenheit to centigrade, subtract 32 and multiply by ⁵⁄₉.

Exercise 163

Reconstruct the dialogue from these notes.

MEDIKUA: Buenos días.

SUSANA: barkatu/erdaraz. euskaraz?

MEDIKUA: pixka. nongoa?

SUSANA: amerikanoa.

MEDIKUA: A! eta?

SUSANA: sukarra.

MEDIKUA: zenbat?

SUSANA: goizean/hogeitahemeretzi.

MEDIKUA: gehiago? buruko? tripako? eztula?

SUSANA: atzo/tripako/ezin/jan. gauean/ezin/lo. gaur/hobeki/buruko/eztul.

MEDIKUA: hartzen?

SUSANA: aspirina.

MEDIKUA: ahoa? mingaina. arnasa. bota. berriz. ederki. katarroa/besterik. errezeta.
   botika/farmazia. pastilak/hiru/jarabea/lau; ohean/pare. bale?

SUSANA: eskerrik.

MEDIKUA: agur.

Exercise 164

As in English and other languages, people speak and pronounce in their own way,
largely determined by which part of the country they are from. However, when
writing we should try to use the generally accepted standard spelling. Here are the
doctor's words as he pronounced them.

   (a) Transcribe the words back into standard spelling.

   (b) Give Susana's part of the dialogue from memory.

 1. Buenos días.
 2. Pixkat. Nungua zera?
 3. A! Ta zer dezu?
 4. Zenbat gradu?
 5. Zer geyo dezu? Buruko miña? Tripako miña? Eztula?
 6. Ezer artzen ai zera?
 7. Agoa irikiko dezu? Mingaña atera mesedez. Oain arnas artu. Ongi . . . arnasa
    bota. Artu berriz . . . bota. Ederki. Katarrua daukazu, besterik ez. Emen dezu
    errezeta. Erosi botika oek farmazia batian. Artu pastillak egunian iru aldiz, ta
    jarabia lau aldiz; eta oyan geldittu egun pare bat. Bale?
 8. Agur.

KAFEA ETA KOPA

In the following units the grammar sections come before the main texts. You know that Basque transitive verbs agree in number with their direct objects, but in this unit you will discover that they agree with the object in person too, and this requires you to learn some new forms of the auxiliary to say such things as *I love you* or *Does he love me?*—not to mention other possible combinations. You will also learn more about indirect statements, and how to say *something*, *anyone*, and *nowhere*. Meanwhile the four friends in Gernika go for a coffee and liqueur after lunch, and we practice making offers and requests.

Practice

Exercise 165
Reread "Euskal Herriko Probintziak," text 1 of the elementary reader. Then find the words or expressions in the text that mean the same as the following:
Example:
itsasoaren ondoko lurra. **kosta**
  1. herri nagusia
  2. gizon, emakume edo haurra
  3. ez asko
  4. bakarrik

Exercise 166
Which province is being described?
Example:
Iparraldeko herri nagusia probintzia honetan aurkitzen da.
Lapurdi (Iparraldeko herri nagusia Baiona da eta).
  1. Euskal Herriko probintzia haundiena da.
  2. Probintzia honetan gutxi gora behera berrehun mila eta berrogeitahamar pertsona bizi dira.
  3. Probintzia hau Zuberoa eta Lapurdiren artean dago.
  4. Probintzia honen muga guztiak Euskal Herriaren barruan daude.
  5. Hau probintzia txikiena da.
  6. Euskal Herriko herri haundiena dago probintzia honetan.

Exercise 167
Make up similar descriptions of the different provinces or of the capitals; if in a class, have other students guess which one is being referred to.

Grammar

A

> **Ezagutzen *du*.** *He/she knows him/her.*
> **Ezagutzen *dut*.** *I know him/her.*
> **Ezagutzen *duzu*.** *You know him/her.*
>
> **Ezagutzen *nau*.** *He/she knows me.*
> **Ezagutzen *nauzu*.** *You know me.*
>
> **Ezagutzen *zaitu*.** *He/she knows you.*
> **Ezagutzen *zaitut*.** *I know you.*

As you know, transitive verbs in Basque agree with the direct object as well as with the subject. Learn the forms shown above. Here are some more examples.

> **Behar du.** *He/she needs him/her.*
> **Behar nau.** *He/she needs me.*
> **Behar zaitu.** *He/she needs you.*
> **Nahi dut.** *I want him/her.*
> **Nahi zaitut.** *I want you.*
> **Maite duzu.** *You love him/her.*
> **Maite nauzu.** *You love me.*

The object, just like the subject, can be omitted, as here, but may also be mentioned (e.g., ***Zu* behar zaitut** *I need you*).

Exercise 168
Translate the following.
JOSETXO: I love you.
MIRENTXU: What? What did you say, Josetxo?
JOSETXO: I love you.
MIRENTXU: Really? Do you really love me?
JOSETXO: Really, Mirentxu. I want you. I need you. Mirentxu, say that you love me!
MIRENTXU: I can't.
JOSETXO: What can't you do?
MIRENTXU: I can't say that.
JOSETXO: Why not? Don't you love me?
MIRENTXU: Yes, I love you, but that isn't the problem.
JOSETXO: What is it then?
MIRENTXU: I love your brother.
JOSETXO: My brother Josu? You don't love him. You can't!
MIRENTXU: Yes; I love him, and he loves me!
JOSETXO: Does he really love you? Are you sure?
MIRENTXU: Yes, I'm sure.
JOSETXO: Josu! I'll kill him!
MIRENTXU: What? Josetxo, kill Josu, and I'll kill you!

B

Maite	nau. du. gaitu. zaitu. zaituzte. ditu.	He/she loves	me. him/her. us. you (sg.). you (pl.). them.

For subjects that are not third person singular, the forms of the verb are obtained by adding the same endings that you already know: those of **du** are also used with **nau**, and those of **ditu** are also used with **gaitu** and **zaitu**. For example, *you love him* is **maite duzu**, so *you love me* is **maite nauzu**; *they love them* is **maite dituzte**, so *they love us* is **maite gaituzte**. The complete paradigm thus obtained is given in the reference section (74). Note that Basque has no reflexive verb forms (e.g., there is no form for *we love us*), which explains why some of the positions in the table are empty. It is probably not very productive to try and learn the whole table "by heart" in one sitting. To begin with, it is more helpful simply to understand the principles that govern the formation of the paradigm. Consult the table while doing the following exercise, whose purpose is to familiarize you with the system rather than teach you all the forms straightaway.

Exercise 169
Translate the following.
1. You (pl.) love them.
2. They love her.
3. They love us.
4. He loves me.
5. I love you.
6. They love you.
7. I love him.
8. You (pl.) love them.
9. They love you (pl.).
10. He loves you (sg.).
11. You (pl.) don't love him.
12. You (pl.) don't love us.
13. You don't love me.
14. We don't love her.
15. He doesn't love you.

C

> **Gaur *zerbait* ikusiko dugu Gernikan.**
> *We'll see something in Gernika today.*
> **Gaur *norbait* ikusiko dugu Gernikan.**
> *We'll see someone in Gernika today.*
> **Gernikan Edurne ikusiko dugu *noizbait*.**
> *We'll see Edurne in Gernika sometime.*
> **Gaur Edurne ikusiko dugu *nonbait*.**
> *Today we'll see Edurne somewhere.*

Gaur ez dugu *ezer* **ikusiko Gernikan.**
We won't see anything in Gernika today.
Gaur ez dugu *inor* **ikusiko Gernikan.**
We won't see anyone in Gernika today.
Ez dugu *inoiz* **ikusiko Edurne Gernikan.**
We won't ever (we'll never) see Edurne in Gernika.
Gaur ez dugu Edurne *inon* **ikusiko.**
We won't see Edurne anywhere today.

---

zer? → **zerbait** → **ezer**
nor? → **norbait** → **inor**
noiz? → **noizbait** → **inoiz**
non? → **nonbait** → **inon**

Exercise 170
  (a) Answer positively.
  (b) Answer negatively.
Examples:
Inor ikusiko duzu Gernikan?
(a) **Bai, norbait ikusi dut Gernikan.**
(b) **Ez, ez dut inor ikusi Gernikan.**
  1. Ezer erosi duzu gaur?
  2. Inoiz egin duzu hori?
  3. Inor etorri da?
  4. Inon eseri zara?
  5. Ezer esan du?
  6. Inor ezagutzen duzu?
  7. Inoiz egon zara Gernikan?
  8. Inon ikusi zaitu?

D

Notice how **-(e)la** is added to forms of **izan**:

---

naiz   → **naiz***ela*
da   → **d***ela*
gara   → **gar***ela*
zara   → **zar***ela*
zarete → **zarete***la*
dira   → **dir***ela*

In the past tense, the ending **-n** is dropped before adding **-la**:

---

nintzen → **nintzela**
zen   → **zela**
ginen   → **ginela**

zinen	→ zinela
zineten	→ zinetela
ziren	→ zirela

Exercise 171
Form indirect statements.
Examples:
Euskal Herrira joan nahi duzu. Badakit (hori).
Badakit Euskal Herrira joan nahi *duzula*.
Bihar etorriko da. (Hori) uste dut.
Uste dut bihar etorriko *dela*.

daukagu	→ daukagu*la*
ditu	→ ditu*ela*
ditugu	→ ditugu*la*
du	→ du*ela*
dugu	→ dugu*la*
dut	→ du*dala*
duzu	→ duzu*la*
nago	→ nago*ela*

1. Hil dira. (Hori) esaten dute telebistan.
2. Mirentxu maite dut. (Hori) uste dut.
3. Koñaka eta patxarana erosi behar ditugu. (Hori) iruditzen zait.
4. Eguraldi hobea izango dugu gaur. (Hori) espero dut.
5. Norbaitek gure oiloa hil du. (Hori) entzun dut.
6. Euskarak zortzi dialekto ditu. (Hori) irakurri dut.
7. Ez daukagu dirurik. Ikusten duzu.
8. Ez nago haserre. Arraioa, (hori) esan dut!
9. Euskal gramatika ez da hain zaila. Norbaitek idatzi du (hori).
10. Kopa osoa edan duzu. Seguru zaude?
11. Etorriko zara. (Hori) espero dut.
12. Hemengo nagusia naiz. (Hori) uste duzu?
13. Nere aita hemen bizi zen. (Hori) entzun dut.
14. Nere aita eta ama hemen bizi ziren. (Hori) uste dut.
15. Ni haur ona nintzen. (Hori) esaten du nere amak.

E
In the west, **bera** is often used for *he, she* (e.g., *Bera* ez da etorri, *Berak* esan du, etc.). In the east, **hura** is used more. The plural of **bera**, used for *they* in the west, is **berak**, also **eurak** (e.g., *Berak (Eurak)* ez dira etorriko).

Also common in the west is the tendency to use **bere** for *his, her* and **beren** (or **euren**) for *their* (e.g., *Bere* aita etorri da). This use of **bere** is often criticized as incorrect unless the meaning is reflexive (e.g., *Bere* aita ikusi du, meaning *He has seen his father [his own father!]*). Eastern speakers observe the rule and use **haren** for *his, her* and **haien** for *their* except when reflexive, when **bere** must be used. Thus:

> **Haren aita etorri da.** (not reflexive!)
> **Bere aita ikusi du.** (reflexive!)

F

> **Bihar etorriko zara?** *Baietz* **uste dut.**
> *Will you come tomorrow? I think so.*
> **Zer esan du?** *Baietz* **esan du.**
> *What did he say? He say yes.*
> **Zer uste duzu?** *Ezetz* **uste dut.**
> *What do you think? I think not.*

Baietz and **ezetz** are used in place of an indirect statement. For instance, in the first example, *Baietz* **uste dut** can be considered to be short for *Etorriko naizela* **uste dut**.

Reference Notes

23 (question words and related words)
74 (present of **ukan**)
125 (rules for adding **-[e]la**)

Vocabulary

agian *perhaps*
ala *or*
aurpegi *face*
baietz (affirmative adverb) *so*
barik *without* (= **gabe**)
(kafe) ebaki *coffee with a small amount of milk*
ederto *fine* (= **ederki**)
eroan *carry, take* (= **eraman**)
ezetz (negative adverb) *not*
gehiegi *too much, too many*
gidatu *drive*

gura dut *I want* (= **nahi dut**)
hil (intr.) *die*, (tr.) *kill*
(kafe) huts *black coffee*
koñak *brandy*
kopa *glass of brandy or liqueur; stemmed glass*
maite dut *I love*
nagusi *boss, owner*
sarri *often*
seguru or **segur** *sure*
zelan *how* (= **nola**)

Kafea eta Kopa

Edurnek Iñakiren aurpigiari begiratzen dio berriz. Seguru dago aurpegi hori nonbait ikusi duela. "Ezagutzen zaitut; seguru nago," esaten dio. "Baina nondik ezagutzen zaitut? Non ikusi zaitut?"

"Ez dakit ba. Agian nonbait ikusi nauzu, ez da zaila, Euskal Herria txikia da eta."

"Adizue!" esaten die Itziarrek, "barkatu baina nora goaz orain?"

"Kafea non hartuko dugu? Edurne, zuk eramango gaituzu kafetegi batera?"

"Ondo da, eroango zaituztet. Hemen dago bat. Begira, hor dago nagusia. Berak ezagutzen nau, hona sarri etortzen naiz eta."

Kafetegiko nagusia etortzen zaie, Edurne ikustean. "Arratsalde on, zer hartuko duzue?" esaten die. "Kafea?" Denek baietz esaten dute.

"Kafea zelan nahi duzue?"

"Nik ezer barik," esaten dio Edurnek. "Zuk hutsa gura duzu ala kafesnea hartuko duzu?" galdetzen dio Iñakiri.

"Hutsa, mesedez."

"Eta zuek?" galdetzen die besteei.

"Nik kafesnea nahi nuke," esaten du Itziarrek.

"Neretzat ebakia, mesedez," esaten du Mikelek.

Nagusiak mutil bati deitzen dio: "Jose, lau kafe egingo dituzu? Bi huts, kafesne bat eta ebaki bat." Gero galdetzen du: "Koparik gura duzue?"

Mikelek eta Itziarrek patxarana eskatzen dute. Edurnek, berriz, koñak pixka bat hartuko duela esaten du, baina ez gehiegi. "Patxarana eta koñaka ekarri," esaten dio nagusiak mutilari, honek kafea ekarri bitartean.

"Zuk ere zerbait edango duzu, ez?" esaten dio Edurnek Iñakiri. Baina honek ezetz erantzuten du; ez du gehiegi edan nahi, gidatu behar du eta.

Exercise 172

Complete these sentences to make up statements that agree with the story.
Example:
Edurnek uste . . . ezagutzen . . .
Edurnek uste du Iñaki ezagutzen duela.

1. Edurnek besteak kafetegi . . .
2. Kafetegiko nagusiak . . .
3. Denek kafea . . .
4. Batzuk kopa . . .
5. Baina Iñakik . . .

Exercise 173

Supply the missing verb forms from the list.

Edurnek Iñakiren aurpegiari begiratzen _____ berriz. Seguru dago aurpegi hori nonbait ikusi _____. "Ezagutzen _____; seguru nago," esaten _____. "Baina nondik ezagutzen _____? Non ikusi _____?" "Ez dakit ba. Agian nonbait ikusi _____, ez _____ zaila, Euskal Herria txikia _____ eta. Kafea non hartuko _____? Edurne, zuk eramango _____ kafetegi batera?" "Ondo _____, eroango _____. Hemen dago bat. Begira, hor dago nagusia. Berak ezagutzen _____, hona sarri etortzen _____ eta."

> **da**, **dio**, **duela**, **dugu**, **gaituzu**, **naiz**, **nau**, **nauzu**, **zaitut**, **zaituztet**

Exercise 174

Match the Bizkaian words on the left with the equivalent Gipuzkoan words on the right.

1. barik	nahi
2. eroan	gabe
3. gura	eraman
4. sarri	askotan
5. zelan	nola

Exercise 175

Here are some expressions used in the text "Kafea eta Kopa" to *offer* things:

Zer hartuko duzue?
Kafea?
Hutsa nahi duzu ala kafesnea hartuko duzu?
Eta zuek?
Koparik gura duzue?
Zerbait edango duzu, ez?

Write minidialogues (just a few lines each) making use of these or similar expressions in the following situations:

(a) You are offering some people something to drink (beer, wine, cider).
(b) You are offering things to eat (salad, meat, fish).
(c) Someone visits your house.

Exercise 176

Find all the expresions used in the text to ask someone to do something. Then see how many ways you can find to ask somebody to:

1. close the window.
2. sit by the table.
3. write his/her name and address.
4. come into the kitchen.
5. look for a sheet of paper.
6. speak slowly.
7. be quiet.

Composition

(a) Write a dialogue taking place in your apartment.
(b) Write a short composition telling what you do on a typical day.

UNIT 22
ARRATSALDEKO PLANAK

More verb work—and you also learn about *if* (**ba-**) and *because* (**-lako**). The fearless four decide to go for a drive after their coffee; the communicative functions examined are making plans, likes and dislikes, and abilities.

Practice

Exercise 177
Reread "Euskal Herriko Geografia," text 2 of the elementary reader. Then say whether the following statements are true or false and comment or explain.
1. Badira mendi haundiak Euskal Herrian.
2. Nafarroaren iparraldea eta hegoaldea diferenteak dira.
3. Euskal Herrian euri asko egiten du.
4. Industria gehiena hegoaldean dago.
5. Kostako lanbide bakarra industria da.
6. Ebro ibaia Nafarroatik pasatzen da.

Exercise 178
Write one or more sentences about each of the topics on the left. Use the words on the right in your sentences, after first deciding which words go with which topics.

1. Arrantzaleak.
2. Baserriak.
3. Industria.
4. Turismoa.

berde
hondartza
kosta
langile
lantegi
mendi

Exercise 179
Describe the county, state, or area you come from or live in.

Grammar

A
As we saw in unit 20, the forms **zait**, **zaizkit**, etc., are intransitive-dative or NOR-NORI. This means that they are intransitive (like **da**, **dira**) but involve an indirect (dative) object. Compare:

> **Berdin *da*.**
> *It's the same./It doesn't matter.*

Ardo gutxi gelditzen *da*.
Little wine remains./There isn't much wine left.
Xabier joan *da*.
Xabier has gone away.
Berandu egiten ari *da*.
It is getting late.
Txakurrak etorri *dira*.
The dogs came.

Berdin *zait*.
It's the same to me./I don't care.
Ardo gutxi gelditzen *zaizu*.
Little wine remains to you./You don't have much wine left.
Xabier joan *zaigu*.
Xabier has gone from us./Xabier has left us.
Berandu egiten ari *zaio*.
It is getting late for him.
Txakurrak etorri *zaizkit*.
The dogs came to me.

Exercise 180
In each of the sentences in the second group a dative object is understood, though not mentioned other than implicitly in the verb form. For example, the first sentence is short for *Neri* **berdin zait**. Similarly say what the other four sentences are "short for."

B
Common expressions with intransitive-dative verb forms include:

gustatzen zait   *I like*
interesatzen zait   *I am interested (in)*
kostatzen zait   *I find it difficult (to)*
iruditzen zait   *I think, it seems to me*
berdin zait   *I don't mind, I don't care*
ez zait axola, ez zait inporta   *I don't care*
bost axola zait   *I couldn't give a darn*
gelditzen zait, geratzen zait   *I have left, I have*

Exercise 181
Translate, using the expressions in note B.
  1. No one understands him, but he doesn't care.
  2. We don't mind, but maybe the others won't like it.
  3. Well, what do you think?
  4. I'm not interested in other people's problems.
  5. I find it difficult to understand that.
  6. How many matches have you got left?

C

In unit 21, note D, we saw the way **-(e)la** is added to the forms of **izan**; here are the most common forms of **ukan** now:

dut	→ du*dala*	**ditut**	→ ditu*dala*
du	→ du*ela*	**ditu**	→ ditu*ela*
dugu	→ dugu*la*	**ditugu**	→ ditugu*la*
duzu	→ duzu*la*	**dituzu**	→ dituzu*la*
duzue	→ duzue*la*	**dituzue**	→ ditizue*la*
dute	→ dute*la*	**dituzte**	→ dituzte*la*

Note that:
(a) **-t** changes to **-da-** when **-la** is added;
(b) after **-gu, -zu, -zue**, and **-te** the ending is always **-la**.
Repeat exercise 171 without consulting the table.

D

> **Zergatik etorri zara? Zurekin hitz egin nahi** *dudalako.*
> **Zergatik hartu behar dugu taxia? Oso berandu** *delako.*
> **Zergatik zoaz ohera? Nekatuta** *nagoelako.*
> **Zergatik hartzen du patxarana? Koñaka ez** *zaiolako* **gustatzen.**

By adding **-ko** to the ending **-(e)la**, we get the ending **-(e)lako** which means *because.*

Exercise 182
Give answers to the following questions, using **-(e)lako**:
Example:
Zergatik joan nahi duzu Euskal Herrira?
Nere aita hangoa delako or **Euskara ikasi nahi dudalako.**
  1. Zergatik ez zara esertzen?
  2. Zergatik ez duzu erosten boltsa horia?
  3. Zergatik ez duzu txakurrik nahi zure etxean?
  4. Zergatik joan da ohera?
  5. Zergatik zaude lurrean?
  6. Zergatik esaten duzu ezetz?
  7. Zergatik hilko dute txerria?
  8. Zergatik ez duzu trena hartu nahi?

E

> **Nere etxera etortzen** *bazara*, **elkarrekin afalduko dugu.**
> *If you come to my house, we'll have dinner together.*
> **Nekatuta** *bazaude*, **joan ohera.**
> *If you're tired, go to bed.*
> **Nahi** *baduzu*, **etorri.**
> *Come if you want.*

To express *if*, we prefix **ba-** to the conjugated verb form. This **ba-** must not be confused with the affirmative particle **ba-** (e.g., **badakit**, **badago**, etc.) that you have already studied. Although the form of the two prefixes is identical, their functions are completely different. Compare for example:

Badago beste zigarro bat.
There's another cigarette.
Beste zigarro bat badago, erreko dut.
If there's another cigarette, I'll smoke it.

The context rarely leaves room for doubt.

Exercise 183
Answer these questions with a condition.
Example:
Zer egingo duzu bihar?
Bero egiten badu, buelta ematera joango naiz.
1. Zure lagunarekin joango zara?
2. Nora joango zarete?
3. Jatetxe batean bazkalduko duzue?
4. Zer egingo duzue bazkaldu eta gero?
5. Gauean etxean egongo zara?

Exercise 184
Put one of the verb forms given in each blank.

	zaitut
nau	zaitu
	zaitugu
nauzu	
nauzue	
naute	zaituzte

Example:
Zuk ez _____ ni ezagutzen.
Zuk ez nauzu ni ezagutzen.
1. Nik zu ikusi nahi _____.
2. Gizon horrek zu aurkitu nahi _____.
3. Zuek ez _____ ni aurkituko!
4. Nork bilatzen _____ ni?
5. Haiek ni beren etxetik bota _____.
6. Mutil hauek zu dendara eramango _____.

Reference Notes
130 (the subordination marker **ba-**)
160 (reason clauses)

Vocabulary

amaitu *finish* (= **bukatu**)

asmo *idea, intention* (**hori egiteko asmoa dut** *I intend to do that*)

bihar *tomorrow*

denbora *time*

egin (trans.) *do, make;* (intr.) *become, get*

erori *fall* (**erori zait** *I dropped* [*it*])

garbi *clean, clear*

gelditu *stay, remain, be left*
  (**gelditzen zait** *I have, I have left*)

geratu *stay* (= **gelditu**)

hori *yellow*

interesatzen zait *I am interested* (*in*)

irten *leave, go out, come out* (= **atera**)

katu *cat*

kostatzen zait *I find it difficult* (*to*)

larregi *too much* (= **gehiegi**)

lo egin *sleep*

nahiago dut *I prefer*

paseiatu *go for a stroll/walk/ride*

tren *train*

txakur *dog*

Arratsaldeko Planak

"Zer asmo duzue orain?" galdetzen die Edurnek Donostiakoei.

"Ez dakit; zuei zer iruditzen zaizue?" galdetzen die Iñakik beste biei.

"Gernikan geratzen bazarete, hemen buelta bat ematera joango gara elkarrekin," esaten du Edurnek.

"Hemen geldituko gara, ala kotxean buelta bat emango dugu inguruko herri batzutatik?" esaten du Iñakik.

"Neri berdin zait," esaten du Mikelek, "herriak ikustea gustatzen zait, baina berdin zait hementxe Gernikan paseiatzea edo kotxean buelta bat ematea."

"Zuk zer esaten duzu, ba, Itziar?" galdetzen du Iñakik, eta Itziarrek erantzuten du berak Gernika ezagutzen duela, baina agian Mikeli gehiago interesatuko zaiola Gernika ikustea. Mikeli, berriz, berdin zaio dena interesatzen zaiolako.

"Gurekin etorriko zara kotxean joaten bagara?" galdetzen dio Itziarrek Edurneri, eta Edurnek baietz erantzuten du.

"Baina ateratzeko asmoa badugu, berehala hasi beharko dugu, bestela berandu egingo zaigu," esaten du Iñakik.

"Kopak amaitu dituzue?" galdetzen du Edurnek. Itziarrek bukatu du berea, baina Mikeli oraindik gelditzen zaio patxaran pixka bat.

"Nik ere nahiago dut laster irtetea," esaten du Edurnek, "denbora berehala joango zaigulako, eta berandu joaten banaiz etxera larregi kostatuko zaidalako altxatzea bihar!"

Tabernako nagusiari agur esan eta kalera irteten dira. "Ba al dakizu kotxera joaten, Iñaki?" galdetzen du Itziarrek.

"Bai, uste dut aurkituko dudala," erantzuten du Iñakik lasai.

Exercise 185

Answer these questions on the text.

1. Zer asmo dituzte?
2. Zer nahiago du Mikelek, Gernikan gelditzea ala kanpora irtetea?
3. Edurnek besteekin joateko asmoa du?
4. Nori gelditzen zaio patxarana?
5. Zergatik nahi dute hain laster atera?

Exercise 186

Provide the missing verb forms.

   "Zer asmo duzue orain?"

   "Ez dakit; zuei zer iruditzen _____?"

   "Neri berdin _____, herriak ikustea gustatzen _____, baina berdin _____ hementxe Gernikan paseiatzea edo kotxean buelta bat ematea."

   Itziarrek esaten du beharbada Mikeli gehiago interesatuko _____la Gernika ikustea. Mikeli, berriz, berdin _____ dena interesatzen _____lako.

   "Joaten bagara, berehala hasi beharko dugu, bestela berandu egingo _____," esaten du Iñakik. Baina Mikeli patxaran pixka bat gelditzen _____ oraindik.

   "Bai, bai," esaten du Edurnek, "denbora azkar joango _____lako, eta berandu joaten banaiz etxera larregi kostatuko _____lako altxatzea bihar!"

Exercise 187

Find the ten pairs of synonyms among these words.

agian
amaitu
asmo
atera
barik
beharbada
bukatu
eraman
eroan
gabe
gehiegi
gelditu
geratu
gura
irten
larregi
nahi
nola
plan
zelan

Exercise 188

Badakizu kotxera joaten, Iñaki?

Ask your friend if he or she knows how to:

   1. drive
   2. make coffee
   3. say these words in Basque
   4. close that window
   5. buy clothes in the Basque Country
   6. pour cider
   7. understand that dialect

8. write in Spanish or French
9. work in a café
10. read books in Basque

Exercise 189

Herriak ikustea gustatzen zait.
Berdin zait hementxe paseiatzea edo kotxean buelta bat ematea.
Dena interesatzen zait.
Nahiago dut laster irtetea.

Write a dialogue, or have a conversation, about the things you like, are interested in, prefer, or don't mind—and those you don't like and are not interested in!

Composition
  (a) Write a dialogue taking place between students at school during the break.
  (b) Write a short composition telling what you plan to do next weekend.

GALDUTA

As our study of the verb continues, you will also become acquainted with indirect questions and some new postpositions. Mikel and company take their drive, but Iñaki takes a wrong turn again and they suffer the consequences.

Practice

Exercise 190
Reread "Euskal Herria eta Euskara," text 3 of the elementary reader; then complete these definitions by matching up the beginnings with the endings:

1. Erdaldunek . . .
2. Euskaldun berriek . . .
3. Euskalkiak . . .
4. Euskara batuan . . .
5. Ikastoletan . . .

euskararen dialektoak dira.
ez dute euskaraz etxean ikasi, baina badakite.
ez dakite euskaraz.
klase guztiak euskaraz ematen dira.
idazten dute euskaldun gehienek.

Exercise 191
Choose the right words:
1. . . . daki erdaraz Euskal Herrian.
   (a) Bakarrik hegoaldeko jendeak
   (b) Jende gutxik
   (c) Jende gehienak
   (d) Jende guztiak
2. Batzuk erdara beren etxeetan ikasi dute, eta besteek . . .
   (a) ez dute inon erdara ikasi.
   (b) ez dute telebista ulertzen.
   (c) euskara batua ikasi dute.
   (d) gero ikasi dute erdara.
3. Euskaldun gutxi daude . . .
   (a) Gipuzkoan.
   (b) Araban.
   (c) Baxe-Nafarroan.
   (d) Bizkaian.
4. Inmigrante espainol asko daude . . .
   (a) herri industrialetan.
   (b) baserrietan.
   (c) ekialdean.
   (d) iparraldean.

Exercise 192
Look at this table:

HIZKUNTZAREN EGOERA
1975 Urtea

Probintziak	Populazioa	Euskaldunak	Portzentaia
Araba	232.262	18.863	%8,1
Bizkaia	1.152.394	174.366	%15,1
Gipuzkoa	682.517	307.279	%45,0
Nafarroa	483.867	53.340	%11,0
Iparraldea	227.280	78.453	%34,5
GUZTIRA	2.784.320	632.301	%22,7

Notes:

1. Notice that in writing figures the continental European use of dots and commas is precisely the opposite of the English usage.

2. %8,1 is read **ehuneko zortzi koma bat**; %11,0 is **ehuneko hamaika koma huts**.

Discuss these figures, and answer the following questions:

1. Zein probintziak ditu euskaldun gehienak?
2. Zeinek ditu gutxienak?
3. Non daude euskaldun gehiago, Bizkaian ala Iparraldean?
4. Euskaldunen portzentaia non da haundiagoa, Bizkaian ala Iparraldean?
5. Zergatik daude erdaldun asko Bizkaian?

Grammar

A

> **Non *dago* Arratia?** but:
> **Ez dakit non *dagoen* Arratia.**
> **Badakizu non *dagoen* Arratia?**
> **Esango dizut non *dagoen* Arratia.**
>
> **Zer egin behar *dugu* orain?** but:
> **Badakit zer egin behar *dugun* orain.**
> **Galdetu gizon horri zer egin behar *dugun* orain.**
>
> **Nor etorri *da*?** but:
> **Begira nor etorri *den*!**

In *indirect questions* the conjugated verb form must take the suffix **-(e)n.** This suffix is added the same way as **-(e)la,** so you can find one form from the other by substituting **-n** for **-la** or vice versa:

naizela	↔ naizen
dela	↔ den
garela	↔ garen
zarela	↔ zaren
zaretela	↔ zareten
direla	↔ diren
nintzela	↔ nintzen
zela	↔ zen

dudala   ↔ dudan
duela, etc. ↔ duen, etc.

Exercise 193
    (a) Answer by saying that you don't know.
    (b) Answer by saying that Edurne knows.
    (c) Answer by saying that we'll ask Edurne.
Example:
Non dago kotxea?
(a) **Ez dakit non dagoen kotxea.**
(b) **Edurnek badaki non dagoen kotxea.**
(c) **Edurneri galdetuko diogu non dagoen kotxea.**
  1. Zer da hori?
  2. Noiz etorriko dira besteak?
  3. Zer ordutan abiatzen gara?
  4. Nork du arrazoia?
  5. Noiz jarraituko dugu?
  6. Nork saltzen ditu mapa hauek?
  7. Zenbat denbora gelditzen zaigu?

B
Review the note "Some Dative Auxiliary Forms" (unit 20) and go over the exercise again. The verb forms practiced there are transitive-dative (NOR-NORI-NORK) forms agreeing with a third person singular indirect object (**diot, dio**, etc.) or with a third person plural indirect object (**diet, die**, etc.). You can see, then, that the letter **-o-** indicates a third person singular indirect object (i.e., **hari**), and **-e-** a plural one (**haiei**). (The same applies to the forms **zaio** and **zaie**.)

    When the indirect object is first or second person singular or plural (that is, **neri**, **zuri**, **guri**, or **zuei**), the form of the verb is again different. For example:

Edurnek *Itziarri* sua eman *dio.*
Edurnek *neri* sua eman *dit.*
Edurnek *zuri* sua eman *dizu.*
Edurnek *guri* sua eman *digu.*
Edurnek *zuei* sua eman *dizue.*

Nik *Itziarri* sua eman *diot.*
Nik *zuri* sua eman *dizut.*

Zuk *Itziarri* sua eman *diozu.*
Zuk *neri* sua eman *didazu.*

The full table is given in the reference section (90).

Exercise 194
Provide the correct auxiliary form (from those listed below).
    Nik gauza bat esango _____ zuri. Gaur goizean nik Mikeli deitu _____, eta

Mikeli galdetu _____ noiz etorriko den nere etxera. Mikelek erantzun _____ bihar beharbada etorriko dela. Orduan nik esan _____: "Etorri baino lehen, telefonoz deituko _____?" Eta hark esan _____: "Bai, bai, deituko _____."

> **didazu, diot, dit, dizut**

You may find it helpful to complete the following table before doing the exercise:

	NOR/ZER?	NORI?	NORK?
didazu	*hura*		
diot	*hura*	*hari*	*nik*
dit	*hura*		
dizut	*hura*		

C

Study the following postpositions, noting (a) the meaning, and (b) the form of the noun (case, etc.) that precedes each one.

> **Gaur *zortziak arte* jarraituko dugu.**
> *Today we will continue until eight o'clock.*
> ***Arantxa gabe* etorri zara?**
> *Have you come without Arantxa?*
> **Ezin da etxetik atera *dirurik gabe*.**
> *One cannot go out of the house without money.*
> **Autobusean joango naiz, *zu bezala*.**
> *I'll go by bus like you.*
> **Autobusa hartuko dut, *zuk bezala*.**
> *I'll take the bus like you.*
> ***Errepublikanoen kontra* nago.**
> *I am against the Republicans.*
> ***Errepublikanoen alde* nago.**
> *I am for (in favor of) the Republicans.*
> ***Urtean zehar* lan egiten dut.**
> *I work throughout the year.*
> ***Euskal Herrian zehar* ibili nahi nuke.**
> *I'd like to travel all over/through the Basque Country.*

Exercise 195
Supply the appropriate postposition from those listed to complete each sentence.

1. Zergatik ez duzu Joseba maite? Zer duzu haren _____?
2. Euskaldun askok ezin dute jan ardorik _____.
3. Hurrengo autobusa ez da etorriko sei t'erdiak _____.
4. Batzutan haur txiki batek _____ hitz egiten duzu.
5. Jaiek astean _____ jarraitzen dute.
6. Beno, nik zerbait esan nahi nuke Xabierren _____.

alde
arte
bezala
gabe
kontra
zehar

Exercise 196 (Review)
Translate the following.
 1. I'll pass him the sugar.
 2. I'll give them a light.
 3. I'll show you the map.
 4. I'll return the money to you (pl.) tomorrow.
 5. Will you give her this paper, please?
 6. What have you done to me?
 7. Why do you (pl.) say that to me?
 8. They showed her the way.

Reference Notes

52 (use of postpositions)
53 (postpositions governing the posses-sive-genitive)
54 (postpositions following the noun di-rectly)

55 (postpositions governing the absolu-tive)
56 (postpositions governing other cases)
90 (dative forms: present of **ukan**)
157 (indirect questions)

Vocabulary

abiatu   *set out, start out*
arraro   *strange, odd*
arrasto   *trace*
arrazoia dut   *I am right*
beno or **bueno**   *well, let's see*
bihurtu   *return* (= **itzuli**)
erakutsi   *show*
estu   *narrow, tight*
hurrengo   *next* (e.g., **hurrengo ka-lea**   *the next street*)

iritsi   *arrive, reach*
jarraitu (trans.)   *continue, go on*
legez or **lez**   *like* (= **bezala**)
mapa   *map*
nuen   *I had* (past of **dut**)
pasa   *pass, go by, cross*
pasata   *past* (e.g., **zubia pasata**   *past the bridge*)
txarto   *badly, bad* (= **gaizki**)
zenuen   *you had* (past of **duzu**)

Galduta

"Non dago kotxea?"
   "Hurrengo kalean dago."
   "Seguru hurrengoan dagoela?"
   "Bai horixe!" esaten du Iñakik. Baina hurrengo kalera iristean ez dute aur-kitzen kotxea.
   "Ba ez dut ulertzen," esaten du Iñakik. "Ez dakit non dagoen."
   "Agian hurrengo kalean," esaten du Itziarrek.
   "Ez ez, esaten dizut kale honetan utzi dugula. A, begira! Hor dago! Zer esan dizut ba? Arrazoia nuen, e!"
   "Bai, arrazoia zenuen," esaten du Edurnek.
   "Beno, nora goaz orain?" galdetzen du Iñakik, mapa kotxetik ateraz. "Ber-meora?"
   "Badakizu non dagoen Arratia?" galdetzen dio Edurnek.
   "Arratia? Non da hori?"
   "Zeanuri, Dima."
   "A bai, badakit non dauden herri horiek. Zornotza pasata."
   "Horixe da. Ezagutzen dituzu herri horiek?"
   "Ez, ez ditut ezagutzen. Badakit non dauden, baina ez dakit nolakoak diren. Zer, hara joango gara? Zer esaten duzu, Itziar?"

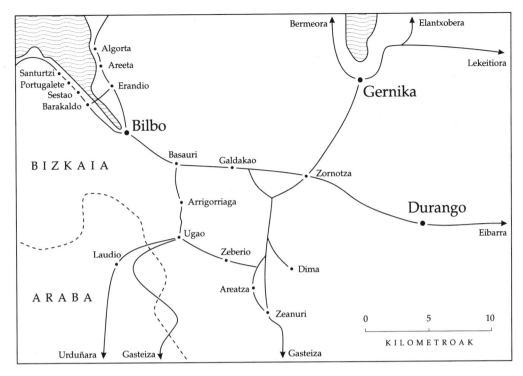

Ibilbide

"Ondo da, baina badakizu joaten?"

"Bai neska, lasai! Maparekin ez gara galduko. Hasteko . . . e . . . Areatzara eramango zaituztet . . . eta gero Zeanurira." Kotxean sartu eta abiatzen dira. Zornotza pasa eta aurrera doaz Arratiako bidean. Gero eskuin aldeko bide estu bat hartzen du Iñakik.

"Begira, hemendik joaten da Areatzara," esaten du Iñakik. "Beste bide hura ikusten duzue? Bide hark Zeanurira eramaten du."

Baina ibili eta ibili eta . . . ez dute ikusten Areatzaren arrastorik ere. Herri batera iristen dira azkenean, baina Zeberio du izena, ez Areatza.

"Arraioa! Arraroa da hori!" esaten du Iñakik. "Zeberio. Ez dakit non dagoen hori. Baina uste dut Areatza hurrengo herria izango dela." Eta aurrera jarraitzen dute. Laster beste herri batera iristen dira, baina ez da Areatza hau ere.

"Baina . . . non gaude orain" galdetzen du Itziarrek.

"Ez dakit ba non gauden, Itziar," erantzuten dio Iñakik.

"Norbaiti galdetu beharko diogu," esaten du Edurnek. "Begira, gizon hark esango digu non gauden eta nola joan behar dugun." Deitzen diote gizonari.

"Mesedez, hau ez da Areatza, ezta?"

"Hau Areatza? Ez, hau Ugao da."

"Eta Areatzara joateko?"

"Areatza? Areatzara joateko atzera bihurtu behar duzue, etorri legez."

"Orduan gaizki ibili gara!" esaten du Mikelek.

"Txarto ibili zarete, bai," esaten du gizonak.

"Eta aurrera jarraituz nora doa bide hau?" galdetzen dio Edurnek.

"Arrigorriagara, eta Bilbo aldera."

"Beno, eskerrik asko," esaten diote gizonari.

Exercise 197

Retell the story in your own words. The following cue words may help you.

kotxea bilatu
ez dakite
azkenean
mapa atera
galdetu nora
Arratiara abiatu
bi bide
eskuinera hartu
ibili eta ibili
Zeberio
Iñakik ez daki
uste du
aurrera
beste herri bat
gizon bat
Areatza ez, Ugao
Areatzara joateko?
atzera bihurtu
eskerrik asko

Exercise 198

Choose the right auxiliary form from those given.

1. Agian hurrengo kalean. Ez ez, esaten _____ kale honetan utzi dugula.
2. A, begira! Hor dago! Zer esan _____ ba? Arrazoia nuen, e!
3. Norbaiti galdetu beharko _____.
4. Begira, gizon hark esango _____ non gauden.

digu
diogu
dizut

Exercise 199

Supply the correct verb form (watch out for -[e]n and -[e]la endings!).

1. Seguru zaude kotxea hurrengo kalean _____?
2. Ez dut ulertzen, ez dakit non _____ kotxea!
3. Esaten dizut kale honetan utzi _____ kotxea.
4. Beno, nora _____ orain, Bermeora?
5. Badakizu non _____ Arratia?
6. Badakit non _____ herri haiek.
7. Hasteko Areatzara eramango _____, eta gero Zeanurira.
8. Kotxean sartu eta abiatzen _____.
9. Zeberio. Ez dakit non _____ hori.
10. Baina uste dut Areatza hurrengo herria izango _____.
11. Baina . . . non _____ orain?
12. Ez dakit ba non _____.
13. Begira, gizon hark esango digu non _____.
14. Gaizki ibili _____!
15. Eta aurrera jarraituz nora _____ bide hau?

Exercise 200
Discover the ten pairs of opposites.

abiatu	azken	hasi	jarraitu
altxatu	bihar	hil	normal
amaitu	bizi	hurrengo	ondo
arraro	erori	iritsi	sartu
atzo	gelditu	irten	txarto

Composition
> (a) Write a conversation taking place in a restaurant or a bar.
> (b) Write a short essay about the Basque language.

UNIT 24

BILBON

After looking at various grammar points, we follow Mikel and his friends all the way to Bilbao, where another surprise awaits them. The unit contains communicative practice in plans and suggestions.

Practice

Exercise 201
Review the first five songs in section 4 of the elementary reader. Then see if you can fill in the blanks correctly.

(1)
"Maritxu, nora _____,
eder galant hori?"
"Iturrira, Bartolo,
nahi _____ etorri."
"Iturrian zer _____?"
"_____ txuria;
biok _____ dugu
nahi dugun _____."

aita	ezin	maite
ardotxo	gainean	mina
asteartea	galdua	naiz
asteazkena	gara	nere
atean	gazte	nerea
baduzu	goizean	ondoren
behera	guztia	osaba
bezala	hartuta	osteguna
bizi	hasten	ostirala
dago	haurra	pena
edango	honek	tabernan
egin	honentzat	utziko
egun	igandea	zait
eguna	itxita	zara
etxe	jai	zoaz
etxera	lan	zurekin
ezer	larunbata	

(2)
Xarmangarria _____,
eder eta _____;
_____ bihotzak ez du
zu besterik maite.
Beste zenbait _____
ote zara libre?
_____ ezkontzeko
dudarik ez nuke!

(3)
Pello Josepe _____ dela
_____ jaio da Larraunen;
_____ joanda esan omen du:
"Ez da _____ izanen!
Ama horrek berak topa dezala
haur honek _____ nor duen!"

"Ai hau _____ ta pesadunbrea,
senarrak _____ ukatu!
Haur _____ beste jaberik
ezin nezake topatu.
Pello Josepe bihotz _____,
haur _____ _____ zu zaitu!"

(4)
Ikusten duzu _____,
argia _____ denean,

Nahiz ez den gaztelua,
_____ dut nik sorlekua,

menditto baten _____,
_____ ttipitto aintzin xuri bat,
lau haitz ondoren erdian,
xakur xuri bat _____,
iturriño bat aldean.
Han _____ _____ ni bakean.

aiten aitek hautatua.
Etxetik kanpo _____ iruditzen
nonbait naizela _____,
nola han bainaiz sortua.
Han _____ dut mundua
galtzen ez badut zentzua.

(5)
Astelehena, jai _____ alferra;
_____ ez egiteko
ez goaz lanera.

_____, amonaren _____,
hori ospatutzeko,
ez goaz lanera.

_____, euria goitik _____;
busti egingo _____,
ta ez goaz lanera.

_____, haginetako _____,
aspirina _____
bagoaz ohera.

_____, _____ ezkontzen da,
ta _____ hartzen badu,
ez goaz lanera.

_____, _____ erdiko lana;
egun erdiagatik
ez goaz lanera.

_____, lantegia _____;
_____ _____ nahi baina
_____ joan lanera!

Grammar

A

We have already seen that the intransitivity or transitivity of certain Basque verbs is not exactly what we might have expected; the same is true of the use of certain verbs with a dative object. In other words, it is convenient to make a point of learning whether verbs are "NOR," "NOR-NORK," "NOR-NORI," or "NOR-NORI-NORK." Of course, the use of most verbs is quite "logical" and causes little trouble. Here are some of the verbs that *may* offer some difficulty.

AMAITU is used just like **BUKATU**.

AURKITU: see unit 15, note D.

BUELTA EMAN

> **Buelta eman *dugu* eta etxera itzuli gara.**
> *We turned round and went back home.*
> **Kotxeari buelta eman *diogu*.**
> *We turned the car around.*

BUKATU: see unit 15, note B.

DEITU

> **Edurnek egunero deitzen *du*.**
> *Edurne calls every day.*
> **Edurnek egunero deitzen *nau* or *dit*.**
> *Edurne calls me every day.*
> **Taberna hau Izkiña deitzen *da*.**
> *This bar is called Izkiña.*

EGIN

Entsalada bat egingo *dut*.
I'll make a salad.
Entsalada bat egingo *dizut*.
I'll make you a salad.
Zure alaba hori haundia egin *da*!
That daughter of yours has grown (become big)!
Alaba hori haundia egin *zaizu*!
That daughter of yours has grown! (That daughter has become big to you!)

ERORI

Zerbait erori *da*.
Something has fallen down.
Zerbait erori *zaizu*.
You've dropped something. (Something has fallen down to you.)

GELDITU

Nere erlojua gelditu *da*.
My watch has stopped.
Aterako zara ala etxean geldituko *zara*?
Will you come out or will you stay at home?
Zenbat ardo gelditzen *da*?
How much wine is left?
Zenbat ardo gelditzen *zaizu*?
How much wine do you have left?
Trena gelditu *dute*.
They stopped the train.

GERATU is used just like **GELDITU**.

GIDATU

Nik gidatuko *dut*.
I'll drive.

GUSTATU

Patxaran hau gustatzen *zait*.
I like this patxaran.

HASI: see unit 15, note D.
HITZ EGIN

Mikelekin hitz egingo *dut*.
I'll talk to (with) Mikel.

INTERESATU (similarly to **GUSTATU**)

> **Euskal Herria asko interesatzen *zait*.**
> *I'm very interested in the Basque Country.*

IRTEN (Bizk. URTEN)

> **Gaur ez *naiz* irten etxetik.** (Gipuzkoan usage)
> **Gaur ez *dut* irten/urten etxetik.** (Bizkaian usage)
> *Today I haven't gone out of the house.*

IRUDITU (similarly to **GUSTATU**)

> **Patxaran hau ona iruditzen *zait*.**
> *This **patxaran** seems good to me.*

ITZULI: see unit 15, note B.
IZAN: see unit 15, note D.
JARRAITU

> **Bazkaldu ondoren nork jarraituko *du*?**
> *Who will continue after lunch?*
> **Iñaki aurretik joaten bada, nik jarraituko *diot*.**
> *If Iñaki leads the way (goes in front), I'll follow him.*

KOSTATU (similarly to **GUSTATU**)

> **Asko kostatu *zait* zure etxea aurkitzea.**
> *I had a hard time finding your house.*

LAN EGIN (similarly to **HITZ EGIN**)

> **Nere aitak berandu arte lan egiten *du*.**
> *My father works until late.*

LO EGIN (similarly to **HITZ EGIN**)

> **Ondo lo egin *duzu*?**
> *Did you sleep well?*

PASA

> **Autopista Zornotzatik pasatzen *da*.**
> *The freeway passes by/through Zornotza.*
> **Hiru hilabete pasa *dira*.**
> *Three months have passed.*
> **Eguna lagunekin pasa *dut*.**
> *I've spent the day with friends.*

> **Oso ondo pasa *dugu*.**
> *We had a very good time.*

PASEIATU

> **Parkean paseiatu *gara* or *dugu*.**
> *We had a walk in the park.*

SENTITU

> **Ongi sentitzen *naiz*.**
> *I feel well.*
> **Zerbait sentitzen *dut*.**
> *I can feel something.*
> **Asko sentitzen *dut*.**
> *I'm very sorry.*

Exercise 202

Review the verbs **buelta eman**, **deitu**, **egin**, **itzuli**, **jarraitu** in note A, then translate these sentences.

1. Jon called this morning.
2. What will you do now?
3. We'll go back to class.
4. Sometimes we translate something in class.
5. I'll turn around in the next town.
6. What is this town called?
7. It will get late for us if we stay.
8. I'll give this back to you tomorrow.
9. Shall we turn the table around?
10. Who will make coffee for me?
11. Today class will continue until twelve o'clock.
12. Will you call me tomorrow?

B

Remember:

> **Liburu hau gustatzen zait.**
> but
> **Liburu hauek gustatzen zai*zki*t.**

When the subject of an intransitive-dative (NOR-NORI) verb is *plural*, **-zki-** is infixed in the auxiliary. Now study the following:

> **Liburu hau Xabierri emango diot.**
> **Atea irekiko dizut.**
> **Kafe bat ekarriko didazu, mesedez?**
> but

> **Liburu hauek Xabierri emango di*zki*ot.**
> **Ateak irekiko di*zki*zut.**
> **Bi kafe ekarriko di*zki*dazu, mesedez?**

As you can see, when the *direct object* of a transitive-dative (NOR-NORI-NORK)
verb is plural, **-zki-** is infixed in the corresponding auxiliary. The full set of forms is
shown in the reference section (90), but all you need to know to produce the correct
forms is that while those for a *singular* direct object start with **di-** (*diot, dizut,
didazu*, etc.), those for a *plural* direct object start with **dizki-** (*dizkiot, dizkizut,
dizkidazu*, etc.).

Exercise 203
Translate the following.
(a)
1. Joseba showed Maite the map.
2. I'll bring you a book.
3. I left them money.
4. She sold us a bottle.
5. We'll write a letter to you.
6. Will you read this word to me?
(b)
7. Joseba showed Maite the maps.
8. I'll bring you some books.
9. I left them a thousand pesetas.
10. She sold us two bottles.
11. We'll write letters to you.
12. Will you read these words to me?

C
Review unit 22, note E, on the prefix **ba-** *if*. *If . . . not* is **ez ba-** in Basque. For
example:

> **Etxean ez dago zigarrorik.**
> **Kalera joango naiz erostera.**
> →
> **Etxean *ez badago* zigarrorik, kalera joango naiz erostera.**
> *If there are no cigarettes at home, I'll go out and buy some.*

Exercise 204
(a) Repeat exercise 183.
(b) Do the exercise again, giving *negative* conditions in your answers this time.
Example:
Ez badu euria (or **euririk**) **egiten, buelta bat ematera joango naiz.**

D
Note *very carefully* the difference between these two kinds of sentence:

> *Noiz* **joaten zara ohera?**   *When do you go to bed?*
> *Noiz* **etorri da irakaslea?**   *When did the teacher come?*
> *Noiz* **aterako da eguzkia?**   *When will the sun come out?*

> **Ohera joaten naiz*enean*, irakurtzen dut lo egin baino lehen.**
> *When I go to bed, I read before I (go to) sleep.*
> **Irakaslea etorri d*enean*, denak altxatu dira.**
> *When the teacher came, everyone got up.*
> **Eguzkia atera*tzen* d*enean*, buelta bat emango dugu.**
> *When the sun comes out, we'll have a walk.*

In the first group of sentences, *when* in English is a question word and the Basque equivalent is **noiz**. In the second group, *when* introduces a subordinate clause and is translated by the suffix **-(e)nean**. This **-(e)nean** consists of the suffix **-(e)n** (used in indirect questions, see unit 23, note A) to which the inessive singular ending **-ean** has been added.

Exercise 205
Answer using a time clause in **-(e)nean**.
Example:
Noiz joango zara mendira?
Eguraldi ona dagoenean joango naiz mendira or
Klaseak bukatzen direnean joango naiz mendira or
Bota berriak erosten ditudanean joango naiz mendira.
   1. Noiz joango zara bankura?
   2. Zer ordutan altxatzen zara ohetik igandeetan?
   3. Noiz erosten duzu arropa berria?
   4. Noiz joango gara hondartzara?
   5. Noiz irekiko duzu atea?

E

Jose *Joseph*	→	**Jose*txo***	*Joe, Joey, Little Joe*
Mikel *Michael*	→	**Mikel*txo***	*Mike, Little Mike*
haur *child*	→	**haur*txo***	*little child, baby*
herri *town*	→	**herri*txo***	*little town, village*
lagun *friend*	→	**lagun*txo***	*little friend, young friend*
gazte *young man/woman*	→	**gazte*txo***	*kid, adolescent*
aita *father*	→	**aita*txo***	*Dad, Daddy, Pa*
mahai *table*	→	**mahai*txo***	*little table*
buelta bat eman *go for a walk*	→	**buelta*txo* bat eman**	*go for a short walk*
txiki *small*	→	**txiki*txo***	*little*

zerbait *something*	→ **zertxobait** *something or other*
ezer ez *nothing*	→ **ezertxo ez** *not one little thing*

We call **-txo** a *diminutive suffix*. Other Basque diminutive suffixes, used similarly, are **-txu** (Bizkaian dialect), **-tto**, and **-ño** (eastern dialects).

Reference Notes

90 (dative forms; present of **ukan**)
110 (auxiliary agreement in compound tenses)

130 (the subordination marker **ba-**)
163 (time clauses)
197 (diminutives)

Vocabulary

alboan *beside, next to* (= **ondoan**)
alde *for, in favor of*
aparkatu *park*
arrankatu *start* (*a car*)
aukera *chance, opportunity; choice*
banku *bank*
barre egin *laugh*
bulego *office*
diputazio *provincial government*
gasolina *gasoline*
geltoki (*train or bus*) *station*
gertatu *happen*
giltza *key*

gogo (noun) *wish, desire*
hondatu *break down*
ideia *idea*
itxaron or **itxoin** *wait*
izorratu *ruin, bust, f--k up* (vulgar)
jator *nice, "cool"*
katedral *cathedral*
konforme egon *agree*
leku *place* (= **toki**)
luze *long*
saiatu *try*
udaletxe *town hall, city government*
zubi *bridge*

Bilbon

"Orain zer egingo dugu?"

"Arratiatik itzultzen bagara, oso berandu egingo zaigu, ezta? Zergatik ez gara Arrigorriagatik itzultzen Gernikara?"

"Eta . . . Bilbon buelta bat ematen badugu lehenengo?"

"Hori ez da ideia txarra. Inoiz egon al zara Bilbon, Mikel?"

"Ez; eta banuen Bilbo ikusteko gogoa, gainera."

"Ondo ba, hara joango gara, Mikeli Bilbo ikusteko aukera emateko?"

"Baina ez al zaigu oso berandu egingo, Bilbora joaten bagara orain?"

"Ez, handik zuzenean Gernikara itzultzen bagara ondoren."

"Beno ba, nor dago Bilboren alde, denok? Hara joango gara orduan?"

"Bai, goazen."

Euskal Herriko hiririk haundienera abiatzen dira. Bidea ez zaie luzea egiten. Iristen direnean, aparkatu eta bueltatxo bat ematera abiatzen dira oinez. Kale luzeetatik ibiltzen dira. Zubia pasa eta Bilbo zaharrera sartzen dira. Hango kaleak, katedrala eta Plaza Berria ikusi eta gero, Alde Zaharretik ateratzen direnean Hareatzan aurkitzen dira, ibaiaren ondoan; han jende asko ikusten dute gora eta behera paseiatzen.

Gero beste zubi batetik pasa eta Espainako Plazara iristen dira. Alde guztietan denda haundiak, bankuak eta bulegoak daude, eta ezkerraldean tren geltoki haundi bat. Kafesne bat hartzen dute plazako kafetegi batean, eta amaitu dutenean handik Moiua Plazara joaten dira. Bidean etxe haundi baten ondotik pasatzen direnean, Mikelek galdetzen die hori udaletxea den. Edurnek ezetz esaten dio, udaletxea beste alde batean dagoela; hori berriz diputazioa dela.

"Beno Mikel, zein duzu nahiago, Bilbo ala Donostia?" galdetzen dio Iñakik.

"Ba . . . Donostia," erantzuten dio Mikelek.

"Zergatik?" galdetzen dio Edurnek.

"Lasaiagoa delako, eta."

". . . eta politagoa ere bai!" esaten du Itziarrek. Baina Edurne ez dago konforme, Bizkaiko jendea jatorragoa dela uste duelako. Denek barre egiten dute.

"Beno, berandu da," esaten du Iñakik azkenean. "Kotxera itzuli behar genuke." Kotxea Zabalburu Plazaren alboan dagoela esaten du Edurnek, eta bidea erakusten die. Denak kotxean sartu direnean, Iñaki saiatzen da kotxea arrankatzen. Baina . . . ez du arrankatzen.

"Arraioa," esaten du, "zer gertatzen da hemen?"

"Zer, hondatu al zaigu orain?" galdetzen du Edurnek.

"Itxaron," esaten du Iñakik. Eta berriz ematen dio giltzari, baina . . . ezer ez! "Hau oso arraroa da," esaten du.

"Ba al dauka gasolinarik?" galdetzen dio Itziarrek.

"Bai, gaur goizean bete dut eta. Uste dut izorratua dagoela kotxe hau."

Exercise 206
Retell the story in your own words.

Exercise 207
Match the paraphrases with the verbs that express the same idea.

1. Ikusten uzten dio norbaiti.	Abiatzen da.
2. Norbaiten edo zerbaiten zain dago.	Aparkatzen du.
3. Lurrera joaten da.	Arrankatzen du.
4. Zerbait gertatu zaio eta ez dabil orain.	Erakusten du.
5. Ez da inora joaten.	Erortzen da.
6. Ibili eta gero leku batera etortzen da.	Gelditzen da.
7. Ohera joan, begiak itxi eta bihar arte.	Hondatu da.
8. Aurrera joaten da gelditu gabe.	Iristen da.
9. Leku batean bueltatxo bat ematen du.	Itxaroten du.
10. Kotxea nonbait uzten du.	Jarraitzen du.
11. Ibiltzen hasten da, beste leku batera joateko.	Lo egiten du.
12. Giltzari buelta eman, kotxean ibiltzen hasteko.	Paseiatzen da.

Exercise 208
Complete each of the following dialogues following the patterns given and using the five points listed at the end.

(a) **planning a trip to Bilbao**

A: *Bilbora joango gara.*

B: Bai.

A: *Goiz abiatuko gara.*

B: Ederki.

A: . . .

(b) **suggestions**

A: *Zergatik ez gara Bilbora joaten?*

B: Ideia ona.

A: *Eta zergatik ez gara goiz abiatzen?*

B: Konforme.

A: . . .

(c) **suggestions**

A: *Eta Bilbora joaten bagara?*

B: Ideia ona.

A: *Eta goiz abiatzen bagara?*

B: Ondo.

A: . . .

(d) **saying what you'd like**

A: *Bilbora joan nahi nuke.*

B: Bai?

A: *Bai, eta goiz abiatu nahi nuke.*

B: Bale.

A: . . .

(e) **suggesting to your friend what to do**

A: *Bilbora joan behar zenuke.*

B: Hori uste duzu?

A: *Bai, baina goiz abiatu behar zenuke.*

B: Beno.

A: . . .

   Now plan, suggest, say you'd like to, or suggest that your friend do the following:

   1. leave the car next to the city hall.
   2. go straight to the cathedral from there.
   3. try to see all the main places.
   4. walk through the long, narrow streets of the Old Part.
   5. have lunch in a cheap restaurant.
   6. . . . ?

Composition

   (a) Make up a conversation that takes place in the reception hall or lobby of a hotel in a Basque town.

   (b) Write a letter from the United States to the Donostia tourist information office (**turismo bulegoa**), asking for information or help in planning your visit to the Basque Country. Then write the reply from the information office. (For both *Dear* in the opening and *Sincerely* in the closing of letters, use **Agur**.)

TAILER BATEN BILA

More on the past tense, more on indirect speech, and ordinal numbers are among the grammatical fare. Iñaki finds a garage and leaves his car to be repaired. Finally, there is more practice asking the way.

Practice

Exercise 209
Review songs 6–10 in the elementary reader; then talk or write about the message of each song. The following vocabulary will help you to discuss them in Basque.

askatasun	*freedom, liberty*	**kritika**	*criticism*
askatu	*set free, liberate*	**kritikatu**	*criticize*
baikor or **optimista**	*positive, optimistic*	**optimista**	*optimistic*
		pesimista	*pessimistic*
borrokatu	*fight*	**protesta** (noun)	*protest*
defenditu	*defend*	**protestatu** (verb)	*protest*
elkartasun	*unity, solidarity*	**sakratu**	*sacred*
elkartu	*unite*	**sinbolo**	*symbol*
ezezkor or **pesimista**	*negative, pessimistic*		

Grammar

A
Review unit 18, note G, and repeat exercise 150. Then study the past of **ukan**:

Simple present of **ukan**
(3rd. pers. *sing.* object):

dut
du
dugu
duzu
duzue
dute

Simple past of **ukan**
(3rd. pers. *sing.* object):

nuen
zuen
genuen
zenuen
zenuten
zuten

(3rd. pers. *plur.* object):

ditut
ditu
ditugu

(3rd. pers. *plur.* object):

nituen
zituen
genituen

dituzu	zenituen
dituzue	zenituzten
dituzte	zituzten

Note that in the *present* the subject is represented by the *suffixes* **-t, –, -gu, -zu(e)**, **-te**, but that in the *past* it is represented by the *prefixes* **n-, z-, gen-, zen-, z-**. And remember once again that *all* past forms end in **-n**.

Exercise 210
Change these sentences from present to past.
Example:
Josetxok etxe haundi bat du.
Josetxok etxe haundi bat zuen.
 1. Katu zuri bat dut etxean.
 2. Baditut bi txakur ere.
 3. Kale honek ez du semafororik.
 4. Nere anaiek kotxe bat dute.
 5. Baduzu giltza, ezta?
 6. Guk elizara joateko asmoa dugu.
 7. Denbora gutxi duzue hori egiteko.
 8. Tren berri hark leiho garbi-garbiak ditu.
 9. Liburu asko dituzu.
10. Nere aitak eta amak plater asko dituzte.
11. Zuk ez duzu arrazoia, nik dut arrazoia.
12. Zer nahi duzu?
13. Zenbat balio du gasolinak.
14. Hori uste dut nik.
15. Horixe espero dut.
16. Mutil hori maite dut; baina berak ez du inor maite.
17. Nahiago dugu patxarana.
18. Jarraitu nahi dugu, baina zu gabe ezin dugu.
19. Gosaltzen ari naiz.
20. Gurekin bizi da.

B
Review unit 23, note A, and repeat exercise 193. Then compare the following:

Jon etorriko *da*?
Will Jon come?
Mikelen aita Californian *dago*?
Is Mikel's father in California?
Autobusa hartu behar *dugu* orain?
Do we have to take the bus now?

Ez dakit Jon etorriko *den*.
I don't know whether Jon will come.

> **Mikeli galdetuko diot bere aita Californian *dagoen*.**
> *I'll ask Mikel if his father is in California.*
> **Gizon honek esango digu autobusa hartu behar *dugun* orain.**
> *This man will tell us if we have to take the bus now.*

In these indirect questions there is no question word (*what, who, where*). Note that the English *if* or *whether*, used to introduce such indirect questions, is simply not translated into Basque. Do *not* confuse the *if* of indirect questions—where it means the same as *whether*—with the other *if* used to express conditions, translated by **ba-** (see unit 22, note E).

Exercise 211
   (*a*) Answer, saying you don't know.
Example:
Iritsi gara?
Ez dakit iritsi garen.
   1. Autobus hau Gernikatik pasatzen da?
   2. Bihar elizara goaz?
   3. Kotxea hondatu da?
   4. Kotxea konponduko dute hemen?
   5. Denda hori irekita dago?
      (*b*) Review exercise 183.

C
We use *reported speech* when we report what was said in a conversation by means of indirect statements, indirect questions, and indirect commands, as in this example:

DIRECT SPEECH: REPORTED SPEECH:

"Maritxu, nora zoaz?"	**Bartolok Maritxuri galdetzen dio *nora doan*.**
"Iturrira, Bartolo."	**Maritxuk *iturrira doala* erantzuten dio.**
"Nahi baduzu, etorri."	**Eta esaten dio *etortzeko*, nahi badu.**
"Iturrian zer dago?"	**Bartolok galdetzen dio *zer dagoen iturrian*.**
"Ardotxo txuria."	**Maritxuk esaten du *ardotxo txuria dagoela*.**

We can sum up the rules of reported speech in Basque as follows:
INDIRECT *STATEMENT*: → **-(e)la.**
INDIRECT *QUESTION*: → **-(e)n.**
INDIRECT *COMMAND*: → **-t(z)eko.**

   However, you may also have to change pronouns (and the corresponding verb forms), tenses, and some other elements in going from direct to reported speech (see the above example).

Exercise 212
Rewrite in reported speech one of the dialogues that you have previously written as compositions in direct speech.

D
Instead of saying:

> **Edurne** *joan da.*
> *Galdu gara.*
> **Toki batzutan euskara** *galdu da.*
> **Kotxea** *hondatu da.*
> **Arratsaldeetan Edurnek** *ikasten du.*
> **Joan baino lehen,** *deituko diot.*

western Basques prefer to say:

> **Edurne** *joan egin da.*
> *Galdu egin gara.*
> **Toki batzutan euskara** *galdu egin da.*
> **Kotxea** *hondatu egin da.*
> **Arratsaldeetan Edurnek** *ikasi egiten du.*
> **Joan baino lehen,** *deitu egingo diot.*

In these sentences **egin** has no "meaning." It is used when we wish to throw the emphasis on the *verb* (**joan, galdu, hondatu, ikasi, deitu**). In this construction, the "real" verb that precedes **egin** is always in dictionary form (observe carefully the last three examples). The auxiliary verb takes the same form it would take if **egin** were not used (examine the examples once more!). This construction is not used in the eastern dialects.

E
Ordinal numbers:

> | **lehen, lehenengo, lehenbiziko** | *first* |
> |---|---|
> | **bigarren** | *second* |
> | **hirugarren** | *third* |
> | **laugarren** | *fourth* |
> | **bostgarren** | *fifth* |
> | **hamargarren** | *tenth* |
> | **hamazazpigarren** | *seventeenth* |
> | **hogeigarren** | *twentieth* |
> | **hogeitabatgarren** | *twenty-first* |
> | etc. | |

Note also **azken** (or **azkeneko**) *last.* The ordinals and **azken** are placed in front of the noun they qualify; for example:

> | **lehen(engo) kapitulua** | *the first chapter, chapter one* |
> |---|---|
> | **bigarren semaforoa** | *the second stoplight* |
> | **hirugarren mundua** | *the third world* |

> **hogeigarren mendea**   *the twentieth century*
> **azken eguna**   *the last day*

Dates are expressed not by the ordinals but by the cardinals accompanied by the singular article: **maiatzaren hamazazpia**   *the seventeenth of May.*

Exercise 213
Translate the following.
1. I liked the first half.
2. Who did you talk to in the workshop?
3. He'll be interested in the second idea.
4. What do you think of (**iruditu**) this cathedral?
5. I think (**uste**) she drives well.
6. We found it hard (**kostatu**) to understand the last four words.
7. I don't know if he works here.
8. They sleep in room nine (the ninth room).

Exercise 214
Translate the following.
1. Did you show them the church and the cathedral?
2. Will you bring us the matches please?
3. What shall I bring (*use* **eraman** *and* **joan**) you when I come?
4. I gave them coffee and a glass of brandy (**kopa**).
5. Did you ask me for a light?
6. We took (**kendu**) their matches from them.
7. I'm sure they'll lend (**utzi**) you money.
8. They want to sell us everything!
9. Have they written you (pl.) many letters?
10. What have they done to you?

Exercise 215
Translate the following.
1. The fishermen were working, but the workers had the day off (**jai**).
2. What were you doing in that room?
3. I needed somebody's address.
4. The repression was great.
5. Spanish was the official language then—as (**bezala**) today.
6. I think that was Iñaki.
7. I don't know where they were living at that time.
8. She says she loved him.
9. If you had all that money, why did you live in that old place?
10. I thought they couldn't, but I don't know if I was right now.

Reference Notes

62 (simple tenses of **izan**)	183 (uses of **egin**)
63 (simple tenses of **ukan**)	203 (numbers)
157 (indirect questions)	

Vocabulary

aditu! *hey! I say! (=* **adizu[e]!***)*
arazo *problem, matter, business*
berriro *again (=* **berriz***)*
bigarren *second*
bila *looking for, in search of*
eskuma *right (opposite of left) (=*
  eskuin*)*

konpondu *fix, repair, arrange, solve*
mekaniko *mechanic*
semaforo *traffic light, stoplight*
tailer *workshop, car repair shop, garage*

Tailer Baten Bila

Zer egin du Iñakik bere lagunekin gaur?

Lehenengo, Gernikara joan dira, eta hantxe bazkaldu dute. Gero Iñakik Arra-
tiara joan nahi zuen, baina ez dira Arratiaraino iritsi galdu egin direlako, eta
azkenean Bilbora joan dira. Handik etxera joan nahi zuten, baina orain problema
haundi bat daukate: Iñakiren kotxea hondatu egin da. Iñakik ez daki zer gertatzen
zaion kotxeari. Orain tailer bat bilatu beharko dute.

Gizon bat pasatzen da kalean, eta Iñakik galdetzen dio:

"Adizu, badakizu non dagoen tailer bat hemen inguruan? Kotxea hondatu
egin zaigu eta."

"Tailer bat? Ba, ez dakit. E . . . kale horren atzean egongo da bat beharbada,
baina . . . ez dakit nik."

"Beno ba, eskerrik asko."

"Horrek ez daki," esaten du Edurnek gizona joan eta gero. "Beste norbaiti
galdetu beharko diogu. Emakume horri agian. Aditu mesedez, tailer baten bila
gabiltza. Badakizu tailerrik dagoen hemen nonbait?"

"Tailerrik? Bai, badago," erantzuten du emakumeak. "Begira, ikusten duzu
semaforoa? Haraino joan behar duzue, semafororaino, eta han eskumara. Ikusten?
Gero aurrera, aurrera, eta bigarren kalean berriro eskumara. Han ezker aldean
ikusiko duzue tailer bat. Etxebarria duela izena uste dut."

"Eskerrik asko."

"Ez da zergatik! Baina ez dakit zabalik egongo den, e."

"Beno, joango gara ikustera. Agur."

"Agur, bai," esaten die emakumeak, eta jarraitzen du bere bidetik.

Tailerreraino joaten dira, emakumeak esan bezala. "Zein zen tailerraren
izena?" galdetzen du Iñakik ia iristen direnean. "Etxebarria?"

"Bai," esaten du Itziarrek. "Hemen dago, begira. Baina itxita dago. Igandea
delako, noski. Horixe uste zuen emakumeak, eta arrazoia zuen."

Mikelek beste tailer bat ikusten du. "Tailer hori irekita dago, ezta?" esaten du,
besteei erakutsiz. Eta irekita dagoen tailerrera joaten dira. Baina hango
mekanikoak esaten die ezin duela kotxea konpondu egun hartan. "Gaur, ezer ez;
bihar arte itxaron beharko duzue," esaten die.

"Orain zer egingo dugu? Nik bihar goizean Donostian egon behar dut gauza
batzu egiteko," esaten du Itziarrek.

"Beno, lasai. Nik bihar Bilbora etorri behar dut," esaten die Edurnek. "Neuk
konponduko dut kotxearen arazoa. Baina orain autobusez joan beharko dugu
etxera. Badakizue nola joaten den Donostiako autobusen geltokira? Erakutsi
egingo dizuet."

Exercise 216
Make up the complete conversation that took place between Iñaki and his friends and the mechanic from the time they entered to the time they left.

Exercise 217
You are outside Bilbao's city hall (**udaletxe**), and you wish to find out the way to the provincial government building (**diputazio**). You could ask someone: **Adizu, nola joaten da diputaziora hemendik?** Look at a map of Bilbao; can you see the way? The directions you were given could be: **Zubitik pasa behar duzu, gero zuzen aurrera jarraitu Espainiako Plazaraino. Han eskuinetara, eta aurrera; ezker aldean ikusiko duzu diputazioa.**
    Ask, and tell, the way:
1. from the train station to Areatza.
2. from Moiua Plaza to Zabalburu Plaza.
3. from the provincial government building to the city hall.
4. from Zabalburu Plaza to Areatza.

Exercise 218
Create an exercise similar to exercise 217 with reference to the town you are in.

Composition
    (a) Write a conversation taking place over the telephone.
    (b) Imagine that you are on vacation in the Basque Country. Write a letter to your best friend back home telling about your vacation. Begin your letter with **Kaixo X** (where X is your friend's name) and end with **Musu bat** *a kiss* or **Besarkada bat** *a hug* and your name.

PERNANDO AMEZKETARRA

At last you will learn the truth about the differences between Basque's two past tenses, the near past (**altxatu naiz**) and the remote past (**altxatu nintzen**). You will also learn more about how to talk about time, and how to say *about*. The reading contains a couple of stories about a funny character called Pernando Amezketarra, and there is yet another amusing story (in episodes) in the elementary reader to be begun in this unit. The communicative theme of the unit is, needless to say, storytelling.

Grammar

A

> *Gaur goizean* zazpietan *jaiki naiz.*
> **Kafesnea** *hartu dut* **gosaltzeko.**
> **Gosaldu bitartean irratia** *entzun dut.*
> **Zortzietan etxetik** *atera naiz.*

> *Atzo* **ere zazpietan** *jaiki nintzen.*
> **Txokolatea** *hartu nuen* **gosaltzeko.**
> **Gosaldu bitartean egunkaria** *irakurri nuen.*
> **Zortzietan etxetik** *atera nintzen.*

Though it may well seem strange to English speakers, Basque use different tenses to talk about what happened in the past today and what happened in the past yesterday. We may call the two tenses *near past* and *remote past*. We have not used the remote past (the "yesterday" past) so far in this book. To convert a near past form into remote past, just put the auxiliary into the past tense (both near and remote pasts have the main verb in dictionary form):

NEAR PAST	REMOTE PAST
jaiki naiz	**jaiki nintzen**
hartu dut	**hartu nuen**
atera gara	**atera ginen**
irakurri du, etc.	**irakurri zuen**, etc.

The remote past is used when saying what happened at any time earlier than today.

Exercise 219

    (a) Tell what you did this morning. Remember to use near past tense; for example: **Gaur goizean . . . jaiki naiz . . .**

    (b) Now tell what you did yesterday or last week, remembering to use the remote past; for example: **Atzo/Joan den astean . . . jaiki nintzen . . .**

Exercise 220

Tell something that once happened to you or someone you know. Remember you must use the remote past. You may occasionally need to use a dative verb form, such as:

PRESENT AUXILIARY	PAST AUXILIARY
diot	→ **nion**
diet	→ **nien**
dio	→ **zion**
die	→ **zien**

Also remember how to add **-(e)n** and **-(e)la** for reported speech in the past:

	with **-(e)n**:	with **-(e)la**:
nuen →	**nuen** (same as plain form)	→ **nuela** (drop **-n**)

B

Let us review ways of specifying a point in time. We may use an adverb, such as:

gaur *today*, **bihar** *tomorrow*, **atzo** *yesterday*;
orain *now*, **orduan** *then*;
berehala *straightaway*, **gero** *then, later*, **laster** *soon*;
lehen or **lehenago** *before, earlier*;
oraintxe *right now, just, straightaway*;
oraindik *still, yet*

You can be more specific with expressions such as:

gaur goizean *this morning*, **gaur arratsaldean** *this afternoon*,
gaur gauean *this evening, tonight*;
bihar goizean *tomorrow morning*, etc.;
atzo goizean *yesterday morning*, etc.
Note **atzo gauean** or **bart arratsean** *last night*

You can, of course, be even more exact and say the time:

> **hiruretan, ordu bietan, bost t'erdietan, zazpiak eta laurdenetan, hamarrak hogeitabost gutxitan,** etc.
> **goizeko bederatzietan, arratsaldeko lau t'erdietan, gaueko hamaiketan,** etc.

You may name the day of the week:

> **astelehenean, igandean,** etc.
> **astearte goizean, igande gauean,** etc.

You may name the month similarly, or state the date (see reference section 202):

> **maiatzean**   *in May*, etc.
> **abenduaren zortzian**   *on December 8*, etc.

We can say *which* Sunday, *which* May, and so on (always remembering to use the inessive case to express time when):

> **igande/maiatz honetan**   *this Sunday/May*, etc.
> **datorren igandean/maiatzean**   *next Sunday/May*, etc.
> **joan den igandean/maiatzean**   *last Sunday/May*, etc.

We can do the same thing with the words **urte**   *year*, **hilabete**   *month*, and **aste**   *week*:

> **aste honetan**   *this week*, etc.
> **datorren urtean**   *next year*, etc.
> **joan den hilabetean**   *last month*, etc.
> *Note* **aurten**   *this year*, **iaz**   *last year*

We can refer to the seasons: **uda**   *summer*, **negu**   *winter*, **udaberri**   *spring*, **udazken**   *fall*; for example: **datorren neguan, udaberrian, joan den udan.**

Or, finally, we can refer to something else that happened at the same time, before or afterward; for example:

> **gerra denboran**   *in the war, during the war*
> **Ameriketara etorri zenean**   *when he/she came to America*
> **euskara ikasi ondoren**   *after I/he . . . learn/learns/learned Basque*

Exercise 221

If in a class, ask one another when you did—or are going to do—things, and answer, deliberately using as many different time expressions as possible like those seen in note B. (If studying on your own, write sentences about yourself employing these expressions.)

C

Review unit 12, notes D and E, on the instrumental case (-z). In some dialects of Basque the instrumental case is in common use, but in the west it is "cultured" to use it (other than in certain common expressions)—ordinary native speakers hardly employ this case. However, these days it has become popular among more literate people even in the west and is very useful because of the various notions it can express. The most important of these are explained in the reference section (47). The instrumental is particularly convenient for expressing *about, concerning*, as in:

> **Gaur euskal histori*az* hitz egin du.**
> **Zu*taz* pentsatzen ari nintzen.**

Another "cultured" way to express the same concept that avoids the instrumental is by placing the postposition **buruz** after the *dative* case; for example:

> **Gaur euskal histori*ari buruz* hitz egin du.**
> **Zu*ri buruz* pentsatzen ari nintzen.**

If you use **buruz**, *do not forget* that it must come after a dative!
Take note of the forms of the instrumental ending given in the reference section (36–40).

Exercise 222
Use each of these in a sentence.
1. oinez
2. euskaraz
3. Euskal Herriaz
4. nitaz
5. zertaz
6. euskarari buruz

What are the possible meanings of these two sentences?
Euskaraz hitz egin genuen.
Euskarari buruz hitz egin genuen.

Exercise 223
Translate the following.
1. My sister had money, and she paid for the gasoline.
2. She left the clothes in the closet.
3. Which room did you sleep in yesterday?
4. Those are cheap lies!
5. The priest spoke about the truth.
6. We waited, but nothing happened.
7. Why don't you tell us another story?
8. I need a new pair of shoes.
9. What did you write about?
10. What kind of person was he?

Reference Notes

47 (the instrumental case)
101 (the remote past)
202 (days of the week; months; dates)

Vocabulary

alfer   *useless, idle, lazy*
apaiz (or **apez**)   *priest*
asto   *donkey; idiot, fool*
atsegin dut   *I like* (= **gustatzen zait**)
atzo   *yesterday*
azkar   *clever, smart*
buruz (with dative)   *about, concerning*
egia   *truth*
egiazko   *true, real*
Espiritu Santu   *Holy Ghost*
ezagun   *well-known*
gaizto   *bad, naughty, mischievous* (different meaning from **txar**)
gezur   *lie, falsehood*
gezurrezko   *false, imaginary*

halere (or **hala ere**)   *however*
ipuin   *tale, story*
kontatu   *tell* (*a story, an experience*); *count*
korrika   *running, rushing*
lapur   *thief*
liburudenda   *bookstore*
pare   *pair*
pare bat   *a couple*
pilo bat (pila bat)   *a lot, loads*
saltzaile   *seller*
seme   *son*
tonto   *dumb, stupid; dummy*
zapata   *shoe*

Pernando Amezketarra

IÑAKI: Pernando Amezketarraren ipuinak ezagutzen dituzu?

MIKEL: Ez, baina atzo liburundenda batean liburu bat ikusi nuen, *Pernando Amezketarra* izenekoa.

IÑAKI: Ba ipuin horiek oso ezagunak dira. Nik txikitan ikasi nituen batzu.

MIKEL: Esango didazu bat?

IÑAKI: Ba, hau oso ezaguna da. Egun batean, herriko apaizak nahi zuen Pernando bere etxera joatea bazkaltzera. Pernando eta bere semea apaizaren etxeraino joan ziren elkarrekin, baina semea atearen aurrean gelditu zen aitaren zain, eta Pernando bakarrik sartu zen barrura.

Bazkaltzen hasi baino lehen, Pernandok "Aitaren eta Espiritu Santuaren izenean, Amen" esan zuen. "Baina Pernando," esan zuen apaizak, "gaizki egin duzu. Ea, esan berriz!" Orduan Pernando gaiztoak berriro esan zuen: "Aitaren eta Espiritu Santuaren izenean, Amen." "Bai, eta semea?" galdetu zuen apaizak. "A, semea, bai, oraintxe etorriko da," erantzun zuen Pernandok, tontoarena eginez. Eta "Seme, etorri hona bazkaltzera!" deitu zuen. Noski, semea sartu zen, eta horrela berak ere bazkaldu zuen!

MIKEL: Oso ona!

IÑAKI: Badaude ipuin pilo bat Pernando Amezketarrari buruz.

MIKEL: Pernando Amezketarra gezurrezko gizona da, ezta?

IÑAKI: Ez, esaten dute egiazkoa izan zela. Amezketan bizi izan zen. Eta bertsolaria zen. Baina oso gizon alferra.

MIKEL: Beste ipuin bat entzun nahi nuke. Badakizu beste bat?

IÑAKI: Ba, beste egun batean, Pernandok zapata berri batzu behar zituen. Erostera joan zen, eta hor zegoen zapatei begira eta begira. Zapata asko zeuden eta. Gero eskuan bat hartu eta galdetu zuen: "Zenbat balio du zapata honek?" "Pare horrek . . ." hasi zen esaten saltzailea. "Ez, biek ez," esan zuen Pernandok, "honek bakarrik." Saltzaileak barre egin zuen. "Zapata batek ez du ezer balio bestea gabe!" esan zuen hark.

Gero Pernandok beste zapata bat erakutsi zuen. "Eta honek?" galdetu zion saltzaileari. Honek berriro erantzun zuen batek bakarrik ez zuela ezer balio.

"Oso ondo ba," esan zuen Pernandok; eta zapata pare bat eraman zuen, esanez: "Honek ez duela ezer balio, eta beste honek ere ez? Bi hauek hartuko ditut orduan," eta korrika atera zen ezer ordaindu gabe.

MIKEL: Pernando hori oso azkarra zen!

IÑAKI: Bai. Alferra bai, baina tontoa ez.

MIKEL: Atsegin ditut ipuin horiek.

IÑAKI: Beste batean gehiago kontatuko dizkizut.

Exercise 224
Retell both of the Pernando Amezketarra stories by sorting out the following sentences from both stories, which have been jumbled together and put out of order.

1. Egun batean Pernando zapata berriak erostera joan zen.
2. Pernando bere semearekin joan zen ateraino, eta semea kanpoan gelditu zen.
3. Eta handik joan zen korrika.
4. Orduan besteak galdetu zion semeari buruz.
5. "Aitaren eta Espiritu Santuaren izenean, Amen," esan zuen.
6. Dendariak esan zuen horrek ez zuela ezer balio.
7. Pernando mahai ondoan eseri zen.
8. "Ez badute ezer balio, bi hauek hartuko ditut," esan zuen Pernandok.
9. Gero beste bat hartu eta berdin galdetu zuen, baita dendariak berdin erantzun ere.
10. Begiratu ondoren, bat altxatu eta galdetu zuen zenbat balio zuen.
11. Apezak Pernandori esan zion bere etxera joateko bazkaltzera.
12. Pernandok semeari deitu ondoren, hau sartu zen eta elkarrekin bazkaldu zuten.

Exercise 225
Tell these stories in your own words.

Exercise 226
Tell other stories, or make up stories.

Exercise 227
Read the first section (up to **Tonto ezer gabe gelditu zen**) of "Tontoren Ipuina," text 5 of the elementary reader. Then choose the right answers:

1. Tontoren etxean . . . zegoen.
   (a) diru pilo bat
   (b) apaiz bat
   (c) asto bat
   (d) zerri bat
2. Tontok zerria . . .
   (a) lapurtu zuen.
   (b) saltzera eraman zuen.

(c) paseiatzera eraman zuen.

(d) jan zuen, goseak zegoelako.

3. Bidean . . . bat ikusi zuen.

  (a) gizon

  (b) asto

  (c) tonto

  (d) diru pilo

4. Honek esan zion Tontori . . .

  (a) zerria erosi nahi ziola.

  (b) zerria lapurtu nahi ziola.

  (c) bere zerria asto bat zela.

  (d) bere astoa zerri bat zela.

5. Tonto ez zen . . .

  (a) konforme.

  (b) alferra.

  (c) astoa.

  (d) ezaguna.

6. Orduan gizonak esan zion Tontori hori zerria bazen . . .

  (a) bera tontoa zela,

  (b) oso ederra zela,

  (c) diru asko emango ziola,

  (d) erosiko zuela,

7. baina astoa bazen, . . .

  (a) erosiko zuela.

  (b) beretzat hartuko zuela.

  (c) diru asko emango ziola.

  (d) hilko zuela.

8. Gero beste gizon bat pasa zen handik, eta berak ere . . .

  (a) zerri bat saldu nahi zuen.

  (b) diru pilo bat eman nahi zion.

  (c) esan zuen zerria zela.

  (d) esan zuen astoa zela.

9. Orduan Tontok . . .

  (a) zerria hartu eta korrika joan zen herrira.

  (b) zerria gizonari eman zion.

  (c) esan zuen ez zegoela konforme.

  (d) barre egin zuen.

Exercise 228

Now suppose you are Tonto, and tell the story from your point of view. The following may be useful as cues.

dirurik

zerri bakarra

saltzera

baso batetik

gizon bat

asto ederra zela

barre

ez zela astoa

astoa zela
diru pilo bat emango zidala
astoa emango niola
konforme nengoela
beste gizon bat
galdetu zion
berak ere
eman nion
orain

Exercise 229
If you are in a class, dramatize the story! If studying on your own, write the script of such a dramatization.

Composition
    (a) Write a conversation between two or more people who meet in the street.
    (b) A crime took place three days ago, and you were a witness. Write a declaration stating where you were, what you were doing, and what happened.

NAFARRAK DONOSTIAN

The main grammatical theme of this unit is comparison, and you are also introduced to the past habitual tense. Mikel is back in Iñaki's house, where Iñaki's mother does some reminiscing about her life.

Grammar

A

> **Zure etxea txikia da, baina nere etxea txiki*ago*a da.**
> *Your house is small, but my house is smaller.*
> **Zure herria polita da, baina nere herria polit*ago*a da.**
> **Zure ipuina harrigarria da, baina hau harrigarri*ago*a da.**
> **Sagar horiek merkeak dira, baina hauek merke*ago*ak dira.**
> **Zuk poliki hitz egiten duzu, baina Iñakik poliki*ago* hitz egiten du.**

The *comparative* suffix for adjectives and adverbs is **-ago**, equivalent to *-er* in English. There are a few irregular comparative forms:

on	*good*	→ **hobe**	*better* (adjective)	
$\begin{cases} \textbf{ongi} \\ \textbf{ondo} \end{cases}$	*well*	→ $\begin{cases} \textbf{hobeki} \\ \textbf{hobeto} \end{cases}$	*better* (adverb)	
gaizki	*badly*	→ **okerrago**	*worse* (adverb)	
$\begin{cases} \textbf{asko} \\ \textbf{anitz} \end{cases}$	*much, many*	→ **gehiago**	*more*	

Exercise 230
Answer these statements following the pattern illustrated in the examples in note A.
Example:
Zure aita gaztea da.
. . . baina zure ama gazteagoa da or
. . . baina nere aita gazteagoa da.
1. Zure anaia alferra da.
2. Mutilak azkarrak dira.
3. Reno ezaguna da.
4. Katu hau gaiztoa da.
5. Ni tontoa naiz.

6. Zure emazteak azkar hitz egiten du.
7. Gu gaizki bizi gara.
8. Iñakik ongi gidatzen du.
9. Zapata hauek onak dira.
10. Pellok gezur asko kontatzen ditu.

B

Than California, than Spanish, than wine is **California baino, espainola baino, ardoa baino**:

Euskal Herria Koñaka Latina Behiak Euskaldun*ek*	California ardoa espainola ardiak amerikano*ek*	*baino*	txikiagoa garestiagoa zailagoa haundiagoak gehiago	da. dira. erretzen dute.

or:

Euskal Herria Koñaka Latina Behiak Euskaldun*ek*	txikiagoa garestiagoa zailagoa haundiagoak gehiago	da dira erretzen dute	California ardoa espainola ardiak amerikano*ek*	*baino.*

Exercise 231

Now respond to the statements in exercise 230 according to this pattern:
Zure ama zure aita baino gazteagoa da or
Nere aita zure aita baino gazteagoa da.

C

etxe txiki*en*a	*the smallest house*
herri polit*en*a	*the prettiest town*
ipuin harrigarri*en*a	*the strangest story*
sagar merke*en*ak	*the cheapest apples*

The *superlative* suffix is **-en**, equivalent to *-est* in English. Irregular superlatives:

on *good*	→ **hoberen** or **onen** *best*
{ **asko** **anitz** } *much, many*	→ **gehien** *most*

We can also say:

etxe*rik* txikiena	*the smallest house*
ipuin*ik* harrigarriena	*the strangest story*

Note also:

> **herri*ko* etxe txikiena**   *the smallest house in the town*
> **Euskadi*ko* herri politena**   *the prettiest town in Euskadi*

> **ipuin guzti*etatik*** or **guzti*etako* harrigarriena**   *the strangest of all the stories*

Exercise 232
Your town has the best, the biggest, the longest in the world of everything! Tell your friend so, in answer to his comments.
Example:
Begira! etxe hau haundia da.
Bai, baina munduko etxerik haundiena nere herrian dago.
1. Begira! kale hau luzea da.
2. A ze hondartza ona!
3. Begira zer mendi berdeak!
4. Leku hau benetan atsegina da!
5. Zubi polita, hau!
6. Baina fabrika hura, bai itsusia!
7. Jende hau tontoa da.
8. Bai asto haundiak, haiek!

D

> **Txikia nintzenean, igandeetan elizara *joaten ginen.***
> **. . . oinez *joaten nintzen* eskolara.**
> **. . . nere aitak fabrikan *lan egiten zuen.***
> **. . . batzutan abestiak *idazten nituen.***

This is the *past habitual* tense.

Exercise 233
Two elderly people are complaining about modern life; they think everything used to be better before. Take B's part in the conversation.
A: Gaur egun (*nowadays*) ardoa oso txarra da.
B: Bai, lehenago ardoa hobea izaten zen.
A: Eta gaurko gazteek ez dute lan egin nahi.
B: Ez, gure denboran lan gehiago egiten genuen.
A: Baina fabrika pilo bat daude hemen orain.
B: Bai, ni txikia nintzenean . . .
A: Orain gauza guztiak korrika egiten dira.
B: Bai . . .
A: Eta dena garestia da!
B: . . .
A: Eta jendea! A zer jende gaiztoa!
B: . . .

A: Begira zerua! Zerua ez da hain urdina gaur egun.

B: . . .

Reference Notes

32 (the comparative)
33 (the superlative)
100 (the past habitual)

Vocabulary

alaba *daughter*
aldi *period, time*
Ameriketan *in America*
aspaldi *some time ago, long ago*
beldur naiz *I am afraid*
bizitza *life*
donostiar (*native*) *of San Sebastian*
emazte *wife, woman*
ezkondu *marry, married*
fabrika *factory*
gogor *hard*
hobeki or **hobeto** (adv.) *better*
irabazi *earn, win*
jaio (intr.) *be born*

jantzi *get dressed, put on* (*clothes*)
jantzi (noun) *dress*
jo *hit, strike*
konpondu (intr.) *get along, manage*
lehenago *earlier, before*
makila *stick*
nafar *Navarrese, from Navarre*
nahiko(a) *quite, rather, enough*
noizbait *sometime*
ogia irabazi *earn a living*
okerrago *worse*
senar *husband*
utzi *lend*

Nafarrak Donostian

Mikel Iñakiren etxean dago. Iñakiren ama eta arreba daude han. Mikel Iñakiren amarekin ari da hizketan.

"Nongoa zara? Donostian jaio zinen?" galdetzen dio.

"Ez, ez naiz donostiarra. Nafarroakoa naiz. Gu nafarrak gara."

"Noiztik bizi zarete Donostian?"

"Uf! aspalditik. Ni hogeitazortzi urterekin etorri nintzen Gipuzkoara."

"Lehenago non bizi zineten?"

"Nafarroan baserrian bizi ginen. Baina ez zegoen lanik Nafarroan, eta jende asko joaten zen handik. Batzu Ameriketara joaten ziren. Beste batzu hona etortzen ziren, Gipuzkoara. Hemen lan asko aurkitzen bait zen orduan."

"Gure aita Iparraldean ibilia zen lehenago lanean," esaten du Iñakik.

"Bai. Gure seme-alabak jaio baino lehen, nere senarra 'beste aldera' joan zen aldi batean lan egitera."

"Frantsesez ikasi zuen han?"

"Ez, hangoak ere euskaldunak bait ziren; euskaraz egiten zuten beti. Euskaraz ongi konpontzen ziren elkarrekin."

"Eta gero?"

"Gero hona, Gipuzkoara, etorri ginen, eta senarrak Errenteriako fabrika batean lan egiten zuen orduan. Orduan ongi . . . baina ordu luzeak sartzen zituen. Bizitza hura gogorragoa zen oraingoa baino. Orain gauzak askoz hobeki daude."

"Orain ere gauzak nahiko gaizki daude, amatxo," esaten dio Arantxak.

"Bai, baina orduan orain baino okerrago zeuden. Haiek denbora txarrak ziren; orain pixka bat errazago duzue. Baina orduan, gizon ezkondu batek gogor lan egin behar zuen ogi pixka bat irabazteko bere familiarentzat. Gero semea eta alaba jaio eta diru gehiago bilatu behar . . . hori izan zen aldi txarrena."

"Nafarroa ezagutzen duzu?" galdetzen dio Arantxak Mikeli.

"Ez. Nolakoa da? Polita, Gipuzkoa bezala?"

"Uf! politagoa!" esaten du amak. "Nafarroak ditu Euskal Herriko lekurik ederrenak!"

"Noizbait joan beharko duzu ezagutzera!" esaten dio Arantxak.

Exercise 234
Answer the following questions.
1. Noiz etorri zen Iñakiren ama Gipuzkoara?
2. Zergatik etorri zen Gipuzkoara?
3. Iñakiren aitak Gipuzkoan lanik aurkitu zuen?
4. Zergatik esaten dio Arantxak Mikeli noizbait Nafarroara joan beharko duela?

Exercise 235
Say whether the following statements are true or false, and comment further.
1. Iñakiren ama donostiarra da.
2. Lehenago Iñakiren ama baserri batean bizi zen.
3. Gero Ameriketara joan zen.
4. Gipuzkoan Nafarroan baino lan gehiago aurkitzen zen.
5. Iñakiren aita Iparraldekoa da.
6. Iparraldean frantsesez egiten dute.
7. Iñakiren aita eta amaren bizitza gogorra zen.
8. Arantxak uste du oraingo bizitza gogorragoa dela.
9. Nafarroa nahiko polita da.
10. Laster Mikel joango da Nafarroa ezagutzera.

Exercise 236
Talk (or write) about how you and/or your family lived when you were a child, and compare it with the way you or they live now.

Exercise 237
Read the second section of "Tontoren Ipuina" (elementary reader). Following is a list of lines spoken by the characters in this part of the story. You must say: (a) who says each line, and (b) the order in which the lines are said in the story.
Gaua hemen pasako duzu?
Begira, hemen hamabi gizon daude, baina denek gela horretan egingo dute lo.
Ai ai ai! zerria zen, zerria! Gelditu mesedez!
Zure jantzi bat utziko didazu mesedez?
Zein jantzi nahi duzu? Hau da politena.
Ez, gizon gehiegi dira hemen, eta beldur izango naiz.
Zu lasaiago egoteko, haien atea giltzaz itxiko dugu.
Zu eta ni beste gelan ongi konponduko gara!
Orain, astoa zen, ala zerria zen? Astoa zen, ala zerria zen?
Ongi da, baina zu sartu ohean lehenengo.
Hartu dirua armario horretatik, mesedez, eta joan.
Arratsalde on, polita! Etorri hona! Sartu gure etxean!

Nahi baduzu zuk izango duzu giltza.
Ongi da. Berehala ekarriko dizut.
Egon lasai eta ez izan beldurrik.

Exercise 238
Supposing you are Tonto, tell this part of the story from your point of view (in the first person).

Exercise 239
If in a classroom: some students act out the story step by step *in mime*. The rest of the class has to guess what is happening or what each person is saying (in Basque of course!) as the mime is presented.

Composition
  (a) Write a conversation that takes place in a bank, a post office, or a store of any kind.
  (b) Write a composition beginning with the words: **Ni txikia nintzenean** . . .

ZERBAIT EGIN BEHARKO DUGU!

I n this unit you will learn the difference between straightforward and hypotheti-cal conditions (*If I were a rich man* is for most people a purely hypothetical condition). You will also discover how to express wishes, complain, and explain the reasons for things. There is excitement when the teachers at Iñaki's school voice their discontent over the Basque teaching situation, giving an example of Basque militancy. The expression of opinions is the functional theme.

Grammar

A

Iñakik esan zuen: "Irakasle batzu *bildu gara* eta *hitz egin dugu*. Ikasle gutxiegi *etortzen dira* klaseetara, eta gobernuak diru gutxi *ematen du*. Datorren larun-batean asanblada bat *izango da* eta gehiago *hitz egingo dugu* honetaz. Problema asko *daude* eta asanblada hau inportantea *da*, zerbait egin *behar dugu* eta."

Zer esan zuen Iñakik?
—Esan zuen irakasle batzu *bildu zirela* eta *hitz egin zutela*.
—Esan zuen ikasle gutxiegi *etortzen zirela* klaseetara, eta gobernuak diru gutxi *ematen zuela*.
—Esan zuen hurrengo larunbatean asanblada bat *izango zela* eta gehiago *hitz egingo zutela* honetaz.
—Esan zuen problema asko *zeudela* eta asanblada hori inportantea *zela*, zer-bait egin *behar zutela* eta.

Exercise 240
Convert these sentences to past tense reported speech.
Examples:
LAPURRA: Hori asto eder bat da.
Lapurrak esan zuen hori (hura) asto bat zela.
TONTO: Zer esan duzu?
Tontok galdetu zion zer esan zuen.
  1. TONTO: Zerria da, ez astoa.
  2. LAPURRA: Hori zerria bada, nere diru guztia zuretzat izango da.
  3. LAPURRA: Zerria bada, berriz, neri emango didazu.
  4. TONTO: Konforme nago.

5. TONTO: Zure jantzi polit bat utziko didazu?
6. LAPURRA: Zergatik ez zara sartzen gure etxean?
7. TONTO: Beldur naiz gizon horiengatik.
8. LAPURRA: Gizon hauek gela horretan lo egiten dute.
9. LAPURRA: Gainera, zuk izango duzu gelako giltza.
10. LAPURRA: Gu bakarrik ederki konponduko gara.

B

nahi	dut du dugu duzu duzue dute	*I* *he . . .* *we* *you* *you* *they*	*want*	behar	dut du dugu duzu duzue dute	*I* *he . . .* *we* *you* *you* *they*	*must/* *have to/* *need*
nahi	*nuke* *luke* *genuke* *zenuke* *zenukete* *lukete*	*I* *he . . .* *we* *you* *you* *they*	*would* *like*	behar	*nuke* *luke* *genuke* *zenuke* *zenukete* *lukete*	*I* *he . . .* *we* *you* *you* *they*	*should/* *ought*

Nuke, etc., is the *conditional* tense of the verb **ukan** (transitive **izan**).

C

These sentences express *straightforward* conditions:

> **Gobernuak ordaintzen badu, jende gehiagok ikasiko du euskara.**
> *If the government pays, more people will learn Basque.*
> **Klaseak merkeagoak badira, ikasle gehiago joango dira.**
> *If the classes are cheaper, more students will go.*

The following sentences contain *hypothetical* conditions:

> **Gobernuak *ordainduko balu*, jende gehiagok *ikasiko luke***
> **euskara.**
> *If the government paid, more people would learn Basque.*
> **Klaseak merkeagoak *izango balira*, ikasle gehiago *joango lirateke*.**
> *If the classes were cheaper, more students would go.*

The difference is in the tenses of the verbs. In hypothetical conditions, the *if*-clause (with **ba-**) is in the *hypothetic* tense (**ordainduko balu**, **izango balira**) and the consequence clause is in the *conditional* tense (**ikasiko luke**, **joango lirateke**). Note that in both the hypothetic and conditional tenses the main verb is in the "future" form ending in **-ko** or **-go**. We shall examine the forms of the hypothetic tense in this unit, and those of the conditional tense in the next.

D

The hypothetic tense is always used with the prefix **ba-** *if*. The hypothetic of the intransitive auxiliary **izan** and of the transitive auxiliary **ukan** is as follows:

IZAN	UKAN	
ba*nintz*	ba*nu*	ba*nitu*
ba*litz*	ba*lu*	ba*litu*
ba*gina*	ba*genu*	ba*genitu*
ba*zina*	ba*zenu*	ba*zenitu*
ba*zinete*	ba*zenute*	ba*zenituzte*
ba*lira*	ba*lute*	ba*lituzte*

To form the compound hypothetic tense, these auxiliary forms are used with the "future" form of the main verb (e.g., **ordainduko**, **izango**, etc.). Thus:

ikusi*ko* banu	*if I saw*
ikusi*ko* banitu	*if I saw them*
joango banintz	*if I went*

Many hypothetic forms can be deduced simply from the *past* tense by dropping the final **-(e)n** of the past and prefixing **ba-** (e.g., **nuen** → **banu**, **nintzen** → **banintz**, **zineten** → **bazinete**). In third person forms it is necessary to change the letter **z** to **l** (e.g., **zuten** → **ba*l*ute**, **ziren** → **ba*l*ira**). **Balitz** is the most irregular form.

Exercise 241

The hypothetic tense can also be used to express a wish. For example, if you didn't have money you might say **Aberatsa banintz!**—which means not just *if I were rich* but *if only I were rich!*; hence *I wish I were rich!* What wish would you express if the following statements were true of you:

Examples:

Nere alaba ez da hemen bizi.

Nere alaba hemen biziko balitz!

Ez daukat emazterik.

Emazte bat edukiko banu!

1. Nere senarra gaiztoa da.
2. Apaiza ere ez da hobea.
3. Ez dakit non dagoen alfer hura.
4. Haiek ez daude nere alde.
5. Gobernuak ez du ezer egiten.
6. Zuk ez dituzu ikasgaiak ikasten.

E

zail	*difficult*	→ **zail*egi***	*too difficult*
garesti	*expensive*	→ **garesti*egi***	*too expensive*
tonto	*dumb*	→ **tonto*egi***	*too dumb*
gutxi	*few, little*	→ **gutxi*egi***	*too few, too little*
azkar	*fast*	→ **azkar*regi***	*too fast*

but:

$$\left.\begin{array}{l} \text{asko} \\ \text{anitz} \end{array}\right\}\quad \textit{much, many} \rightarrow \textbf{gehiegi}\quad \textit{too much, too many}$$

Ez ditut erosiko zapata hauek, *garestiegiak* **dira eta.**
Azkarregi **hitz egiten duzu neretzat.**
Lapur *gehiegi* **daude hemen.**

Exercise 242

Think of all the things that can be wrong with your food, drink, and surroundings in a restaurant. For example, the food can be too cold (**hotzegi**), the meat can be too rare (**gordinegi**), the table can be too small (**txikiegi**), and the check can be too much (**gehiegi**)! Make up a conversation in a restaurant in which you complain to the waitress about everything that's wrong.

F

Another way to explain *why* is to put the prefix **bai-** or **bait** in front of the conjugated verb:

Gipuzkoara etorri ginen, hemen lan asko aurkitzen *bait zen* **orduan.**
Euskaraz mintzatzen ziren, hangoak ere euskaldunak *bait ziren.*

Note that when the verb form begins with a **d**, this becomes silent and only the **t** of **bait** is pronounced: thus, **bait da** is pronounced *baita*, **bait dira** *baitira*, **bait dut** *baitut*, etc. **Bait zen** is pronounced **baitzen**.

G

Because of is translated by **-gatik**. Thus **zergatik** *why?* is literally *because of what?* This suffix can be added to nouns (in the absolute or possessive-genitive case): **eguraldia***gatik* or **eguraldiaren***gatik* *because of the weather;* **zure lagunenga-tik** *because of your friends.* Sometimes the translation of **-gatik** will be *on account of* or simply *for:* **diruagatik** *for* (*the*) *money.* This **-gatik** can also be added to the verbal noun in **-t(z)ea**: **Irakasleak haurrak jotzen zituen euskaraz mintzatzeaga-tik** *The teacher hit the children for speaking in Basque.*

H

Note the simple past tense forms of some common verbs (fuller paradigms are given in the reference section):
EGON: nengoen *I was,* **zegoen** *he was,* **zeuden** *they were.*
ETORRI: nentorren, zetorren, zetozen.
JOAN: nindoan, zihoan, zihoazen.
IBILI: nenbilen, zebilen, zebiltzan.
EDUKI: neukan *I had,* **zeukan** *he had,* **neuzkan** *I had them.*
JAKIN: nekien *I knew,* **zekien** *he knew.*

Exercise 243
Translate the following.
1. Ah, if I were rich!
2. When did they decide that they would meet to talk about the government's new campaign?
3. The national government doesn't have the right to ban our project!
4. What did previous assemblies achieve? Nothing!
5. It is extremely important to participate.
6. If you spent a couple of days in one of these factories, hard at work . . . !
7. Before teaching the truth, they ought to discuss these lies!
8. I heard that you would meet in front of the provincial government to hold a meeting in favor of the **ikastola**s.

Reference Notes

35 (the excessive)
57 (the postposition **-gatik**)
64–69 (simple tenses)
78 (conditional of **ukan**)
79 (hypothetic of **izan**)
80 (hypothetic of **ukan**)
100 (the past habitual)

101 (the remote past)
102 (the future-in-the-past)
104 (the general hypothetic)
129 (rules for adding **ba-** and **bait-**)
131 (the subordination marker **bait-**)
159 (conditions)

Vocabulary

aberats *rich*
asanblada *meeting (often political, trade union, etc.), assembly*
asmatu *guess, get it right, make up*
belar *grass, herb*
bildu *meet, gather, collect*
bizar *beard*
debekatu *forbid, prohibit, ban*
dohain(ik) *free (of charge)*
erabaki *decide*
eskubide (noun) *right (e.g., **gure eskubideak** our rights)*
euskaldundu *become an Euskaldun, learn Basque*
euskalduntze *activity of learning (or teaching) Basque*
gobernu *government*
guztiz *totally, extremely*

Herri(a) *(the) People*
hobe! *so much the better!*
ikasgai *lesson*
inportante *important*
irakatsi *teach*
kanpaina *campaign*
lehengo *of before, earlier, previous*
lehengo egunean *the other day*
lortu *get, achieve, obtain*
mediku *doctor*
mintzatu (intr.) *talk, speak*
nahikoa *enough, quite a lot, plenty*
nahitaez *like it or not, necessarily*
nazional *national*
parte hartu *take part, participate*
proiektu *project*
zaldi *horse*

Zerbait Egin Beharko Dugu!

Iñaki euskara irakaslea zela ikusi genuen lehengo ikasgai batean. Mikel Iñakiren eskolan euskara ikasten ari zela ere ikusi genuen. Lehengo egunean, Mikel Iñakiren etxean zegoenean, Iñaki bere lanari buruz mintzatu zen. Ez zegoen pozik: ez zekien zer egingo zuen, ikasle gutxiegi joaten bait ziren klaseetara. Arantxarekin ari zen hizketan.

"Klaseak garestiegiak dira askorentzat," esan zuen; "klaseak merkeagoak izango balira . . ."

"Bai, egia da," esan zuen Arantxak; "klaseak merkeagoak izango balira, beharbada ikasle gehiago joango lirateke klaseetara euskara ikastera."

"Euskalduntzea ez da aberatsentzat bakarrik! Herri osoaren euskalduntzea da inportantea. Guztiz inportantea. Baina dirurik gabe zailegi da. Diru gehiago izango bagenu!"

"Baina gobernuak eman behar luke diru hori," esan zuen Arantxak.

"Gobernu honek ematen du zerbait, noski, baina ez da nahikoa. Gutxiegi da," jarraitu zuen Arantxaren anaiak. "Nere ustez, euskara ikasteak dohain izan behar luke, euskalduntzea proiektu nazionala bait da. Jende askorentzat nahiko lana da eskolara joatea ikastera."

"Konforme nago zurekin. Gure hizkuntza nazionala da. Herri osoak euskara ikasteko eskubidea dauka. Gainera, nola irakasten digute erdara, e? Dohain! Eskoletan, telebistan eta ez dakit non, beti erdaraz, alde guztietan."

"Eta nahitaez ikasi behar izan dugu gainera. Badakizu noiz eta non ikasi genuen erdara. Eskolan hasi ginenean ez genekien erdaraz, euskaraz egiten bait genuen etxean beti; baina eskolan debekatua zegoen euskaraz mintzatzea. Gainera irakasleak ez zekien euskaraz!"

"Bai, eta euskaraz egiten genuenean, makilaz jotzen gintuen. Behin baino gehiagotan jo ninduen irakasleak euskaraz egiteagatik."

"Baita ni ere. Orain hori ez da gertatzen . . . eskerrak! Halere, orain ere."

"Gobernu honek euskara ikasteko diru gehiago emango balu."

"Zerbait egin beharko dugu."

"Zer egingo dugu?" galdetu zien Mikelek. "Nola lortuko dugu gobernuak diru gehiago ematea?"

"Ez dakit, beharbada kanpaina bat eginez."

"Ideia ona! Bai, bai, herri-kanpaina bat. Euskararentzat diru gehiago nahi dugula eta euskara dohainik ikastea nahi dugula esateko kanpaina bat. Eta nola hasiko gara?"

"Nere ustez, asanblada bat egin behar zenuke lanean. Kanpainaren ideiari buruz mintzatzeko asanblada bat," esan zion Arantxak Iñakiri.

"Eta ikasleek ere parte hartuko balute, hobe!"

Honetaz gehiago mintzatzeko, hurrengo larunbatean berriz bilduko zirela erabaki zuten.

Exercise 244

Fill in the missing words.

IÑAKI: Klaseak _____ dira askorentzat; klaseak merkeagoak izango ba_____.

ARANTXA: Bai, _____ da; klaseak merkeagoak izango _____, beharbada ikasle _____ joango _____ klaseetara euskara _____.

IÑAKI: Euskalduntzea ez da _____ bakarrik! _____ osoaren euskalduntzea da inportantea. _____ inportantea. Baina _____ gabe zailegi da. Diru gehiago izango ba_____!

ARANTXA: Baina _____ eman behar _____ diru hori.

IÑAKI: _____ honek ematen du zerbait, noski, baina ez da _____. _____ da. Nere _____, euskara ikasteak _____ izan behar _____, euskalduntzea _____ nazionala bait da. Jende askorentzat nahiko _____ da ekolara _____ ikastera.

ARANTXA: _____ nago zurekin. Gure _____ nazionala da. Herri _____ euskara ikasteko _____ dauka. Gainera, nola _____ digute erdara, e? Dohain! Eskole-tan, telebistan eta _____ _____ non, beti erdaraz, _____ guztietan.

IÑAKI: Eta _____ ikasi behar izan dugu gainera. Eskolan hasi _____ ez genekien erdaraz, euskaraz egiten _____ genuen etxean beti; baina eskolan _____ ze-goen euskaraz _____. Gainera irakasleak ez _____ euskaraz!

ARANTXA: Bai, eta euskaraz egiten genuenean, makilaz jotzen _____. Behin baino gehiagotan jo _____ irakasleak euskaraz _____.

IÑAKI: Baita ni _____. Orain hori ez da _____ . . . eskerrak! _____, orain ere.

Exercise 245

Say whether the following statements are true or false, and add comments.

1. Jende gutxik ikasten du euskara hizkuntza zaila delako.
2. Herri osoak euskara ikasi behar luke.
3. Gobernuak ez du dirurik ematen.
4. Euskara Euskal Herriaren hizkuntza nazionala da.
5. Erraza da erdara ikastea Euskal Herrian.
6. Eskoletako irakasle guztiek badakite euskaraz.
7. Debekatua dago euskaraz mintzatzea eskolan.
8. Lehenago eskoletan, haurrak euskaraz egiteko beldur ziren.
9. Iñakik kanpaina bat egin nahi du euskararen alde.
10. Hasteko asanblada bat egingo du bere eskolan.

Exercise 246

Imagine what is said in the meeting that Iñaki calls in his school. First Iñaki explains the problem and the reason for the meeting; then everyone gives an opinion. Write such a dialogue. If in a class, act out the meeting instead of writing it. Decide the role of each person beforehand.

Exercise 247

Read the third section of "Tontoren Ipuina" (elementary reader). As in exercise 237, say: (a) who says each line, and (b) their order in the story.

Badakit zer egin. Belar batzu behar dituzu. Baina belar horiek aurkitzea oso zaila da. Zenbat gizon dituzu hemen?

Mesedez, zure zaldia utziko didazu? Laster itzuliko dizut.

Bai, medikua naiz.

Ni ere belarrak bilatzera joango naiz.

Adizu jauna, medikua zara?

Mesedez, berehala etorri, gure nagusia oso gaizki bait dago.

Astoa zen, ala zerria zen?

Aha! Norbaitek makilaz jo zaitu. Bai bai, makila haundi batekin gainera.

Bai, hartu zaldia.

Bai, mediku jauna, horixe da, asmatu duzu dena! Oso gaizki nago. Zer egin behar dugu?

Hamabi.

Ba, gizon guztiek atera behar dute belar hauen bila. Eta hemendik urrun joaten badira, hobe.

Exercise 248

Make up questions concerning the story. If in a class, students should ask each other questions to check everyone's comprehension (or recollection) of the story.

Exercise 249

Imagine what the conversation would be when the twelve robbers return to the house with their herbs!

Composition

    (*a*) In your opinion, who ought to pay for people to learn Basque in the Basque Country: the Spanish government (**Gobernu Espainola**) and the French government (**Gobernu Frantsesa**), the newly formed Basque government (**Euskal Gobernua** or, officially, **Eusko Jaurlaritza**), independent grass-roots organizations in favor of the Basque language (**euskararen aldeko herri erakundeak**), or the students? Discuss the reasons for your opinion.

    (*b*) Write a dialogue taking place either at a bus stop or in a train station.

UNIT 29

IRAKASLE-IKASLE
ASANBLADAK KANPAINA
BERRIA ERABAKI

Various further grammatical points appear in this unit. The follow-up on the story of the teachers' campaign for free Basque classes is given in the form of a newspaper article.

Grammar

A

Look back over unit 28, note C, where we saw that hypothetical conditions consist of a verb in the *hypothetic* tense with **ba-** (e.g., **ordainduko balu, izango balira**) and a verb in the *conditional* tense (e.g., **ikasiko luke, joango lirateke**). In western Basque, the main verb ends in **-ko**/**-go** for both of these tenses (in eastern dialects, the forms used are a bit different from those given here). You learned the most important forms of the hypothetic tense of the auxiliaries in unit 28, note D; review these now by going over exercise 241 again. Then study the conditional tense forms (some of which you already know):

IZAN	UKAN	
nintzateke	nuke	nituzke
litzateke	luke	lituzke
ginateke	genuke	genituzke
zinateke	zenuke	zenituzke
zinatekete	zenukete	zenituzkete
lirateke	lukete	lituzkete

Note:
> *(a)* All the forms contain **ke** (and those of **izan** contain **teke**).
> *(b)* Most can be found from the hypothetic by dropping **ba-** and adding **-(te)ke**.

Exercise 250
Each of these statements can be converted into the form hypothetical condition + consequence, as in the example given.
Example:
Ez dugu borroka egiten, eta ez dugu ezer lortzen.
Borroka egingo bagenu, zerbait lortuko genuke.
 1. Ez du eguzkirik egiten, eta inor ez da hondartzara joaten.

2. Alferra zara, eta ez duzu bulegora etortzeko gogorik.
3. Ez zara nafarra, eta ez dituzu herrialde haren arazoak ulertzen.
4. Ez dut semaforo gorririk ikusten, eta horregatik ez naiz gelditzen.
5. Fabrika pilo bat jartzen dituzte hemen; horregatik inmigranteak etortzen dira hona lan egitera.
6. Haren senarra ez da jatorra; horregatik ez dut atsegin haiekin ibiltzea.
7. Ez nago konforme haiekin, eta ez naiz haien alde aterako.
8. Ez dakizu ongi gidatzen, eta hau gertatu da!
9. Zu ez zara mekanikoa, eta orain ez duzu hori konponduko.
10. Ez dago surik hemen, eta hotz haundia egiten du.

Exercise 251
Complete these sentences as you please.
1. Oso aberatsa izango banintz, . . .
2. Euskaraz oso ongi jakingo banu, . . .
3. Mundu guztiak euskaraz egingo balu, . . .
4. Inoiz euririk egingo ez balu Euskal Herrian, . . .
   Make up similar sentences of your own.

B
Remember that Basque distinguishes between the *near past* tense used for things that happen today, and the *remote past* tense used for what happened before today (review unit 26, note A). For example:

> **Gaur goizean zazpietan** *jaiki naiz.*
> **Atzo ere zazpietan** *jaiki nintzen.*

This distinction *only* applies to these two compound tenses, the near past and the remote past. Other tenses may be used for either today or yesterday; for example:

> **Gaur berandu** *zen* **lanera iritsi naizenean.**
> **Atzo ere berandu** *zen* **lanera iritsi nintzenean.**
> **Gaur oso nekatuta** *nengoen* **jaikitzean.**
> **Atzo ere nekatuta** *nengoen* **jaikitzean.**
> **Gaur goizean ohean gelditu** *nahi nuen.*
> **Atzo ere ohean gelditu** *nahi nuen.*
> **Gaur bulegora iritsi naizenean, besteak lanean** *ari ziren.*
> **Atzo ere, iritsi nintzenean, besteak lanean** *ari ziren.*

Exercise 252
Complete these sentences, putting the verb of the part in parentheses into the appropriate form.
Example:
Atzo arratsaldean, (ez joan klasera).
Atzo arratsaldean, ez nintzen joan klasera or . . . **ez zinen joan klasera.**
1. Gaur zure karta irakurri dudanean, (oso pozik egon), eta berehala (beste karta bat idatzi).

2. Joan den igandean (zure ahizpa ikusi); (hura lagun batekin egon).
3. (Zure aita eta ama non bizi) gerra denboran?
4. (Zu non izan) apirilaren hamabostean?
5. Atzo (norekin joan hondartzara)?
6. Gaur (zergatik ez etorri klasera)?

C

> **Nere aitak esaten *duenez*, ez dago ogirik neke gaberik.**
> *As my father says, there's no bread without toil.*
> **Goikoetxea jaunak egunkari honi esan *dionez* . . .**
> *As Mr. Goikoetxea told this newspaper . . .*

Note this way of translating *as*.

D

> **Goazen den*ok* plazara!**
> *Let's all go to the plaza!*
> **Kaixo mutil*ok*!**
> *Hi, guys!*

Sometimes, in western dialects, **-ok** can be used instead of **-ak**. The general effect of **-ok** is to denote proximity, and often, as in the above examples, it is used to indicate the people being addressed (possibly also including the speaker).

E

Basques, especially rural Basques who have maintained the language in constant use, possess a considerable wealth of traditional sayings and proverbs. Here are a few:

Ez dago ogirik neke gaberik   *There is no bread without toil.*

Aditzaile onari, hitz gutxi   *To a good listener, few words (suffice).*

Gezurrak hankak motzak ditu   *Lies are short-legged* (i.e., they are soon caught).

Kanpoan uso, etxean otso   *Away from home, a dove; at home, a wolf* (may be said of some people).

Txerri goseak, ezkurra amets   *The hungry pig dreams of acorns* (what we haven't got, we dream of having).

Ahal dugun bezala, eta ez nahi dugun bezala   *As we can, and not as we want* (i.e., we just live as best we can, but not as well as we might wish).

Nerea neretzat, zurea biontzat   *Mine for me, yours for both of us* (the way some people set themselves up!).

Zer ikusi, hura ikasi   *Whatever you see, you learn.*

Urak dakarrena, urak darama   *What the water brings, the water carries away.*

Exercise 253
Translate the following.
1. Who is that lady? I would say if I knew.

2. According to the newspaper (as the newspaper says), they have banned the teachers' demonstration.
3. Would you come if our group met to discuss this question?
4. According to this poster (as this poster says), the workers in that factory are fighting against their boss.
5. First I would settle that issue.
6. The other day I heard something on the radio about the women's struggle.
7. Ladies and gentlemen, would you please go out quickly?
8. That's why I use good shoes.
9. It's much easier to teach grammar.
10. I would write about the second subject. I think it's your only chance.

Reference Notes

18 (the proximate article)
77 (conditional use of **izan**)
78 (conditional use of **ukan**)

103 (the first conditional)
128 (other suffixes)

Vocabulary

andre *lady, Mrs.*
arazo *question, matter, issue*
askoz *much (with the comparative; e.g., **askoz gehiago** much more)*
bake *peace*
borroka (noun) *fight, struggle (**borrokan ari dira** they are fighting)*
borroka egin (verb) *fight*
egunkari *newspaper*
erabili *use*
harrapatu *catch*

horregatik *for that reason, therefore, that's why*
irrati *radio*
jakin *know, find out, learn*
jaun *gentleman, Mr.*
kantatu *sing*
kartel *poster*
konturatu (intr.) *realize*
korrika *running, in a hurry*
manifestazio *demonstration*
talde *group*

IRAKASLE-IKASLE ASANBLADAK KANPAINA BERRIA ERABAKI

DONOSTIA.—Euskaltegietako irakasle talde batek atzo erabaki zuen kanpaina berri bat egin behar zela gobernuari diru gehiago eskatzeko.

Egunkari honek jakin duenez, atzo gauean berrogeitahamar irakasle eta hogei ikasle bildu ziren Donostian herri-kanpaina berri honi buruz mintzatzeko. Asanblada honek, kanpainaren izena "Sosak Euskararentzat" izango zela erabaki zuen, eta herri osoak parte hartzea nahi luke.

"Gobernuak askoz gehiago eman behar luke. Herri honen euskalduntzea proiektu nazionala dugu; euskara ikastea eta erabiltzea denon eskubidea da. Horregatik, euskarazko klaseak denontzat dohain izatea eskatuko genuke," esan zion Iñaki Goikoetxea jaunak egunkari honi asanbladaren izenean.

Goikoetxea jaunak esan zuenez, gober-

nuak diru gehiago emango balu, klaseak merkeago aterako lirateke; eta klaseak merkeagoak—edo dohain—izango balira, jende gehiagok ikasiko luke. Haren ustez, honela askoz hobeki lortuko litzateke euskalduntzea.

"Jendea euskararen arazoaz gehiago konturatuko balitz, beharbada zerbait lortuko genuke," esan zuen. "Hasteko, kanpaina hau kartelekin kalera, eta egunkarietara eta irratira—baita telebistara ere, beharbada—eraman nahi dugu. Gero, espero dugu herri bakoitzean taldeak egingo direla herri mailan lan egiteko. Gure ustez, guztiz inportantea da herri osoak kanpainan parte hartzea. Azkenean manifestazio haundi bat egingo da euskararentzat diru gehiago eta klaseak dohain eskatuz."

Eta jarraitu zuen: "Gobernuarekin hitz

egingo bagenu, beharbada zerbait lortuko genuke. Baina hori baino lehen, kanpaina hau egin behar dugu; borroka egingo ez bagenu, eta jendea arazo honetaz kon- turatuko ez balitz, ez bait genuke ezer ere lortuko. Denok, irakasleok eta ikasleok el-karrekin, parte hartu behar genuke bo-rroka honetan euskararen alde."

Exercise 254
Complete the following summary of the news story.

Iñakiren ustez, Gobernuak euskararentzat diru gehiago eman behar . . . , eta klaseek dohain izan behar . . . Haren ustez, gobernuak diru gehiago . . . klaseak merkeagoak . . . ; eta klaseak . . . , jende gehiagok . . . Iñakiren . . . , honela askoz hobeki . . . euskalduntzea. Berak uste du jendea euskararen arazoaz . . . , zer-bait . . .

Exercise 255
Suppose that you are a radio reporter. Today the demonstration for money for Euskara that Iñaki announced is taking place in the center of Donostia, and you are there to find out about it for the news. Make up the radio story. It may consist of a description of the demonstration followed by an interview with one of the demon-strators, and then an interview with a government representative giving the government's side of the story.

Exercise 256
If in a class, hold a debate: one side supports the demonstrators' point of view, and the other the government's position.

Exercise 257
Read the fourth part of the story "Tontoren Ipuina" in the elementary reader. Now retell this episode:
- (a) from Tonto's viewpoint.
- (b) from the head robber's viewpoint.
- (c) from the fiddler's viewpoint.
- (d) from one of the other robbers' viewpoint.

Exercise 258
After reviewing the whole story of Tonto, make up an ending. What happens when Tonto returns home with no pig but a lot of money?

Composition
- (a) What would you do if you had a million dollars?
- (b) Make up a dialogue taking place in a tourist information office.

MAKILAKIXKI

The grammar section contains a few more points. There is a complete new story in the reader (to celebrate reaching unit 30!), and some amusing exercises to follow.

Grammar

A

Recall these examples of the *future of conjecture* (from unit 19, note B):

> **Zaila izango da euskara ikastea.**
> **Edurnek jakingo du.**
> **Hotz egingo du kalean.**

Such sentences using the future tense can be used to express, not a statement of fact about the future, but a *conjecture* about the *present*. The same structure can be used in the past. The *future-in-the-past* tense is used (e.g., **izango zen**, **jakingo zuen**), conveying a *conjecture* about the *past* (either today or at some earlier time). For example:

> **Non dago nere boligrafoa? Norbaitek** *hartuko zuen.*
> *Where's my pen? I suppose someone has taken it.*
> **Zergatik? Ez dakit; berea zela** *pentsatuko zuen.*
> *Why? I don't know; he must have thought it was his.*
> **Norbaitek deitu du. Nor** *izango zen* **ba?**
> *Someone called. Now who could it have been?*

Exercise 259
You don't know the answers to the following questions; make conjectures (about either the present or the past).
Examples:
Norena da makila hau? **Pellorena izango da.**
Zergatik zegoen hain triste? **Problema bat izango zuen.**
  1. Zergatik erosi du egunkaria?
  2. Non dago irratia?
  3. Zergatik deitu diote medikuari?
  4. Zergatik ez dute parte hartu manifestazioan?
  5. Zergatik bizi da Donostian?

6. Zergatik itxi zuten fabrika hura?
7. Zenbat irabazten du horrek?
8. Non jaio zen zure irakaslea?
9. Noiz ireki zen denda berri hau?
10. Zer esan zuen bibolin jotzaileak gero?

Exercise 260

Learn the past tense transitive-dative forms of the auxiliary in the reference section (92). Practice these forms by making up sentences using them and the following verbs:

bidali	eskatu
bota	idatzi
egin	irakatsi
ekarri	irakurri
eman	itzuli
erakutsi	kendu
eraman	kontatu
erosi	saldu
esan	utzi

B

Bere nagusiak asto bat eman zion, eta asto horri "egin urrea!" *esanez gero*, **urrea egiten zuen.**
His master gave him a donkey, and upon saying "make gold!" to that donkey, it would make gold.
Euskara *ikasiz gero*, **oso ongi konponduko zara euskaldunekin.**
After learning Basque, you will get along very well with the Basques.
Bilbora *joanez gero* **erraz aurkituko duzu lana.**
If you go to Bilbao you will find work easily.

C

Bere etxera *zetorrela*, **gau batean ostatu batean geratu zen.**
As he was coming home (on his way home), he stopped one night in an inn.
Tonto basotik *zihoala*, **lapur bat atera zitzaion.**
As Tonto was going through the wood, a robber came out to him.
Beste lapurrak belarrak *bilatzen ari zirela*, **Tonto nagusiaren gelara itzuli zen.**
When the other robbers were looking for herbs, Tonto returned to the leader's room.

In this *circumstantial* use of **-(e)la**, we can also employ **-(e)larik**: **bere etxera zetorrelarik, Tonto basotik zihoalarik, belarrak bilatzen ari zirelarik.** In eastern dialects, this form (pronounced **-[e]laik**, with the **r** silent) means *when* . . . and is preferred to **-(e)nean**.

D

> **"Hori ez da txerria, astoa *baizik*!" esan zuen lapurrak.**
> *"That's not a pig, but a donkey!" said the robber.*
> **Ez zen frantsesez mintzatzen, euskaraz *baizik*.**
> *He did not speak in French but in Basque.*
> **Ez hemen, gure etxean *baizik*.**
> *Not here, but in our house.*

Not X but Y is expressed by **Ez X, Y baizik**. Also, . . . **baizik ez** . . . can mean *nothing but* (e.g., **Ura baizik ez dago**　*There is nothing but water*). Bizkaians use **baino** in place of **baizik**.

Exercise 261
Translate the following.
1. I suppose you were surprised when they caught him.
2. That lady is not merry, but sad.
3. However, I am not afraid.
4. You said you would put the clean sheets away.
5. Don't lose this opportunity.
6. Upon seeing that it was the only station, we stopped right there.
7. How much are you ready to pay for the yellow picture? I would pay any price.
8. You probably studied more geography and culture than I.

Reference Notes
　　92 (dative forms; past of **ukan**)
　　102 (the future-in-the-past)
　　127 (the subordination marker **-[e]la**)

Vocabulary

afari　*dinner*	**harritu**　*surprise, be surprised*
alai　*merry, jolly*	**jakina**　*of course*
baizik　*but, but rather*	**kaka**　*shit, dirt*
bazkari　*lunch*	**kaka egin** (verb)　*shit*
bertan　*right there, immediately*	**lapurtu**　*rob*
bidali　*send*	**maindire**　*sheet*
edozein　*any (e.g., **edozein herri-***	**morroi**　*servant, boy*
tan　*in any town*)	**ostalari**　*innkeeper*
gero　*now (in warnings; e.g., **ez**	**triste**　*sad*
ahaztu gero　*now don't forget!*)	**urre**　*gold*
gorde　*keep, hide, put away*	**zabaldu**　*spread, open, widen*

Reading
Read text 6, "Makilakixki," in the elementary reader.

Exercise 262
Here the story "Makilakixki" is told with numerous mistakes. Correct the mistakes to retell the story correctly.

　　Munduan beste asko bezala, etxe batean aita lau semerekin bizi zen. Seme gazteena morroi joan zen. Hilabetea bete ondoren, bere nagusiak zaldi bat eman zion; eta zaldi horri "egin bazkaria!" esanez gero, bazkaria egiten zuen. Horrela, Frantziara zihoala, gau batean eliza batean geratu zen. Oherakoan, apaizari esan zion: "Nere zaldiari 'egin bazkaria!' esan!" Baina mutila tabernara joan zenean, apaiz gaiztoak esan zion zaldiari: "egin afaria!" eta zaldiak kaka egin zuen. Orduan apaizak zaldiaren gainean maindire bat zabaldu zuen. Hurrengo goizean, bere zaldia hartu, eta oso alai bere etxera joan zen mutila. Bere anaiei eta arrebei kontatu zien nolako zaldia zekarren. Horrela, mahai haundi bat atera zuten, eta mahaiaren gainean zaldia jarri zuten. "Egin bazkaria!" esan zion mutilak, baina zaldiak ez zuen bazkaririk egin. "Egin bazkaria!" esan zion berriz ere, baina zaldiak ez zuen bazkaria egin, gosaria baizik. Gero arreba bat joan zen neskame. Eta hilabetea bete ondoren, bere nagusiak aulki bat eman zion. "Dantza egin!" esanez gero, aulki horrek bertan dantza egiten zuen ederki. Frantziara zihoala, gau bat eliza batean pasa zuen. Neska paseatzera joan zelarik esan zion apaizari: "Esan 'dantza egin' nere aulkiari!" Baina apaizak "lo egin" esan zion aulkiari, eta orduan aulkia kantatzen hasi zen. Goizean, neskak bere aulkia hartu eta etxera eraman zuen. Etxera iritsi zenean, esan zien bere aitari eta anaiei nolako aulkia zekarren, eta denen aurrean, esan zion aulkiari: "dantza egin!" Baina aulkia denak jotzen hasi zen, eta neskak barre asko egin zuen.

Exercise 263
Following the "wrong" version given in exercise 262, make up your own ending to the story.

Exercise 264
Either rewrite or act out the "Makilakixki" story in dialogue form (in several scenes).

Exercise 265
Another newspaper published the short article on the left about the same campaign for the Basque language you read about in unit 29. Unfortunately, as sometimes occurs in newspapers, the typesetter confused some lines of the article with those from another article (on the right), where a summary of the story of Tonto and the pig is given. Are you able to say where the confusions occur and sort out the two articles?

EUSKARAREN KANPAINA BERRIA
Laster hasiko da euskararen aldeko kanpaina berri bat. Irakasle eta ikasleek erabaki dute kanpaina hau egitea, eta hau izango du izena: "Astoa zen ala txerria zen?" Nagusiak esan zuen astoa zela, eta dirua eman zuen. Baina mutilak gobernuari gehiago eskatuko dio. Kartelak, irratia eta telebista erabiliko ditu gobernuari esateko lapur guztiek belarrak bilatu behar zituztela. Orduan nagusia

---

TONTO ETA ZERRIA
Mutil bat zerri batekin merkatura zihoala, lapur batzuk kendu zioten zerria, astoa zela esanez. Baina mutila lapur-etxera itzuli eta makila batekin hasi zen lapur nagusia jotzen. Jotzean, esan zuen: "Sosak euskararentzat." Joan den larunbatean asanblada bat egin zen honi buruz. Talde honek uste du diru gutxiegi ematen dela euskararentzat, eta horregatik zaldiz itzuli zen, mediku bezala

jotzen hasi zen berriro ere.
Gero manifestazio bat egingo dute.

jantzita. Lapur nagusia gaisorik
zegoen, eta mutilak esan zion
euskarazko klaseak garestiegiak
direla diru gutxi dagoelako.
Honela diru gehiago lortu zuen.

Composition

(a) Write a short newspaper article. It may be based on a real article you have read or be entirely of your own invention.

(b) Make up a conversation. The setting is a **baserri**.

UNIT 31

AUTOAREN BILA

Welcome to the final part of the book. If you are still afloat (you can check by the old test; try reviewing, say, units 21 and 25), then you are now at the high intermediate stage; if not, review and patience will stop you from drowning. Plenty of reading makes up the core of the following units. Mikel will take a trip into Navarre and the northern Basque Country before saying good-bye to us; first, however, Iñaki will need to get back his car, which is still in Bilbao after the breakdown. The second reading is a simplified extract from one of the best-known twentieth-century Basque novels. There are still some important grammatical matters pending, such as relative clauses, to which you will be initiated. You are also going to start learning how to express *can* in Basque.

Autoaren Bila

Gogoratzen zara Iñakiren kotxeaz? Iñakik Bilbon utzi behar izan zuen joan den astean, hondatu bait zitzaion. Iñakik, Mikelek eta Itziarrek autobusez itzuli behar izan zuten etxera.

Gogoratzen zara Edurnez? Gernikan bizi den neska da. Edurnek esan zuen bera joango zela Iñakiren kotxearen bila biharamunean. Tailerrera itzuli zen astelehenean, beraz.

Edurne iritsi zenean, beste mekaniko bat ari zen lanean. Edurnek ez zuen ikusten lehengo egunean zegoen mekanikoa. Tailerrean sartu eta:

"Arratsalde on!" esan zion mekanikoari.

"Arratsalde on," erantzun zion honek; "zer behar duzu?"

"Utzi dugun autoa zer moduz dagoen jakin nahi nuke. Prest badago eramango dut."

"Zein kotxe da zurea?"

"Ez da nerea, adiskide batek utzi duen autoa da. Begira, hor ikusten dut kalean."

"Frutadendaren aurrean dagoen Renault urdin hori da?"

"Ez. Ikusten duzu ondoan dagoen Seat horia? Hori da gurea."

"Zure adiskideak nori utzi zion? Badakizu zein mekanikori?"

"Bizar txiki bat duen mutil bati."

"A, Koldori orduan. Deituko diot, itxaron pixka bat."

Laster agertu zen Iñakiren autoa konpontzen ari zen mekanikoa. Baina Edurneri esan zion:

"Zuen kotxea ez dago prest oraindik. Biharko egongo da. Arratsaldean etorriko zara?"

Beraz, Edurne hurrengo egunean joan zen. Autoa konponduta zegoen; Edurnek ordaindu eta eraman zuen.

Hurrengo igandean, Edurnek Donostira eraman zuen autoa; goizeko hamaiketan agertu zen Iñakiren etxearen aurrean. Horrela, Iñakik aste bete egon behar izan zuen autorik gabe, baina dena konpondu zen azkenean. Iñakik Edurneri eskerrak eman zizkion.

Arratsalde hartan, Mikel agertu zen Iñakiren etxean Iñaki eta Arantxa ikustera. Iñakik autoaren berri eman zion:

"Berri onak: badugu kotxea berriz! Nahi baduzu, egun batean, Nafarroara joan gaitezke, lehen esan bezala."

"Ederki," erantzun zuen Mikelek. "Nahi duzunean, prest nago."

"Eguraldi ona badago, datorren astebukaeran joan gaitezke."

Arantxak esan zuen: "Nik ere joan nahi dut!"

"Ongi da. Itziarri deituko diot. Bera ere etor daiteke. Laurok joango gara elkarrekin."

Vocabulary

adiskide *friend*
agertu *appear, show up*
alde egin *go away, leave*
amets (noun) *dream*
amets egin (verb) *dream*
arantza *thorn*
artzain *shepherd, sheepherder*
astebukaera or **asteburu** *weekend*
auto *car, automobile*
beraz *therefore, so*
berri *news, piece of news*
bestelako *different, another kind of*
bete *one* (with periods and measures; e.g., **aste bete** *one week;* **baso bete** *one glassful*)
biharamun(ean) *(on) the next day*
bila *looking for, in search of, to get, for* (e.g., **kotxearen bila joango naiz** *I'll go for the car*)
datorren *next* (e.g., **datorren astean** *next week*)

elaberri or **nobela** *novel*
eskerrak eman (verb) *thank*
galant *handsome, good-looking*
gogoratu *remember* (e.g., **izenaz gogoratzen naiz** *I remember the name*)
hazi *grow, grow up, bring up*
idazle *writer*
joan den *last* (e.g., **joan den astean** *last week*)
kapitulu *chapter*
literatura *literature*
lortu *obtain, gain*
maitasun (noun) *love*
mende *century; rule, domination*
mundu *world*
ospe *fame, renown*
pobre *poor*
ume *child*
umezurtz *orphan*

Grammar

A

The following sentences contain *relative clauses*:

Edurne *Gernikan bizi den* **neska da** *Edurne is the girl who lives in Gernika.*
Edurnek ez zuen ikusten *lehengo egunean zegoen* **mekanikoa.**
Utzi dugun **autoa zer moduz dagoen jakin nahi nuke.**
Ez da nerea, *adiskide batek utzi duen* **autoa da.**

See the reference section (166) on the formation of relative clauses.

Exercise 266

Translate. (Relative clauses are in italics; remember that in Basque they go *in front of* the noun they qualify.)

Example:

The man *I know* has a beard.

Ezagutzen dudan gizonak bizarra dauka.

1. The choice *you made* was dumb.
2. Who is the gentleman *who lives above you*?
3. What is the news *that you have heard*?
4. Who is the lady *you said good-bye to*?
5. What did the lady *who appeared in the office yesterday* want?
6. The things *they say on the radio* are lies.

B

Egun batean Nafarroara *joan gaitezke*   *One day we can go to Navarre.*

Datorren astebukaeran *joan gaitezke*   *We can go next weekend.*

Itziar ere *etor daiteke*   *Itziar can come too.*

naiteke   *I can* (intransitive)

daiteke   *he/she/it can*

gaitezke   *we can*

zaitezke   *you* (sg.) *can*

zaitezkete   *you* (pl.) *can*

daitezke   *they can*

This is the *present potential* tense.

Exercise 267

Follow this pattern:

Will you go tomorrow? Yes, I can go tomorrow.

Example:

Bihar joango zara? **Bai, bihar joan naiteke.**

1. Gurekin aterako zara?
2. Seietan etxean egongo zara?
3. Hemendik pasako zara?
4. Gizon hori hilko al da?
5. Ondo irtengo da?
6. Umeak ere joango dira?

C

Nahiz (eta) **janari asko erosi, ez dugu ezer jan.**

Although we have bought a lot of food, we haven't eaten anything.

Nahiz (eta) **eguraldi ederra izan, ez gara etxetik aterako.**

Even though the weather is fine, we won't go out.

Nahiz (eta) **hemengoa ez izan, badaki euskaraz.**

Though he isn't from here, he speaks Basque.

Nahiz (eta)   *although* is usually followed by the *dictionary form* of the verb (**erosi**, **egon**, **izan**, etc.), no matter what person and tense is understood.

Exercise 268

Complete the following sentences as you choose.

Example:

Nahiz eta euskaraz jakin, . . .

Nahiz eta euskaraz jakin, ez du hitz egiten or
Nahiz eta euskaraz jakin, ez naiz hemen jaioa.

1. Nahiz eta bere diru guztia galdu, . . .
2. Nahiz eta autobusa hartu, . . .
3. Nahiz eta urte bete pasa Euskal Herrian, . . .
4. Nahiz eta mutil galanta izan, . . .
5. Nahiz eta Californian hazi, . . .
6. Nahiz diru asko lortu, . . .
7. Nahiz pobreak ez izan, . . .
8. Nahiz eta lapurrek Tontoren txerria lapurtu, . . .
9. Nahiz eta mutilak astoari "Egin urrea!" esan, . . .
10. Nahiz eta gobernuak dirua eman euskararentzat, . . .

Exercise 269 (Review)

Translate the following.

1. Last weekend I read a novel in Basque.
2. A writer of great fame wrote it.
3. Your beard has grown more than mine.
4. We haven't had news of him.
5. Our warmest thanks to all.
6. In the last century her fame spread throughout the world.
7. Basque literature may be poorer than some others, but this is not very surprising.
8. Sometime, perhaps next month, I would like to read one of this author's novels; I ought to go to the bookstore to buy it.
9. Take any chapter of this book and read it for next Monday's literature class.
10. Who knows what the culture of the next century will be like!

Reference Notes

83 (present potential of **edin**)   162 (concessive clauses)
107 (the present potential)   166 (formation of relative clauses)
                                             167 (placement of relative clauses)

Exercise 270

Read the first part of "Loreak eta Arantzak" (text 7 of the elementary reader), then answer the following questions.

1. Noiz bizi izan zen Domingo Agirre?
2. Nongoa zen?
3. Zer lanbide (*profession*) zuen?
4. Zergatik da famatua?
5. Non dago Ondarroa?
6. Non dago Oñati?
7. Zein euskalkitan dago **Garoa**?
8. Zer da "Loreak eta Arantzak"?

Exercise 271

Read the second part of "Loreak eta Arantzak," then answer these questions.

1. Nor zen Jose?
2. Nolakoa zen Jose?

3. Nola zuen izena Josek maite zuen neskak?
4. Nor zen?
5. Non bizi zen Jose?
6. Jose noiz hasi zen Malentxo maitatzen?
7. Zergatik sentitu zuen ondoren bestelako maitasun bat?
8. Zein zen Joseren ametsa?
9. Amets alferra zen?
10. Zergatik esaten da amets alferra zela?

Exercise 272

(a) Imagine you are Jose, and write Malentxo a letter.
(b) Now imagine you are Malentxo, and write a reply to Jose's letter.

Composition

(a) Describe your hobby/hobbies.
(b) **Adiskideak**.

UNIT 32
NAFARROA ALDERA

Mikel, with Iñaki and Arantxa, gets to the Navarrese town of Doneztebe without mishaps, and there they meet up with a friend. In the reader, Jose has an important conversation with Malentxo's grandfather. In the grammar section, there is more about *can*, some new ways to say *for* and *to*, the translations of *as* and *so*, and more.

Nafarroa Aldera

Hurrengo larunbatean, Iñaki, Itziar eta Mikel goizeko bederatzi t'erdietan abiatu ziren. Hamarretarako Irunen zeuden. Arantxa ostiralean joana zen lagun batzuengana, eta eguerdian Donezteben egongo zen besteen zain. Orain denbora gelditzen zitzaien Donezteberaino iristeko, eta lasai-lasai zebiltzan.

Autotik ibaia ikusten zen.

"Ibai hau Bidasoa da," esan zuen Iñakik.

"Gogoratzen naiz," esan zuen Mikelek. "Ibai hau Hondarribian ikusi genuena da. Estatu muga egiten du."

"Hori da."

"Eta muga pasatzeko, nondik egiten da?"

"Bi lekutatik pasa daiteke, Hendaian edo Behobian."

Behobian, gure lagunek eskuinera hartu zuten muga pasatu ordez, eta Iruñerako bidean jarri ziren. Hiri kutsua eta fabriken arrasto guztiak laster atzean gelditu zitzaizkien; Mikelen inguruan basoak eta mendiak altxatzen ziren. Bidasoari jarraitzen zioten oraindik, baina orain, beren azpian, erreka garbi baten antzean agertzen zitzaien. Mikel nafar lurren edertasunaz konturatzen hasi zen.

Laster, Bera izeneko herrira iritsirik, tabernan kafesnea hartzeko gelditu ziren. Bi mutilek kafesne bana eskatu zuten. Tabernariak Itziarri galde egin zion:

"Zuretako deus ez?"

"Ez, baina ur pixka bat hartuko dut, mesedez."

"Gipuzkoarrak?" galde egin zien tabernariak.

"Bai, Donostiakoak gara."

"Esne hori ona da; hori ez da zuek Donostian erosten duzuena!"

"Ez ez, hau goxoa da," esan zuen Mikelek.

"Zer, buelta bat ematen?"

"Bai."

"Donostiar anitz pasatzen dira hemendik igandeetan."

"Euskara asko egiten da hemen?" galdetu zion Mikelek tabernariari.

"Hemen bai, anitz egiten da. Donostian baino gehiago!"

"Hori ez da zaila! Eta euskara hobea, gainera."

"Bai, hemen euskara garbia dugu."

Kafea bukatu zuten. "Esker anitz, adio," esan zien tabernariak, kanpora irten zirelarik.

Handik Sunbillara jarraitu zuten. Azken herri honetan ere gelditu ziren buel-tatxo bat ematera. Ondoren aurrera joan ziren Doneztebera, Iñakiren arrebaren bila. Han aurkitu zuten bere adiskide batekin, eta bostak taberna batera sartu ziren, ardotxo bat hartzera bazkaldu aurretik.

Mikel Arantxaren adiskidearekin mintzatu zen:

"Nafarroan bizi zara?"

"Bai, Iturenen."

"Non dago Ituren?"

"Hemendik hurbil dago. Zubi horren ondoan dagoen karrika ikusten duzu? Hortik aitzinera joaten zara; lehenbiziko herriak Elgorriaga du izena, eta bigarrena Ituren da."

"Karmeleren eguna da gaur," esan zuen Arantxak.

"Bai? Zorionak!"

"Esker mila!"

Vocabulary

adio *good-bye*
aitona *grandfather*
aitzin(ean) *in front* (= **aurre[an]**)
andregai *fiancée*
anitz *many, much* (= **asko**)
antzera *like*
bana *one each*
barnean *inside* (= **barruan**)
behin *once*
deus *anything* (= **ezer**)
deus ez *nothing*
edertasun *beauty*
eguerdi *midday, noon*

egun *(birth)day*
erreka *stream, brook*
karrika *street* (= **kale**)
kasu! *be careful! watch out!* (eastern)
kontuz! *be careful! watch out!* (western)
kutsu *trace, touch, flavor*
mintzatu *speak*
poz *joy*
tabernari *barman*
zorion *happiness, good luck*
zorionak! *congratulations!*

Grammar

A

dezaket	*I can* (transitive)
dezake	*he/she/it can*
dezakegu	*we can*
dezakezu	*you* (sg.) *can*
dezakezue	*you* (pl.) *can*
dezakete	*they can*

This is the transitive auxiliary in the *present potential* tense (in unit 31, note B, we saw the intransitive auxiliary). These are the forms for a third person singular direct object (like **dut**, etc.). For example:

Erre dezaket? *Can I smoke?*

Nere basoa bete dezakezu? *Can you fill my glass?*

Zer esan dezakete? *What can they say?*

Nork egin dezake nahi duen guztia? *Who can do everything he wishes?*

The forms for a third person plural direct object (corresponding to **ditut**, etc.) begin with **ditz-** instead of **dez-** (e.g., **ditzaket**).

Exercise 273

Translate. Be sure to distinguish intransitive (**naiteke**, etc.) and transitive (**dezaket**, etc.).

Examples:

Itziar's sister can come too.

Itziarren ahizpa ere etor daiteke.

What can I do with this bag?

Zer egin dezaket boltsa honekin?

1. You can take it to the closet.
2. If there's a cider house open, we can eat there.
3. They can stay in the office until Mr. Etxeberria arrives.
4. Watch out, you can fall from there!
5. I can remove them if you prefer.

B

Instead of **-entzat** *for* some dialects say **-endako**; for example:

Lore hauek *amarentzat* **dira** or **Lore hauek** *amarendako* **dira.**

In these dialects *for me, for us,* and *for you* are **neretako** (or **enetako**), **guretako**, **zuretako**, instead of **neretzat, guretzat, zuretzat**. For example:

Zuretako deus ez? (= **Zuretzat ezer ez?**)

C

The ending **-rako** (that is, the allative plus **-ko**) may be used to express the idea of *for* with reference to a place, and also *by* with reference to time:

Lore hauek etxerako erosi ditut   *I bought these flowers for the house.*

(Compare:) **Lore hauek amarentzat/amarendako erosi ditut.**

Gure lagunak Iruñerako bidean jarri ziren   *Our friends got onto the road to (for) Iruñea.*

Hamarretarako Irunen zeuden   *They were in Irun by ten o'clock.*

D

Arantxa lagun batzuengana joan zen   *Arantxa went over to some friends.*

To (or *over to*) here is translated by **-engana**, that is, the possessive-genitive case plus **-gana**. This ending is used when the sense of *to* is allative (like **etxera**) but an *animate being* (here *some friends*) is referred to rather than a place or an object (like *house*). A further example:

Nere anaia txikia Arantxarengana bidaliko dut   *I'll send my little brother to Arantxa.*

See the reference section (58).

E

Iñaki *Edurne bezain aberatsa* **da**   *Iñaki is as rich as Edurne.*

Nere kotxea *zurea bezain zaharra* **da**   *My car is as old as yours.*

Nik bezain ongi dakizu . . .   *You know as well as I* . . .

Bezain *as . . . as* must be followed by an adjective or adverb and preceded by the reference of the comparison. *As* or *so* with no reference is *hain*; for example:

Iñaki *hain aberatsa* **da**   *Iñaki is as rich./Iñaki is so rich.*

Hain ongi **dakizu** . . .   *You know as/so well* . . .

Exercise 274
Translate the following.
1. Why are you so angry?
2. Soon you will be as angry as me.
3. It isn't as cold today.
4. I have never been as happy as today.
5. I can read as well as you, but not as fast.

F
So may be translated in other ways, including **beraz**:
Xabier ez dago hemen; *beraz* **beste egun batean egin beharko dugu**   *Xabier isn't here; so we'll have to do it some other day.*
and **baietz** or **hori**:
Xabier etorriko al da gaur? *Baietz* **uste dut**   *Will Xabier come today? I think so.*
Nork esan du *hori?*   *Who said so?*
    Remember that *so* is only translated by **hain** when making or implying a comparison (see note E).

Exercise 275
Translate the following.
1. This car is so small!
2. Yes, I think so too.
3. So, you should buy a bigger one!
4. Would a bigger car be so expensive?
5. I think so.

G
Berehala *sartu* **nahi dut**   *I want to go in immediately.*
Hau zurekin *egin* **nahi nuke**   *I would like to do this with you.*
but:
Mikel berehala *sartzea* **nahi dut**   *I want Mikel to come in immediately.*
(Zuk) hau nerekin *egitea* **nahi nuke**   *I would like you to do this with me.*
    To say that someone wants someone to do something (as opposed to wanting to do something oneself), the verbal noun in **-t(z)ea** is used.

Exercise 276
Translate the following.
1. Edurne wants me to help.
2. I don't want to do that.
3. But I want you to do it.
4. Joseba wants me to tell you something.
5. If they want us to go, we'll go.
6. I want to understand why we must go.

H
Goikoetxea *jauna*   *Mr. Goikoetxea*
Uribe *andrea*   *Mrs. Uribe*

Intxausti *andereñoa*   *Miss Intxausti*
Bai *jauna.*   *Yes, sir.*
Ez, andrea.   *No, madam.*
Noski, andereñoa.   *Of course, miss.*
Jaun-andreok!   *Ladies and gentlemen!*
etxeko andrea   *lady of the house; housewife*
jaun eta jabe   *lord and master*

Exercise 277 (Review)

Translate the following.

1. Jose's fiancée is coming at noon for lunch.
2. His wife's beauty gives pleasure to all.
3. This region has a Basque flavor, and furthermore the people (of) here speak like Basques.
4. Good-bye, land of my dreams!
5. The stream goes through the middle of the garden.
6. The poor were full of joy; the rich, on the other hand, were angry or sad.
7. Fear of war has spread throughout the world now.
8. The sheepherder was dressed to go to church.
9. We always go away on weekends.
10. They always sing at dinners.
11. They always use posters to call people to a demonstration.
12. I've told you once and again that you'll manage better if you do it this way; however, you continue just as before.
13. I've bought (something) in the bookstore that's in that street three times.
14. How many times did you knock at the door before entering?
15. Thank goodness this cider house is open; otherwise we wouldn't have known where to go for dinner.
16. We'll have enough with a couple of omelets and a bottle of cider.
17. Have you ever seen a sheepherder with his sheep?
18. What was Malentxo going to say, yes or no?

Reference Notes

    34 (comparisons of equality)   84 (present potential of **ezan**)
    49 (the allative case)   140 (common uses of the verbal noun)
    58 (animate local postpositions)

Exercise 278

Read the third part of "Loreak eta Arantzak." Then try to complete the text from memory:

Joseren amets hura egia bihurtuko _____, a zer poza! _____ _____! Nola biziko zen orduan Malentxorekin. Baina _____ amets bat zela.

    "_____ sartu zinen etxe honetan," pentsatu zuen. "Hemengo _____ _____ _____ hazi zara. Jan _____ ogia etxe honetakoa izan da; daramazun arropa eman dizute; eta oraindik etxeko alaba _____ egiten duzu amets? _____ da!"

    Malentxori ez zion ezer esan. Isilik eta triste _____. _____, egun batean aitonarekin mintzatu zen. Esan zion alde egiteko _____ zuela. Hori entzutean aitona _____ egin zen.

    "Ez al daukazu _____ hemen ba?" galdetu zion aitonak.

"Beti _____ eta _____ izan dut," erantzun zion Josek.

"Orduan _____ dizut ulertu. Zer _____ azken hilabete hauetan?"

"Esan ahal banu . . ."

"Tira, esan. _____ nahi duzu? Hori al da?"

"Nik ez dakit zer _____ _____.

"Ba nik banuen _____ andregai bat zuretzat. Jakina, zure gogokoa ez bada, _____. Baina ez _____ denek horrela utziko gure Malentxo."

"Malentxo?!"

"Malentxo."

Exercise 279

Retell this part of the story in your own words, *using only indirect speech* to narrate this conversation.

Exercise 280

Following is a version of the dialogue between Jose and the grandfather (Joanes) that is closer to the original of the novel. Can you follow it?

Egun batean, Joanesi bidera irten eta:

"Aitona," galdetu zion, "ba al dakizu Juan Andres zein herritan dagoen?"

"Ez, aspaldian ez dugu eskutitzik izan. Zergatik galdetzen didazu?"

"Ez dakit ba. Ni ere beragana joateko edo . . ."

"Juan Andresengana joateko? Zentzu hobekoa zinela uste nuen, Jose. Nahikoa ogi ez al daukazu?"

"Orain arte nahikoa eta gehiago izan dut."

"Bigunagoa bilatu nahi al zenuke?"

"Ez dut nik bigun eta gogozkoagorik aurkituko."

"A! Orduan . . . bai, diru bila joango zara. Asko-nahikoa izan zu ere!"

"Gipuzkoa guztiko diruengatik ez nintzateke Oñatiraino jaitsiko."

"Ba, zer duzun ez dakit; baina, dena dela, eskergabea aurkitzen zaitut."

"Eskergabea ni!"

"Handienetakoa, Jose, eta ez nuen uste, ez nuen esango."

"Aitona, ni ez naiz eskergabea! Nere zainetako odol guztia eskatu iezadazu esker onaren agergarritzat eta dena emango dizut, dena zor dizut eta."

"Mutil, ezin ulertu dizut; lehen baino okerrago jartzen nauzu. Zer darabilzu pasa diren bi hil hauetan? Esazazu garbiro, bihotza zabaldu ezazu."

"Esatekoa balitz, edo esan ahal banu . . ."

"Orain arte ez zara ba motela izan. Tira, hasi zaitez."

"Hara . . . zerbait zertzeko usteetan nago eta . . ."

"Zerbait zertzeko usteetan? To, to, to! Andregaia nahi al zenuke? Eta urrutikoa?"

"Nik ez dakit zer nahi dudan ere. Orain arte Euskal Herrian bizi eta hiltzeko asmoan izan naiz."

"Eta orain ez? Mutil, ezkondu nahia besterik ez baduzu, ez dago Espainiara joan beharrik. Askotan gogoratu zait urteetan aurrera zoazela, eta Manuelek etxera emazteren bat dakarrenerako zuretzat ere aukeratuta neukan norbait."

"Eskerrik asko, aitona, mila eta mila esker; baina norberak hautatzea ez al da hobe?"

"Bai, beti hobe, zentzuzko gazteen artean eta gurasoen baimenaz bada; baina nik ez nuen uste zuk inor begiz jota zeneukanik. Gainera, emaztegaia besteak aukeratu eta eskaintzea, ez da nahi eta nahi ez hartzeko esatea: ongi badator hartu egiten da, gogozkoa ez bada utzi. Alegia, ez lukete denek horrela utziko gure Malentxo; ez nioke neuk ere edonori emango."

"Malentxo?"

"Malentxo."

Composition

    (a) Discuss which is better, life in the city or life in the country.

    (b) **Maitasuna**.

IPARRALDERANTZ

F rom Doneztebe the group heads north; following a steak lunch in the valley of Baztan, after which Karmele returns home, the others continue on to the Lapurdi village of Sara, after crossing the Spanish-French border. In the second reading you will learn the outcome of Jose's talk with the grandfather. You will study the stem forms of verbs, the second conditional tense, and headless relative clauses.

Iparralderantz

"Donezteben geldituko zarete bazkaltzera?" galdetu zien Karmelek.

"Ez dakit ba," esan zuen Iñakik. "Bagenuen Baztan aldera joateko asmoa. Elizondora joan gintezke bazkaltzera."

"Zu zer, Karmele? Gurekin etor zintezke Elizondora?" galdetu zion Arantxak bere adiskideari.

"Bai, joan ninteke."

"Baina denok sar gaitezke kotxean?"

"Ez da beharrik," esan zuen Arantxak. "Karmele bere kotxean joan daiteke."

"Ederki. Abiatuko gara orduan?"

Elizondora heldu ondoren, Iñakik galdetu zuen: "Non bazkal genezake?"

"Jatetxe batean haragi ona jan nahi baduzue, elizaren gibelean dagoena ona da."

"Nik bai, Baztango txuleta on bat jango nuke," esan zuen Iñakik.

"Hor jan dezakezu," esan zion Karmelek.

"Zer, ona da hemengo haragia?"

"Bai, ospe haundia du Euskal Herrian. Baina zeuk esango duzu, frogatu ondoren!"

Elizondo mugatik hurbil dagoenez gero, bazkaldu ondoren, Baztandik Iparraldera segitzea erabaki zuten gure lagunek. Karmelek berriz etxera bihurtu behar zuen. "Bide polita da, baina nik sobera ongi ezagutzen dut," esan zien.

"Adio," esan zion Arantxak, "ea hurrengoan guregana etortzen zaren!"

"Baliteke! Adio, adio!"

Eta aitzina, Baztango haran berdean barna; gero aldapa gora igan, aldapa behera jaitsi, mugan aurkitu arte, Dantzarian. Baziren poliziak eta soldaduak mugan. Beren karnetak erakutsi zizkietan, eta Mikelek bere pasaportea. Polizia batek galdera batzu egin zizkien; erdaraz, poliziak ez bait dira euskaldunak. "¿Ustedes qué van a hacer en Francia?" galdetu zien. Honek esan nahi du: "Zuek zertara zoazte Frantziara?"

Erantzun ondoren, poliziak pasatzen utzi zituen; gero beste aldeko poliziarekin mintzatu ziren. "Vous habitez en Espagne?" galdetu zien; hau da, "Espainian bizi zarete?" Galdera guztiok erantzun eta gero, aurrera segitu zuten.

Muga pasa ondoren, Sarako bidea hartu zuten. Sara Lapurdiko herri txiki baina ezaguna da. Herri atsegina iruditu zitzaion Mikeli; edertasuna eta lasaitasuna atsegin zituen. Joan ziren eliza ikustera. Itziar Axularrez mintzatu zitzaion Mikeli: Axularrek idatzi zuen euskaraz dagoen libururik famatuena, *Gero* izenekoa. Axular Nafarroan sortua zen, baina Lapurdin, herri honetan, izan zen apaiz.

Gero plazan aurkitzen zen kafetegi batean sartu ziren kafetxoa eta *gâteau basque* bat hartzera. Eskerrak Arantxak ekarri zituen zenbait libera etxetik!

Vocabulary

aitzina   *forward, ahead* (= **aurrera**)
aldapa   *slope, hill*
baliteke   *perhaps*
barna   *through*
bat ere   *at all, any*
bat ere ez   *none, not at all*
bihurtu   *return, become, turn into*
edonon   *anywhere*
esan nahi   *mean*
ezkondu   *marry, get married*
frogatu   *try, test, prove*
galdera   *question*
gibelean   *behind* (= **atzean**)
haran   *valley*

heldu   *arrive*
igan, igon, or **igo**   *go up, rise*
jaitsi   *go down, come down*
karnet   *identity card, driver's license*
lasaitasuna   *calm, tranquillity*
libera   *French franc* (also **franko**)
pasaporte   *passport*
polizia   *policeman, police*
segitu   *continue, follow* (= **jarraitu**)
sobera   *too much, too many, too*
soldadu   *soldier*
sortu   *be born; arise, appear; create*
zenbait   *some, a few, certain*

Grammar

A

You have already learned some forms of the present potential auxiliary (**naiteke**, **dezaket**, etc.). The form of the main verb used with these auxiliary forms is the *stem form* (also called the *infinitive*). This is obtained from the dictionary form by dropping the ending **-tu**, **-du**, or **-i**; for example:

galde*tu*   galde (dezaket)
sar*tu*   sar (naiteke)
sal*du*   sal (dezaket)
etorr*i*   etor (naiteke)
ikas*i*   ikas (dezaket)

In other verbs the dictionary form and stem form are identical; for example: **joan (naiteke), erantzun (dezaket), bota (dezaket), atera (naiteke), eduki (dezaket)**. (In the western dialects, instead of the stem form the dictionary form is used, thus: **galdetu dezaket, sartu naiteke, saldu dezaket, etorri naiteke, ikasi dezaket**—but such usage is generally avoided in the literary standard.)

Note: the potential tenses are not the only way of expressing *can* in Basque. One other way, particularly current in the northern dialects, is with **ahal**: **Etortzen ahal zara? Erosten ahal dut** = **Etor zaitezke? Eros dezaket**   *Can you come? I can buy it*. But in the west the potential tenses are more popular.

Exercise 281
Alter the following by changing the future tense to the present potential. Example:

Larunbatean Karmelerengana joango zara.

Larunbatean Karmelerengana joan zaitezke.

1. Ni igandean joango naiz Doneztebera.
2. Doneztebeko taberna batean geratuko gara.
3. Zerbait hartuko dugu bazkaldu aurretik.
4. Elizondon bazkalduko dugu.
5. Karmele gurekin etorriko da.

B

Closely related to the present potential tense is the *second conditional* **joan ninteke**, **eros nezake**, etc. (remember that the first conditional is **joango nintzateke**, **erosiko nuke**, etc.).

In southern dialects, the meaning of the second conditional is *could*, suggesting a possibility (the conditional of *can*): *I could go, I could buy*. Actually, it is often not very clearly differentiated in sense from the present potential, and is quite common in everyday speech. In northern dialects, the second conditional is used instead of the first conditional, meaning just *I would go, I would buy*.

Below are the most common forms of the present potential and the second conditional auxiliaries for comparison:

PRESENT POTENTIAL	SECOND CONDITIONAL
Intransitive:	
naiteke	**ninteke**
daiteke	**liteke**
gaitezke	**gintezke**
zaitezke	**zintezke**
zaitezkete	**zintezkete**
daitezke	**litezke**
Transitive:	
dezaket	**nezake**
dezake	**lezake**
dezakegu	**genezake**
dezakezu	**zenezake**
dezakezue	**zenezakete**
dezakete	**lezakete**

In the second conditional, as in the present potential, the main verb is in the stem form in standard Basque.

Note: *If I found one I would buy it*, which in southern Basque is **Bat aurkituko banu, erosiko nuke**, is in northern Basque **Bat aurkitzen banu, eros nezake**.

Exercise 282

Change the verb from the present potential to the second conditional tense in these sentences.

Example:

Bazkaldu ondoren Iparraldera joan gaitezke.

Bazkaldu ondoren Iparraldera joan gintezke.

1. Eliza ikus dezakezu.
2. Gurekin etor daiteke.
3. Kotxea har dezakegu.
4. Hemen eser zaitezke.

5. Aitonarekin hitz egin dezake.
6. Karta bat idatz dezaket.
7. Zurekin atera naiteke.
8. Gure etxean egon daitezke.

C

Nahi duena **egiten du**   *He does what he wants.*
Ez zait gustatzen *esan duzuna*   *I don't like what you said.*
Zein auto da *Patxik erosi duena?*   *Which car is the one Patxi has bought?*
Etxe honetan bizi dena **ezagutzen dut**   *I know the person who lives in this house.*

In the sentence **Ez zait gustatzen esan duzun gauza**   *I don't like the thing you said* **esan duzun** is a relative clause qualifying **gauza**   *the thing*; we can also say that **gauza** is the "head" of the relative clause. In Basque the head of a relative clause may be left out, just as a noun qualified by an adjective may be omitted, leaving only the adjective, thus: **Ez zait gustatzen esan duzuna.** The omitted "head" may represent a thing, a person, or anything at all. The **-a** that is added onto the **-n** at the end of the relative clause, **duzuna**, is the article. If the relative clause's omitted head is plural, **-ak** must be used:

Ez zait gustatzen *erosi duzuna*   *I don't like the one you have bought/what you have bought.*

Ez zaizkit gustatzen *erosi dituzunak*   *I don't like the ones you have bought.*

Exercise 283

When Karmele says **Jatetxe batean haragi ona jan nahi baduzue,** *elizaren gibelean dagoena* **ona da**, she means, of course, *elizaren gibelean dagoen JATETXEA.* In the same way, say what is "meant" by each of these sentences in which the head qualified by the relative clause is left out.

1. Ez dut ulertu *esan duzuna.*
2. Zein kotxe da onena, hau ala *zure aitak erosi duena?*
3. Hau ez da *behar duguna.*
4. Zein anaia da *aurten ezkondu dena?*
5. *Berandu agertzen direnak* ezin dira sartu.
6. Nobela hau ez da *nik irakurri dudana.*
7. *Lortu zuena* biharamunean galdu zuen berriz.
8. *Igotzen dena* jaitsiko da.

D

Iparralde*rantz* means *toward the north, northward.* The ending **-rantz**   *toward* is obtained by adding the letters **-ntz** to the allative. (In Gipuzkoa the ending is **-runtz**.) Remember that **-raino** means *up to, as far as:* **elizaraino**   *up to the church.*

Exercise 284 (Review)

Translate the following.

1. I don't agree with that at all.
2. How many francs do you have? None.
3. When she grows up, she will turn into a fine lady.
4. The Third World is poor; however, things will not always continue the same.
5. "This passport says that you are married," said the policeman.
6. I'm sorry, I didn't catch your question; would you say it again?

7. After going up the mountain, we went down to the valley.

8. "We have arrived," said the soldier.

9. I showed him my identity card without losing my calm.

10. Why don't you try it?

Reference Notes

49 (the allative case)

85 (conditional of **edin**)

86 (conditional of **ezan**)

107 (the present potential)

108 (the second conditional)

117 (use of **ahal**)

136 (the stem form)

167c (placement of relative clauses)

Exercise 285

After reading the fourth section of "Loreak eta Arantzak," answer the following questions, expressing your own opinion where necessary.

1. Jose zergatik zegoen harrituta?

2. Zer esan nahi du Josek esaten duelarik: "Gaizki? Nola gaizki? O! nere ametsak egiak balira!"

3. Bazekien aitonak Joseren ametsa zein zen?

4. Josek zergatik uste du Malentxok ez duela berekin ezkondu nahiko?

5. Zergatik esaten dio aitonak Joseri, "Etxekoa zara"?

6. Zer zen Josek "barruan zerabilen arantza"?

7. Aitonak esaten dio Joseri: "Arantzak beti izango dituzu, gizon guztiok ditugun bezala." Zer esan nahi du honekin?

8. Zergatik joan behar du Josek mendian bizitzera?

9. "Nik eramango dizut behar duzun guztia," esaten du aitonak. Zer da Josek behar duen guztia?

10. Zergatik esaten du Josek edonon biziko dela ongi orain?

Exercise 286

Try to read the following version, much closer to the original, of this segment from the book *Garoa*.

"Zer esan duzu, aitona?"

"Gaizki iruditzen al zaizu?"

"Gaizki? Nola irudituko zaio gaizki gaisoari botika? O, nere ametsak egiak balira!"

"Hori egin al duzu amets?"

"Horixe berbera."

"Banengoen ba, banengoen ba. Nola ulertu ez zu eta Malentxo?"

"Baina, aitona, Malentxok, zerbait igarri didanez gero, ihes egiten du nigandik."

"Ondo egina: suaren ondotik poxpoluak kendu egin behar dira."

"Ez du nahiko nerekin *zertu*."

"Ikusiko dugu."

"Amonak ere ez. Diruduna banintz baina . . ."

"Manuelek adina ezkonsari izango duzu, etxekoa zara eta."

"Jaungoiko maite maitea! Hau atsegina ematen dit! Hau astuntasuna kentzen zait! Neuk bakarrik dakit barruan nerabilen arantza samina!"

"Arantzak eta nahigabeak beti izango dituzu, gizon guztiek ditugun antzera. Hara, Jose: nik ez dut nahi etxean gazteen arteko keinurik eta txutxu-putxurik.

Orain dakidana ikasi dudalako, gaurtik aurrera, uda honetan behintzat eta gero ere bai gauzak zuzendu arte, Aloñan bizi beharko duzu gehienbat. Zure gain gelditzen dira artaldeak, behiak, esparruak eta abar. Mendietako errege bezala biziko zara. Bertara eramango dizut behar duzun guztia, edo zeuk hartuko duzu mezatara jaisten zarenean."

"Edonon biziko naiz ongi, aitona; edonon izango naiz orain dohatsu, bada nere barruan daramat alaitasunaren iturri gozoa."

Exercise 287

Imagine you are Jose and you are talking to your best friend. Explain what has happened recently, the problem of Malentxo, your conversation with the grandfather, and why you are going to spend some time away from the house.

Composition

(a) Tell a true or imaginary story of a problem that you had to solve at some time in your life.

(b) **Dirua**.

UNIT 34

IPARRALDEKO ADISKIDE BAT

Iñaki drives from Sara to Donibane Lohizune on the Lapurdi coast, and there we are introduced to Piarres. The other reading is the conclusion of the Garoa story. You will learn a few more things about Basque verb constructions.

Iparraldeko Adiskide Bat

"Telefonarik badea hemen?" galde egin zuen Iñakik kafetegian. Iñaki iparraldean aski ibilia zen, eta bazekien iparraldeko eran euskaraz mintzatzen.

"Ba, bada telefona bat hor kanpoan, karrikan. Ateratzen zarelarik eskuin, eta xuxen aitzina."

"Kafea zenbat da?"

"Hogei libera, plazer baduzu . . . Milesker, jauna."

"Nori deitu nahi diozu?" galdetu zion Arantxak, kalean zirenean.

"Piarresi. Etxera bihurtzeko Donibane Lohitzunetik pasa beharra dugunez gero, nere adiskidea ikus genezake."

"Baina badugu astirik?"

"Bai neska. Ideia ona izango da, Mikelek Piarres ezagut dezan eta Donibane ikus dezan. Baina ez daukat frankorik; dirua emango didazu deitzeko?"

"Tori. Aski izanen duzu honekin."

"Eskerrik asko. Bost t'erdietan nonbait itxoin dezala esango diot? Horrela denbora egongo da buelta bat eman dezagun."

"Beno, zoaz deitzera."

Dirua sartu eta zenbakia markatu zuen.

"Halo!"

"Piarres! Iñaki naiz."

"A, Iñaki! Non zara orain?"

"Saran naiz, Arantxa eta beste zenbait adiskiderekin. Libre bazara, pentsatu dut elkar ikus ahal genezakeela, hortik pasa behar bait dugu etxera itzultzeko."

"A, biziki ontsa. Zuek zer tenoretan izanen zarete hemen?"

"Bost t'erdietan, nik uste. Ongi da?"

"Ba, ba, ederki. Zer tokitan?"

"Bost t'erdietan elizaren aitzinean izaten ahal zara?"

"Ba, hor izanen naiz. Sarri artio, orduan."

"Gero arte."

Donibanera joan, Piarresekin elkartu, herriaren erditik ibili eta gero hondartzaraino joan ziren.

"Hemen jaio zinen?" galdetu zion Mikelek Piarresi.

"Ez, Garazin sortua naiz, Baxe-Nafarroan. Baina hemen bizi naiz orain. Donibane Garazi ezagutzen duzua?"

"Ez, ez dut ezer ezagutzen Iparraldean. Gaur lehen aldiz etorri naiz."

"Ezagutu behar zenuke; biziki polita da. Bihar Garazira joanen naiz; enekin jin nahi zarea?"

"Ez dakit; nola itzul ninteke gero Donostiara?"

"Hori ez da problema, badira autobusak. Gaur ene etxean eginen duzu lo. Bihar goizean joanen gara biak Garazira autoz, arratsaldean jinen gara gibelat, eta arratsean autobusa har ezazu Donostiarat itzultzeko."

Vocabulary

amona *grandmother*
arrats (also **ats**) *evening*
artio *until* (= **arte**)
aski *enough, quite a lot*
asti *time (enough time to do something)*
ba *yes* (= **bai**)
badea? *is there?* (= **ba al dago?**)
bake *peace*
biziki *very*
elkar *each other*
ene *my* (= **nere**)
era *way, manner*

erantzun (noun) *answer, reply*
galde egin *ask* (= **galdetu**)
hurbil *near, close*
jin *come* (= **etorri**)
maitasun (noun) *love*
markatu *dial*
ontsa or **untsa** *well* (= **ongi, ondo**)
plazer baduzu *please* (= **mesedez**)
sarri *soon, straightaway; often*
telefona *telephone* (= **telefono**)
tenore *time (of day)*
zoaz! (imperative) *go!*

Grammar

A

A few verbs whose dictionary forms end in **-tu** drop the **-u** but keep the **-t** in the stem forms (forms not used in western dialects); for example:

DICTIONARY FORM   STEM FORM
ezagutu   **ezagut (dezaket)**
sortu   **sort (dezaket)**

Exercise 288
Translate, using the second conditional tense.
1. I could drink a liter.
2. He could send a few francs sometime.
3. With this weather, I could sit in the sun (**eguzkitan**) by the stream.
4. If he found a fiancée, he could get married.
5. You could teach Basque in America.

B

There are *subjunctive* tenses in Basque, which you need not learn to use at present but should nevertheless be aware of. The subjunctive is always used with one of the subordination markers **-(e)n**, **-(e)la**, or **ba-**, depending on the function of the subjunctive in the sentence. The most important of these are listed in the reference section (109). The *present subjunctive* is formed with the stem form of the verb and the present subjunctive auxiliaries, whose most common forms are the following:

INTRANSITIVE   TRANSITIVE (third pers. obj.)
nadi-n, -la   **dezada-n, -la**
dadi-n, -la   **deza-n, -la**
gaiteze-n, -la   **dezagu-n, -la**

zaiteze-n, -la   dezazu-n, -la
zaiezte-n, -la   dezazue-n, -la
daiteze-n, -la   dezate-n, -la

Examples:

Ideia ona izango da, Mikelek Piarres *ezagut dezan* eta Donibane *ikus dezan* *It'll be a good idea so that Mikel can meet Piarres and see Donibane.*

Bost t'erdietan nonbait *itxoin dezala* esango diot? *Shall I tell him to wait somewhere at five-thirty?*

Hola denbora egongo da buelta bat *eman dezagun* *That way there will be time for us to go for a walk.*

Exercise 289

All the following sentences contain subjunctives, but could also be expressed another way without a subjunctive. Can you find this other way?

Example:

Mirentxu ezkon dadin nahi nuke.

Mirentxu ezkontzea nahi nuke.

1. Karneta erakuts dezadala esan dit soldaduak.
2. Amona elizan utziko dugu, berak meza entzun dezan.
3. Zu haran honetan gera zaitezela nahi dut.
4. Esan diot aldapa horretatik errekara jaits dadila.
5. Manifestazio bat egin beharko dugu, gobernua kontura dadin.

C

Another way to say *I have come, I have seen*, etc., besides the near past, consists of using the participle with the article **-a** or **-ak** (in agreement with the *subject* in intransitive verbs and the *object* in transitive verbs) with the present of **izan** or **ukan**, thus: **etorria naiz, ikusia dut; etorriak gara, ikusiak ditut.**

Used instead with the past of the auxiliary, this construction can translate *I had come, I had seen*, etc.: **etorria nintzen, ikusia nuen**, etc. Thus:

Iñaki iparraldean aski *ibilia zen* eta bazekien euskara iparraldeko eran egiten *Iñaki had been about quite a lot in the north and knew how to talk Basque northern style.*

D

Verbs that end in **-n** in the dictionary form, which in western dialects form the future by adding **-go**, take **-en** instead in the other dialects; for example:

Zuek zer tenoretan *izanen* (= izango) zarete hemen?

Ba, hor *izanen* (= izango) naiz.

Bihar Garazira *joanen* (= joango) naiz.

Gaur ene etxean *eginen* (= egingo) duzu lo.

Bihar goizean *joanen* (= joango) gara biak Garazira autoz, arratsaldean *jinen* (= etorriko) gara gibelerat.

E

In the Gipuzkoan dialect, the particle **al** may be placed in front of the finite verb or auxiliary in questions requiring *yes* or *no* as an answer; for example:

Ba *al* da telefonorik hemen?

Donibane Garazi ezagutzen *al* duzu?

Nerekin etorri nahi *al* duzu?

Northern dialects express the same thing by suffixing **-a** to the verb, thus:

Telefonarik bade*a* hemen?

Donibane Garazi ezagutzen duzu*a*?

Enekin jin nahi duzu*a* (or zare*a*)?

Note that when **-a** is added, a preceding **a** turns into **e** (e.g., **da** becomes **de*a***). Note also that **duzua** is pronounced **duzuia** or **duzia** in these dialects.

Exercise 290 (Review)

Translate the following.

1. Grandfather and grandmother love each other.
2. You need to spend some weeks in peace and calm.
3. They had always been close, but now a new love arose between them.
4. Life became very sad for them.
5. We can bring together these elements in a group.
6. He threw the stone a few meters farther.
7. You can go as far as the end of the world, but you cannot return again.
8. When peace spreads throughout the world, no trace of your struggle will remain.
9. Yes, but who will create the peace that you would like to have?

Reference Notes

87 (present subjunctive of **edin**)   120 (the perfect construction)
88 (present subjunctive of **ezan**)   135 (the future form)
109 (the present subjunctive)   136 (the stem form)

Exercise 291

1. After reading the final part of "Loreak eta Arantzak," retell it and comment in your own words.

2. Tell the story from the points of view of: (a) Jose; (b) Malentxo; and (c) the grandfather.

3. Make up a different ending to the story and tell it.

Composition

A day I will never forget.

UNIT 35

DONIBANE GARAZI

Piarres takes Mikel to see both the pretty inland town of Donibane Garazi (St. Jean Pied-de-Port) and the Basque Museum in Bayonne, after which he bids farewell to the American **euskaldun**, and so do we.

Donibane Garazi

"Zer eginen duzu, orduan? Zatoz enekin Donibane Garazira!" zioen Piarresek.

"Ez dakit zer egin . . ." zioen Mikelek.

"Joan zaitez Piarresekin; aukera ederra duzu Baxe-Nafarroa ezagutzeko," esan zion Iñakik.

Beraz, Mikelek Piarresekin joatea erabaki zuen. Goizean goiz jaiki eta gosaldu ondoren, Piarresek bere autoa atera zuen. "Sar zaitez!" esan zion Mikeli, eta ekialderantz abiatu ziren biak.

Donibane Garazi Baxe-Nafarroaren hiriburua da, nahiz Euskal Herriko hiribururik txikiena izan; baita politena ere, askoren ustez, bere etxe eta izan; baita politena ere, askoren ustez, bere etxe eta karrika ikusgarriekin. Errobi ibaiak bere ur garbi freskoak zubi zahar politen azpitik daramatza. Etxe zaharretako ateen gainean diren harriak hiru hizkuntzatan mintzo zaizkigu, historian zehar eskualde hau batzutan Espainiarena, batzutan Frantziarena izan bait da, eta euskalduna beti. Turista anitz joaten dira Donibanera udan, hango hotelak eta kanpinak betetzera; baina inguruko herri eta baserriek beren euskara garbi eta ederra gordetzen dute oraino.

Arratsaldean, Donibanen bazkaldu eta gero, Baionara joan ziren. Han "Musée Basque" famatua ikustera joan ziren. Etxera joateko ordua zenean, Mikelek autobusa hartu zuen Baionatik Donostiara. "Euskal Herria txikia da, baina haundia halere!" pentsatu zuen etxerako bidean.

Vocabulary

amodio *love*
auzo *neighborhood, part of a town or village*
beldur or **bildur** *fear*
berezi *special*
besarkatu *hug, embrace*
bilakatu *become*
erran *say* (= **esan**)
eskualde *region, district*
heldu naiz *I'm coming* (= **[ba]nator**)
historiko *historical*
ikusgarri *worth seeing, picturesque*

iraun *last, endure*
jaiki *get up*
jakin arazi *let* (someone) *know, tell, inform*
kanpin *campground*
kausitu *find* (= **aurkitu**)
laborantza *farming*
maiz *often*
mintzo naiz *I speak*
nihaur *I myself* (= **ni neu**)
zorigaitzez *unfortunately*
zorionez *fortunately*

Grammar

A

You know that the dictionary form can be used as an imperative; for example:
Ireki **atea mesedez.**

Ez *egin* **hori!**

But Basque also has conjugated imperative forms. These may be simple or compound. Simple imperative forms in common use are:

zatoz! (pl. **zatozte!**)   *come!*

zoaz! (pl. **zoazte!**)   *go!*

zaude! (pl. **zaudete!**)   *be! stay! wait!*

emazu! (pl. **emazue!**)   *give (it)!*

ekarzu! or **ekatzu!** (pl. **-e**)   *bring (it)!*

esazu! or **errazu!** (pl. **-e**)   *say!*

Note that **izan** and **ukan** have no simple imperative forms.

The above are second person imperatives, of course. First person plural imperatives end in **-(e)n**, and the best known is **goazen!**   *let's go!*

Simple conjugated imperatives are not used in the negative.

B

Compound imperatives are formed with the stem form of the verb (dictionary form in western dialects) together with an imperative auxiliary. The most frequently used imperative auxiliary forms are:

INTRANSITIVE   TRANSITIVE (third sg. obj.)

sg.: **zaitez**   sg.: **(e)zazu**

pl.: **zaitezte**   pl.: **(e)zazue**

For example:

Ireki **(e)zazu atea mesedez.**

Ez *ezazu* **hori** *egin*!

Eser zaitez.

The first person plural imperative auxiliaries are **gaitezen** (intransitive) and **dezagun** (transitive); for example:

Ikus dezagun   *Let's see.*

For more details, see the reference section (81, 82, 93, and 106).

Exercise 292

Use a conjugated imperative (simple or compound) in place of the dictionary form imperatives in the following sentences.

Example:

Etorri hona!

Zatoz hona!

Idatzi zure izena hemen, mesedez.

Idatz ezazu zure izena hemen, mesedez.

  1. Ikasi ikasgai hau biharko.

  2. Sartu barrura!

  3. Edan ardo hori.

  4. Ekarri plater bat.

  5. Egon hemen pixka bat.

  6. Egon isilik!

7. Irakurri!

8. Altxatu aulkitik!

9. Altxatu eskua!

10. Frogatu kotxea orain.

C

The verb **esan** (or **erran**) *to say* has simple present and past forms, as follows:

PRESENT	PAST
diot	**nioen**
dio	**zioen**
diogu	**genioen**
diozu	**zenioen**
diozue	**zenioten**
diote	**zioten**

For example:

Zer *diozu*?   *What do you say?*

"Ez dakit zer egin," *zioen* Mikelek   *"I don't know what to do," said Mikel.*

Exercise 293 (Review)

Translate. You will need to consult the general vocabulary at the end of the book, but may attempt a free translation. Afterward compare your translation with the beginning of "Azken Agurra," text 8 of the elementary reader.

MARITXU: What are you doing here?

JEAN-PIERRE: Is your mother at home?

MARITXU: No. She's in the neighborhood.

JEAN-PIERRE: Good. I was afraid of finding her here.

MARITXU: But why are you always half afraid? I'm all alone. Aren't you going to hug me? (*They hug*)

JEAN-PIERRE: Maritxu, I come with bad news.

MARITXU: What? Are you leaving me?

JEAN-PIERRE: Leaving? Not altogether, but . . .

MARITXU: Don't you love me anymore?

JEAN-PIERRE: That's not it. I'm leaving here.

MARITXU: And where are you going? Aren't you happy here?

JEAN-PIERRE: Too happy, I'm afraid. Yesterday morning, the boss told me that there is a shortage of work in the factory, and since I started working last, he said I should look for something else.

MARITXU: Damned boss! And what will become of you now?

JEAN-PIERRE: I don't know myself!

MARITXU: And if you remained in farming.

JEAN-PIERRE: The house goes to the oldest brother.

MARITXU: Then . . .

JEAN-PIERRE: There are not a great many solutions! What remains to me is to leave the village!

MARITXU: Where are you thinking of going?

JEAN-PIERRE: How do I know? If one has to go away, it is better to go pretty far.

MARITXU: To Paris perhaps?

JEAN-PIERRE: I think so.

MARITXU: Then you are lost to me!

JEAN-PIERRE: How come?

MARITXU: With you in Paris and me here, how do you expect our love to last?

JEAN-PIERRE: I'll write to you often.

Exercise 294

1. What do you think Jean-Pierre ought to do, and why? Point out the different sides of the question.

2. The situation of young people having to emigrate because of lack of work presented in this story has been and still is frequent in the northern Basque Country. What do you think are the reasons for this, and what consequences do you think it has for northern Basque society?

3. Write or have a discussion about Basque emigration in general.

FURTHER STUDY UNIT

Vocabulary

adierazi *express*
agian *hopefully*
ahantzi or **ahaztu** *forget* (e.g.,
  ahantzi zait or **dut** *I have forgot-*
  ten)
aho *mouth*
aire *air*
aldatu *change*
aldi *time*
aurten *this year*
bada *then* (= **ba**)
baliatu *use* (e.g., **honetaz baliatuko**
  naiz *I'll use this*)
begi *eye*
belarri *ear*
bihotz *heart*
botika *medicine*
buru *head*
dantzatu *dance*
egoki *suitable, convenient*
festa or **besta** *fiesta*
filme *film, movie*
gorputz *body*
haserretu *get mad, get angry*
ile *hair*
irabazi *win, earn, gain*

kalte (noun) *harm, damage*
kalte egin (verb) *do harm*
karta *letter*
kolore *color*
lege *law*
lodi *thick, fat*
maite *love, dear, darling, beloved*
mehe *thin*
min *pain, ache* (e.g., **buruko**
  min *headache*)
min egin or **min eman** (verb) *hurt*
neroni *I myself* (= **nihaur, ni neu**)
oin *foot, base*
oroitu *remember* (e.g., **honetaz**
  oroitzen naiz *I remember this*)
presa *hurry, haste* (e.g., **presa**
  daukat *I'm in a hurry*)
samar *rather, quite* (e.g., **zabal sa-**
  mar *rather broad*)
sekula *ever* (= **inoiz**)
sinetsi or **sinistu** *believe*
teatro *theater*
uda or **udara** *summer*
udaberri *spring*
udazken *fall, autumn*
zabal *wide, broad*

Grammar

A

Review the reference section (58), then study and translate the following examples.

1. Niganik urrundu nahi duzu.
2. Zer du bada Parisek, denak beregana biltzeko?
3. Tabernako zarata ni$reganaino heltzen da telefonoaren haritik zehar.
4. Zure begitartearen gozoa ni baitan sartua dago.

Exercise 295

Translate the following.

1. I knew you would come back to me, my darling!
2. How can you use me like this? Is there not a heart in you?
3. Fortunately, the letter the Englishman sent did not get to the lady.
4. The poor cat ran away from the dog.
5. Go to your sisters, and if they are in pain give them medicine.

B

Review the reference section (44, last paragraph), then study and translate the following examples.

1. Azken agurraren egitera etorria naiz.
2. Zeren egiteko nahi duzu diru hori?
3. Erretreta hartu eta, azken egunen pasatzera etorriko naiz.
4. Teatro ederraren ikusteko, Parisera joan behar da.

C

In western Basque, *some man or other* can be translated **gizon*en* bat**, that is, by **bat** preceded by the noun in the *possessive indefinite* form. Thus:

Beste egun*en* bat*ean* pasako naiz   *I'll come by some other day.*

Exercise 296

Translate the following.

1. I think some friend came to see her.
2. He was taking some sort of medicine.
3. That day there was some fiesta or other, I forget which fiesta it was.
4. Perhaps you'd like to see a movie?
5. There's a demonstration against some new law.

D

The verb **irudi**   *to seem* has simple tenses. The present is:

dirudit   *I seem*

dirudi   *he/she/it seems*

dirudigu   *we seem*

dirudizu   *you* (sg.) *seem*

dirudizue   *you* (pl.) *seem*

dirudite   *they seem*

Thus:

Inesen bozak epelago *dirudi* gaur   *Ines's voice seems warmer today.*

    As you see, **irudi** is *transitive*. The forms **badirudi . . .**   *it seems (that) . . .* and **dirudienez**   *apparently* are particularly common. On the other hand, the verb **iruditu**   *to seem*, which has no simple tenses, is *intransitive dative*; for example:

Gaizki *iruditzen* al *zaizu*?

Nola *iruditu zaio* Malentxori?

Exercise 297

Translate the following.

1. It seems that you don't believe me.
2. Apparently he doesn't earn much.

3. The air seems thick; do you know what I mean?

4. It seems to me that his heart has changed this year.

E

Word formation: study the following suffixes in the reference section: **-tasun** (185); **-le**, **-tzaile** (189); **-ki** (198).

Study the following words, saying how each is derived and what you think it means. You can look up words about which you have any doubt in the general vocabulary list:

batasun, berezitasun, egile, erraztasun, estuki, irabazle, jarraitzaile, segurki.

F

An adjective, noun, or other part of speech is frequently turned into a verb in Basque—rather as in English, where we have, for example, the verb *to clean* from the adjective *clean*, the verb *to man* from the noun *man*, and so on. In Basque such derived verbs end in **-tu** (or **-du**) in the dictionary form. A few examples are: **garbi*tu*, haserre*tu*, poz*tu*, galde*tu*, puska*tu*, apur*tu*, lapur*tu*, hobe*tu*, elkar*tu*, bat*u*, zabal*du*, urrun*du*, hurbil*du*, ohera*tu*, gogora*tu*, beregana*tu*.** (These are derived from: **garbi** *clean*; **haserre** *angry, anger*; **poz** *joy*; **galde** *question*; **puska** *piece*; **apur** *crumb*; **lapur** *thief*; **hobe** *better*; **elkar** *each other*; **bat** *one*; **zabal** *wide, broad*; **urrun** *far*; **hurbil** *near*; **ohera** *to bed*; **gogora** *to mind*; **beregana** *to itself/himself/herself*.)

Some words ending in **e** or **o**, when thus turned into verbs, may alter this final vowel to **a**. Some examples: **maitatu, nekatu, osatu** (from **maite** *beloved*; **neke** *hard work, effort*; **oso** *whole*).

What about the following words?

agurtu, asmatu, behartu, euskaldundu, hoztu, isildu, lagundu, moztu, mugatu?

Exercise 298 (Review)

Translate the following.

1. If you're not in a hurry, why don't you walk as far as the provincial government? You could take the bus from there.

2. They've decided they'll go to see some movie here instead of going out of town, because it's raining.

3. Do you have any medicine on you? That cold air has given me a headache.

4. I don't think I'll continue this spring; six months are enough.

5. Her body is rather thin, and she has long hair, but I don't remember the color of her eyes.

6. You needn't use such thick paper; it comes out too expensive.

7. I don't want you to change the color of your hair; I'll get angry if you change it.

8. He has a pretty good ear for singing, but he always forgets the words.

9. Sometimes it is easier to put something in a letter than to express it orally.

10. Yes, I know what you mean, but I don't agree at all.

11. These shoes are not suitable for your feet; they're too wide.

12. This year the laws have changed.

13. I love your eyes, I love your mouth, I love your hair, I love your ears, I love your head, I love your body, I love your hands; oh yes, and I love your feet.

14. Let's get married this year, in the fall, my love.

15. How many times have I told you to close your mouth when eating?

16. If you want to know how much someone has worked, his hands will express a lot; if he has worked a lot, they will be hard and thick, not thin and pretty.
17. The police informed the inhabitants that the demonstration would be forbidden.
18. Fortunately they didn't harm her.
19. They have never gotten angry with each other.
20. Shall we go to the theater or shall we go dancing (to dance)?

Reference Notes
44 (the possessive-genitive case)   189 (-**tzaile** and -**le**)
58 (animate local postpositions)   198 (-**ki**)
185 (-**tasun**)

Exercise 299
Read the whole of "Azken Agurra" (text 8 of the elementary reader). Then answer these questions.
1. Jean-Pierre zergatik da beldur, Maritxuren etxera joaten denean?
2. Zer da Jean-Pierrek dakarren berri txarra?
3. Jean-Pierrek zergatik utzi behar du Maritxu?
4. Zergatik ezin da geldittu laborantzan?
5. Zergatik uste du hobe dela Parisera joatea?
6. Jean-Pierre "Bortxatua naiz" esaten duelarik, zer esan nahi du?
7. Maritxuk Jean-Pierre berriz ikusiko du joan aurretik?
8. Zergatik ez da Jean-Pierre nagusiarekin haserretu?
9. Maritxuk zergatik ez du Parisera joan nahi?
10. Zer gertatuko zaio Jean-Pierreri Parisen, Maritxuren ustez?
11. Maritxuk zergatik ez du Jean-Pierre ahantziko?
12. "Agian, lehena eta bakarra!" dio Jean-Pierrek; zer esan nahi du?

Exercise 300
Read "Ines" (text 9 in the reader), then answer these questions.
1. Zergatik ez zaio kostatzen Inesi mutilaren apunteak gaur eramatea?
2. Inesen deia sorpresa bat da mutilarentzat?
3. Zergatik uste duzu "larunbatak ez duela deus esan nahi" mutilarentzat?
4. Zergatik gertatzen da isilunea bien artean?
5. Zergatik galdetzen dio Inesi nondik deitzen dion?
6. Nolakoa da Ines fisikoki?
7. Urteko zein aro da? Negua?
8. Zergatik esaten du Inesen aurpegia ikusi nahi lukeela?

Review
Review units 26 and 27.

FURTHER STUDY UNIT

Vocabulary

abar: eta abar *etc., and so on*
abertzale *nationalist, patriot(ic)*
alferrik *useless(ly), in vain*
argi *light, bright, clear*
argi dago *it's clear, it's obvious*
askatasun *freedom*
baldin *if*
baserritar *baserri person, farmer*
desberdin *different*
ebaki *cut*
edozer *anything; any*
egiazko *true, real*
egoera *situation*
erdaldun *non-Basque speaker/speaking*
esate baterako *for example, for in-stance*
ezik *unless, except*
gaiso(rik) *ill, sick*
gartzela *prison*
goilare *spoon*

hainbat *so many/much, many, much*
heriotze *death, demise*
ikurrin *flag*
itzali *extinguish, put out, go out, die out*
kantaldi *concert, song recital*
labana *knife*
lotsa *shame(fulness)*
lotsa naiz *I am shy*
merezi du *it is worth(while)*
milaka *thousands, by the thousands*
negar egin *cry, weep*
neurri *measure, degree, extent*
-n neurrian *to the extent that*
omen: see note B
ote: see note A
piztu *turn on, come on (a light, etc.)*
sarrera *entry, entrance; ticket*
tenedore *fork*
zaindu *look after, protect, watch (over)*

Grammar

A

Study the particle **ote** in the reference section (123), then study and translate the following examples.

1. Eta nora zoaz? Ez ote zara hemen ongi?
2. Azken aldiko ikusten ote zaitut?
3. Norbaitek, "*Sí, yo sé vasco*" esanez, halere ez badu hitzik ateratzen erdaraz izan ezik, euskalduna ote da?

Exercise 301

1. I wonder if those fellows who are dancing are farmers?
2. Did you turn out the light when you went out by any chance? No, I didn't remember.
3. I wonder what else we need? Ah yes, the bread and wine.
4. I'd like to know what measures the Basque government is taking to resolve this situation.

B

Now study the particle **omen** in the reference section (123), and translate the following.

1. Txikitan ba omen nekien euskara pixka bat, Oñatin 1934eko urrian ikasia; eta amonari noiz-behinka entzuna.
2. Jakin badaki euskaraz: ama baserritarra du, berak ere eskolan hasi arte ez omen zekien erdararik.

Exercise 302

Translate the following using **omen**.

1. Watch out! I heard that he has a knife!
2. He says he'll pay me for the tickets next week—*if* he remembers, of course!
3. Supposedly it's the man's job to cut the bread. Luix, have you got a knife? Start cutting the bread for everybody then.

C

Impossible conditions (or *past hypothetical* conditions) are those of the type *If he had written, I would have answered* (since they imply: *But he **didn't** write*). They are distinct from *hypothetical conditions*, such as *If he wrote/If he were to write, I would answer*. Basque hypothetical conditions were examined in unit 28, notes C and D, and unit 29, note A; those notes can now be reviewed. The formation of *impossible* conditions and their consequences in Basque is as follows.

In the *hypothesis* (*if he had written*), the verb is in the *past hypothetic* tense, which consists of the main verb in dictionary form and the hypothetic auxiliary (see the reference section, 105): **idatzi balu**.

In the *consequence* (*I would have answered*), the verb is in the *future-in-the-past*, which, as you know, is the future form of the main verb and the past auxiliary (see the reference section, 102): **erantzungo/erantzunen nuen**.

Exercise 303

Translate the following.

1. I wouldn't have been surprised if they'd caught him.
2. If it had been the only station, I would have stopped right there.
3. I would have studied more geography and culture if I had had a chance.

Exercise 304 (Review)

Translate the following.

1. Your death has not been in vain; we shall overcome!
2. In the middle of the movie someone turned on all the lights.
3. Take the knives, forks, spoons, and dishes to the table; it's time to have dinner.
4. Shall we have cider? What do you prefer?
5. Basques are often shy; they don't like to be different from their friends.
6. That's a true farmer for you.
7. Each must look after his own garden.
8. Be careful, this one's different!
9. They believed that their love would last until the day of their death.
10. Red, white, and green are the colors of Euskadi's flag.

Reference Notes

102 (the future-in-the-past)   123 (the particles **ote** and **omen**)
105 (the past hypothetic)   159 (conditions)

Exercise 305

Read "Txillardegi eta Euskara," text 10 in the elementary reader. Then say whether the following statements are true or false with reference to the text, and comment on each.

1. Txillardegi euskaldun berria da.
2. Txillardegiren aita eta ama euskaldunak ziren.
3. Txikitan ez zuen inoiz euskara entzuten.
4. Hamazazpi urte zituenean hasi zen euskara ikasten.
5. Hasieran udetan bakarrik ikasten zuen.
6. Bilbon bizi zenean euskara gauez ikasten zuen.
7. Beranduago artikuluak eta nobelak euskaraz idazten hasi zen.
8. Txillardegik uste du ez dela miraririk izan bere kasuan.

Exercise 306

Read "Euskaldunaren Definizioa," text 11 of the elementary reader, then answer these questions.

1. Zer da euskaldunaren definizioa?
2. Egilearen auzoan bizi den emakume hura, euskalduna da ala ez?
3. Zein da hizkuntza hil eta bizien arteko diferentzia?
4. Zer egoeratan dago euskara?
5. Badago itxaropenik euskararentzat? Zertan dago itxaropen hori?

Review

Review units 28 and 29.

FURTHER STUDY UNIT

Vocabulary

aipatu *mention, refer to*
argazki *photograph*
aurka *against* (= **kontra**)
ea *let's see*
era *kind, sort*
eskutitz *letter* (= **karta**)
ezarri *place, set up, put*
futbol *soccer, football*
garai *period, time*
gonbidatu *invite*
ikaragarri *tremendous, terrible*
ilun *dark, obscure, unclear*
interesgarri *interesting*
ipini *put*
jabe *owner, master*
kirol *sport*
komeni da *it is advisable, it suits*
lagundu *help, accompany*
laguntza (noun) *help*
larri *serious(ly), bad(ly)*
lotsagarri *shameful, disgraceful, outrageous*

musika *music*
oinarri *footstone, base, basis*
oinarrizko *basic*
onartu *accept, approve*
orain dela *ago*
osasun *health*
pelota or **pilota** *ball, handball, pelota, jai alai*
pelotari or **pilotari** *jai alai player*
presaka *hurriedly, fast*
preso *prisoner*
prestatu *prepare, get ready*
sendo *strong, vigorous*
ume *child (human), young (of animals)*
usain *smell, hint, air*
zoro *crazy, mad*
zulo *hole*
zuzendari *director, conductor*

Grammar

A

Study the reference section (147 and 148) on participles and suffixes **-ta**, **-ik**. Study the following sentences.

1. Harrituta gelditu zen Jose.
2. Proposamen honen xede nagusia, egun egoera txarrean sakabanaturik aurkitzen diren eskolumeak zentro bakar egoki batetan biltzea litzateke.
3. Herriko plazarekin muga egiten duten 2000 metro kuadro begiz joak ditu Udalak, eskola honetaz gainera parkea, igeritegia eta abar eginik era askotariko eskol ingurua sortzeko.

B

Study the reference section (149) on attributive participles. Notice this example:
Lanegunetan bakarrik erakusten dira koadrook, goizeko 10,30etatik ordubat eta

erdietara, eta arratsaldean 5etatik 9etara; hilaren 19an amaituko da *aipatu*
erakusketa   *These pictures are only exhibited on weekdays, from 10.30 A.M. to one
thirty, and from 5 to 9 P.M.; the said exhibition (the mentioned exhibition) will end on the
nineteenth.*

We could equally say *aipatutako* **erakusketa**. The noun qualified by the
attributive participle may be omitted; for example:

Botila hau ireki gabe dago; non dago atzo *hasitakoa*?   *This bottle is unopened;
where is the one (that was) started yesterday?*

Liburu, aldizkari eta antzekoetan *argitaratutakorik* **ez da onartuko**   *None that has
been published in books, magazines, or the like will be accepted.*

C

Study the reference section (18) on the proximate article. Look at these examples.

Hor *egunotan* **umeen koadroak ari dira aurkezten**   *They are exhibiting children's
paintings there at present (these days).*

Lanegunetan bakarrik erakusten dira *koadrook*   *The pictures (the ones we're talking
about) are only exhibited on weekdays.*

Isilunea egin da *bion* **artean**   *A silence arose between us (between these two, i.e., us
two).*

Study and translate the following too.

1. Sariok banatuko dira: 6000 pezeta, 4000 eta 2000.
2. Umeok 9 urtetatik 16ra bitartekoak dira.
3. Arantzak beti izango dituzu, gizon guztiok ditugun bezala.
4. Nik badakit bera ere bildur dela gu bion arteko isiluneaz.

D

Three days ago can be expressed: *orain dela* **hiru egun**, *orain* **hiru egun**, or *duela*
hiru egun. Thus:

Gure aitona hil zen *duela zazpi urte*   *My (our) grandfather died seven years ago.*

Nola bizi ote ziren *orain dela laurogei urte?*   *How did they live (I wonder) eighty years
ago?*

In the following example, the time expression is adjectivalized by **-ko**:

Argazki hau orain dela hogei urte*ko***a da**   *This photo is from twenty years ago.*

(We can also, of course, say: **Argazki honek hogei urte ditu**   *This photo is twenty
years old.*)

Study these examples.

1. Erakusketara bidaliko diren argazkiak, gutxienez orain dela berrogei urtekoak
   izango dira.
2. Orain dela laurogei-ehun urteko gizon-emakumeak nolakoak ziren ikusteko
   aukera emango du erakusketa honek.

E

Word formation: study the suffixes **-(t)ar**, **-dun**, and **-tsu**, in the reference section
(192, 194, and 195). Can you find examples of these in the texts in the reader?

Exercise 307 (Review)

(a)

1. We children will be the masters of the world tomorrow.
2. Ladies and gentlemen, the music has begun and we must all dance.

3. Is there a doctor among those here, please?
4. Eighty years ago, the situation in the country was different.
5. Fifteen years ago, there was nothing but green fields here; the change has been tremendous.
6. Are you crazy? How are you going to pay for it?
7. There are seven children, and we'll have to find someone to look after these children.
8. Who is the owner of this dog?
9. Do you really enjoy living in that dark hole?
10. The doctor hurried out of the theater.
11. Health cannot be paid for with money.
12. How much do these medicines that she needs cost? It's disgraceful!
13. Watch out, this cow is half crazy!
14. Will you help me to put the forks, spoons, knives, etc., on the table; it's time to set (**prestatu**) the table.
15. These things that you have mentioned are outrageous; yes, I will help you by writing a letter to the newspapers in favor of these farmers and against that owner.

(b)
1. I wanted to invite that singer to come with us, but I was shy.
2. There are many Basque sports; jai alai is only one of them.
3. Some jai alai players go to America to earn more money.
4. The prisoners' situation has never been as serious as now.
5. With this letter and the director's help, let's see what we can do.
6. Let's set up a table in front of the church to ask people for help for the nationalist prisoners.
7. What's that delicious smell that is coming from the kitchen?
8. The fellow we invited was a strong young jai alai player.
9. That is a basic element in modern Basque music.
10. Who will come to help us prepare everything?
11. Come when it suits you.
12. Quiet! Turn off that music!
13. When I turned on the light I saw something interesting.
14. I didn't know what he meant.
15. It wasn't worth saying anything.

Reference Notes

18 (the proximate article)	175 (time expressions)
147 (the participle)	192 (**-[t]ar**)
148 (the suffixes **-ta** and **-[r]ik**)	194 (**-dun**)
149 (attributive participles)	195 (**-tsu**)

Exercise 308

Read "Probintzietako Berriak," text 12 in the reader. Here is a list of the short articles that appear in this reading:
(A)   Laguntza Levantera
(B)   Mendira
(C)   Abortoaren kontra
(D)   Haurren koadroen erakusketa

(E)   Kiroltoki berriak
(F)   Etxeak pintatzeko kanpaina
(G)   Festak Idiazabalen
(H)   Argazki zaharren erakusketa
(I)   Gaztetoki bila
(J)   Kiroldegi berria
(K)   Preso baten aldeko manifestazioa
(L)   Berrikuntzak Errazun
(M)   Eskola berria nahi

(a) Try to say, from memory, what each of these articles is about.

(b) Below are thirteen fragments, each of which is taken from one of the articles you have read. Try to say, from memory, which fragments belong to which article.

(c) Comment on each of the fragments, saying what it is referring to and anything else that occurs to you about each.

1. 19.600 metro koadrotako terreno malkartsu eta osintsuan egingo da. Eta horretarako lan gogorrak beharko omen dira.

2. Gailur horretatik paraje zorogarriak ikus daitezke.

3. Orain dela laurogei-ehun urteko gizon-emakumeak nolakoak ziren ikusteko aukera aproposa.

4. Seguru talde feministek behar den erantzuna emango diotela gotzaiaren eskutitz atzerakoi honi.

5. Proposamen honen xede nagusia, egun egoera txarrean sakabanaturik aurkitzen diren eskolumeak zentro bakar egoki batetan biltzea litzateke.

6. Gaur, igandea, egun osoan, Koskola Txaranga ibiliko da herriko kalean zehar, jo eta jo.

7. Orain, laurehun tonelada patata bidali dituzte arabarrek, dohainik, hango egoera txarra zertxobait eztitzeko asmotan.

8. Bihar goizean pelota partidaren ondotik 11etako aperitibora herritar guztiek gonbidoa badute.

9. Antza denez, sekulako arte harrobia dago Bilbo zulo honetan.

10. Aukera bikaina probintzia edertzeko.

11. Ordu berean Frantzia eta Eskoziaren arteko rugby partidari so zeuden jende normal gehienak.

12. Ea guztien artean leku aproposik aurkitzen duten.

13. Aipatu zubi honez gainera, beste zenbait auzabide ere berrituko dira, materialea bertako Udalak jarria izanen delarik.

Review

Review units 30 and 31.

UNIT 39
FURTHER STUDY UNIT

Note: in this and the next chapter, there are no vocabulary lists. Consult the general vocabulary at the back of the book for the exercises and readings.

Grammar

A

Ellipsis means the practice of leaving some words out of a sentence that are "understood" because they are necessary to complete its meaning. When we say *John likes coffee and Mary tea* what we understand is *Mary likes tea*: there is an ellipsis of the word *likes* in the second part of the sentence. The device of ellipsis is much used in both spoken and written Basque. The part left out is often the verb; all the remaining elements must take the same grammatical form (case endings, etc.) required when the verb that has been omitted is used. Let us take an example:

Eta horren ondorenak jakinak dira: baratzak belar gaiztoz josita, teilatuak zuloz beterik, arbolak abandonatuta, eta abereek janari eskasa   *And the consequences of that are well known: the gardens overgrown with weeds, the roofs full of holes, the trees neglected, and the animals underfed.*

In the first three of the four elliptical clauses in this sentence, the omitted verb is **daude** or **gelditzen dira**. In the fourth, the verb must be **dute** or **daukate**, so the subject **abereek** is in the ergative case. Here is another example:

Gaualdean ugazaba lo, morroiak iji et aja zahagiaren inguruan kontu kontari eta abereak goseak amorratzen   *In the evening the boss (was) asleep, the men laughing and talking (storytelling) around the wineskin, and the animals starving (exasperated with hunger).*

In the following example, the elliptical clause **gauzak horrela** (with something like **zirelarik** understood) stands in an adverbial relation to the rest of the sentence:

Gauzak horrela, gero eta gertuago ikusten zen Iraultza eguna   *Things being the way they were, Rebellion day appeared nearer and nearer.*

B

Another device typical of both spoken and written Basque is the use of repetition to intensify, emphasize, or add vividness. Adjectives and adverbs are often repeated:

egunero-egunero   *every single day*
polit-polita   *very pretty, really nice*

Notice, in the second example, that the grammatical ending (here **-a**) is *not* repeated (**polita-polita** would be incorrect). So also:

Bakar-bakarrik **naiz/nago**   *I'm completely alone.*

Look for examples of repetition in the text you will read in this unit.

C

Read the reference section (173 and 174). There are examples of both of these constructions in this unit's reading; can you find them?

D

Study the reference section (199), on the adverb-forming suffix **-ka**. In this unit's text the following examples occur:
balantzaka, golpeka, maldizioka, noiz-behinka, presaka.

Exercise 309 (Review)

1. These lessons get harder and harder. I wonder if you could help. Will you explain to me what some of these words mean?
2. Last year my husband used to get drunk every Saturday night. I usually go to bed before midnight, but I used to wake up at two, three, or four at night when he came in. He's very ugly when he gets drunk.
3. The two of us remained near the fountain looking up at the moon, with the smell of wet grass and the sound of the water of the fountain.
4. I invite you to accompany me to every corner of the nation this year. But we'll have to go in winter, for that is the best time for the farmers.
5. The director was glad to hear the news of the results. He offered me a drink.
6. It was midnight, and the moon in the sky resembled a big ball. "Let's see what this winter brings," I thought.
7. The health of the nation is more important than anything else. When somebody's body is sick, we call the doctor. But who is the doctor?
8. Do you really like that ugly sound? I can't believe that is music.
9. God works in many ways; but is this one of them?
10. Although we invited them, they didn't accept. It's the most disgraceful thing I've ever heard.

Reference Notes

173 (*bigger and bigger*)
174 (*as big as possible*)
199 (**-ka**)

Reading

Read "Kolpea" (text 13 of the reader).

Review

Review units 32 and 33.

UNIT 40

FURTHER STUDY UNIT

The singing of verses (**bertsoak**) forms a living, important part of the Basques' folk oral tradition. In their fundamental form, verses are improvised on the spur of the moment (**bat-batean**) in front of an informal group of friends (or whoever happens to be in the vicinity!), or else with a formal audience in organized events. The melody used for singing the verses is almost always one of the tunes commonly used for this purpose. The verse singer (**bertsolari**) is expected to meet rather strict requirements of rhyme and of measure (**neurri**)—the number of syllables per line—corresponding exactly to the number of notes in the tune (**doinu**).

There are various meters in use, of which the two most popular are called **zortziko handia** and **zortziko txikia**. These both have eight lines per stanza (whence **zortziko**), and the measures are 10-8-10-8-10-8-10-8 and 7-6-7-6-7-6-7-6, respectively. In both types of stanza the second, fourth, sixth, and eighth lines rhyme with each other. The **hamarreko handia** differs from the **zortziko handia** in having ten lines instead of eight (thus 10-8-10-8-10-8-10-8-10-8), with the second, fourth, sixth, eighth, and tenth lines rhyming. For contest purposes this longer measure has the advantage of offering the opportunity to say more in each stanza and is more challenging.

In an informal gathering, the subject matter of the verses is lighthearted and trivial or comments on the affairs of those present. It is common for two, or more, to alternate back and forth answering each other, taking turns to sing a **bertso** (stanza) or a **puntu** (pair of lines ending on a rhyme) each time.

In an organized recital (e.g., at the annual fiestas of a village) or at formal **bertsolari** contests held regionally or nationally, a similar pattern is followed, but the subject matter tends to become more significant and there is a master of ceremonies (**gaijartzaile**) whose job it is to set the subjects and other requirements (e.g., such-and-such a measure or rhyme must be used, or the contestants are to alternate in a certain order) and to announce these to each **bertsolari** as his turn comes up.

In "Aitari Buruzko Bertsoak," text 14 of the elementary reader, you may read some verses by Xabier Amuriza and Jon Enbeita, the winner and runner-up respectively of the 1980 national championship (**txapelketa**) held in Donostia. They were both asked, separately, to sing three stanzas in **hamarreko handia** on the subject **Aita**.

Exercise 310 (Review)
1. Before making dinner I turned on the radio. I hadn't listened to the radio for a long time, and I thought it would be interesting to see what it was like.
2. We've had strange weather this month. First we had a lot of rain, and it was impossible to go out of the house without getting wet from tip to toe. Then,

when no one expected it, it changed completely, and now it seems like sum-
mer, or at least spring, instead of winter.

3. At midday, if the sun comes out, the heat is tremendous. Thank goodness
there's a stream here; otherwise it would be too much!

4. I have an idea. If we buy some gasoline, I'll take you to a special place that
you'll like a lot.

5. Is there anyone in the bathroom? No, it's empty, but I'm having trouble
opening the door. Hang on a moment, and I'll help you. Sometimes one has to
give the door a good kick.

6. Bring the check, please. Okay. How much is it? That much? My goodness! I'm
not going to pay this! I only had one **ebakia**, nothing else!

7. This wine costs ten francs a bottle. Would you like a liter, madam? Ten francs,
please. Here you are. Thank you very much. Good afternoon, madam.

8. This passport is only good for Western nations, unfortunately.

9. I've never seen anyone prettier than her.

10. I'd like to know how many times they've slept here.

Review

Review units 34 and 35.

KEY TO EXERCISES

Exercise 7a
1. Hori ez da itsasoa.
2. Hura ez da Donostia.
3. Ez da Antiguo.
4. Mendia ez da Urgull.
5. Ez da Igeldoko herria.
6. Hauek ez dira baserriak.
7. Ez dira etxeak.
8. Horiek ez dira mendiak.
9. Haiek ez dira basoak.
10. Hau ez da baserria, eta haiek ez dira etxeak.

Exercise 7b
1. Hori itsasoa da? Bai, itsasoa da. Ez, ez da itsasoa.
2. Hura Donostia da? Bai, Donostia da. Ez, ez da Donostia.
3. Antiguo da? Bai, Antiguo da. Ez, ez da Antiguo.
4. Mendia Urgull da? Bai, Urgull da. Ez, ez da Urgull.
5. Igeldoko herria da? Bai, Igeldoko herria da. Ez, ez da Igeldoko herria.
6. Hauek baserriak dira? Bai, baserriak dira. Ez, ez dira baserriak.
7. Etxeak dira? Bai, etxeak dira. Ez, ez, dira etxeak.
8. Horiek mendiak dira? Bai, mendiak dira. Ez, ez dira mendiak.
9. Haiek basoak dira? Bai, basoak dira. Ez, ez dira basoak.
10. Hau baserria da eta haiek etxeak dira? Bai, hau baserria da eta haiek etxeak dira. Ez, hau ez da baserria eta haiek ez dira etxeak.

Exercise 7c
1. Zer da hori? Itsasoa da.
2. Zer da hura? Donostia da.
3. Zer da? Antiguo da.
4. Zer da mendia? Urgull da.
5. Zer da? Igeldoko herria da.
6. Zer dira hauek? Baserriak dira.
7. Zer dira? Etxeak dira.
8. Zer dira horiek? Mendiak dira.
9. Zer dira haiek? Basoak dira.
10. Zer da hau, eta zer dira haiek? (Hau) baserria da, eta (haiek) etxeak dira.

Exercise 8
1. Hauek etxeak dira.
2. Horiek herriak dira.
3. Haiek mendiak dira.
4. Basoak dira.
5. Baserriak dira?
6. Haiek basoak dira?
7. Horiek ez dira mendiak.
8. Ez dira herriak.
9. Zer dira?
10. Zer dira hauek?

Exercise 9a
1. Ikaslea da.
2. Ikaslea da.
3. Ikaslea naiz.
4. Ikaslea zara.
5. Ikasleak dira.
6. Ikasleak gara.
7. Ikasleak zarete.
8. Amerikanoa naiz.
9. Mutila zara.
10. Neskak gara.

11. Haurrak zarete.
12. Euskalduna da.

Exercise 9b

1. Ikaslea zara? Bai.
2. Neska euskalduna da? Ez, amerikanoa da.
3. Hori itsasoa da?
4. Amerikanoa zara?
5. Amerikanoak zarete?
6. Neskak ikasleak dira?
7. Mutilak dira?
8. Hau Alde Zaharra da? Bai.
9. Hura ere Alde Zaharra da? Ez, hura Gros da.
10. Euskaldunak zarete? Bai, euskaldunak gara.

Exercise 10

1. Ez da amerikanoa; euskalduna da.
2. Ez dira ikasleak.
3. Ez naiz euskalduna.
4. Ez zara neska.
5. Ez gara amerikanoak.
6. Ez zarete haurrak!
7. Mutila ikaslea da.
8. Neska ere ikaslea da.
9. Haurrak ez dira ikasleak.
10. Ez naiz ikaslea.

Exercise 13

1. Begira, zer da hori?
2. Zer zara, amerikanoa?
3. Zer dira mutilak? Amerikanoak dira.
4. Hauek euskaldunak dira, eta horiek amerikanoak dira.
5. Haurrak ere euskaldunak dira.
6. Etxea euskalduna da.
7. Herriak euskaldunak dira? Bai, haiek ere bai.
8. Mutila eta neska euskaldunak dira.
9. Begira, hura Donostia da.
10. Zer zarete? Ikasleak gara.
11. Begira hemen, Joseba. Begira hor, Xabier.
12. Zer ordu da orain? Zazpiak dira.
13. Zer? Zazpiak dira? Bai, horixe.

14. Hau ez da Edurne. Itziar da.
15. Mutilak. Neskak. Haurrak. Ikasleak.
16. Ez naiz Arantza. Maite naiz.
17. Zenbat? Hamabi? Ez, hamaika.
18. Ez dira bederatziak. Zorziak dira orain.

Exercise 15

1. Etxeak zuriak dira.
2. Mendiak politak dira.
3. Tabernak zaharrak dira.
4. Ikasleak onak dira.
5. Kaleak berdinak dira?
6. Basoak zaharrak dira?
7. Lagunak ez dira atseginak.
8. Herriak ez dira txikiak.
9. Mutilak amerikanoak dira.
10. Neskak euskaldunak dira.

Exercise 17

1. Mendi haiek politak dira.
2. Ardo hauek oso beltzak dira.
3. Baso batzu oso zaharrak dira.
4. Etxe horiek berdinak dira.
5. Kale batzu atseginak dira.
6. Neska horiek ikasleak dira.
7. Baso haiek ez dira txikiak.
8. Euskaldun batzu ez dira zaharrak.
9. Ardo horiek gorriak dira?
10. Ikasle batzu amerikanoak dira?

Exercise 19

1. Hura (Bera) euskalduna da, baina gu ez gara euskaldunak.
2. Ni amerikanoa naiz; eta zu?
3. Zu eta ni.
4. Ni ere bai.
5. Zuek ere amerikanoak zarete?
6. Joango gara orain.
7. Haiek oso politak dira.
8. Ni ez naiz euskalduna.
9. Zer zara?
10. Zer da hura (bera)?

Exercise 20

1. . . . herria ere zaharra da.
2. . . . eta (taberna) hori ere oso ona da.

3. . . . eta Xabier ere etorriko da.
4. . . . mutil asko ere joango dira.
5. . . . zu ere joango zara?

Exercise 22

Ordu bat t'erdiak dira.
Ordu bi t'erdiak dira.
Hiru t'erdiak dira.
Lau t'erdiak dira.
Bost t'erdiak dira.
Sei t'erdiak dira.
Zazpi t'erdiak dira.
Zortzi t'erdiak dira.
Bederatzi t'erdiak dira.
Hamar t'erdiak dira.
Hamaika t'erdiak dira.
Hamabi t'erdiak dira.
Ordu bata eta laurden dira.
Ordu biak eta laurden dira.
Hirurak eta laurden dira.
Laurak eta laurden dira.
Bostak eta bost dira.
Seiak eta bost dira.
Zazpiak eta hamar dira.
Zortziak eta hamar dira.
Bederatziak eta hogei dira.
Hamarrak eta hogei dira.
Hamaikak eta hogeitabost dira.
Hamabiak eta hogeitabost dira.

Exercise 23

1. Zer ordu da orain, mesedez?
2. Zazpi t'erdiak dira, begira!
3. Eskerrik asko, baina ni ez naiz joango.
4. Barkatu, hau Kale Nagusia da?
5. Ez, hau ez da Kale Nagusia.
6. Ardo hau ona da?
7. Ez da oso ona.
8. Zer nahi duzu? Ardo beltza?
9. Lasai, orain etorriko da.
10. Ongi ba.
11. Mendi haiek berdinak dira.
12. Ikasle asko etorriko dira, bai eta (baita) amerikanoak ere.
13. Neska batzu joango dira; zu ere joango zara? (zuek ere joango zarete?)
14. Bostak eta laurden dira orain.

Exercise 27

1. Eguna.
2. Eguna./Egun bat.
3. Zein egun?
4. Zer egun?/Ze egun?
5. Zenbat egun?
6. Egun asko.
7. Egun gut(x)i.
8. Egun bat.
9. Egun batzu.
10. Egun hau.
11. Egun hauek.
12. Hiru egun.

Exercise 28

1. Arratsalde ederra.
2. Arratsalde eder bat.
3. Arratsalde eder asko.
4. Hiru arratsalde eder.
5. Emakume gaztea./Emakume gazte bat.
6. Emakume gaztea.
7. Emakume gazte hau.
8. Nere lagunak.
9. Nere lagun onak.
10. Nere lagun on hauek.

Exercise 30

1. Beste emakumea.
2. Beste emakume bat.
3. Beste emakume gaztea.
4. Beste emakume gazte bat.
5. Lau emakume.
6. Lau emakumeak.
7. Lau emakume hauek.
8. Beste lau emakume.
9. Emakume guztiak.
10. Emakume gazte guztiak.
11. Beste emakume guztiak.
12. Beste emakume gazte guztiak.

Exercise 33

Egun on. Donostia 235678, mesedez.
Hori Donostia 235678 da? Edurne zara?
Kaixo! Zer moduz? Itziar naiz. Ederki!
Bai? Pozten naiz. Berdin da. Lasai,
neska (emakumea)! Eskerrik asko. Bai,
bai, horixe. Ongi, ba. Ederki; joango
naiz orduan. Bai, bai, lasai, joango

naiz. Zer? Begira, oso berandu da.
Gero arte orduan (ba).

Exercise 34

1. Zenbat etorriko dira?
2. Zenbat gizon? Zenbat emakume? Zenbat haur?
3. Bost gizon, sei emakume eta zazpi haur etorriko dira.
4. Zein herri da?
5. Ederki, herri hori gustatzen zait.
6. Hori toki berria da, ezta?/Toki berria da hori, ezta?
7. Itsasoa gustatzen zait.
8. Hori nere izen berria da.
9. A(d)izu mutil (gizon), goazen!
10. Zer berri?—Zaharrak berri!

Exercise 41

1. Ez, baserri hura ez da nerea.
2. Ez, etxe hau ez da nerea.
3. Ez, haur horiek ez dira nereak.
4. Ez, ikasle hauek ez dira nereak.
5. Ez, kale hau ez da nerea.
6. Ez, taberna hura ez da nerea.
7. Ez, toki hori ez da nerea.
8. Ez, klase haiek ez dira nereak.

Exercise 45a

1. Basoan.
2. Etxean.
3. Herrian.
4. Itsasoan.
5. Mendian.
6. Orduan.
7. Ardoan.
8. Kalean.
9. Tabernan.
10. Arratsaldean.
11. Egunean.
12. Euskaraz./Euskaran.
13. Gauean.
14. Izenean.
15. Tokian.
16. Klasean.
17. Ostatuan.

Exercise 45b

1. Ordu atseginean.
2. Egun beltzean.
3. Ordu erdian.
4. Baserri gorrian.
5. Ordu laurdenean.
6. Egun onean./Egun on batean.
7. Etxe politean.
8. Kale zaharrean.
9. Ostatu zurian.
10. Baso berdean.
11. Toki berrian.
12. Beste tokian.
13. Itsaso ederrean.
14. Arratsalde guztian./Arratsalde osoan.
15. Ardo txarrean.
16. Ostatu betean./Ostatu bete batean.
17. Nere etxean.
18. Zure izenean.
19. Gure klasean.
20. Zuen herrian.

Exercise 49

1. Hogeitabi urte ditut.
2. Hogeitahamar urte ditut.
3. Hogeitahamabi urte ditut.
4. Hogeitahamabost urte ditut.
5. Berrogei urte ditut.
6. Berrogeitahamar urte ditut.
7. Berrogeitahiru urte ditut.
8. Berrogeitahamasei urte ditut.
9. Hirurogeitabat urte ditut.
10. Hirurogeitahamaika urte ditut.

Exercise 50

1. Hogeitabost pezeta.
2. Berrogeitabi pezeta.
3. Berrogeitahamaika pezeta.
4. Hirurogei pezeta.
5. Hirurogeitahamabost pezeta.
6. Laurogei pezeta.
7. Laurogeitabost pezeta.
8. Laurogeitahamar pezeta.
9. Laurogeitahemeretzi pezeta.
10. Ehun pezeta.

Exercise 51a

1. da.
2. du.
3. dira.

4. gara.

5. zara.

6. zarete.

7. dugu.

8. duzu.

9. duzue.

10. dute.

Exercise 51b

1. Mikel ez da asko pozten.

2. Mikelek ez du gizon bat ikusi.

3. Gure haurrak ez dira etorriko.

4. Gu ez gara bakarrik joango.

5. Zu ez zara baso batean bizi.

6. Zuek ez zarete berandu etorriko.

7. Guk ez dugu euskara ikasi.

8. Zuk ez duzu itsasoa ikusi.

9. Zuek ez duzue ederki bukatu.

10. Mutil guztiek ez dute hori uste.

Exercise 52

1. Non bizi zara?

2. Ameriketan bizi naiz.

3. Mikel gauean Alde Zaharrean ikusi dut.

4. Nere aita itsasoan da (dago).

5. Begira han!

6. Mutilak klasean daude (dira) orain.

7. Aizu! Barkatu! Non da (dago) toki hau, mesedez?

8. Begira: hor dago (da).

9. Eskerrik asko. Gero arte.

10. Kaixo. Zer nahi duzu? Ardoa? Hartu.

11. Pozten naiz, benetan. —Ni ere bai!

12. Zenbat haur etorriko dira arratsaldean? —Berrogei.

13. Neskak joango dira? —Ez, ez dute nahi. Mutilak bakarrik joango dira.

14. Alde Zaharrean bizi naiz, eta badakit euskaraz. —Ederki!

15. Ardo gutxi nahi dut./Ez dut ardo asko nahi.

Exercise 54

These usually take the article: **atsegin, beltz, gorri, on, polit, eder, txiki,** **zahar, berri, berde, gazte, txar, haundi.**

These do not: **prest, berandu, ongi, ederki, gose;** also **bakarrik** (because it ends in **-ik**), and **goseak** (idiomatic).

Berdina da = *It is the same;* **Berdin da** = *It doesn't matter.*

Exercise 55

1. Nere aita eserita dago.

2. Mikel eta Itziar nekatuta daude.

3. Dendak irekita daude.

4. Taberna hau beteta dago.

5. Toki hori irekita dago.

6. Hiru emakume eserita daude.

7. Ostatu guztiak beteta daude.

As stated in the lesson, other constructions are also possible; for example:

2. **Mikel eta Itziar NEKATUAK daude.**
Mikel eta Itziar NEKATUAK DIRA.

Also, **-rik** is possible: **Mikel eta Itziar NEKATURIK daude.**

Exercise 57

1. Ez dago (da) gizonik herrian.

2. Ez dago (da) gizonik herrian.

3. Ez dago (da) baserri politik herrian.

4. Ez dago (da) baso atseginik herrian.

5. Ez dago (da) etxe zaharrik herrian.

6. Ez dago (da) ikaslerik herrian.

7. Ez dago (da) haurrik herrian.

8. Ez dago (da) neska-mutilik herrian.

9. Ez dago (da) Alde Zaharrik herrian.

10. Ez dago (da) taberna onik herrian.

Exercise 59

1. Berrehun pezeta balio du.

2. Berrehun eta hamar pezeta balio du. (pronounce: **berreunda**)

3. Hirurehun pezeta balio du.

4. Hirurehun eta hogei pezeta balio du.

5. Laurehun pezeta balio du.
6. Laurehun eta hogeitahamar pezeta balio du.
7. Bostehun pezeta balio du.
8. Bostehun eta berrogei pezeta balio du.
9. Seirehun pezeta balio du.
10. Seirehun eta berrogeitahamar pezeta balio du.
11. Zazpirehun pezeta balio du.
12. Zazpirehun eta hirurogei pezeta balio du.
13. Zortzirehun pezeta balio du.
14. Zortzirehun eta hirurogeitahamar pezeta balio du.
15. Bederatzirehun pezeta balio du.
16. Bederatzirehun eta laurogei pezeta balio du.
17. Mila pezeta balio du.
18. Mila eta laurogeitahamar pezeta balio du.
19. Mila eta bostehun pezeta balio du.
20. Mila eta bederatzirehun pezeta balio du.

Exercise 60
1. Mila bederatzirehun eta laurogeita-bat.
2. Mila bederatzirehun eta laurogeita-bi.
3. Mila bederatzirehun eta laurogeita-hiru.
4. Mila bederatzirehun eta laurogeita-lau.
5. Mila bederatzirehun eta laurogeita-bost.
6. Mila bederatzirehun eta hirurogei.
7. Mila bederatzirehun eta hiruro-geitabat.
8. Mila bederatzirehun eta hiruro-geitahiru.
9. Mila bederatzirehun eta hiruro-geitazazpi.
10. Mila bederatzirehun eta hiruro-geitahamar.
11. Mila bederatzirehun eta hiruro-geitahamabi.

12. Mila bederatzirehun eta hiruro-geitahemeretzi.
13. Mila bederatzirehun eta berrogeita-zortzi.
14. Mila bederatzirehun eta berrogeita-hamazortzi.
15. Mila bederatzirehun eta hogeita-hamasei.

Exercise 61
1. Itsasoa handia (haundia) da.
2. Itsasoa ez da berdea!
3. Zer da berdea, orduan?
4. Mendiak berdeak dira.
5. Mendiak atseginak dira gainera./Gainera, mendiak atseginak dira.
6. Zer dago mendian?
7. Basoa (Baso bat) dago mendian.
8. Non dago (da) zure baserria?
9. Nere baserria mendian dago (da).
10. Donostia mendian dago (da)?
11. Ez, Donostia ez dago (da) men-dian.
12. Nola (Zer moduz) dago (da) zure ama?
13. Ama ez dago (da) ongi.
14. Badakit euskaraz.
15. Badakizu euskaraz? Bai, badakit.
16. Zuk ere euskaraz dakizu?/Bada-kizu euskaraz zuk ere?
17. Bai, nik ere badakit euskaraz.
18. Badago (Bada) jendea hemen bar-ruan./Jendea dago hemen barruan.
19. Badago (Bada) neska bat barruan./Neska bat dago barruan.
20. Zein da zure haurra? Hori da nere haurra./Nere haurra hori da.
21. Zer ikusi duzu?
22. Alde Zaharra ikusi dut.
23. Zer egingo dugu? Alde Zaharra ikusiko dugu.
24. Mutil bat etorriko da./Etorriko da mutil bat.
25. Baina berandu etorriko da.
26. Ardoa bukatu duzu?/Bukatu duzu ardoa?
27. Ez dut ardoa bukatu.

28. Ez dugu itsasoa ikusi./Ez dugu ikusi itsasoa.
29. Orain ikusiko dugu.
30. (Nik) itsasoa ikusi dut, behintzat.

Exercise 62

1. Gose naiz./Goseak nago.
2. Ez nago prest.
3. Pixka bat nekatuta nago.
4. Prest zaude?
5. Ez da berandu.
6. Endea kalean eserita dago.
7. Eseri hor. Beteta dago barruan.
8. Ekarri mahai bat, mesedez.
9. Ongi zaude?
10. Hau ez da txarra./Hau ez dago gaizki.
11. Gaua gustatzen zait.
12. Gau ederra da, gainera.
13. Begira han! Nor dago han? Nere lagunak dira.
14. Zenbat balio du, mesedez?
15. Zer egingo dugu orduan?
16. Ez dakit zer.
17. Hori egingo dugu; ala joango gara?
18. Hartu ardo pixka bat; ez dut nahi!
19. Zer/Zein ardo da hau?
20. Bilbon edo Gasteizen daude; ez dakit non.

Exercise 68a

1. Gizon hura baserrian dabil.
2. Emakume batzu Bretxara doaz.
3. Amerikano hori Alde Zaharretik dator.
4. Edurne eta Itziar elkarrekin dabiltza kalean.
5. Autobus hau merkatura doa.
6. Neska hauek Iñakiren klasetik datoz.
7. Haur haiek bakarrik dabiltza kaleetan.
8. Gazteak mendietara doaz.
9. Mutila Ameriketatik dator.
10. Lagun guztiak Donostian dabiltza.

Exercise 68b

1. Gizon hura ez dabil baserrian.
2. Emakume batzu ez doaz Bretxara.

3. Amerikano hori ez dator Alde Zaharretik.
4. Edurne eta Itziar ez dabiltza elkarrekin kalean.
5. Autobus hau ez doa merkatura.
6. Neska hauek ez datoz Iñakiren klasetik.
7. Haur haiek ez dabiltza bakarrik kaleetan.
8. Gazteak ez doaz mendietara.
9. Mutila ez dator Ameriketatik.
10. Lagun guztiak ez dabiltza Donostian.

Exercise 68c

1. Non dabil gizon hura? Baserrian dabil.
2. Nora doaz emakume batzu? Bretxara doaz.
3. Nondik dator amerikano hori? Alde Zaharretik dator.
4. Non dabiltza Edurne eta Itziar elkarrekin? Kalean dabiltza.
5. Nora doa autobus hau? Merkatura doa.
6. Nondik datoz neska hauek? Iñakiren klasetik datoz.
7. Non dabiltza haur haiek bakarrik? Kaleetan dabiltza.
8. Nora doaz gazteak? Mendietara doaz.
9. Nondik dator mutila? Ameriketatik dator.
10. Non dabiltza lagun guztiak? Donostian dabiltza.

Exercise 70

1. Etorri hona, mesedez.
2. Goazen hara.
3. Hemendik Bilbora ordu batean.
4. Nondik (eta) nora?
5. Handik hona.
6. Orduan/Gero taberna amerikanora joango gara.
7. Seietatik zazpi t'erdietara.
8. Arratsaldetik gauera.
9. Plazatik plazara.
10. Batetik bestera.
11. Oinez noa herri txiki batera.

12. Orain (ba)nator./Banator orain.
13. Ongi nabil hemen.
14. Oinez zatoz?
15. Klase batera zoaz? Zein klase da?
16. Zer moduz zabiltza/zaude?
17. Oso nekatuta gaude.
18. Kafea bukatu dugu eta etxera goaz.
19. Adizu(e), gu ere bagatoz (bagoaz)!
20. Nora zoazte?
21. Bazatozte orduan?

Exercise 71

Hiru hondartza eder daude Donostian. Baina bat oso, oso polita da benetan. La Concha du izena, edo euskaraz Kontxa. Arratsaldea da orain, eta Mikel eta Iñaki han dabiltza. Hondartza handia da, baina jende asko dago. Zaharrak eta gazteak, gizonak eta emakumeak, mutilak eta neskak eta haur txikiak ere bai.

Hondartza betea dago. Batzu itsasoan dabiltza; beste batzu elkarrekin eserita daude; beste batzu, lotan. Ez dago tokirik libre hondartzan.

Orain berandu da. Jendea nekatuta dago eta etxera doa. Lasai dago Kontxa orain. Benetan ordu atsegina! Gauean jende gutxi dabil han. Bi lagunak bakarrik daude, baina pozik!

Exercise 82

1. Nere ama erosten ari da orain.
2. Edurne dendan lanean ari da.
3. Edurne lanean ikusi dut.
4. Gazteak hizketan ari dira autobusean.
5. Entzun! Euskaraz ari dira.
6. Bai, entzuten ari naiz.
7. Jendea erdaraz ari da dendan.
8. Badakizu erdaraz (espainolez)?
9. Pixka bat bakarrik.
10. Ongi entzuten ikasi dut.
11. Zer ari zara?/Zer egiten ari zara?
12. Saltzen ari naiz; zer nahi duzu?
13. Hemen zain gaude, baina autobusa ez dator.
14. Gizon hau azukrea, esnea, kafea eta gailetak erosten ari da dendan, baina boltsa bat behar du.
15. Nor ari da lanean hemen, mesedez?
16. Ez gara itsasoa ikusten ari; mendiak ikusten ari gara.
17. Ura erosten ari zara? Bai, ur minerala da.
18. Iparraldera doaz.
19. "Entzuten ari zara?" esaten du.
20. Olioa behar dut dendatik. A, eta gaileta batzu ere bai, mesedez. Bi pakete. Eskerrik asko. A bai, eta ekarri bi litro esne. Besterik ez.

Exercise 84

1. Toki askotan.
2. Egun gutxitan.
3. Baserri batzutan.
4. Itsaso hartan (horretan).
5. Baso haietan (horietan).
6. Egun hartan.
7. Gau batzutan.
8. Ordu honetan.
9. Plaza honetara.
10. Hondartza eder horretara (hartara).
11. Toki haietara (horietara).
12. Etxe askotatik.
13. Boltsa honetatik.
14. Herri horietatik (haietatik).
15. Arratsalde hartatik.

Exercise 85

1. Ze(r)/zein ostatutan?
2. Bi tabernatan.
3. Zenbat herritan?
4. Zein izenetan?
5. Bost tokitan.
6. Zein autobusetara?
7. Hiru hondartzatara.
8. Zein etxetatik?
9. Lau herritatik.
10. Zenbat egunetan?

Exercise 86

Gaur, Mikel eta Iñaki Tolosara joan dira. Donostiatik Tolosara hogeitabost kilometro dira (daude). Ordu bat (ordubete) autobusean.

Iñakiren lagunak, Jon eta Maite, Tolosan bizi dira. Hogei mila bizilagun dira (daude) herri honetan. Alde Zahar bat, merkatu bat, eta lantegi (fabrika) batzu daude. Inguruan, mendiak daude. Herri zaharra da.

Lau lagun hauek Tolosa(ren) erditik dabiltza. Arratsaldeko seiak dira. Hizketan ari dira.

"Badakizu euskaraz?" esaten du Maitek.

"Bai, pixka bat," esaten du Mikelek. "Orain ikasten ari naiz."

"Nik uste dut asko dakizula," esaten du Jonek.

"Ez, ez. Gutxi dakit. Oso gutxi, benetan."

"Eta zer moduz zabiltza Donostian?"

"Oso ongi. Asko gustatzen zait. Herri polita da, eta jendea ere gustatzen zait."

"Bai, Donostia oso atsegina da," esaten du Jonek.

"Baina Tolosa ere gustatzen zait," esaten du Mikelek.

Exercise 89

1. Nik arratsaldean klase bat dut.
2. Nik lore eder batzu ditut.
3. Zuk aste honetan jaia duzu.
4. Zuk zenbat pezeta dituzu (duzu)?
5. Kafeak azukrerik (ba)du?
6. Gizon horiek bixigu bat dute.
7. Donostiak hiru hondartza ditu (du).
8. Frantses haiek lau lantegi dituzte (dute).
9. Guk botila berdeak ditugu.
10. Legatza, bixigua eta oilaskoa dituzue zuek?

Note: noun phrases with certain determiners, though plural in meaning (**hiru**, **lau**, **zenbat**, **asko**, **gutxi**, etc.), may optionally be treated as grammatically singular. Others (e.g., **batzu**, **hauek**, **horiek**, **haiek**, **-ak**) are always plural.

Exercise 90

1. Gipuzkoako mendiak berdeak dira.
2. Euskal Herriko probintziak txikiak dira.
3. Hemengo arrainak haundiak dira.
4. Eskola honetako irakasle guztiek euskara dakite.
5. Horko lantegiak hetsita daude.
6. Iparraldeko hiriak atseginak dira.
7. Euskadiko hondartzak beteak daude.
8. Nafarroako jaiak gustatzen zaizkit.
9. Hango bixiguak asko balio du.
10. Estatu Espainoleko ostatuak merkeak dira.

Exercise 91

1. Gaur arraina jan nahi dut.
2. Zer dago jateko hemen?
3. Goazen tabernara zerbait jatera.
4. Etorri nere etxea ikustera.
5. Iñaki ikusi behar dugu, mesedez.
6. Zer behar duzu arrainzopa egiteko?
7. Arraina erosi behar dut.
8. Mikel merkatura joango da arraina erostera.
9. Gauza bat (zerbait) esan nahi dut.
10. Mikel hemen dago euskara ikasteko.

Exercise 92

1. Zuk . . .
2. Zuek . . .
3. Guk . . .
4. Haiek . . .
5. Gu . . .
6. Zu . . .
7. Zuk . . .
8. Ni . . .
9. Zu . . .
10. Hark . . .
11. Nik . . .
12. Hura . . .
13. Zuek . . .
14. Hark . . .
15. Zuk . . .
16. Haiek . . .

17. Hura . . .
18. Hark . . .
19. Haiek . . .
20. Zuk . . .

Exercise 93

1. Iñakiren (lau) klaseak beteta daude.
2. Itziarren boltsa irekita dago.
3. Maiteren oilaskoak oso goxoak dira.
4. Xabierren etxea azken atean dago.
5. Maritxuren aita gaztea da.
6. Gizonaren fruta pixka bat berdea dago.
7. Gure ostatua txarra da.
8. Edurneren loreak garestiak dira?
9. Ikasle honen klase guztiak euskaraz dira.
10. Nere lagun guztiek euskal izenak dituzte.

Exercise 95

1. Lapurdiren hiriburua, Baiona, kostan dago.
2. Frantsesek eta espainolek ez dute hori uste!
3. Zenbat balio du haragiak?/Haragiak zenbat balio du?
4. Kilo batek zortzirehun pezeta balio du.
5. Bi litro gehiago behar ditugu (dugu) oraindik.
6. Gazte honek egingo du.
7. Autobusean joan behar dut? Ez, oinez joan/etorri behar duzu.
8. Entsalada ederrak (goxoak) dituzte hor, baita haragi ona ere.
9. Botila bat bukatu dut.
10. Nafarroako iparraldea gustatzen zait.
11. Josebaren baserria oso zaharra da.
12. Barkatu, (zu) Iñakiren ikaslea zara?
13. Frantsesaren lagunak libre daude arratsaldeetan.
14. Taberna honetako ardoa benetan txarra da.
15. Ekarri pixka bat gehiago, mesedez.

Exercise 96

"Begira zer eguraldi ederra!" esaten du Itziarrek. "Goazen hondartzara gaur!"

"Ongi da," esaten du Iñakik.

"Bai, baina nora?" esaten du Mikelek. "Badakizu: gaur igandea da, eta igandeetan jendea joaten da milaka Donostiako hondartzetara."

"Egia da," esaten du Itziarrek. "Hondartzak benetan beteta egongo dira hemen; ez da tokirik izango. Horrela ez da oso atsegina."

"Badakit!" esaten du Iñakik. "Hauxe egingo dugu: Hondarribiara joango gara. Hondarribiara joan nahi duzue? Hango hondartza oso haundia da; toki asko dago hondartza hartan."

"Baina nola joango gara?"

"Autobusean."

"Non dago Hondarribia?" esaten du Mikelek. "Ez dut ezagutzen nik."

"Mugaren ondoan dago. Irun eta Hendaiaren ondoan."

"Zer? Oraindik ez duzu Hondarribia ezagutzen? Orduan joan behar dugu! Oso polita da."

"Herriaren erdialdea zaharra eta atsegina da. Ibai bat ere badago."

"Beno, ea ba, goazen hara! Horrela ikusiko du!"

Exercise 104

1. Amarekin bizi da.
2. Andonirekin bizi dira.
3. Gurekin bizi dira.
4. Xabierrekin bizi da.
5. Nere anaiekin bizi da.
6. Gizonarekin bizi da.
7. Ikasle batzuekin bizi dira.
8. Neska horrekin bizi da.
9. Mutil honekin bizi da.
10. Euskaldun hauekin bizi da.

Exercise 105

1. ditu
2. dituzte
3. duzue
4. ditut

5. du
6. dugu
7. ditu
8. dute
9. dituzu
10. ditut

Exercise 106

1. Euskal Herria ongi ezagutu eta gero, etxera joango naiz.
2. Azterketa egin baino lehen guztia ikasiko dut.
3. Ohera joan baino lehen, telebista ikusi dut.
4. Ardo pixka bat hartu eta gero, bazkaltzen dugu.
5. Euskara baino lehen geografia dugu.

Exercise 109

1. Gazte euskaldun gehienak (Euskaldun gazte gehienak) familiekin bizi dira.
2. (Nere) kafea esne pixka batekin hartuko dut, mesedez.
3. Zein da probintziaren (probintziako) industria nagusia?
4. Prest gaude merkatura joateko orain?/Merkatura joateko prest gaude orain?
5. Berandu da. Esnea gailetekin hartu eta gero ohera joango gara.
6. Emakume bat ikusi dut merkatuaren erdian arropa zaharra(k) erosten.
7. Zenbat pezeta balio du boltsa bat patatak (patata boltsa batek)?
8. Azkenean dena (guztia) ulertzen dut.
9. Nola idazten da zure izena?
10. Gure lantegia hementxe aurkitzen da.
11. Pakete hauek ireki nahi dituzu, ala nik egingo dut?
12. Nola du izena ibai honek?/Nola deitzen da ibai hau. Ez dakit, oraindik ez dut izena ikasi.
13. Norbait aurkitzen da nere aulkian!

Eta norbait aurkitzen da (dago) nere ohean!
14. Mendebaldea eta ekialdea ez dira berdinak.
15. Mendebaldea industriaz eta langilez betea dago, baina ekialdean lantegi gutxi daude, eta gazteek ez dute lanik aurkitzen.

Exercise 110

Hondarribia Gipuzkoaren (Gipuzkoako) ekialdeko herri atsegina da, Lapurdiko mugaren ondoan. Kostan aurkitzen da eta hondartza du. Benetan arrantzale herria da, baina turismo handia ere badu. Herria oso atsegin(a) eta polita da. Gipuzkoara joaten bazara, Hondarribia ikustera joan behar duzu benetan!

Gaur hiru lagun Hondarribiara doaz. Ezagutzen dituzu, noski; Mikel, Itziar eta Iñaki dira. Elkarrekin doaz autobusean. Mikelek gauza asko galdetzen ditu, eta Iñakik eta Itziarrek erantzuten dute.

"Lehenbizi Pasaia ikusiko duzu," esaten du Inakik. "Begira, ikusten duzu? Gipuzkoako itsasportu nagusia da hori."

"Bai, haundia da," esaten du Mikelek.

Gero Iñakik esaten du: "Orain beste herri batean sartzen ari gara. Fabrika asko daude hemen."

"Nola du izena?"

"Errenteria."

Azkenean Hondarribian daude. Bidasoa ibaia ikusten dute.

"Orain goazen herria ikustera pixka bat," esaten du Itziarrek.

"Ederki," erantzuten du Mikelek.

Exercise 112

1. Kafesne hau Iñakirentzat da.
2. Kotxe hau zuentzat da.
3. Sagardo hau zure arrebarentzat da.
4. Txokolate hau Mikelentzat da.
5. Tortila hauek mutilentzat dira.

Exercise 113

1. Eman boltsa hau Mikeli.
2. Eman arrain hau zure amari.
3. Eman esne hau Itziarri.
4. Eman gazta hau Arantxaren aitari.
5. Eman letxua hau irakasleari.
6. Eman ogi hau langileei.
7. Eman oilasko hori zure arrebari.
8. Eman patata eta tipula horiek gizon horri.
9. Eman aulki txikia Josebari.
10. Eman paper haiek ikasleei.
11. Eman tortila neska-mutil horiei.
12. Eman sagardoa gazte honi.

Exercise 114

1. Neri entsalada gustatzen zait.
2. Neri arraultzeak gustatzen zaizkit.
3. Itziarri txuleta gustatzen zaio.
4. Arantxari loreak gustatzen zaizkio.
5. Zuri fruta gustatzen zaizu?
6. Zuri gailetak gustatzen zaizkizu?
7. Hari azukrea gustatzen zaio?
8. Guri ura gustatzen zaigu.
9. Iñaki eta Arantxari tipula gustatzen zaie entsaladan.
10. Guri klaseak gustatzen zaizkigu.
11. Zuei arropa berriak gustatzen zaizkizue.
12. Haiei opilak gustatzen zaizkie.

Exercise 115

1. Zerbait esan nahi dut baina ez dakit esaten euskaraz.
2. Bero egiten du (Bero da) gaur eta pozik gaude baratze honetan.
3. Bere kafesnea ez zaio gustatzen; hotza dago.
4. Zenbat ordaindu duzu sagardotegian?
5. Ez dut (daukat) ezer zuretzat gaur.
6. Zein gustatzen zaizu, behien esnea ala ardien esnea?
7. Ardi gazta ona garestia da.
8. Bere txerriarekin merkatura doa.
9. Ez du problemarik izango (edukiko) behi hori saltzeko.

10. Oilo honen arraultzeak ikusi dituzu?
11. Hotz haundia egiten du gaur. Nora zoaz arropa horrekin?
12. Lur zelaiak onak dira.
13. Industria berriak gauza ona dira probintzia honentzat.
14. Ez gara problema geografikoetan sartuko hemen.
15. Entzun ongi erantzun baino lehen.
16. Noiz izango dira azterketak?
17. Ibai honen/honetako ura beltza da.
18. Baina hau ongi iruditzen zaie langileei?

Exercise 116

Mikel, Iñaki eta Itziar Hondarribiako kale nagusian dabiltza. Eguzkia egiten du, eta jende asko dago kalean. Kale hau etxe politez betea dago. Gorri(ak), berde(ak), urdin(ak) eta zuriak dira, eta denek (guztiek) loreak dituzte (dauzkate) leihoetan. Kalean dendak, tabernak, eta jatetxeak daude. Badago jendea gauzak saltzen kalean: arropa, fruta eta beste gauza batzu.

Gure hiru lagunak, pixka bat ibili eta gero, taberna batean sartzen dira eta zerbeza hartzen dute. Bere inguruan Mikelek euskara eta espainola entzuten ditu, baita frantsesa ere. Zerbeza hartu eta gero berriz kanpora joaten dira. Iñakik lagun bat ikusi du kalean. "Kaixo Xabier," esaten du, "zer moduz?"

"Ederki," erantzuten du bere lagunak. "Eta zu? Ez zaitut ikusi Donostian. Zer berri?"

"Badakizu, lan eta lan."

"G⁻ur hondartzara etorri zara, e?"

"Ba lagun hauekin etorri naiz. Oraintxe ₅oaz hondartzara."

"Ederki."

"Eta noiz etorriko zara Donostiara gu ikustera?"

"Ez dakit noiz; ikusiko dugu."

"Ba, deitu."

"Bai, deituko dut."

"Ongi ba, gero arte."
"Bai, gero arte ba."

Exercise 118
In the bank: 4-9-12-15-19-26.
Buying stamps: 1-3-7-20-28-30.
Looking for a hotel: 8-10-11-18-21-23.
Asking for a room: 5-13-14-17-27-29.
Looking for the bus: 2-6-16-22-24-25.

Exercise 120
1. DONIBANE, Donibanek, Donibaneri, Donibaneren, Donibanerentzat, Donibanerekin, Donibanen, Donibanera, Donibanetik, Donibaneko.
2. IRUN, Irunek, Iruni, Irunen, Irunentzat, Irunekin, Irunen, Irun(er)a, Irundik, Irungo.
3. HERRIA, herriak, herriari, herriaren, herriarentzat, herriarekin, herrian, herrira, herritik, herriko.
4. LURRA, lurrak, lurrari, lurraren, lurrarentzat, lurrarekin, lurrean, lurrera, lurretik, lurreko.
5. GELA, gelak, gelari, gelaren, gelarentzat, gelarekin, gelan, gelara, gelatik, gelako.
6. MENDIAK, mendiek, mendiei, mendien, mendientzat, mendiekin, mendietan, mendietara, mendietatik, mendietako.
7. GAUZAK, gauzek, gauzei, gauzen, gauzentzat, gauzekin, gauzetan, gauzetara, gauzetatik, gauzetako.

Exercise 125
1. Edurne Bilbora joaten da egunero.
2. Mikel mendian ibiltzen da igandeetan.
3. Iñakik Gipuzkoa ongi ezagutzen du.
4. Emakume honek merkatuan saltzen du.
5. Xabierrek patxarana botatzen du.
6. Mikelek dena ulertzen du.
7. Itziarrek beti ordaintzen du.
8. Telebista hamaika t'erdietan bukatzen da.
9. Haur guztiak handiak egiten dira.
10. Edurnek lan asko egiten du.
11. Joseba beti sartzen da taberna berdinetan.
12. Non aurkitzen da Lizarra?
13. Eguraldia ederra izaten da abuztuan.
14. Zer ordutan ateratzen zara etxetik?
15. Mikel ez da galtzen mendian.
16. Nola etortzen da Edurne?
17. Edurne etxean egoten da igandeetan.
18. Donostia Mikeli txikia iruditzen zaio.
19. Zer ikasten duzu unibertsitatean?
20. Non erosten duzu gazta hau?
21. Zer esaten du Itziarrek?
22. Haur horrek beti hitz egiten du klasean.
23. Hori asko gustatzen zaio Edurneri.
24. Nork betetzen ditu botilak?
25. Edurnek beste egun bat hasten du.
26. Klasean sartu eta gero, Edurnek atea hesten du.
27. Beti itzultzen dut dirua.
28. Nork erretzen du papera?
29. Zer entzuten duzu?
30. Iñakik toki bat bilatzen du esertzeko.
31. Eskua altxatu eta gero, ikasleak zerbait galdetzen du.
32. Zer ordutan gosaltzen duzu?
33. Zer ordutan deitzen du Itziarrek?
34. Hamar t'erdietan hasten naiz.
35. Joseba aulkitik altxatzen da.
36. Edurnek beste zigarro bat ateratzen du.
37. Edurneri bere lana gustatzen zaio.
38. Edurnek gehienetan hiru klase edukitzen ditu.
39. Edurnek eskola batean lan egiten du.
40. Non esertzen da mutil hori?

Exercise 127
lan egiten du; joaten da; ikasten du; jaikitzen da; gosaltzen du; joaten da; hartzen du; egoten da; hasten da; ematen du; ateratzen da; joaten

da; bukatzen du; bazkaltzen dute; hartzen du; erretzen du; ikusten du; irakurtzen ditu; joaten da; hasten dira/ditu; bukatzen dira; itzultzen da; sartzen da; joaten da; egoten da

Exercise 128
1. Zer ordutan hartzen da kafea?
2. Seiluak tabakodendan erosten dira.
3. Ez da asko irakurtzen hemen.
4. Euskal Herrian asko erretzen da.
5. Noiz ordaintzen da?

Exercise 130
egoten, esertzen, etortzen, gustatzen, ibiltzen, iruditzen, joaten
afaltzen bazkaltzen, bilatzen, botatzen, edukitzen, entzuten, erantzuten, erosten, esaten, ezagutzen, galdetzen, gosaltzen, hartzen, hitz egiten, idazten, ikasten, ikusten, irakurtzen, lan egiten, ordaintzen, saltzen, ulertzen
altxatzen, ateratzen, aurkitzen, betetzen, bukatzen, deitzen, egiten, erretzen, galtzen, hasten, hesten (ixten), irekitzen, itzultzen, izaten, pozten, sartzen

Exercise 131
"Non bizi zara, Edurne?"
"Gernikan."
"A, orduan bizkaitarra zara. Bakarrik bizi zara?"
"Ez, nere aita eta amarekin, nere ahizpekin eta nere anaiarekin (nebarekin) bizi naiz."
"Ikaslea zara?"
"Bai, unibertsitatean ikasten dut. Baina goizetan lan egiten dut."
"Non?"
"Eskola batean lan egiten dut."
"Klaseak ematen dituzu?"
"Bai, horixe da; irakaslea naiz."
"Nola joaten zara lanera? Kotxez?"
"Ez, ez naiz kotxez joaten. Oinez joaten naiz, edo batzutan autobusa

hartzen dut. Gehienetan oinez joaten naiz."
"Goizeko zortzietan hasten zara?"
"Ez, ez naiz zortzietan hasten. Bederatzietan hasten naiz."
"Zer ordutan ateratzen zara bazkaltera?"
"Ordu batean."
"Nerekin etorri nahi duzu ordu batean ardo bat hartzera, orduan?"
"Ez, beti joaten naiz zuzen etxera. Gauza asko egin behar ditut arratsaldean."
"Ongi ba. Gero arte!"

Exercise 135
1. arbolaren azpian
2. elizaren aurrean
3. jatetxe famatuaren barruan
4. koadroaren atzean
5. zure ahizpen/arreben artean
6. unibertsitatearen ondoan
7. herrialdearen erdian
8. baratzearen inguruan
9. behiaren gainean
10. eguzkiraino

Exercise 136
ikastea
ikastera
erosteko
erostera
ikastea
joatea
joateko
egiten
joatean
ikasten
esaten
ikustera

Exercise 137
Nere etxea herriaren erdian dago, plaza eta elizaren artean. Baratze bat dugu etxearen atzean. Etxearen barruan egongela bat eta hiru logela daude. Eta sukaldea eta komuna ere bai, noski. Sukaldea eta egongela behean daude; logelak, berriz, goian

daude. Hau nere gela da; etorri nahi zenuke ikustera? Barkatu, arropa batzu daude ohearen gainean. Leihotik begiratzean mendi horiek ikusten dira. Herri honen inguruan mendi asko daude. Nere anaia ez dago etxean orain; kanpoan dago. Baina hemendik ikusten dut. Elizaren aurrean dago. Eta non dago nere ahizpa txikia? Entzun! Entzuten duzu hori? Ohearen azpian dago! Dena entzuten ari da!

Exercise 144
1. Denek jatetxe batera joan nahi dute.
2. Jatetxea oraindik irekita dago, eta ez dago beteta.
3. Hori ikustean sartu eta mahai batean jartzen dira.
4. Eseri eta gero neska bat etorri eta mahaia garbitzen du.
5. Neskak ardo beltza ekartzen die.
6. Pentsatu eta gero eskatzen dute.
7. Dena goxoa da gose dira eta.

Exercise 145
Denak; Beharbada; arte; gabe; hutsik; gero; kentzen; gainetik; oraindik; bitartean; gelditzen; eskatzen; bezala; platera; arte.

Exercise 146
1. gosaldu
2. ikusi dut
3. ibili naiz
4. joan naiz
5. esan duzu
6. gaur ere hitz egin dugu
7. gaur ere irakurri dut
8. gaur ere gelditu naiz
9. gaur ere atera naiz
10. gaur ere asko erre dituzue

Exercise 149
ondoan; kanpora; ondoren; bitartean; aurrean; barrura; gainean; gainetik; azpira; atzetik; azpitik; atzean; artean; ondotik; atzetik; ondoren; barruan.

(Note: some different answers are possible.)

Exercise 150
1. Neska horren izena Arantxa zen.
2. Gure katuak zuriak ziren.
3. Gazte nintzen.
4. Mutil ona zinen.
5. Gu anai-arrebak ginen.
6. Baina zuek ez zineten ikasleak.
7. Non bizi zen?
8. Zein liburu irakurtzen ari ziren?
9. Kotxe bat erosten ari nintzen.
10. Nerekin hitz egin nahi zenuen?

Exercise 152
zaila da = ez da erraza
ez du hitz egiten = isilik dago
sua behar dut = ez daukat poxpolurik
txuleta osoa = haragi guztia
denak = jende guztia
beharbada bai, beharbada ez = ez dakit

Exercise 154
1. deituko dut
2. hasiko dira
3. erosiko dugu
4. bukatuko du
5. egingo dute
6. ulertuko duzu
7. sartuko zarete
8. pagatuko duzue
9. eseriko da
10. aterako gara

Exercise 155
1. Mikel ezagutuko duzu.
2. Orain hitz egingo duzu?
3. Irakurtzen hasiko zara, mesedez?
4. Zigarro bat erreko duzu?
5. Denek jakingo dute.
6. Atera joango zara, mesedez?
7. Poztuko zarete.
8. Orain hasiko zarete?

Exercise 156
1. Ezin duzu telebista ikusi!
2. Ezin zara kalera joan!

3. Ezin zara nerekin eseri!

4. Ezin duzu txakur bat erosi!

5. Ezin zara ohean gelditu!

6. Ezin . . .

Exercise 159

du; die; dio; du; die.

Exercise 165

1. hiriburua

2. pertsona

3. gutxi

4. besterik ez

Exercise 168

JOSETXO: Maite zaitut.

MIRENTXU: Zer? Zer esan duzu, Jose-txo?

JOSETXO: Maite zaitut. (Maite zaitu-dala.)

MIRENTXU: Benetan? Benetan maite nauzu?

JOSETXO: Benetan, Mirentxu. Nahi zai-tut. Behar zaitut. Mirentxu, esan maite nauzula!

MIRENTXU: Ezin dut.

JOSETXO: Zer ezin duzu (egin)?

MIRENTXU: Ezin dut hori esan.

JOSETXO: Zergatik ez? Ez nauzu maite?

MIRENTXU: Bai, maite zaitut, baina pro-blema ez da hori.

JOSETXO: Zer da ba?

MIRENTXU: Zure anaia maite dut.

JOSETXO: Nere anaia Josu? Ez duzu maite. Ezin duzu!

MIRENTXU: Bai; maite dut, eta berak maite nau.

JOSETXO: Benetan maite zaitu? Seguru zaude?

MIRENTXU: Bai, seguru nago.

JOSETXO: Josu! Hilko dut!

MIRENTXU: Zer? Josetxo, Josu hil, eta nik zu hilko zaitut!

Exercise 169

1. Maite dituzue.

2. Maite dute.

3. Maite gaituzte.

4. Maite nau.

5. Maite zaitut.

6. Maite zaituzte.

7. Maite dut.

8. Maite dituzue.

9. Maite zaituzte(te).

10. Maite zaitu.

11. Ez duzue maite

12. Ez gaituzue maite.

13. Ez nauzu maite.

14. Ez dugu maite.

15. Ez zaitu maite.

Exercise 170a

1. Bai, zerbait erosi dut gaur.

2. Bai, noizbait egin dut hori.

3. Bai, norbait etorri da.

4. Bai, nonbait eseri naiz.

5. Bai, zerbait esan du.

6. Bai, norbait ezagutzen dut.

7. Bai, egon naiz noizbait Gernikan.

8. Bai, nonbait ikusi nau.

Exercise 170b

1. Ez, ez dut ezer erosi gaur.

2. Ez, ez dut hori inoiz egin.

3. Ez, ez da inor etorri.

4. Ez, ez naiz inon eseri.

5. Ez, ez du ezer esan.

6. Ez, ez dut inor ezagutzen.

7. Ez, ez naiz inoiz egon Gernikan.

8. Ez, ez nau inon ikusi.

Exercise 171

1. Esaten dute telebistan hil direla.

2. Uste dut Mirentxu maite dudala.

3. Iruditzen zait koñaka eta patxarana erosi behar ditugula.

4. Espero dut eguraldi hobea izango dugula gaur.

5. Entzun dut norbaitek gure oiloa hil duela.

6. Irakurri dut euskarak zortzi dia-lekto dituela.

7. Ikusten duzu ez daukagula dirurik.

8. Arraioa, esan dut ez nagoela ha-serre!

9. Norbaitek idatzi du euskal grama-tika ez dela hain zaila.

10. Seguru zaude kopa osoa edan du-
    zula?
11. Espero dut etorriko zarela.
12. Uste duzu hemengo nagusia naiz-
    ela?
13. Entzun dut nere aita hemen bizi
    zela.
14. Uste dut nere aita eta ama hemen
    bizi zirela.
15. Nere amak esaten du ni haur ona
    nintzela.
Note: the indirect statement can also
    be placed in front of the main
    clause, that is, in the place of **hori**,
    for example:
Bihar etorriko dela uste dut.

So also:
1. Hil direla esaten dute telebistan.
3. Koñaka eta patxarana erosi behar
   ditugula iruditzen zait.
6. Euskarak zortzi dialekto dituela ira-
   kurri dut.
12. Hemengo nagusia naizela uste
    duzu?
13. Nere aita hemen bizi zela entzun
    dut.
15. Ni haur ona nintzela esaten du
    nere amak.

Exercise 173
dio; duela; zaitut; dio; zaitut; zaitut;
   nauzu; da; da; dugu; gaituzu; da;
   zaituztet; nau; naiz.

Exercise 174
1. barik = gabe
2. eroan = eraman
3. gura = nahi
4. sarri = askotan
5. zelan = nola

Exercise 180
(Zuri) ardo gutxi gelditzen zaizu.
(Guri) Xabier joan zaigu.
(Hari) berandu egiten zaio.
(Neri) txakurrak etorri zaizkit.

Exercise 181
1. Inork ez du ulertzen, baina berdin
   zaio.
2. Guri berdin zaigu, baina beharbada
   besteei ez zaie gustatuko.
3. Beno, zer iruditzen zaizu?
4. Ez zaizkit interesatzen besteen pro-
   blemak.
5. Kostatzen zait hori ulertzea.
6. Zenbat poxpolu gelditzen (gera-
   tzen) zaizkizu?

Exercise 184
1. zaitut
2. zaitu
3. nauzue
4. nau
5. naute
6. zaituzte

Exercise 187
agian = beharbada
amaitu = bukatu
asmo = plan
atera = irten
barik = gabe
eraman = eroan
gehiegi = larregi
gelditu = geratu
gura = nahi
nola = zelan

Exercise 190
1. Erdaldunek ez dakite euskaraz.
2. Euskaldun berriek ez dute euska-
   raz etxean ikasi, baina badakite.
3. Euskalkiak euskararen dialektoak
   dira.
4. Euskara batuan idazten dute eu-
   skaldun gehienek.
5. Ikastoletan klase guztiak euskaraz
   ematen dira.

Exercise 191
1. c
2. d
3. b
4. a

Exercise 194

dizut; diot; diot; dit; diot; didazu; dit;
dizut.

Exercise 195

1. kontra
2. gabe
3. arte
4. bezala
5. zehar
6. alde

Exercise 196

1. Azukrea emango diot.
2. Sua emango diet.
3. Mapa erakutsiko dizut.
4. Bihar dirua itzuliko dizuet.
5. Paper hau emango diozu, mese-dez?
6. Zer egin didazu?
7. Zergatik esaten didazue hori?
8. Bidea erakutsi diote.

Exercise 198

1. dizut
2. dizut
3. diogu
4. digu

Exercise 199

1. dagoela
2. dagoen
3. dugula
4. goaz
5. dagoen
6. dauden
7. zaituztet
8. dira
9. dagoen
10. dela
11. gaude
12. gauden
13. gauden
14. zarete
15. doa

(Note: some of these are not the only possible answers.)

Exercise 200

abiatu/iritsi
altxatu/erori
amaitu/hasi
arraro/normal
atzo/bihar
azken/hurrengo
bizi/hil
gelditu/jarraitu
irten/sartu
ondo/txarto

Exercise 202

1. Jonek deitu du gaur goizean.
2. Zer egingo duzu orain?
3. Klasera itzuliko gara.
4. Batzutan zerbait itzultzen dugu klasean.
5. Hurrengo herrian buelta emango dut.
6. Nola deitzen da herri hau?
7. Berandu egingo zaigu gelditzen (geratzen) bagara.
8. Bihar hau itzuliko dizut.
9. Mahaiari buelta emango diogu?
10. Nork egingo dit kafea?
11. Gaur klaseak hamabiak arte jarrai-tuko du.
12. Bihar deituko didazu?

Exercise 203a

1. Josebak Maiteri mapa erakutsi dio.
2. Liburu bat ekarriko dizut.
3. Dirua utzi diet.
4. Botila bat saldu digu.
5. Karta bat idatziko dizugu.
6. Hitz hau irakurriko didazu?

Exercise 203b

7. Josebak Maiteri mapak erakutsi dizkio.
8. Liburu batzu ekarriko dizkizut.
9. Mila pezeta utzi dizkiet.
10. Bi botila saldu dizkigu.
11. Kartak idatziko dizkizugu.
12. Hitz hauek irakurriko dizkidazu?

Exercise 207

1. Erakusten du.
2. Itxaroten du.
3. Erortzen da.
4. Hondatu da.
5. Gelditzen da.
6. Iristen da.
7. Lo egiten du.
8. Jarraitzen du.
9. Paseiatzen da.
10. Aparkatzen du.
11. Abiatzen da.
12. Arrankatzen du.

Exercise 211a

1. Ez dakit autobus hau Gernikatik pasatzen den.
2. Ez dakit bihar elizara goazen/joango garen.
3. Ez dakit kotxea hondatu den.
4. Ez dakit kotxea konponduko duten hemen.
5. Ez dakit denda hori irekita dagoen.

Exercise 213

1. Lehen (lehenengo/lehenbiziko) erdia gustatu zait.
2. Norekin hitz egin duzu lantegian?
3. Bigarren ideia interesatuko zaio.
4. Zer iridutzen zaizu katedral hau?
5. Uste dut ongi gidatzen duela.
6. Kostatu zaigu azken lau hitzak ulertzea.
7. Ez dakit hemen lan egiten duen.
8. Bederatzigarren gelan lo egiten dute.

Exercise 214

1. Eliza eta katedrala erakutsi dizkiezu?
2. Poxpoluak ekarriko dizkiguzu, mesedez?
3. Zer eramango dizut joaten naizenean?
4. Kafea eta kopa eman dizkiet.
5. Sua eskatu didazu?
6. (Beren) poxpoluak kendu dizkiegu.
7. Seguru nago dirua utziko dizutela.
8. Dena saldu nahi digute!

9. Karta asko idatzi dizkizuete?
10. Zer egin dizute?

Exercise 215

1. Arrantzaleak lanean ari ziren, baina langileek jai(a) zuten.
2. Zer egiten ari zinen (Zer ari zinen) gela hartan?
3. Norbaiten helbidea behar nuen.
4. Errepresioa handia zen.
5. Espainola hizkuntza ofiziala zen orduan—gaur bezala.
6. Uste dut hori Iñaki zela.
7. Ez dakit non bizi ziren garai hartan.
8. Maite zuela esaten du.
9. Diru guzti hori bazenuen, zergatik bizi zinen toki zahar horretan?
10. Uste nuen ezin zutela, baina orain ez dakit arrazoia nuen.

Exercise 222

Euskaraz hitz egin genuen usually means *We spoke in Basque,* but could also mean *We spoke about Basque.* **Euskarari buruz hitz egin genuen** may only mean *We spoke about Basque.*

Exercise 223

1. Nere ahizpak (arrebak) bazuen dirua, eta gasolina ordaindu zuen.
2. Arropa armarioan utzi zuen./Arropak armarioan utzi zituen.
3. Zein gelatan lo egin zenuen atzo?
4. Horiek gezur merkeak dira!
5. Apaizak egiari buruz hitz egin zuen.
6. Itxaron genuen, baina ez zen ezer gertatu.
7. Zergatik ez diguzu beste ipuin bat kontatzen?
8. Zapata pare berri bat behar dut.
9. Zertaz (Zeri buruz) idatzi zenuen?
10. Nolako pertsona zen?

Exercise 227

1. d
2. b

3. a
4. c
5. a
6. c
7. b
8. d
9. b

Exercise 241

1. Nere senarra ona (zintzoa) balitz!
   (. . . izango balitz!)
2. Apaiza hobea balitz!/Apaiza hobea izango balitz!
3. Jakingo banu non dagoen alfer hura!
4. Haiek nere alde (egongo) balira!
5. Gobernuak zerbait egingo balu!
6. Zuk ikasgaiak ikasiko bazenitu!

Exercise 243

1. A, aberatsa banintz!
2. Noiz erabaki zuten bilduko zirela gobernuaren kanpaina berriaz hitz egiteko?
3. Gobernu nazionalak ez du (dauka) gure proiektua debekatzeko eskubiderik!
4. Zer lortu zuten lehengo asanbladek? Ezer ez!
5. Guztiz inportantea da parte hartzea.
6. Egun pare bat pasako/emango bazenitu fabrika hauetako batean, gogor lanean!
7. Egia irakatsi baino lehen, gezur hauek eztabaidatu behar lituzkete!
8. Entzun nuen diputazio(aren) aurrean bilduko zinetela ikastolen aldeko asanblada bat egiteko.

Exercise 250

1. Eguzkia egingo balu, norbait (jendea) hondartzara joango litzateke.
2. Ez bazina alferra (izango), izango zenuke bulegora etortzeko gogoa.
3. Nafarra (izango) bazina, herrialde haren arazoak ulertuko zenituzke.
4. Semaforo gorria ikusiko banu, geldituko nintzateke.

5. Ez balituzte fabrika pilo bat (hainbeste fabrika) jarriko hemen, inmigranteak ez lirateke hona etorriko lan egitera.
6. Haren senarra jatorra (izango) balitz, haiekin ibiltzea atsegin izango nuke.
7. Haiekin konforme (izango) banintz, haien alde aterako nintzateke.
8. Ongi gidatzen jakingo bazenu, hau ez litzateke gertatuko.
9. Zu mekanikoa (izango) bazina, hau konponduko zenuke.
10. Sua egongo balitz hemen, ez luke hotz egingo.

Exercise 252

1. . . . oso pozik nengoen . . . beste karta bat idatzi dut.
2. . . . ikusi nuen . . . zegoen.
3. . . . bizi ziren . . .
4. . . . zinen/izan zinen . . .
5. . . . joan zinen . . .
6. . . . ez zara etorri . . .

Exercise 253

1. Nor da andre hori? Jakingo banu esango nuke.
2. Egunkariak dioenez, irakasleen manifestazioa debekatu dute.
3. Etorriko zinateke, gure taldea arazo hau eztabaidatzeko bilduko balitz?
4. Kartel honek dioenez, fabrika hartako langileak beren nagusiaren kontra borrokatzen (borrokan) ari dira.
5. Lehenbizi (Lehenengo), arazo hori konponduko nuke.
6. Lehengo egunean, zerbait entzun nuen irratian emakumeen borrokari buruz.
7. Jaun-andreak, azkar aterako zinatekete (zarete) mesedez?
8. Horregatik erabiltzen ditut zapata onak.
9. Gramatika irakastea askoz errazago(a) da.

10. Nik bigarren gaiaz idatziko nuke.
Uste dut zure aukera bakarra dela.

Exercise 254

Luke; lukete; emango balu; izango
lirateke; merkeagoak (izango) ba-
lira; ikasiko luke; ustez; lortuko
litzateke; konturatuko balitz; lor-
tuko litzatekeela.

Exercise 261

1. Harrituko zinen harrapatu zute-
nean.
2. Andre hori ez dago alai, triste bai-
zik.
3. Halere, ez naiz bildur.
4. Maindire garbiak gordeko zeni-
tuela esan zenuen.
5. Ez galdu aukera hau.
6. Geltoki bakarra zela ikustean (ikus-
ten genuelarik), bertan/hantxe
gelditu ginen.
7. Zenbat ordaintzeko prest zaude
koadro horiarengatik? (Zenbat or-
dainduko zenuke . . . ?) Edozein
prezio ordainduko nuke.
8. Zuk nik baino geografia eta kultura
gehiago ikasiko zenuen.

Exercise 266

1. Egin zenuen aukera tontoa zen.
2. Zure gainean bizi den gizona nor
da?/ Nor da zure gainean bizi den
gizona?
3. Zer da entzun duzun berria?
4. Nor da agurtu duzun (agur esan
diozun) andrea?
5. Zer nahi zuen atzo bulegoan
agertu zen andreak?
6. Irratian esaten dituzten gauzak ge-
zurrak dira.

Exercise 267

1. Bai, zuekin atera naiteke.
2. Bai, seiretan etxean egon naiteke.
3. Bai, hortik pasa naiteke.
4. Bai, gizon hori hil daiteke.
5. Bai, ondo irten daiteke.
6. Bai, umeak ere joan daitezke.

Exercise 269

1. Joan den astebukaeran (asteburu-
an) euskarazko nobela bat ira-
kurri nuen.
2. Ospe handiko idazle batek idatzi
zuen.
3. Zure bizarra nerea baino gehiago
hazi da.
4. Ez dugu izan haren berri(rik).
5. Gure eskerrik beroenak denei (de-
noi).
6. Joan den mendean haren ospea
munduan zehar zabaldu zen.
7. Euskal literatura beste batzu baino
pobreagoa izan daiteke, baina hau
ez da harrigarria/harritzekoa.
8. Noizbait, datorren hilabetean be-
harbada, idazle honen nobeletako
bat irakurri nahi nuke; liburuden-
dara joan behar nuke erostera.
9. Hartu liburu honen edozein kapi-
tulu, eta datorren asteleheneko
literatura klaserako irakurri.
10. Nork daki nolakoa izango den da-
torren mendeko kultura!

Exercise 273

1. Armariora eraman dezakezu.
2. Sagardotegirik badago irekita, han
jan dezakegu (bazkal dezakegu).
3. Bulegoan egon daitezke (geldi dai-
tezke) Etxeberria jauna iritsi arte.
4. Kontuz, hortik eror zaitezke!
5. Nahi baduzu ken ditzaket.

Exercise 274

1. Zergatik zaude hain haserre?
2. Laster ni bezain haserre egongo
zara.
3. Gaur ez da hain hotza.
4. Ez naiz inoiz gaur bezain pozik
egon.
5. Zu bezain ongi irakur dezaket,
baina ez hain azkar.

Exercise 275

1. Auto hau hain txikia da!
2. Bai, nik ere hori (hala) uste dut.

3. Beraz (Orduan) handiago bat erosi behar zenuke!
4. Auto handiago bat hain garestia izango litzateke?
5. Baietz (Hala) uste dut.

Exercise 276
1. Edurnek (nik) laguntzea nahi du.
2. Ez dut hori egin nahi.
3. Baina zuk egitea nahi dut.
4. Josebak nik (zuri) zerbait esatea nahi du.
5. (Gu) joatea nahi badute, joango gara.
6. Zergatik joan behar dugun ulertu nahi dut.

Exercise 277
1. Joseren andregaia eguerdian dator bazkaltzera.
2. Haren emaztearen edertasunak denei poza ematen die.
3. Herrialde honek badu euskaldun kutsua, eta gainera hemengo jendeak euskaldunek bezala hitz egiten du (gainera hemengoek euskaldunek bezala hitz egiten dute).
4. Agur, nere ametsetako lurra!
5. Erreka baratzearen erditik doa.
6. Pobreak pozez beteta zeuden; aberatsak, berriz, haserre edo triste (zeuden).
7. Gerraren beldurra munduan zehar zabaldu da orain.
8. Artzaina elizara joateko jantzita zegoen.
9. Astebukaeretan beti ateratzen gara.
10. Beti kantatzen dute afarietan.
11. Beti erabiltzen dituzte kartelak jendea manifestazio batera deitzeko.
12. Behin eta berriz esan dizut hobeki konponduko zarela honela egiten baduzu; halere, lehen bezalaxe jarraitzen duzu.
13. Kale hartan dagoen liburudendan hiru aldiz erosi dut.
14. Zenbat aldiz jo zenuen atean sartu baino lehen?

15. Eskerrak sagardotegi hau irekita dagoen; bestela ez genuen jakingo nora joan afaltzera.
16. Aski (Nahikoa) izango dugu tortila pare batekin eta sagardo botila batekin.
17. Inoiz ikusi duzu artzain bat bere ardiekin?
18. Zer esango zuen Malentxok, baietz ala ezetz?

Exercise 281
1. Ni igandean joan naiteke Doneztebera.
2. Doneztebeko taberna batean gera gaitezke.
3. Zerbait har dezakegu bazkaldu aurretik.
4. Elizondon bazkal dezakegu.
5. Karmele gurekin etor daiteke.

Exercise 282
1. zenezake
2. liteke
3. genezake
4. zintezke
5. lezake
6. nezake
7. ninteke
8. litezke

Exercise 284
1. Ez nago bat ere ados horrekin.
2. Zenbat libera (franko) dituzu? Bat ere ez.
3. Hazten denean andre ederra bihurtuko da.
4. Hirugarren Mundua pobrea da; halere, gauzek ez dute beti berdin jarraituko.
5. "Pasaporte honek ezkonduta zaudela esaten du," esan zuen poliziak.
6. Barkatu, ez dut zure galdera harrapatu; berriro esango duzu?
7. Mendira igo ondoren, haranera jaitsi ginen.
8. "Iritsi gara," esan zuen soldaduak.

9. Lasaitasuna galdu gabe nere kar-
neta erakutsi nion.
10. Zergatik ez duzu frogatzen?

Exercise 288

1. Litro bat edan nezake.
2. Libera (Franko) batzu bidal litzake
batzutan.
3. Eguraldi honekin, eguzkitan eser
(jar) ninteke erreka(ren) ondoan.
4. Andregaia aurkituko balu, ezkon
liteke.
5. Euskara irakats zenezake Ameri-
ketan.

Exercise 289

1. Karneta erakusteko esan dit sol-
daduak.
2. Amona elizan utziko dugu meza
entzuteko.
3. Zu haran honetan geratzea nahi
dut.
4. Esan diot aldapa horretatik erre-
kara jaisteko.
5. Manifestazio bat egin beharko
dugu, gobernua konturatzeko.

Exercise 290

1. Aitonak eta amonak (Aiton-
amonek) elkar maite dute.
2. Aste batzu (Zenbait aste) bake eta
lasaitasunean pasa behar dituzu.
3. Beti(danik) adiskideak izanak
ziren, baina orain maitasun berri
bat sortu zen beren artean.
4. Bizitza triste bihurtu zen haientzat.
5. Elementu hauek talde batean bil di-
tzakegu.
6. Harria metro batzu (zenbait metro)
urrunago bota zuen.
7. Munduaren bukeraraino joan zai-
tezke, baina ezin zara berriz itzuli.
8. Bakea mundutik (munduan zehar)
zabaltzen denean, ez da geldituko
(geratuko) zuen borrokaren arra-
storik.
9. Bai, baina nork sortuko du zuk
izan nahi zenukeen bakea (bake
hori)?

Exercise 292

1. Ikas ezazu(e) ikasgai hau biharko.
2. Sar zaitez barrura.
3. Edan ezazu ardo hori.
4. Ekarzu plater bat.
5. Zaude hemen pixka bat.
6. Zaude isilik!
7. Irakur ezazu.
8. Altxa zaitez aulkitik!
9. Altxa ezazu eskua.
10. Froga ezazu kotxea orain.

Exercise 295

1. Banekien neregana (nigana) itzu-
liko zinela, nere maitea!
2. Nola balia zaitezke nitaz honela?
(Nola erabil nazakezu honela?) Ez
(al) dago bihotzik zuregan? (Ez [al]
duzu bihotzik?)
3. Zorionez, inglesak bidali zuen
karta (inglesak bidali[tako] karta)
ez zen andrearengana iritsi (ez
zitzaion andreari iritsi).
4. Katu gaisoak txakurrarengandik
korrika alde egin (ihes egin) zuen./
Katu gaisoak txakurrari ihes egin
zion.
5. Zoaz (joan zaitez/joan) zure ahiz-
pengana (arrebengana), eta mina
(baldin) badute emaiezu botika.

Exercise 296

1. Uste dut lagunen bat bera ikustera
etorri dela. (western)/Uste dut
adiskide bat haren ikustera jin den.
(eastern)
2. Botikaren bat hartzen ari zen.
3. Egun hartan festaren bat zegoen,
ahantzi/ahaztu zait zein festa zen.
4. Beharbada filme(ren) bat ikusi nahi
zenuke?
5. Manifestazio bat dago lege berriren
baten kontra.

Exercise 297

1. Badirudi ez nauzula sinesten.
2. Dirudienez ez du asko irabazten
(gutxi irabazten du).

3. Aireak lodia dirudi; ba (al) dakizu zer esan nahi dudan?

4. Iruditzen zait haren bihotza aldatu (egin) dela aurten.

Exercise 298

1. Ez badaukazu presarik, zergatik ez zara diputazioraino oinez joaten? Handik autobusa har zenezake.

2. Erabaki dute filmeren bat ikustera joango direla hemen herritik atera ordez, euria ari bait du.

3. Ba (al) daukazu botikarik zurekin? Aire (Haize) hotz horrek buruko mina eman dit (eta).

4. Ez dut uste udaberri honetan jarraituko (segituko) dudanik; sei hilabete nahikoa da.

5. Haren gorputza mehe samarra da, eta ile luzea du, baina ez naiz haren begien koloreaz oroitzen.

6. Ez duzu hain paper lodia erabili beharrik; garestiegi ateratzen (bait) da.

7. Ez dut zure ilearen kolorea aldatzerik nahi/Ez dut nahi zure ilearen kolorea alda dezazun; haserretuko naiz aldatzen baduzu.

8. Belarri nahiko ona du kantatzeko, baina hitzak (letrak) aha(n)zten ditu beti.

9. Batzutan errazago (izaten) da zerbait eskutitz batean jartzea (ipintzea) ahoz adieraztea baino.

10. Bai, badakit zer esan nahi duzun, baina ez nago bat ere (inola ere) ados (konforme).

11. Zapata hauek ez dira egokiak zure oinentzat (oinetarako); zabalegiak dira.

12. Aurten legeak aldatu (egin) dira.

13. Zure begiak maite ditut, zure ahoa maite dut, zure ilea maite dut, zure belarriak maite ditut, zure burua maite dut, zure gorputza maite dut, zure eskuak maite ditut; a bai, eta zure oinak maite ditut.

14. Ezkon gaitezen aurten, udazkenean, (nere) maitea.

15. Zenbat aldiz esan dizut ahoa hesteko (ixteko) jatean?

16. Norbaitek zenbat lan egin duen jakin nahi baduzu, haren eskuek asko adieraziko dute; lan asko egin badu, gogorrak eta lodiak izango dira, ez meheak eta politak.

17. Poliziak bizilagunei (auzokoei) jakinerazi zien manifestazioa debekatuko zela.

18. Zorionez ez zioten kalterik egin.

19. Ez dira inoiz elkarrekin haserretu.

20. Teatrora joango gara ala dantzatzera joango gara?

Exercise 301

1. Dantzatzen ari diren mutil horiek baserritarrak ote dira.

2. Ateratzean (Atera zarenean) argia itzali ote duzu? Ez, ez naiz gogoratu.

3. Zer gehiago behar ote dugu? A bai, ogia eta ardoa.

4. Eusko Jaurlaritza zer neurri hartzen ari ote da egoera hau konpontzeko?

Exercise 302

1. Kontuz! Labana bat omen dauka!

2. Sarrerak datorren astean ordainduko omen dizkit . . . gogoratzen baldin bada, noski!

3. Gizonaren lana (egitekoa) omen da ogia ebakitzea. Luix, baduzu labanarik? Orduan has zaitez ogia ebakitzen denontzat.

Exercise 303

1. Ez nintzen harrituko harrapatu balute.

2. Geltoki bakarra izan balitz, han bertan geldituko nintzen.

3. Geografia eta kultura gehiago ikasiko nuen aukera izan banu.

Exercise 304

1. Zure heriotzea ez da alferrikakoa izan/Ez zara alferrik hil; irabaziko dugu!

2. Filmearen erdian norbaitek argi guztiak piztu zituen.

3. Eraman (itzazu) mahaira labana, tenedore, goilare eta platerak; afaltzeko ordua da.

4. Sagardoa hartuko dugu? Zer duzu(e) nahiago?

5. Euskaldunak lotsatiak dira askotan/Euskaldunak lotsa izaten dira askotan; ez zaie gustatzen beren lagunez/lagunengandik desberdinak izatea.

6. Benetako (Egiazko) baserritarra duzu hori.

7. Bakoitzak zaindu behar du bere baratzea.

8. Kontuz, hau desberdina da!

9. Beren maitasunak heriotze egun arte iraungo zuela uste zuten.

10. Gorria, zuria eta berdea dira Euskadiren ikurrinaren (banderaren) koloreak.

Exercise 307a

1. Haurrok bihar munduko nagusiak izango gara.

2. Jaun-andreok, musika hasi da eta denok dantzatu behar dugu.

3. Hemengoon artean medikurik badago, mesedez?

4. Duela laurogei urte, nazioaren egoera desberdina zen.

5. Orain dela hamabost urte zelai berdeak besterik ez zegoen hemen; aldaketa ikaragarria izan da.

6. Zoroa al zaude? Nola ordainduko duzu?

7. Zazpi ume daude, eta norbait aurkitu beharko dugu umeok zaintzeko.

8. Nor da txakur honen jabea?

9. Benetan atsegin al duzu zulo ilun horretan bizitzea?

10. Medikua teatrotik atera zen presaka.

11. Osasuna ezin da diruarekin ordaindu.

12. Zenbat balio dute behar dituen botikok? Lotsagarria da!

13. Kontuz, behi hau erdi zoroa (zoratua) dago!

14. Lagunduko didazu tenedoreak, goilareak, labanak eta abar mahaian ipintzen; mahaia prestatzeko ordua da.

15. Aipatu dituzun gauza hauek (gauzok) lotsagarriak dira; bai, lagunduko dizut (zaitut) baserritar hauen aldeko eta jabe haren kontrako eskutitz bat egunkariei idatziz.

Exercise 307b

1. Kantari hori gurekin etortzera gonbidatu nahi nuen, baina lotsa nintzen.

2. Euskal kirol asko daude; pilota horietako bat besterik ez da.

3. Pilotari batzu Ameriketara joaten dira diru gehiago irabaztera.

4. Presoen egoera ez da inoiz izan orain bezain barria.

5. Eskutitz honekin eta zuzendariaren laguntzaz, ikus dezagun zer egin dezakegun.

6. Jar dezagun mahai bat elizaren aurrean preso abertzaleen aldeko (preso abertzaleentzako) laguntza jendeari eskatzeko.

7. Zer da sukaldetik datorren usain goxo hori?

8. Gonbidatu genuen mutila pilotari sendo (eta) gazte bat zen.

9. Hori gaurko euskal musikaren oinarrizko elementu (osagarri) bat da.

10. Nor etorriko da dena prestatzen laguntzera?

11. Etorri (Etor zaitez) komeni zaizunean.

12. Isilik! Itzali musika hori!

13. Argia piztu nuenean (Argia piztean) zerbait interesgarria ikusi nuen.

14. Ez nekien zer esan nahi zuen.

15. Ez zuen merezi ezer esatea.

Exercise 309

1. Ikasgai hauek gero eta zailagoak bihurtzen dira. Lagunduko ote duzu? (Lagun dezakezu/zenezake?) Azalduko didazu zer esan nahi duten hitz hauetako batzuk? (Azalduko didazu hitz hauetako batzuk zer esan nahi duten?)
2. Iaz nere senarra larunbat gau guztietan mozkortzen zen. Ni gauerdia baino lehenago oheratu ohi naiz, baina ordubietan, hiruretan edo lauretan esnatu ohi nintzen bera sartzen zenean. Oso itsusia izaten da mozkortzen denean.
3. Biok iturriaren ondoan gelditu ginen gora ilargiari begira, belar bustiaren usainarekin eta iturriko uraren hotsarekin.
4. Aurten nazioko bazter guztietara laguntzera gonbidatzen zaitut. Baina neguan joan beharko dugu, hori bait da baserritarrentzat garairik hoberena.
5. Zuzendaria poztu zen emaitzen berri entzutean. Kopa bat eskaini zidan.
6. Gauerdia zen, eta ilargiak zeruan pilota haundi bat zirudien. "Ikus dezagun negu honek zer dakarren," pentsatu nuen.
7. Nazioaren osasuna beste ezer baino inportanteagoa da. Norbaiten gorputza gaiso dagoelarik medikuari deitu ohi diogu. Nor da medikua, ordea?
8. Benetan gustatzen zaizu hots itsusi hori? Ezin dut sinetsi hori musika denik.
9. Jainkoak era askotan lan egiten du; baina hau ote da horietako bat?
10. Gonbidatu arren, ez zuten onartu. Inoiz entzun dudan gauzarik lotsagarriena da.

Exercise 310

1. Afaria egin baino lehen irratia piztu nuen. Ez nuen irratia entzun aspalditik, eta pentsatu nuen interesgarri izango litzatekeela nolakoa zen ikustea.
2. Eguraldi arraroa izan dugu hilabete honetan. Hasieran euri asko izan genuen, eta ezin zen etxetik atera goitik behera busti gabe. Gero, inork uste ez zuenean, zeharo aldatu zen, eta orain uda dirudi, edo udaberria gutxienez, neguaren ordez.
3. Eguerdian, eguzkia ateratzen bada, beroa ikaragarria da (bero ikaragarria egiten du). Eskerrak badagoen erreka bat hemen; bestela gehiegi izango litzateke!
4. Ideia bat daukat. Gasolina (pixka bat) erosten badugu, asko gustatuko zaizun toki berezi batera eramango zaitut.
5. Ba al dago inor komunean? Ez, hutsik dago, baina kostatzen zait atea irekitzea. Egon pixka bat, lagunduko dizut (zaitut). Batzutan ateari ostikada on bat eman behar zaio.
6. Ekarzu kontua, mesedez. Ongi. Zenbat da? Hainbeste? Arraioa! Ez dut hau ordainduko! Baina ebaki bat besterik ez dut hartu!
7. Ardo honek hamar libera balio du botilako. Litro bat nahi zenuke, andrea? Hamar libera, mesedez. Hartu. Mila esker. Arratsalde on, andrea.
8. Pasaporte honek mendebaldeko nazioetarako bakarrik balio du, zoritxarrez.
9. Ez dut sekulan ikusi (inor) hura baino politagorik.
10. Jakin nahi nuke zenbat aldiz lo egin duten hemen.

ELEMENTARY READER

1. Euskal Herriko Probintziak

Zazpi probintzia dira Euskal Herrian. Haien izenak Nafarroa, Zuberoa, Baxe-Nafarroa, Lapurdi, Gipuzkoa, Bizkaia eta Araba dira.

Iparraldeko hiru probintziak, Lapurdi, Baxe-Nafarroa eta Zuberoa, Estatu Frantsesean daude. Beste lauak Estatu Espainolean.

Zazpi probintzia horietatik, hiru, Bizkaia, Gipuzkoa eta Lapurdi, kostan daude, Kantauri Itsasoan.

Nafarroa Euskal Herriaren erdian dago. Iruñea, probintziaren erdian, hiriburua da. Nafarroa handia da, baina jende gutxi dago, milioi erdia bakarrik. Ehun eta laurogei mila pertsona bizi dira Iruñean.

Hiru probintziatako hiriburuak, Bilbo, Donostia eta Baiona, kostan daude. Haundiena[1] Bilbo da: laurehun eta hogeitahamar mila lagun[2] bizi dira Bilbon. Euskal Herriko hiririk haundiena[3] da.

Donostia txikiagoa da (ehun eta hirurogeitahamabost mila lagun). Baionan bakarrik laurogei mila bizi dira.

Bizkaia eta Gipuzkoa probintzia txikiak dira, baina ia[4] bi milioi pertsona bizi dira bertan.[5] Euskal Herri guztian, hiru milioi daude. Bi probintzia hauetan, bada, hirutik bi[6] bizi dira.

Araban, milioi laurden bat pertsona bizi da; horietatik, ia berrehun mila Gasteizen bertan[7] daude.

Iparraldeko hiru probintzietan milioi laurden bat lagun bizi da. Baxe-Nafarroan eta Zuberoan oso jende gutxi bizi da: Maulen lau mila lagun, eta Donibane Garazin bi mila besterik ez.
(Text by Alan King.)

2. Euskal Herriko Geografia

Euskal Herriaren mugek hiru elementu nagusi dituzte: Pirineo mendiak (ekial-dean); Kantauri itsasoa (iparraldean); eta Ebro ibaia (hegoaldean). Ikus mapa.[8]

Pirineo mendiak haundiak dira. Baina Euskal Herriaren azken muturrean hasten dira benetako[9] Pirineoak. Badira beste mendi batzu Euskal Herriaren barruan, baina ez dira haundiak. Nafarroan, Gipuzkoan eta Bizkaian aurkitzen dira batez ere.[10] Nafarroaren hegoaldean eta Araban, berriz, lurralde zelaiak aurkitzen dira.

Kostaldean klima euritsua[11] da. Lurralde hau, eta mendialdea, oso berdeak dira, eta baserri asko aurkitzen dira. Ekialdean herri gehienak oso txikiak dira, baina ez mendebaldean. Lantegiak eta herri haundiak daude kostan, bai eta Gipuzkoako eta Bizkaiko mendialdean ere.

Bilbo inguruko herriak[12] industrialak dira. Bizkaian eta Gipuzkoan zehar, herri batzuk industria handiak eta langile asko dituzte. Baina herrialde haietatik aparte, Euskal Herriko hiri industrialak gutxi dira; nagusiak Gasteiz, Iruñea eta Baiona dira.

Kostan hiru itsasportu nagusi daude: Bilbo, Pasaia eta Baiona. Pasaia Donostiaren ondoan aurkitzen da. Beste arrantzale herri txiki asko dago. Turismoa ere bada kostako herrietan, herri askok hondartza ederrak dituzte eta.

Ibai haundi bat dugu Euskadiren hegoaldeko mugan zehar: Ebro. Hau Mediterraneo itsasora doa azkenean. Lurralde aberats[13] eta zelaia da Ebroaldea: Nafarroako *Erribera* eta Arabako *Errioxa*.

(Text by Alan King.)

3. *Euskal Herria eta Euskara*

Gaurko Euskal Herrian ia jende guztiak daki erdaraz: hegoaldean espainolez, iparraldean frantsesez.

Batzuk bi hizkuntzak, euskara eta erdara, ikasi dituzte beren etxeetan. Gehienek etxean erdara bakarrik ikasi dute. Euskaraz ez dakitenak,[14] *erdaldunak* deitzen dira.

Baina erdaldun batzuk, gaur, klaseetara joaten dira euskara ikastera. Euskara ikasi eta gero, *euskaldun berriak* deitzen dira. Euskaldun berri asko daude Euskal Herrian orain.

Beste batzuk, berriz, ez dute erdara ikasi etxean; euskara bakarrik ikasi dute han. Hauek erdara ikasten dute eskolan, edo lanean, edo kalean. Eta orain, telebista espainol eta frantsesarekin ere haurrek erdara asko ikasten dute. Orain, azkenean, bada Euskal Telebista ere.

Urte askotan zehar errepresio haundia izan da euskararen kontra. Gaur ere badira problema asko euskara rentzat. Orain arte[15] erdarak—espainola eta frantsesa—hizkuntza ofizial bakar-bakarrak izan dira Euskal Herrian. Baina euskaldun askok euskaraz bizi nahi dute beren Herrian.

Zoritxarrez,[16] Euskadiko toki batzutan, euskara galdua dago orain, eta beste toki batzutan ere galtzen ari da. Herrialde hauek erdaldunak dira gaur: ia Araba guztia; Nafarroaren hegoaldea; eta Bilbo eta Baiona inguruko herrialdeak. Noski, badaude euskaldun batzu herrialde hauetan ere; euskaldun berriak edo toki euskaldunetako inmigranteak dira gehienak.

Lau pertsonatatik hiruk[17] ez dakite euskaraz gaurko Euskal Herrian. Euskara gutxiago[18] dago herrialde industrialetan, inmigrante espainolak dira langile asko eta.

Gaur badira euskarazko eskola asko; *ikastolak* deitzen dira. Eta orain beste eskoletan ere euskara ematen dute. Baina oraindik euskaldun gehienek ez dakite euskaraz irakurtzen eta idazten. Hortxe dago beste problema bat.

Noski, Zuberoatik Bizkaira, euskara ez da herrialde guztietan berdin-berdina. Euskarak baditu dialektoak. Euskararen dialektoak *euskalkiak* deitzen dira, eta euskalki nagusiak hauek dira: *bizkaiera*, *gipuzkera*, *goi-nafarrera*, *lapurtera*, *baxenafarrera*, eta *zuberera*.

Euskara idazteko, gaur bada *euskara batua*.[19] Liburu honetako gai guztiak euskara batuan daude, noski. Baina Euskal Herrian zehar, etxeetan, eta toki guztietan, euskalkiak entzungo dituzu.

(Text by Alan King.)

4. Some Songs[20]

(1) Maritxu, nora zoaz?

"Maritxu, nora zoaz,
eder galant hori?"
"Iturrira, Bartolo,
nahi baduzu etorri."

"Iturrian zer dago?"
"Ardotxo txuria;
biok edango dugu
nahi dugun guztia."

(2) Xarmangarria zara

Xarmangarria zara,
eder eta gazte;
nere bihotzak ez du
zu besterik maite.

Beste zenbait bezala
ote zara libre?
Zurekin ezkontzeko
dudarik ez nuke!

(3) Pello Josepe

Pello Josepe tabernan dela
haurra jaio da Larraunen;
etxera joanda esan omen du:
"Ez da nerea izanen!
Ama horrek berak topa dezala
haur honek aita nor duen!"

"Ai hau pena ta pesadunbrea,
senarrak haurra ukatu!
Haur honentzat beste jaberik
ezin nezake topatu.
Pello Josepe bihotz nerea,
haur honek aita zu zaitu!"

(4) Ikusten duzu goizean

Ikusten duzu goizean,
argia hasten denean,
menditto baten gainean,
etxe ttipitto aintzin xuri bat,
lau haitz ondoren erdian,
xakur xuri bat atean,
iturriño bat aldean.
Han bizi naiz ni bakean.

Nahiz ez den gaztelua,
maite dut nik sorlekua,
aiten aitek hautatua.
Etxetik kanpo zait iruditzen
nonbait naizela galdua,
nola han bainaiz sortua.
Han utziko dut mundua
galtzen ez badut zentzua.

(5) Alferraren astea

Astelehena,
jai ondoren alferra;
ezer ez egiteko
ez goaz lanera.

Refrain: Ta ez goaz lanera,
　　　　ta ez goaz lanera,
　　　　ta ez goaz lanera,
　　　　ta ez goaz lanera.

Asteartea,
euria goitik behera;
busti egingo gara,
ta ez goaz lanera. (*Refrain.*)

Asteazkena,
osaba ezkontzen da,
ta jai hartzen badu,
ez goaz lanera. (*Refrain.*)

Osteguna,
amonaren eguna,
hori ospatutzeko,
ez goaz lanera. (*Refrain.*)

Ostirala,
haginetako mina,
aspirina hartuta
bagoaz ohera. (*Refrain.*)

Larunbata,
egun erdiko lana;
egun erdiagatik
ez goaz lanera. (*Refrain.*)

Igandea,
lantegia itxita;
lan egin nahi baina
ezin joan lanera! (*Refrain.*)

(6) Gernikako arbola

Gernikako arbola
da bedeinkatua,
euskaldunen artean
guztiz maitatua.

Eman ta zabal zazu
munduan frutua.
Adoratzen zaitugu,
arbola santua!

(7) Eusko gudariak

Eusko gudariak gara
Euskadi askatzeko,
gerturik daukagu odola
bere alde emateko.

Irrintzi bat entzunda
mendi tontorrean,
goazen gudari denok
ikurrina'n atzean.

(8) Zenbat gara?

Zenbat gara?
Lau, bat, hiru, bost, zazpi?
Zer egin dugu? Ezer ez!
Zer egiten dugu? Elkar jo!
Zer egingo dugu? Elkar hil?

Gure asmoak, esperantzak:
herria, askatasuna,
justizia, bakea,
egia, maitasuna,
mitoak, hitz hutsak.

Zer egin dugu? Ezer ez!
Zer egiten dugu? Elkar jo!
Zer egingo dugu? Elkar hil?
Hori ez, hori ez!

(9) Txoria txori

Hegoak ebaki banizkio
nerea izango zen.
Ez zuen alde egingo.
Baina honela
ez zen gehiago txoria izango.
Eta nik txoria nuen maite!

(10) Guk euskaraz

Refrain: Guk euskaraz,
          zuk zergatik ez?

Euskara putzu sakon eta ilun bat zen,
eta zuek denok ur gazi bat
atera zenuten,
handik nekez. (*Refrain.*)

Orain zuen birtutez, zuen indarrez,
euskara itsaso urdin eta
zabal bat izanen da,
eta gurea da. (*Refrain.*)

5. *Tontoren Ipuina*

Mutil alfer baten izena Tonto zen. Ez zegoen[21] dirurik Tontoren etxean, eta zerri
bakar bat zuten. Egun batean Tontok zerria saltzera eraman zuen. Herrira joateko,
baso batetik pasa behar zuen, eta basoko etxe batean lapur batzu bizi ziren. Tonto
pasatzen ari zenean bere zerriarekin, atera zen lapurren nagusia eta esan zuen:
        "Kaixo Tonto. Horixe da asto ederra."
        Tontok barre egin zuen. "Astoa?" esan zuen. "Hau ez da astoa, zerria da."
        "Ez ez, hori astoa da," esan zuen lapurrak. "Eta ederra gainera!"

"Zerria da," esan zuen Tontok berriro ere.

"Zerria dela esaten duzu?" esan zuen lapurrak. "Begira, hori zerria bada, diru pilo bat emango dizut; eta astoa bada, berriz, zuk neri astoa emango didazu. Konforme zaude?"

"Konforme," esan zuen Tontok.

Orduan beste lapur bat atera zen, lehenengoaren laguna, eta lapur nagusiak esan zion:

"Zu! Zer da hau? Zerria ala astoa?"

"Hau?" esan zuen beste lapurrak. "Hau astoa da."

"Bai? Astoa?" esan zuen Tontok. "Ongi da, hau astoa bada, orduan zurea da." Lapurrek zerria hartu zuten, eta Tonto ezer gabe gelditu zen.

Tontok zerririk gabe jarraitu zuen eta herrira iritsi zenean, zuzen-zuzenean herriko neskarik ederrenaren[22] etxera joan zen. Atea jo zuen, eta ireki zuenean esan zion neska hari:

"Mesedez, zure jantzirik politena utziko didazu? Berehala ekarriko dizut berriz."

Neskak baietz esan zion, eta Tontok jantzia jantzi zuen. Orduan, jantziaren azpian makila haundi bat hartuz, lapurren etxera abiatu zen berriz. Lapur haiek Tonto ikusi zutenean uste zuten emakume gazte bat zela, eta nagusiak esan zion:

"Zergatik ez zara sartzen gure etxera, eta gaua gurekin pasa?"

"Beldur naizelako gizon guzti hauen artean," erantzun zuen Tontok.

"Ez izan beldur eta egon lasai," esan zion lapurren nagusiak. "Hamabi gizon hauek gela batean lo egingo dute. Atea itxiko dugu, eta zuk izango dituzu giltzak, nahi baduzu. Horrela zu eta ni bakarrik ondo konponduko gara."

Eta hamabi gizonak gela batean sartu, giltzarekin atea itxi, eta nagusiaren gelara joan ziren biak. "Zu sartu ohean lehenengo," esan zion Tontok lapurrari. Eta hau ohean zegoenean, Tontok bere makila atera eta lapurra jotzen hasi zen, esanez:

"Astoa zen, ala zerria zen? Astoa zen, ala zerria zen?"

"Ai, ai, ai!!" esan zuen lapurrak, "zerria zen, zerria! Gelditu mesedez! Armario horretan diru asko dago; hartu mesedez, eta joan!"

Tontok dirua hartu oso pozik, eta lapurrak utzi zituen.

Ondoren Tonto herrira itzuli, neskari bere jantzia eman, eta barberuaren etxera joan zen. Barberuari bere aurpegian bizarra jartzeko esan zion. Gero esan zion:

"Mesedez, zure zaldia utziko didazu? Laster itzuliko dizut."

Baietz esan zion barberuak, eta Tonto, ongi jantzita eta bizardun,[23] zaldiz itzuli zen lapurren etxera. Lapurrek horrela ikusi zutenean, uste zuten medikua zela. Horixe nahi zuen Tontok, eta galdetu ziotenean ea[24] medikua zen, baietz erantzun zien. Orduan lapurrek mesedez berehala etortzeko eskatu zioten, beren nagusia oso gaizki bait zegoen. Tonto joan zen, eta nagusiaren gelan sartu zenean, pixka bat begiratu eta gero, esan zion:

"Aha! Norbaitek makilaz jo zaitu. Bai bai, makila haundi batekin gainera."

"Bai, mediku jauna, horixe da," erantzun zuen besteak, "asmatu duzu dena! Oso gaizki nago. Zer egin behar dugu?"

"Badakit zer egin," esan zuen Tontok. "Belar batzu behar ditut. Baina belar horiek aurkitzea oso zaila da. Zenbat gizon dituzu hemen?"

"Hamabi."

"Ba, gizon guztiek atera behar dute belar bila. Eta hemendik urrun joaten badira, hobe."

Horrela, lapur guztiak belar bila atera ziren. Orduan Tontok esan zuen: "Ni ere belarrak bilatzera joango naiz." Gelatik atera, biak etxean bakarrik zeudela[25] ikusi, makila hartu, nagusiaren gelara itzuli, eta lapurra jotzen hasi zen, esanez: "Astoa zen, ala zerria zen? Astoa zen, ala zerria zen?"

"Ai, ai, ai! Zerria zen, zerria! Hor duzu diru gehiago. Hartu eta joan!"

Eta Tontok, lehen bezala, oso pozik dirua eta zaldia hartu, eta joan.

Herrira joan zen Tonto berriz. Zaldia barberuari itzuli ondoren, bibolin jo-tzaile[26] baten etxera joan zen, eta bibolin jotzaileari esan zion:

"Badut lantxo bat zuretzat."

"Zer da?" galdetu zion bibolin jotzaileak.

Tontok esan zion oso ongi ordainduko ziola, basoan zehar ibiltzen bazen kantzen. Eta zer kantatu behar zuen? "Astoa zen ala zerria zen, Astoa zen ala zerria zen" kantatzen ibili behar zuen.

Bibolin jotzailea konforme zegoen, eta horrela pasa zen lapur etxearen au-rretik[27] "Astoa zen ala zerria zen" kantatuz. Bitartean, Tonto ere basoan zebilen[28] beste bide batetik. Lapurrek bibolin jotzailea ikusi zutenean, nagusiak besteei esan zien: "Mutilak! Hona hemen, hona hemen![29] Harrapa ezazue!!"

Lapur guztiak hasi ziren korrika bibolin jotzailearen atzetik.[30] Nagusia orain-dik gaiso zegoen, eta ohean geld]tu zen bakarrik. Orduan etxera sartu zen gure Tonto, eta hasi zen nagusia jotzen berriz, esanez: "Astoa zen, ala zerria zen? Astoa zen, ala zerria zen?"

"Hor duzu diru guztia," esan zuen nagusiak. "Eraman ezazu dena, eta utz nazazu bakean."

(Adapted from J. M. de Barandiarán, *El mundo en la mente popular vasca* [San Sebastián: Auñamendi, 1962].)

6. *Makilakixki*

Munduan beste asko bezala,[31] etxe batean aita hiru semerekin bizi zen. Seme zaharrena morroi joan zen oso urrutira. Urtea bete ondoren, bere nagusiak asto bat eman zion; eta asto horri "egin urrea!" esanez gero, urrea egiten zuen.

Horrela, bere etxera zetorrela,[32] gau batean urrutiko ostatu batean geratu zen. Oherakoan,[33] ostalariari esan zion: "Ez gero nere astoari 'egin urrea' esan!" Baina mutila ohera joan zenean, ostalari gaiztoak esan zion astoari: "egin urrea!" eta astoak urre pilo bat egin zion. Orduan ostalariak asto haren tokian hura bezalako beste asto bat jarri zuen.

Hurrengo goizean, berea ez zen astoa[34] hartu, eta konturatu gabe oso alai bere etxera joan zen mutila. Kontatu zien bere aitari eta anaiei nolako astoa zekarren.[35] Horrela, lurrean maindire haundi bat zabaldu zuten, eta haren erdian astoa jarri zuten. "Egin urrea!" esan zion mutilak, baina jakina, astoak ez zuen ezer egin. "Egin urrea!" esan zion berriz ere, baina astoak ez zuen urrerik egin, kaka baizik, maindire gainean.

Gero bigarren semea joan zen morroi. Eta urtea bete ondoren, bere nagusiak mahai bat eman zion. "Jarri bazkaria!" esanez gero, mahai horrek bazkaria bertan egiten zuen. Bere etxera zetorrela, gau bat ostatu batean pasa zuen. Eta zein ostatutan geratuko zen, eta anaia zaharrenari astoa lapurtu ziotenean bertan.[36]

Mutilak oherakoan esan zion ostalariari: "Ez gero mahai honi 'jarri bazkaria' esan!" Baina ostalariak "jarri bazkaria" esan zion mahaiari, eta mahaiak bertan bazkaria egin zuen. Orduan ostalariak mahai hura gorde, eta hura bezalako beste mahai bat jarri zuen haren tokian. Goizean, mutilak hura bere mahaia zela uste izan zuen, eta etxera eraman zuen. Etxera iritsi zenean, esan zien bere aitari eta anaiei nolako mahaia zekarren, eta denen aurrean, esan zion mahaiari: "jarri bazkaria!" Baina mahai hark ez zuen ezer egin, eta mutil gaisoa oso triste geratu zen.

Gero hirugarren anaia, gazteena, joan zen morroi; eta honi nagusiak makila bat eman zion. Makilaren aurrean inork "makilakixki!" esanez gero, makila hark bertan zeuden guztiak[37] jotzen zituen. Bere anaiak bezala, mutil hau ere, etxera zetorrela, ostatura joan zen lo egitera; eta ohera zihoala,[38] ostalariari esan zion bere makilari ez esateko "makilakixki." Halere, ostalari lapur hark makila hartu eta "makilakixki!" esan zion. Orduan makila ostalaria jotzen hasi zen. Ostalariak mutilari deitu eta eskatu zion mesedez makila geldi arazteko.[39] Makila gelditu ondoren, mutilak ostalariari esan zion: "Nork esan dio 'makilakixki' nere makilari?" "Nik ez," esan zuen ostalari gezurtiak.[40] "Gezurra," esan zuen mutilak; "zuk ez bazenu 'makilakixki' esan, makilak ez zuen inor joko.[41] Zuk lapurtu zenituen nere anaien astoa eta mahaia, eta nere makila ere lapurtu nahi zenuen! Emaizkidazu astoa eta mahaia berehala; bestela makila honek joko zaitu berriz ere!" "Ez, ez," esan zuen lapurrak, "ez jo berriz!" Eta astoa eta mahaia eman zizkion mutilari. Gure mutilak etxera eraman zituen; eta handik aurrera, denak ondo bizi izan ziren. (Adapted from J. M. de Barandiarán, *El mundo en la mente popular vasca* [San Sebastián: Auñamendi, 1962].)

7. *Loreak eta Arantzak*

Hogeigarren mendeko euskal idazle nagusi bat izan zen Domingo Agirre. Ondarroan jaio zen 1864 urtean, eta 1920an hil zen. Apaiz honek idatzi zituen bi elaberriak, *Kresala*-k eta *Garoa*-k, ospe haundia lortu dute euskal literaturaren barruan. Nahiz eta Agirre bizkaitarra izan, *Garoa* gipuzkeraz idatzi zuen.

Oñatiko baserri baten ingurua, eta inguru honetan dabilen jendearen bizitza, dira *Garoa*-ren gaiak. Beraz, artzainen mundua agertzen da nobela honetan. *Kresala*, berriz, Bizkaiko arrantzale herri batean kokatua da.

Garoa-ko kapitulu baten izena "Loreak eta Arantzak" da. Hona hemen kapitulu honetan agertzen den ipuin polita.

Umezurtz gazte bat bizi zen etxe hartan, eta Jose zuen izena. Mutil galant eta alaia zen. Josek maite zuen neska bakarra Malentxo zen, etxeko nagusiaren alaba.

Josek beti ezagutu izan zuen Malentxo. Umeak zirenean ere, elkarrekin ibili izan ziren bi adiskideak. Umeak hazi egin ziren; eta Malentxo haundia egiten hasi zenean, Jose hasi zen bestelako maitasun bat sentitzen. Orduan Malentxorekin amets egin zuen. Baina amets alferra zen; Malentxo aberats eta ederra zen, Jose berriz artzain mutil pobre bat.

Joseren amets hura egia bihurtuko balitz, a zer poza! zer zoriona! Nola biziko zen orduan Malentxorekin! Baina bazekien amets bat zela.

"Morroi sartu zinen etxe honetan," pentsatu zuen. "Hemengo seme bat bezala hazi zara. Jan duzun ogia etxe honetakoa izan da; daramazun arropa eman dizute; eta oraindik etxeko alaba bakarrarekin egiten duzu amets? Ezina da!"

Malentxori ez zion ezer esan. Isilik eta triste zegoen. Azkenean, egun batean aitonarekin mintzatu zen. Esan zion alde egiteko gogoa zuela. Hori entzutean aitona harritu egin zen.

"Ez al daukazu nahikoa hemen ba?" galdetu zion aitonak.

"Beti nahikoa eta gehiago izan dut," erantzun zion Josek.

"Orduan ezin dizut ulertu. Zer duzu[42] azken hilabete hauetan?"

"Esan ahal banu . . ."

"Tira, esan. Andregaia nahi duzu? Hori al da?"

"Nik ez dakit zer nahi dudan."

"Ba nik banuen gogoan andregai bat zuretzat. Jakina, zure gogokoa ez bada, utzi. Baina ez lukete denek horrela utziko gure Malentxo."

"Malentxo?!"

"Malentxo."

Harrituta gelditu zen Jose.

"Zer esan duzu, aitona?"

"Gaizki iruditzen al zaizu?"

"Gaizki? Nola gaizki? O! nere ametsak egiak balira!"

"Hori al da zure ametsa?"

"Horixe bera. Aberatsa banintz . . . Baina aitona, nerekin ez du ezer nahiko."

"Etxekoa zara, eta dirua izango duzu ezkontzeko."

"Hau poza! Nik bakarrik dakit barruan nerabilen arantza!"

"Arantzak beti izango dituzu, gizon guztiok ditugun bezala. Orain, Jose, gauzak konpondu arte, gaurtik aurrera, Aloñan bizi beharko duzu. Han mendian, ardiak eta gainerako lanak zure gain hartuko dituzu. Nik eramango dizut behar duzun guztia."

"Edonon biziko naiz ongi orain, aitona."

Josek sei hilabete pasa zituen mendian. Malentxoz gogoratzen zen askotan. "Esan dio aitonak Malentxori nere ametsa?" galdetzen zuen. "Nola iruditu zaio Malentxori? Eta amonari eta besteei? Zer dago nere zain, baserrira bihurtzen naizenean?" Bazuen denbora asko pentsatzeko, sei hilabete luze haietan artzain bizitza zeraman bitartean.

Aldi luze hura azkenean bukatu zitzaionean, menditik jaitsi zen. Malentxo zuen gogoan denbora guztian, eta ez zegoen lasaitasunik bere barruan. Zer esango zion Malentxori? Ezer ez; hobe zen isilik egotea. Josek berehala ezagutuko zuen erantzuna Malentxoren aurpegian.

Baina ez zegoen erantzunik Malentxoren aurpegian, Jose gizagaisoa etxera iritsi zenean. Ez, Malentxok ez zuen erantzunik Joseren maitasunerako. Orain Josek galdu zuen mendiko bakea. Zoriona espero zuena, orain inoiz baino triste-ago zegoen. Aitona, bitartean, isilik gelditu zen.

(From Domingo de Aguirre, *Garoa* [Oñate: Arantzazako Frantziskotar Argitaldaria, 1966].)

8. Azken Agurra

MARITXU: Zer ari zara hemen?

JEAN-PIERRE: Ama etxean duzu?

MARITXU: Ez. Auzoan da.

JEAN-PIERRE: Hobe. Banuen beldur bat hura hemen kausi.

MARITXU: Baina zer duzu beti erdi beldurrez . . . ? Bakar-bakarrik naiz. Ez
              nauzu besarkatzen? (*Besarkatzen dira*)

JEAN-PIERRE: Maritxu, berri txar batekin heldu naiz.

MARITXU: Zer nauzu? Uzten?

JEAN-PIERRE: Uzten . . . ez aldebat, baina . . .

MARITXU: Eta nora zoaz? Ez ote zara hemen ongi?

JEAN-PIERRE: Sobera ongi zorigaitzez . . . Atzo goizean, nagusiak jakin arazi dit,
              gure lantegian lana eskastu dela eta nola azkenik sartua bait nin-
              tzen, erran dit beste zerbait bilatzeko . . .

MARITXU: Nagusi kakola! Eta zer bilakatuko zara orain?

JEAN-PIERRE: Nihaurek ere ez dakit!

MARITXU: Eta laborantzan geldituz . . .

JEAN-PIERRE: Anaia zaharrena da etxeko . . .

MARITXU: Beraz . . .

JEAN-PIERRE: Ez da ehun aterabiderik! Gelditzen zaidana: herritik joatea . . .

MARITXU: Parisera ote?

JEAN-PIERRE: Uste dut baietz.

MARITXU: Beraz, enetzat galdua zara!

JEAN-PIERRE: Nolaz?

MARITXU: Zu Parisen eta ni hemen, nola nahi duzu gure amodioak iraun
              dezan?

JEAN-PIERRE: Maiz idatziko dizut . . .

MARITXU: Idatzi ala tirrit berdin da . . . Gaixo Jean-Pierre! Gaixo ni! Zendako
              mila sorgin ez da lantegirik gure eskualde hauetan? Beharbada
              hobeki bilatuz . . . Bokale eta Tarnosen . . . Paue ere ez da hain
              urrun, azkenean . . .

JEAN-PIERRE: Beti lan eskasiaren beldurrean bizitzeko? Nahiago dut, joan behar
              eta, lana den tokira joan!

MARITXU: Niganik urrundu nahi duzu . . . Ez ahal nauzu sekula maitatu . . .
              bestela, hemen nonbait, geldi zintezke . . .

JEAN-PIERRE: Zer uste duzu, neure nahitara banoala? Otoi, ez horrelakorik pen-
              tsa! Bortxatua naiz, bortxatua. Aditzen duzu: bortxatua!

MARITXU: Eta noiz abiatuko zara?

JEAN-PIERRE: Laster.

MARITXU: Joan aitzin berriz ikusten ahalko zaitut bederen?

JEAN-PIERRE: Azken agurraren egitera etorria nintzen . . .

MARITXU: Zer? Jada . . . Azken aldiko ikusten ote zaitut? Jean-Pierre. Bihotza
              punpeka ari zait, ezpainak zimurtzen ari zaizkit. Hatsa ez dezaket
              gehiago har! Jean-Pierre ene maitea . . . Bakarrik utziko ahal nauzu?

JEAN-PIERRE: Ez nizun horrelako minik egin nahi . . . Baina biziko legeak bortitzak
              dira.

MARITXU: Eta ez zara nagusiaren kontra haserretzen?

JEAN-PIERRE: Ez du balio . . . Zeren egiteko?

MARITXU: Ez dakit. Baina, hola segituz gazteria guztia hemendik joanen da,
              ezin biziz . . .

JEAN-PIERRE: Etorriko naiz berriz.

MARITXU: Bai, erretreta hartu eta, azken egunen iragatera.

JEAN-PIERRE: Eta zu jiten bazina Parisera?

MARITXU: Zer du bada Parisek, denak beregana biltzeko? Lanik ez delarik, jo

Parisera. Besta egiteko, jo Parisera. Teatro ederraren ikusteko, jo Parisera. Denak Pariseri buruz gaude, ustez eta salbamendua Parisetik etorriko zaigun! Bizkitartean, Parise da aspaldian gure lehen engainatzailea! Ni segurik ez nau Parisek bere atzaparretara bilduko!

JEAN-PIERRE: Uzten zaitut Maritxu . . . Parisetik idatziko dizut karta ttipiño bat neure helbidearekin . . .

MARITXU: Parisen galduko zara! Emazteek bilduko zaituzte. Nagusiak zutaz baliatuko dira. Irabazi bezainbat xahutuko duzu. Aire ustelduak kalte eginen dizu. Pariseren esklabo bilakatuko zara. Parise madarikatua da! Eta zuk halere erranen duzu ongi bizi zarela eta hemengo jendeek sinetsiko zaituzte!

JEAN-PIERRE: Banoa Maritxu. Zure begitartearen gozoa ni baitan sartua dago. Ez zaitut sekula ahantziko . . .

MARITXU: Nik segurik ez zaitut ahantziko. Zu izan bait zara ene biziko lehen amodioa.

JEAN-PIERRE: Agian, lehena eta bakarra!

(From Daniel Landart, *Erranak erran* [Donostia: Elkar, 1981].)

9. Ines

—Zure apunte batzuk ditut . . .

—Apunte batzuk? Ez naiz oroitzen . . .

—Bai. Soziologiakoak. Gaur emanen dizkizut. Neroni joanen naiz.

—. . . ez du presarik. Ez dio inportik.

—Ez, ez. Hortik pasa behar dut, eta ez zait kostatzen. Baina kanpora joateko asmorik baduzu, esan. Beste egunen batetan pasako naiz.

Bere bozak epelago dirudi gaur. Ez nuen pentsatzen Ines izanen zenik. Telefonoa hartzerakoan Antonio izanen zela uste nuen. Gero deitzekotan gelditu da goizean.

Kanpora? ez dut kanpora joan beharrik. Gainera, Inesek badaki hori. Beti bezala gaur arratsaldean ez dut egiteko handirik. Gainera larunbata da, eta larunbatak ez du deus esan nahi niretzat. Larunbatetan jendeak eta kaleak aldatu egiten dira. Baina niretzat ez da ez iganderik eta ez larunbatik. Egun guztiak berdinak dira. Ladriloak bezala. Berdinak.

Isilunea egin da bion artean. Ines mutu dago eta nik ez dakit nolatan jarraitu. Zerbait esateagatik diot:

—Nondik deitzen duzu?

—Taberna batetik . . .

Hori banekien. Tabernako zarata nireganaino heltzen da telefonoaren haritik zehar. Baina zerbait galdetu behar nion. Hitzegin beharra dugu. Bildur naiz gure isiluneaz. Oraindik ez dakit Ines hona etortzerik nahi dudan. Arratsalde guztia neuretzat neukan, eta gustora nengoen. Kanpoan langarra hasi du. Irakurtzeko edo ametsari ekiteko denbora egokia da.

Edozein mutil normalek nahiko luke Ines etxera etortzea. Ines polita da. Niri behintzat asko gustatzen zait. Beruna du larrua. Beltzarana da. Ile luzea. Gaztain kolorekoa. Ez da handia, baina ondo egina. Iztar dotoreak ditu. Berak hori badaki eta gona motzak usatzen ditu. Bai. Ines polita da. Belarriak zabal samarrak ez balitu, oso xarmanta litzateke. Eta berak badaki gustagarria dela.

—Eguraldi txarra egiten du, e?

—Bouff! . . . eta hotza gainera. Abrigoa jantzi dut. Lehenengoz aurten.

Une batez isilik gelditu da, baina nik ez dut hitzik egiten. Berak jarraitzen du:

—Euria ari du. Auskalo noiz arte. Akabo udara! Eguraldi honek tristatu egiten nau.

—Niri berriz gustatu egiten zait udazkena. Udara ez da seriosa.

—Ja! eta zertarako behar duzu seriotasuna? Gripeak ere orain harrapatzen dira.

Hitzegiteko gogoa du Inesek. Normalki guti hitz egiten du, lagun artean batipat. Nik badakit bera ere bildur dela gu bion arteko isiluneaz. Horregatik ari da berriketan eguraldiaz eta gripeaz. Baina bere berriketa bortxatua da. Bere gonbarazioa bezala. Bere aurpegia ikusi nahi nuke une honetan. Bere hitzak baino gehiago adieraziko lidake bere jarrerak. Baina ezin dut haren aurpegirik imajinatu. (From Luis Haranburu-Altuna, *Itsasoak ez du esperantzarik* [Donostia: Kriselu, 1980].)

10. Txillardegi eta Euskara

Betidanik sentitu dut nik, ulertu eta aztertu ere baino lehenagotik, euskaraz ez dakien euskalduna ez dela euskalduna . . . Hori dela eta, neure burua farragarri ez ikusteko, euskaraz ikasi behar; nik errotik, eta edozer irakurri ere baino lehenago, euskalduntasuna sentitu baitut.

Hots, zenbait hitz izan ezik, euskaraz ez nekien. Ba omen nekien zerbait, Oñatin 1934eko urrian ikasia; eta amonari noiz-behinka entzuna. Baina gure etxean, nahiz aita eta ama euskaldun izan, erdara hutsez hitz egiten genuen. Ene anaiak, esate baterako, ezer ez daki euskaraz. Eta ni 1939ko udaran (10 urte nituelarik) Arantzazun egon nintzenean, deusik ere ez nuen ulertzen. Ongi oroitzen naiz. Halaz ere, euskara entzuna dut nik askotan: etxean (neskamearekin, esnezalearekin, eta abar), Antiguan, eta abar. Euskara ez zait inoiz zeharo arrotz gertatu.

Hasi, halere, 1947an hasi nintzen ikasten. Birika-eritasun bat harrapatu nuen udaran, eta orduantxe, 17 urte bete gabe nituelarik, gramatika bat moldatzen hasi nintzen ohean. Amari galdetzen nizkion aditzak eta hitzak; eta gaisoaldi hartan, horrelaxe moldatu nuen neuretzako gramatika bat . . .

Ohetik jaikitzean, ia isilka eta bildurrez, Arrigarai-Ataunen gramatika bat lortu nuen; gero Zabalarena, baita L. Mendizabal-Beraren hiztegia. Eta 1948ko udaran zinez ikasten hasi nintzen. Irakaslea, Donostiako kaian: Iñaki Zubimendi.

Ondoko urtean Iñaki Zumeta izan nuen irakasle (udaran beti). Eta 1950ean Bilbora ikastera joan nintzenean, gaueko 12etan hasi eta goizeko 3ak arte egoten nintzen ikasten egunero-egunero . . . (Beste ordurik ez neukan, ijeneru-eskolako sarrera ez bait zen orduan ere erraza.)

1951ean, horretara, pixka bat banekien, eta 1953an hasi nintzen euskara gordinez *Eusko Gogoa*-n eta *Egan*-en idazten. Lehen nobela 1956an idatzi nuen. Eten gabe ikasi dut euskara urte askotan barrena, eta oraindik ere oso maiz aztertzen ditut euskalki guztietako lanak. Nik milaka orduak pasa ditut euskaraz ikasten. Miraririk ez ene kasuan! (Jose Luis Alvarez Enparantza, better known under the pseudonym of "Txillardegi," in a contribution to X. Kintana and J. Tobar, *Euskaldun berriekin euskaraz* [Bilbo: Cinsa, 1975]; slightly abridged and adapted.)

11. Euskaldunaren Definizioa

Euskalduna, diotenez, "euskara duena" da. Baina nola ulertzen dugu "duena"? Dakiena? Ala darabilena? Alditxo batez pentsatu beharra duzu, agian, erantzuteko. Norbaitek, *"Sí, yo sé vasco"* esanez, halere ez badu hitzik ateratzen erdaraz izan ezik, euskalduna ote da?

Horrelakoa da nere auzoan bizi den emakume bat. Ez du sekulan ere euskaraz egiten. Ahantzi duelako edo lotsa delako edo nik ez dakit zer dela eta. Jakin badaki euskaraz: ama baserritarra du, berak ere eskolan hasi arte ez omen zekien erdararik.

Hori zer da ba? Euskaldun zaharra? *Euskaldun alferra* beharbada. Baina emakume hori ez da, neretzat behintzat, egiazko euskalduna. Edo nahiago baduzu, hura euskalduna baldin bada, horrelako euskalduntasuna erabat alferrikakoa da.

Latina edo sanskritoa hizkuntza hilak deitzen dira; frantsesari eta inglesari, aldiz, hizkuntza biziak deritze; beste hizkuntza batzu ere hiltzorian daude edo erdi hiltzat dauzkagu. Zein da bizirik dauden hizkuntzen ezaugarria? *Erabilpena.* Hizkuntza bat bizi da, jendeak erabiltzen duen neurrian; hiltzen da jendeak ez badu erabiltzen. Hamaika hizkuntza galdu da mundu honetan, eta beste hainbat galduz doaz orain bertan. Euskara izan daiteke horietako bat.

Hizkuntza bat erabiltzea haren sua mantentzea eta zabaltzea da. Eta hizkuntza ez erabiltzea (*"Sí, yo sé vasco"* esaten bada ere), sua itzaltzen uztea. Euskara erabiltzean dago itxaropena; ez erabiltzean, galera, heriotzea. Euskara oraindik bizi da; euskaldun guztiei dagokie zaintzea aukera dagoen bitartean. Orain ala inoiz ez; gero helduko da, bestela, negarraren ordua.

(Alan King, "Euskaldunaren definizioa," in *Argia*, 1/30/1983, Donostia: shortened and adapted.)

12. Probintzietako Berriak

(A) Laguntza Levantera

ORAIN dela hilabete batzu Levante aldean kalte haundiak egin zituen urak. Jende asko geratu zen ezer gabe, ez etxe, ez ganadu, ez patata ereiteko. Orain, laurehun tonelada patata bidali dituzte arabarrek, dohainik, hango egoera txarra zertxobait eztitzeko asmotan. Berrehun tonelada patata jateko, ehun tonelada patata ereiteko, beste guztia, pentsutarako. Puskarik haundiena Arabako Diputazioak luzatu du. Gutxi gora behera, guzti horren balioa, hamar milioi pezetatakoa.

(B) Mendira

"GASTEIZ" mendi taldeak ateraldi ederra prestatu du gaur. Nafarroa aldera joko dute eta Azanza mendira igotzen saiatuko dira. Gailur horretatik paraje zoragarriak ikus daitezke. Ateraldi honetara apuntatu nahi dutenek bihar goizeko bederatzietan "El Prado" kalera joan behar dute autobusa hartzeko.

(C) Abortoaren kontra

JOSE MARIA LARRAURI, Gasteizko gotzaiak, haurregoztearen aurkako eskutitz zorrotza atera du. Bertan, kritika ikaragarriak jaurti dizkie haurregoztearen eskubidea defenditzen dutenei. "Bizitzaren jabe bakarra, Jaungoikoa da" izenburuarekin, gotzai honek umegaiaren bizia lehenengo momentutik defenditzen du, eta honela dio: "Jaio ez den haur baten bizitza ezin dute gurasoek geldit."

(D) Haurren koadroen erakusketa

BADA SANTUTXUN "Unzala" izeneko arte erakustoki berri bat. Hor egunotan umeen koadroak ari dira aurkezten. Umeok 9 urtetatik 16ra bitartekoak dira, eta antza denez, sekulako arte harrobia dago Bilbo zulo honetan. Irudimena eta sormena lantzeko adina bai omen Bilbon. Lanegunetan bakarrik erakusten dira koadrook, goizeko 10,30-etatik ordubat eta erdietara, eta arratsaldean 5etatik 9etara; hilaren 19an amaituko da aipatu erakusketa.

(E) Kiroltoki berriak

OTXARKOAGAK futbol zelaia izango du. Udalak horixe onartu du. 29 milioi pezeta beharko dira obrak burutzeko. Eusko Jaurlaritzak ordainduko ditu oso osorik. 19.600 metro koadrotako terreno malkartsu eta osintsuan egingo da. Eta horretarako lan gogorrak beharko omen dira. Berrizen ere, halako obra bat egingo da. Hor belodromoa jasoko da. Mañarian erabaki du Durangaldeko Mankomunitateak.

(F) Etxeak pintatzeko kanpaina

GIPUZKOAKO Diputazioak erraztasun haundiak eman ditu baserriak eta herrietako etxeak pintatzeko. Aukera bikaina probintzia edertzeko. Hernaniko udaletxeak dei egin die nahi duten guztiei, baldin eta etxea zuritzeko edo pintatzeko asmorik badute, pasa daitezela udaletxeko bulegoetatik. Behar adina laguntza eta informazio emango da.

(G) Festak Idiazabalen

IDIAZABALEN San Blas festak ospatzen ari dira. Gaur, igandea, egun osoan, Koskola Txaranga ibiliko da herriko kalean zehar, jo eta jo. Goizeko bederatzietan, bola lehiaketa. Gero, hamaika t'erdietan, Idiazabalgo III Herri-krossa; hamabietan, herriko toka-lehiaketa; ordubatetan, Alegiko Txintxarri abesbatzaren kantaldia, zuzendari Jose Gastesi izango delarik.

(H) Argazki zaharren erakusketa

AZKOITIAN laster oso erakusketa bitxia eta harrigarria egingo da. Bai oso polita eta interesgarria ere. Garai bateko argazki zaharren erakusketa. Orain dela laurogei-ehun urteko gizon-emakumeak nolakoak ziren ikusteko aukera aproposa. Kondizio batzu bete behar dira erakusketan parte hartzeko. Erakusketara bidaliko diren argazkiak, gutxienez orain dela berrogei urtekoak izango dira. Liburu, errebista eta antzekoetan argitaratutakorik ez da onartuko. Gainera argazkian Azkoitiko zerbait ager dadila. Nahi adina foto presenta daitezke. Otsailaren 14 eta 15ean presentatuko dira argazkiak, Azkoitiko udaletxean, ilunabarreko zortzietatik bederatziak bitartean. Otsailaren 19, 20, 26 eta 27an egingo da erakusketa. Behar adina argazkirik aurkezten ez bada, ez da erakusketarik egingo. Erakusketa bukatu ondoan, argazkiak entregatu egingo dira. Sariok banatuko dira: 6000 pezeta, 4000 eta 2000. Harritzekoa ez da izango eta, seguru asko, etxeko kutxetan hamaikatxo argazki erdi galdu izango da. Horiek guztiak presentatzea komeniko litzateke.

(I) Gaztetoki bila

AZKOITIKO gazteek leku lasaia eta egokia nahi dute aisa egoteko, elkarrekin honetaz eta hartaz aritzeko, momentu goxorik pasatzeko eta elkar ezagutzeko. Lokale egokirik gabe dira herriko gazteak.

Hori dela eta eskabidea egin diote udaletxeari. Joan den igandean, mahaiak ezarri eta sinadura bila aritu ziren gazteak. Ea guztien artean leku aproposik aurkitzen duten.

(J) Kiroldegi berria

AZKAINEN igandean kiroldegia estrenatzen dute. Tenisa, saski baloia, futbola, rugbya eta pelota, lekuak zabalduko dizkie gazte kirolari sendoei. Bihar goizean pelota partidaren ondotik 11etako aperitibora herritar guztiek gonbidoa badute. Arratsaldean rugby zelaia estrenatzeko Albert Ferrassa Frantziako federazio burua hor izango da. Estrenatze politika hau hauteskundeen kontestuan ez ipiniarren, hainbat oparotasunek demagogia usaina dauka.

(K) Preso baten aldeko manifestazioa

ATZO arratsaldean, 3etan, hogeita hamarren bat auto atera ziren Baionatik Mont d'Marsaneko gartzelaraino Ander Manterola presoaren alde manifestazioa egitera. Ordu berean Frantzia eta Eskoziaren arteko rugby partidari so zeuden jende normal gehienak.

(L) Berrikuntzak Errazun

ERRAZUKO Martikoteneko zubiaren bi oinarri zutabeak erortzeko kinka larrian badaude ere, laster konponduko dute herritarren artean, auzolan izeneko lehengo lege zaharrean. Aipatu zubi honez gainera, beste zenbait auzabide ere berrituko dira, materialea bertako Udalak jarria izanen delarik.

(M) Eskola berria nahi

ORONTZEKO Udalak, idatzi batzuen bidez, O.H.O.ko eskola berri baten eraikitzea eskatu die Diputazioko Hezkuntza Zuzendaritzari eta Hezkuntza Ministeritzako Delegazioari. Proposamen honen xede nagusia, egun egoera txarrean sakabanaturik aurkitzen diren eskolumeak zentro bakar egoki batetan biltzea litzateke. Herriko plazarekin muga egiten duten 2000 metro koadro begiz joak ditu Udalak, eskola honetaz gainera parkea, igeritegia eta abar eginik era askotariko eskol ingurua sortzeko.

(From *Egin*, February 1983.)

13. *Kolpea*

Gauzak horrela, gero eta gertuago ikusten zen Iraultza eguna. Xeledonek urtebetean beherakada ikaragarria egin zuen. Iazko estropadetan dirugaltze handia izan zuenetik burua altxatu ezinean zebilen, edariari gero eta emanago. Egun osoak sukaldeko aulkian igarotzen zituen balantzaka, botila aurrean, egunkaria irakurri nahi eta ezin. Noiz behinka ogi zati bat ardotan busti eta han etortzen zitzaion "Gau" ardo-zopak xurgatzera; zorioneko Gozoki-Mendiko ur azukretsuak baino gustorago alajaina . . .

Bitartean morroiek soroetan ugazaba zahar mozkortiaren bizkarretik farre egiten zuten, golperik eman gabe.

. . . Eta horren ondorenak jakinak dira: baratzak belar gaiztoz josita, teilatuak zuloz beterik, arbolak abandonatuta, eta abereek janari eskasa.

Urte hartan San Antonio eguna larunbatez gertatu zen. Urtero bezala, Xeledon bezperan Urkiolara joan eta han harrapatutako mozkorrarekin bueltatzerik ez zuen izan igande arratsaldera arte. Morroiak igande goizean goiz galeperretara presaka joanak ziren; ez behirik jetzi, ez jaten eman abereei . . . Xeledon nolabait ere etxeratu zen; sukaldeko aulkian egunkariaz aurpegia estali eta bertan loak hartu zuen. Gaualdean ugazaba lo, morroiak iji et aja zahagiaren inguruan kontu kontari eta abereak goseak amorratzen. Azkenik behi batek amorrazioaren etsipenean despentsako atea adarrez jo du eta han doaz abereak arrapalada nahasian kutxa, zaku eta bazter guztietan nahi adina jatera inongo neurririk gabe.

Xeledon momentu horretan esnatu zen. Despentsako tripa-festaren erdian azaldu zen bere morroiekin maldizioka, sardez, akuiluz, zigorrez batera eta bestera nora ezean itsu-itsuan golpeka.

Bat-batean, inongo aurrekontsigna konkreturik gabe, abereek zigortzaileen kontra ekin zioten bakoitzak bere ahalmenez. Xeledon eta morroiak, goi, behe, ezker, eskubi, alderdi guztietatik, ostikadak, adarkadak, haginkadak sentitzen hasi ziren. Ezin kontrolatu egoera anormal hura. Inork sekulan ere ez zuen horrelakorik ikusi, ez eta ametsetan ere. Orain arte zigorrez menperatu ohi zituztenek zigorrari lotsa gabe frente eman! Eta nola! Zer egingo zuten bost gizonek horrenbeste oin, adar, moko eta hagin amorraturen kontra? . . . Txerri eta txakurren hagin zorrotz gosetietatik ahalik eta arinen ihesi, atarian traktorea hartu eta herrira lehenbailehen.

Gau, bele beltza, ere han joan zitzaien txintxo-txintxo atzetik, traktore hegalean kokatuta.

(From *Abereeneko iraultza*, a Basque adaptation by I. Unzurrunzaga of George Orwell's *Animal Farm* [Donostia: Hordago, 1981].)

14. *Aitari Buruzko Bertsoak*

(A) Amuriza:

Aita izena kanta beharrak
jarri dit bihotza bero,
aukera eder hau izango zenik
ez nuen hemen espero;
preso nengoen Zamoran eta
han gelditu ia ero,
joan nintzen ta bertan nengola
aita hil zitzaidan gero,
nahiago nuke edozer baino
hemen bizirik balego.

Aita nuen nik umoretsua,
inoiz geza ta gazia,
harek agertu zidan bidea
bait zen bertsoz ikasia;
oi, ene aita, nire egunak
ere aurrera doaz ia,
baina zugandik hartua bait dut

bertsotarako grazia,
nik egingo dut arbola haundi
zuk emandako hazia.

Gai hau kolpera jarriko zenik
ia ametsa dirudi,
baserri hartan izan genuen
hainbat harri eta euri;
zu, aita, zinen hain on niretzat,
ez gogorra baizik guri,
Euskal Herria nola dagoen
orain Donostin ageri,
niri jotako txalo guztiak
bidaltzen dizkizut zuri.

(B) Enbeita:
Hitz hau batera bihurtzen zaigu
maitea eta poztasun,
bion artean igaro dugu
bizitzan hainbat laztasun;
zu izan zara, aita, neretzat
neke-alditan osasun,
nere sorrera, nere indarra,
gainera nere maitasun,
biok dakigu, aita, zuk zenbat
neretzat eman didazun.

Zure laztanak, zure barrea
ta zure zigorrak baita,
denak dituzu bihotz barnetik,
halaxe nauzu ni maita;
ta ni zuretzat seme egin naiz
Jaungoikoak hala nahita,
poza daroat zure izatea
egizko aitarena bait da,
denen aurrean gaur mila esker,
bedeinkatzen zaitut, aita.

Urteak asko ditugu baina
gure adinen artean,
anai bezala bizi gaitezen
elkar dugun bitartean;
zu neretzako guztia zinen
nere umetza partean,
orain zuretzat izan nahi nuke
ez dakit zenbat urtean,
biok batera bizi izateko
zorion eta pakean.

(From *Bertsolari txapelketa nagusia* [*Donostia, 1980-I-6*], [Tolosa, Gipuzkoa: Auspoa, 1980].)

Notes to Elementary Reader

1. the biggest.
2. (here) inhabitant.
3. the biggest city in the Basque Country.
4. almost.
5. there.
6. two out of three, two-thirds.
7. in Gasteiz itself.
8. see the map.
9. real.
10. mainly.
11. the climate is rainy.
12. the towns around Bilbao.
13. rich, fertile.
14. those who don't know Basque.
15. until now.
16. unfortunately.
17. three out of four people.
18. less.
19. "unified" or standardized Basque.

20. There are plenty of Basque songs, both traditional and modern (both types are represented in this small selection of songs that are popular with students of Basque and well known by Basques in general). Most Basques love singing and are good group singers (a favorite occasion for a singing session is immediately following a good meal, particularly in the evening). Songs are also a good way to practice your Basque. Get your Basque friends to teach you the songs they know. There are several Basque songbooks, and some of the songs given in this book may be heard on records and cassettes commercially available in the Basque Country.

Translations of the songs:

(1) Mary, where are you going, pretty lass? To the fountain, Bartolo, come if you like. What is there at the fountain? White wine; we will both drink all we want.

(2) You are charming, beautiful, and young; my heart loves no one else but you. Are you free like the others, I wonder? I would have no doubt about marrying you!

(3) While Pello Josepe is at the tavern, a child is born in Larraun; when he got home he said: "This can't be mine! Let the mother find who this child has for its father!"
"What pity and shame, for a husband to deny his child! I could not find any other owner for this child. Pello Josepe, my darling, you are the father of this child!"

(4) You see in the morning, when dawn breaks, on top of a hill, a little white house, between four oaks, with a white dog in the door, and a little fountain at the side. There I live in peace.
Although it isn't a castle, I love my birthplace, chosen by my fathers' fathers. Away from home it seems to me that I am somehow lost, since there is where I was born. There will I leave the world, if I don't lose my sense.

(5) Monday, lazy after the weekend; not to do anything, we don't go to work. Tuesday, pouring with rain; we'll get wet, so we don't go to work. Wednesday, uncle's getting married, if he takes the day off, we don't go to work. Thursday, grandmother's birthday, to celebrate that we don't go to work. Friday, toothache, having taken an aspirin we go to bed. Saturday, half-day; for the sake of half a day we don't go to work. Sunday, the factory's closed; we want to work but can't go to work!

(6) The tree of Gernika is blessed, among Basques most beloved. Give forth and spread your fruit in the world. We adore you, sacred tree!

(7) We are Basque warriors for the liberation of Euskadi, our blood is ready to be shed for her. Hearing a cry on the mountain top, forward all warriors behind the Basque flag.

(8) How many are we? Four, one, three, five, seven? What have we done? Nothing! What do we do? Fight each other! What will we do? Kill each other?
Our hopes, aspirations: people, freedom, justice, peace, truth, love, myths, empty words. What have we done? Nothing! What do we do? Fight each other! What will we do? Kill each other? Not that, not that!

(9) If I had cut off its wings it would have been mine. It wouldn't have gone away. But this way it wouldn't have been a bird anymore. And I loved that bird!

(10) We speak Basque, why don't you?
The Basque language was a deep, dark well, and you all drew saltwater from it by your toil.
Now thanks to you and your strength, Basque will be a vast blue sea, and it is ours.

21. *present*: **dago, daude**; *past*: **zegoen, zeuden.**

22. of the prettiest girl in the town.

23. bearded.

24. **ea** is sometimes employed for *whether* in indirect questions.

25. *present*: **dago, daude**; *past*: **zegoen, zeuden.**

26. fiddler (violin player).

27. by (past) the thieves' house.

28. *present*: **dabil**; *past*: **zebilen.**

29. Here he is!

30. after the fiddler.

31. This is a standard opening (compare *Once upon a time . . .*) for stories of this kind. There is also a standard ending (like our *. . . and they all lived happily ever after*): **Hori horrela bazen, sar(tu) dadila kalabazan** *If that was so, let it go into a pumpkin.*

32. *present*: **dator, doa, dakar**; *past*: **zetorren, zihoan, zekarren.**

33. on his way to bed.

34. the donkey that wasn't his.

35. see note 32. (**Dakar** and **zekarren** are from the verb **ekarri** *bring*.)

36. And which inn should he stay at but the very one where they had stolen his elder brother's donkey!

37. all who were present.

38. see note 32.

39. to make the stick stop.

40. the lying innkeeper.

41. If you hadn't said "makilakixki," the stick wouldn't have hit anybody.

42. What's the matter? What's wrong with you?

REFERENCE SECTION

REFERENCE SECTION
CONTENTS

PRONUNCIATION

1. The Alphabet

The Basque alphabet contains all the letters of the English alphabet, plus Ñ (following **N**). However, in modern Basque spelling the letters **C**, **Q**, **V**, **W**, **Y** are only used in foreign words and proper names. The official names of the twenty-seven letters are:

A	a	**J**	iota	**R**	erre
B	be	**K**	ka	**S**	ese
C	ze	**L**	ele	**T**	te
D	de	**M**	eme	**U**	u
E	e	**N**	ene	**V**	uve
F	efe	**Ñ**	eñe	**W**	uve bikoitza
G	ge	**O**	o	**X**	ixa
H	hatxe	**P**	pe	**Y**	i grekoa
I	i	**Q**	ku	**Z**	zeta

2. Pronunciation of Consonants

B, D, F, H, K, L, M, P, T are pronounced approximately as in English; but in the south **H** is silent.

    G as in English *give, go.*

    J like English *y* as in *yes, yacht* (varies in the dialects).

    N is generally as in English, but it is sounded **m** when followed by **P**, **B**, or **M**.

    Ñ is similar to English *ny* as in *canyon.*

    A single **R** between vowels (e.g., in **bero**) represents a weak tongue-flap, similar to the American pronunciation of *tt* in *Betty* or the British pronunciation of *rr* in *berry*. In other positions Basque **R** is usually rolled, including when written double (e.g., in **berri**).

    S is a sound halfway between *s* in English *so* and *sh* in English *show.*

    X is like *sh* in English *show.*

    Z is roughly like *s* in English *so.*

3. Palatal and Affricate Consonants

There are four palatal consonant sounds in Basque. They are written **Ñ**, **LL**, **TT**, **DD**, and pronounced roughly *ny*, *ly*, *ty*, and *dy*, respectively.

    Basque has three compound consonant sounds called affricates, spelled **TS**, **TX**, **TZ**, correlates of **S**, **X**, and **Z**, respectively. **TS** is a sound halfway between *ts* and *ch* in English *its* and *itch*. **TX** is similar to English *ch*, and **TZ** comes close to English *ts*.

4. Pronunciation of Vowels

The Basque vowels **A**, **E**, **I**, **O**, **U** have roughly the international cardinal values (as, for example, in Spanish).

Five diphthongs are very common in Basque: **AI**, **EI**, **OI**, **AU**, **EU**. **AI** is similar to English *y* in *my*. **EI** is like English *ay* in *say*. **OI** is as in English. **AU** resembles English *ow* in *cow*. For **EU** there is no English equivalent: pronounce *e* plus *u*.

Between two other vowels (e.g., in **ga*i*a**, **ga*u*a**) **I** and **U** are pronounced likke English *y* and *w*, respectively.

5. Other Aspects of Pronunciation

Basque accent and stress are difficult to analyze and describe. If you have access to Basque speakers, imitate them; otherwise a compromise solution is to stress all syllables equally.

There are various other phenomena in Basque pronunciation, involving assimilation, sandhi, etc., some occurring regularly and others more sporadically. Although you will encounter some of these when hearing Basque, we cannot deal with them here.

THE SIMPLE SENTENCE

6. *Affirmative and Negative Sentences*

The verb is frequently placed at the end of affirmative sentences in Basque: **Hau Igeldo** *da* *This is Igeldo*; **Zaharra** *naiz* *I am old*; **Nere aita Californian** *bizi da* *My father lives in California*; **Ardo zuria** *nahi dut* *I want white wine.*

In negative sentences, the finite verb preceded by **ez** *not* rarely comes at the end of the sentence. It often precedes the object (and the nonfinite part of the verb in compound forms): **Hau** *ez da* **Igeldo** *This is not Igeldo*; *Ez naiz* **zaharra** *I am not old*; **Nere aita** *ez da* **Californian bizi** (or **Nere aita** *ez da bizi* **Californian**) *My father does not live in California*; *Ez dut* **ardo zuririk nahi** *I don't want white wine.*

7. *Questions*

Questions requiring *yes* (**bai**) or *no* (**ez**) as a reply follow the same word order as the corresponding noninterrogative sentence, whether this be affirmative or negative: **Hau Igeldo da?** *Is this Igeldo?*; **Zure aita ez da Californian bizi?** *Doesn't your father live in California?*

In questions formed with a question word or expression (such as **zer** *what*, **nor** *who*, **zein** *which, which one[s]*, **non** *where*, **noiz** *when*, **nola** *how*, **zenbat** *how many, how much*, **zer ordutan** *[at] what time*, **zein ardo** *which wine*, **nolako lagunak** *what kind of friends*, **zenbat herritatik** *from how many towns*, etc., the question word or expression comes immediately in front of the verb: *Zer* **da hau?** *What is this?*; *Nor* **bizi da hemen?** *Who lives here?*; *Non* **dago zure aita?** *Where is your father?*; *Zein ardo* **nahi duzu?** *Which wine do you want?*

8. *Focus* (**Galdegai**)

The focused element (in Basque **galdegai**) is the principal information a sentence is intended to communicate. In the English sentence *My father lives in California*, the focus could be on *in California* or on *my father*. If *in California* is in focus, we are telling where my father lives, indicating, for example, that he lives in California and not in Connecticut. If *my father* is in focus (in which case it would be stressed: *My father lives in California*), we are saying who lives in California: it is my *father* who lives in California.

In Basque sentences, the focused element is placed in front of the verb. Therefore, depending on the focus, *My father lives in California* can be translated **Nere aita** *Californian* **bizi da** or **Californian,** *nere aita* **bizi da**. The focused elements are in italics.

In a question, the question word or expression is in focus. In the answer to such a question, the focus is on the word or expression that corresponds to the question word. Hence: *Non* **bizi da zure aita? Nere aita** *Californian* **bizi da** *Where* *does your father live? My father lives in California;* **Nor bizi da han?** *Nere aita* **bizi da han** *Who lives there? My father lives there.*

9. Topic

The verb does not always come at the end of a Basque sentence. A focused element is placed in front of the verb, but other elements may go either at the beginning or at the end of the sentence. Thus **Hau Igeldo da** and **Igeldo da hau** both mean *This is Igeldo* (*Igeldo* is the focus). When an element that is not in focus, such as *hau* in this example, is placed at the beginning, it is taken to be the topic of the sentence—what we are talking about. *Hau,* **Igeldo da** means something like *As for this,* it's *Igeldo.* If we do not wish to topicalize **hau**, we may place it at the end: **Igeldo da hau** *Igeldo is what this is.*

10. Sentences without a Focused Element

When the finite verb of a simple sentence consists of a single word (e.g., **Amerikanoa** *naiz* *I am an American;* **Autobusa** *dator* *The bus is coming*), an element preceding the verb is necessarily in focus (here **amerikanoa** and **autobusa**, respectively). When the verb consists of more than one word (e.g., **bizi naiz** *I live;* **nahi dut** *I want;* **etorriko naiz** *I'll come;* **bukatu dut** *I've finished*), this is not always so—there may not be a focused element in the sentence. Thus in **Autobusa etorriko da** *The bus will come,* **autobusa** may or may not be markedly in focus. (As in English, stress and intonation resolve the ambiguity in speech.) In the reading in which **autobusa** is not the focus, it is the topic of the sentence; otherwise we would say **Etorriko da autobusa**, with the verb standing at the beginning of the sentence.

11. Affirmative **ba-** and Negative **ez**

A single-word verb form such as **naiz** or **dator** can never stand on its own at the beginning of a sentence, and the element preceding it is always the focus. If, however, the affirmative particle **ba-** is prefixed to a single-word verb form, these rules no longer apply; the result is the opposite: an element preceding **ba-** is *not* in focus. Consequently, an element at the beginning of the sentence and followed by **ba-** will be the topic. If there is no topic, the verb with **ba-** may stand at the beginning of the sentence. This is all summed up by comparing these three sentences, which are all expressed in English as *The bus is coming*: **Autobusa dator** (no **ba-**; **dator** must be preceded by the focus, which is **autobusa**); **Autobusa badator** (**autobusa** is not the focus but the topic); **Badator autobusa** (no topic; **autobusa** is neither focus nor topic here). Remember that affirmative **ba-** is only used with single-word verb forms.

The same comments concerning focus and topic apply to verbs having the negative marker **ez**. Such verb forms may stand at the beginning of the sentence, or be preceded by the topic, but other elements will be placed after it. Thus **Autobusa ez dator** (**autobusa** is the topic) or **Ez dator autobusa** (no topic) *The bus isn't coming.* Compound verb forms may take **ez** in front of the auxiliary (e.g., **ez da etorriko** *will not come*).

DETERMINERS AND PRONOUNS

12. Determiners

Determiners are an important class of elements appearing in Basque noun phrases. As a rule, a noun phrase in Basque is incomplete unless it contains a determiner of some kind (the exceptions to this rule are discussed later). The most important determiners are:

- (a) the articles;
- (b) the demonstratives: **hau** *this*, **hori** *that*, **hura** *that* (*in the distance*), and the plurals of these (**hauek, horiek, haiek**);
- (c) quantifiers: **asko** or **anitz** *many, much*; **guti (gutxi)** *few, not much/many* ; **batzu** or **zenbait** *some, a few*; **pixka bat** or **apur bat** *a little*; **pilo bat** *a lot, lots*; **aski** *enough, quite a lot*; **gehiago** *more*; **gehiegi, larregi** or **sobera** *too many, too much*; **hainbat** (*so*) *many*; **hainbeste** *so many*.
- (d) the cardinal numbers: **bat** *one*, **bi** *two*, **hiru** *three*, **lau** *four*, etc.
- (e) question words: **zein** *which*, **zer (ze)** *what*, **zenbat** *how many, how much*.
- (f) indefinite words: **edozein** or **edozer** *any*.

13. Placement of Determiners

Most determiners are placed at the end of the noun phrase: **etxe** *hau* *this house*; **etxe** *horiek* *those houses*; **etxe** *bat* *one house* or *a house*; **etxe** *asko* *many houses*; **etxe** *gehiago* *more houses*. But certain determiners go before the noun instead: *hiru* **etxe** *three houses*; *zenbait* **etxe** *a few houses*; *zein* **etxe** *which house* or *which houses*; *edozein* **etxe** *any house* or *any houses*.

14. Singular and Plural

We see in the examples in 13 that according to the context **etxe** may mean *house* or *houses*. Usually the determiner will show whether a singular or plural meaning is intended: (e.g., **hau** *this*; **bat** *one, a*; **pixka bat** *a little* are singular; while **horiek** *those* and **batzu** *some* are always plural). Some determiners may be either singular or plural (e.g., **asko** *many* or *much*; **gehiago** *more*; **zein** *which*). In Basque, then, grammatical number is not expressed in the noun itself (i.e., **etxe** is neither singular nor plural), but may be expressed by the determiner.

15. The Articles

The Basque articles are determiners, but unlike other determiners they take the form of suffixes placed at the end of the noun phrase. The ordinary articles are the singular **-a** and the plural **-ak**. These suffixes often appear in combination with case suffixes.

The articles are more neutral in meaning than any of the separate-word determiners and so are generally used whenever the meaning does not call for some other determiner. Thus we may translate **etxe*a*** as *house, the house,* or *a house* and **etxe*ak*** as *houses* or *the houses.*

Remember that the article is only added to the last word in the noun phrase, whether this be a noun (**etxe*a*** *house;* **mendi*ak*** *mountains;* **ardo*a*** *wine*) or an adjective (**etxe polit*a*** *pretty house;* **mendi berde*ak*** *green mountains;* **ardo zuri*a*** *white wine*).

Remember too that the article is not used together with another determiner: there is only one determiner per noun phrase. For example, *many houses* is **etxe asko**; **-ak** cannot appear because of the presence of **asko**, a determiner.

16. Basque and English Articles Compared

While English has a definite article (*the*) and an indefinite article (*a, an*), the Basque article **-a/-ak** is not fundamentally either definite or indefinite. Rather than having any specific meaning, the Basque article is automatically added to most noun phrases that have no other determiner.

It is often found where English has no article: **Ardo*a* nahi dut**   *I want wine* (also *I want the wine*); **Mendi berde*ak* ikusi ditut**   *I have seen green mountains* (also . . . *the green mountains*); **Nere lagun*a* Californian bizi da**   *My friend lives in California* (**nere**   *my* is not a determiner). Even predicate adjectives and adjectivals often take the article: **Zaharr*a* naiz**   *I am old;* **Hori nere*a* da**   *That's mine.*

It is normally found where English has the definite article: **Badator auto-bus*a***   *The bus is coming.*

It may also correspond to the English indefinite article: **Hura baserri*a* da**   *That's a farmhouse;* **Nere anaiak kotxe berri*a* erosi du**   *My brother has bought a new car;* **Gezurr*a* esan duzu**   *You told a lie.* But the English indefinite article is also often expressed by the numeral **bat** (literally, *one*): **Lagun *batek* esan dit**   *A friend told me;* **Baserri *batean* bizi dira**   *They live on a farm.*

17. The Article Is Sometimes Definite in Meaning

In spite of what has been said, in some instances the Basque article must be considered definite in meaning.

When used in conjunction with **beste**   *other*, the article is translated as *the*: **beste etxe*a(k)***   *the other house(s).* To translate the indefinite *another*, **bat** must be used instead of the article, and for the plural *other*, **batzu** *some*: **beste etxe bat**   *another house;* **beste etxe *batzu***   *other houses.*

Cardinal numbers, although determiners, may be used together with an article, and here again the translation is *the*: **bat*a* eta beste*a***   *the one and the other;* **hiru etxe*ak***   *the three houses.* **Bi**   *two* with the article may be translated *both*: **bi etxe*ak***   *both houses.* When *the* is not implied, the numerals are used like regular determiners with no article: **bi etxe**   *two houses;* **hiru etxe**   *three houses.*

18. The Proximate Article

In some contexts it is possible to substitute for the ordinary article a special form of the article that indicates proximity.

The form of the proximate article in the plural (absolutive case) is **-ok**; for other cases the **-e-** with which ordinary plural endings begin is simply replaced by **-o-**: **-ok, -oi, -on, -ontzat, -okin, -oz, -otan, -otara, -otatik, -otako**. Singular forms of the proximate article also exist, but are used relatively rarely.

The proximate article is always definite in meaning, and may convey:

(a) identification with the speaker (governing first-person verb forms): **Denok haurrak gara** *We are all children;*

(b) identification with the listener (governing the second person): **Denok haurrak zarete** *You are all children;*

(c) proximity in the context of the discourse (governing the third person): **Denok haurrak dira** *These are all children;*

(d) it may be used in vocatives: **Prest zaudete, haurrok?** *Are you ready, (my) children?*

19. The Partitive (any, no)

Noun phrases sometimes take the partitive suffix **-(r)ik** and have no determiner (e.g., **Ez dut ardorik nahi** *I don't want any wine*). In this construction the partitive has a similar meaning to the English *any. I don't want the wine*, on the other hand, would be **Ez dut ardoa nahi** with the article. Case suffixes cannot be added to the partitive, and this can only be used where the absolute case is understood, as here.

Ez is used with the partitive to translate *no*, as in **ardorik ez** *no wine.* **Hemen ez da ardorik** *There's no wine here (There isn't any wine here).* To translate *with no*, use **gabe** *without* and the partitive: **Ezin dugu bazkaldu ardorik gabe** *We can't have lunch with no wine (without any wine).*

This use of the partitive occurs in the same kind of sentences where English allows *any*: negatives, some questions (**Bada ardorik hemen?** *Is there any wine here?*), and certain subordinate clauses.

20. Expressions with No Determiner

As exceptions to the general rule, in some expressions a noun or noun phrase may appear with no article or other determiner. These include:

(a) numerous expressions in the instrumental case, such as **eskuz** *by hand,* **oinez** *on foot,* **egunez** *by day,* **inglesez** *in English,* **beldurrez** *for fear,* **nere ustez** *in my opinion.*

(b) some expressions in the local cases (where the case ending consequently begins with **-[e]ta-**), such as **uretan** *in (the) water,* **eguzkitara** *into the sun,* **lotan** *asleep,* **ametsetan** *dreaming,* **txoritan** *bird hunting,* **txikitan** *in childhood,* **kontutan** *into consideration, into account.*

(c) certain uses of the absolute case, which we cannot examine here for want of space.

21. Proper Nouns and Pronouns

Unlike common nouns, proper nouns in Basque (with certain exceptions) do not take the article, and case suffixes are added to them directly. This applies to place names (e.g., **Bilbo, Donibane Garazi, Euskadi**), personal names (e.g., **Maite, Pello Etxemendi**), and other proper names.

Some proper names, however, have the singular or plural article: **Euskal Herria** *the Basque Country,* **Estatu Batuak** *the United States.* The word for *America* is commonly used in the plural: **Ameriketan** *in America,* and so forth.

Not all place names ending in **-a** (e.g., **Donostia** *San Sebastian,* **Baiona** *Bayonne*) have the article, of course: this **-a** is usually just part of the name. But in certain names the **-a** does in fact drop when the case suffixes **-ra**, **-tik**, and **-ko** are added; for example: **Azpeitira** *to Azpeitia,* **Bizkaitik** *from Bizkaia* (the regular pattern is **Tolasara** *to Tolosa,* **Ainhoatik** *from Ainhoa,* etc.).

Pronouns, like proper nouns, do not take the article: **ni** *I, me;* **nor** *who;* **zerbait** *something;* **elkar** *each other;* and so forth. Any determiner (other than the article) can be used as a pronoun (e.g., **hau** *this,* **bat** *one,* **batzu** *some,* **zein** *which*).

22. Personal Pronouns

Besides the basic personal pronouns, there are other forms called emphatic or intensive personal pronouns, rather like *myself, yourself,* in English (in the non-reflexive sense).

Basic personal pronouns: **ni** *I, me;* **gu** *we, us;* **zu** *you (sing.);* **zuek** *you (plur.).*

Intensive personal pronouns (first type): **neu, geu, zeu, zeuek**.

Intensive personal pronouns (second type): **neroni, geroni, zerori, zeroriek;** or **nihaur, guhaur, zuhaur, zuhaurek.**

There are no special third person pronouns in Basque. If these need to be expressed, one either uses a demonstrative (e.g., **hura** *he, him, she, her, it;* **haiek** *they, them*), or the forms **bera** (sing.) and **berak/eurak** (plur.), which literally mean *the same* or *he himself,* etc.

Personal pronouns are regularly omitted from the Basque sentence whenever the verb form shows the person of the subject, direct object, or indirect object: **Zaharra naiz** *(I) am old;* **Nahi dut** *(I) want (it);* **Erakutsiko dizkizugu** *(We) will show (them) (to you).*

23. Question Words and Related Words

Note how these question words correlate with demonstrative forms:

Question Word	Demonstrative
zer *what,* **nor** *who* ⎫ **zein** *which* ⎭	⎧ **hau/hori/hura** *this/that/that over there*
non *where*	**hemen/hor/han** *here/there*
nola (zelan) *how*	**honela/horrela/hala** *this/that way*
noiz *when*	**orain/orduan** *now/then*
zenbat *how many*	**hainbeste** *so many*

Related in turn to these question words are the following indefinite pronouns, adverbs, and determiners:

zer: zerbait *something,* **ezer** or **deus** *anything;*
nor: norbait *someone,* **inor** *anyone;*
non: nonbait *somewhere,* **inon** *anywhere;*
nola: nolabait *somehow,* **inola** *in any way;*
noiz: noizbait *sometime,* **inoiz, sekula,** or **behin ere** *ever;*
zenbat: zenbait *some, a few,* **bat ere** *any at all.*

For the negative (*nothing, no one,* etc.), indefinites of the second set are combined with **ez: ezer ez** *nothing;* **bat ere ez** *none at all;* **Ez da inor etorri** *No one came.*

ADJECTIVES AND ADVERBS

24. *Predicate Adjectives*

Predicate adjectives (adjectives used as the complement of the verb *to be*) usually take the ordinary article (**-a**, **-ak**) in singular or plural, in agreement with the subject and the verb: **Herria atsegina da** *The town is pleasant*; **Kaleak zaharrak dira** *The streets are old*; **Gaztea naiz** *I am young*; **Gazteak gara** *We are young*.

This rule may sometimes be broken, however: **Gazte nintzenean . . .** *When I was young . . .* ; **Gaiso dago** *He is sick*; **Hori ez da berdin** *That is not the same*. It is hard to give exact rules on this matter. But some adjectives are never used with an article, such as **berandu** *late*, **beldur** *afraid*. In other adjective predicates the partitive suffix **-(r)ik** is used: **bakarrik** *alone*, **gaisorik** *sick*.

25. *Attributive Adjectives*

Attributive adjectives are placed after the noun they qualify and form part of the noun phrase. Since the article and other postpositive determiners go at the end of the noun phrase, they come after the adjective, not the noun: **ardo *zuria*** *white wine*, **kale *zaharrak*** *old streets*, **etxe *polit* bat** *a pretty house*.

A very few adjectives are exceptions in that they are placed before the noun they qualify. Such is the usage with ordinal numbers and **azken** *last*: ***bigarren* semea** *the second son*, **azken atea** *the last door*.

It is possible to leave the noun out of the noun phrase: **zaharrak** (*the*) *old ones*; **polit bat** *a pretty one*; **azkena** *the last one*.

26. *Semideterminers*

From their meanings we might expect the words **guzti** *all*, **den** *all*, **gehien** *most*, **oso** *whole*, **erdi** *half*, **laurden** *quarter*, **bakar** *only, only one*, **bakoitz** *each*, and **beste** *other* to be determiners. But unlike true determiners, these words in Basque do not complete the noun phrase on their own; the article (or another determiner) is still needed to complete the noun phrase.

Thus these words act more like adjectives than determiners: **etxe *guztiak*** *all the houses*; **neska *gehienak*** *most girls*; **gau *osoa*** *the whole night*; **kilo *erdia*** *half a kilo*; **lagun *bakar* bat** or **lagun *bakarra*** *only one friend*; **seme *bakoitza*** *each son*.

Beste is placed before the noun: ***beste* ardoa** *the other wine* (cf. 17).

Semideterminers may be used without a noun; for example: ***Denak* etorriko dira** *They will all come*; ***Gehienak* neskak dira** *Most are girls*; ***Erdia* nahikoa da** *Half is enough*; ***Bakoitzak* berea ekartzen du** *Each one brings his own*; **Non da *bestea*?** *Where is the other one?*; ***Beste bat* nahi dut** *I want another one*.

27. *Adjectivals* (**Izenlagunak**)

In this grammar the term *adjectivals* refers to:

(a) words or noun phrases in the possessive-genitive case (e.g., **haurraren** *the child's*, **beste neska baten** *another girl's*, **nere** *my*);

(b) words or noun phrases in the local-genitive case (e.g., **Californiako** *California's*, **mendi berdeetako** *of the green mountains*);

(c) adverbs or adverbials, adjectivalized with the suffix **-ko (-go)**, cf.172 (e.g., **gaurko** *today's*, **euskarazko** *in Basque*);

(d) relative clauses (e.g., **datorren** *that is coming, next*, **ikusi dituzun** *that you have seen*);

(e) adjectivalized participles in **-tako (-dako)** or **-(r)iko** (e.g., **ikusitako** *seen*, **gaur erositako** *bought today*).

Adjectivals are placed before the noun they qualify: *nere* **laguna** *my friend*, *beste neska baten* **kotxean** *in another girl's car*, *Californiako* **mendiak** *California's mountains*, *ikusi dituzun* **mendi berdeak** *the green mountains that you have seen*, *gaur erositako* **ogia** *bread bought today*.

28. Adjectivals without a Noun

As with adjectives, in noun phrases containing an adjectival the noun itself may be omitted: **nerea** *mine*, **Californiakoak** *California's, those of California*, **ikusi dituzunak** *the ones that you have seen*. In these examples the article is added onto the adjectival because this is the last (or only) element in the noun phrase.

Adjectivals may also, like adjectives, be predicative and take the article: **Hori** *nerea* **da** *That is mine*; **Nere lagunak** *Californiakoak* **dira** *My friends are from California*; **Ogi hau** *gaur erositakoa* **da** *This bread was (is) bought today*.

29. Adverbs

The position of adverbs in the sentence is determined the same way as that of noun phrases: if the adverb is in focus, it goes in front of the verb: **Nere aita** *gaur* **etorriko da** *My father will come today* (*not tomorrow*); if the topic, at the beginning of the sentence: *Gaur* **nere aita etorriko da** *Today my father will come*; if neither focus nor topic, at the end: **Nere aita etorriko da** *gaur* *My father will come today*.

Many new adverbs can be formed by adding **-ki** to adjectives (like *-ly* in English): **normalki** *normally*, **bereziki** *specially*, **segurki** *surely*, **ofizialki** *officially*.

Some adjectives are commonly used adverbially with no suffix, or with the partitive ending **-(r)ik**: **erraz** *easy* and *easily*, **zuzen** *straight*, **alferrik** *uselessly*. Other adverbs consist of a noun or adjective in a case form, such as **oinez** *on foot*, **gustora** *gladly*, **zuzenean** *straight*.

30. Participles

Participles can be used like any adjective: **ardi** *galdua* *a lost sheep*, **kotxe** *lapurtu* **bat** *a stolen car*, **euskara** *idatzia* *written Basque*. Used as predicate adjectives, participles may take the article or a special suffix **-ta** (**-da** after **n** or **l**) or the partitive suffix **-(r)ik**: **Diru hau** *lapurtua/lapurtuta/lapurturik* **da (dago)** *This money is stolen*; **Kartak** *idatziak/idatzita/idatzirik* **dira (daude)** *The letters are written*. For more details on the use of participles see 147, 148, and 149.

COMPARISON

31. Intensification of Adjectives and Adverbs

Basque has various words for *very*: **guztiz, oso, biziki, izugarri**, and so forth. These are placed in front of the word modified: **biziki on(a)** *very good*, **oso ongi** *very well*, etc. Other degree modifiers of adjectives and adverbs include **nahiko** or **aski** *quite, rather*; **pixka bat** or **apur bat** *a bit*; **hain** *so*; **nahiko polit(a)** *rather pretty*; **pixka bat berandu** *a bit late*.

When the modified adjective itself qualifies a noun, some of the modifiers may be placed at the beginning of the noun phrase rather than next to the adjective: *oso* **herri polita** *a very pretty town*.

Another way to intensify the meaning of an adjective is by repeating it: **polit-polit(a)** *really pretty*.

Words that modify comparative forms of adjectives and adverbs are **askoz** *much, far*; **are** *even*; **hainbat** *so much*: **askoz haundiago** *much bigger*; **are gehiago** *even more*; **hainbat hobeto** *so much better*. To express *a bit more*, **-xe-** may be inserted in front of the comparative suffix **-ago**: **haundixeago** *a little bit bigger*.

32. The Comparative

The comparative of adjectives and adverbs is formed by adding **-ago**: **errazago** *easier*, **gazteago** *younger*, **atseginago** *more pleasant*, **polikiago** *more slowly*. The only irregular comparatives are the following:

on *good* makes **hobe** *better*;

ongi, ondo, or **ontsa** *well* makes **hobeki** or **hobeto** *better*;

gaizki or **txarto** *bad(ly)* makes **okerrago** *worse*;

asko or **anitz** *many, much* makes **gehiago** or **haboro** *more*.

Comparative adjectives and adverbs are treated like ordinary adjectives and adverbs, respectively: **Kotxe hau ona da, baina hori *hobea* da** *This car is good, but that one is better*; **Hura ulertzea *errazago(a)* da, *polikiago* hitz egiten duelako** *It's easier to understand him because he speaks more slowly*; **Nahi duzu *gehiago*?** *Do you want any more?*

Than X is **X baino**; if X is a noun phrase it can go into any appropriate case: **Frantsesa *euskara baino* errazagoa da** *French is easier than Basque*; **Hark *zuk baino* polikiago hitz egiten du** *He speaks more slowly than you*; **Gipuzkoan mendiak *hemen baino* txikiagoak dira** *In Gipuzkoa the mountains are smaller than here*.

33. The Superlative

The superlative of adjectives and adverbs is formed by adding **-en**: **errazen(a)** *easiest*, **gazteen(a)** *youngest*, **atseginen(a)** *most pleasant*, **polikien** *most slowly*. The following are irregular:

on *good* makes **hoberen(a)** or **onen(a)** *best*;

ongi, etc.,   *well* makes **hobekien, ongien**, or **ondoen**   *best;*
gaizki or **txarto**   *bad(ly)* makes **okerren(a)**   *worst;*
asko or **anitz**   *many, much* makes **gehien(a), -(ak)**   *most.*

Superlative adjectives usually take the article, and even adverbs in the superlative often do: **Nere kotxea** *hoberena* **da**   *My car is (the) best;* **Nor da** *gazteena* **hemen?**   *Who is the youngest here?*

The noun qualified by a superlative adjective often takes the partitive suffix **-(r)ik**: **herri politena** or **herririk politena**   *the prettiest town.*

34. Comparisons of Equality

The Basque structure translating *as (adjective/adverb) as X* is: **X bezain** (adjective/adverb). For example: **Nere kotxea** *zurea bezain ona* **da**   *My car is as good as yours;* **Frantsesa** *euskara bezain erraza* **da**   *French is as easy as Basque;* **Hark** *zuk bezain poliki* **hitz egiten du**   *He speaks as slowly as you;* **Gipuzkoan mendiak** *hemen bezain txikiak* **dira**   *In Gipuzkoa the mountains are as small as here.*

As much as X or *as many as X* is expressed **X adina**: **Hark** *zuk adina* **hitz egiten du**   *He speaks as much as you;* **Nahi (duzun) adina ekarriko ditut**   *I'll bring as many as you want.* *As many/much (noun) as X* is **X adina (noun)**, with **adina** treated as a prepositive determiner: **Zuk** *nik adina diru* **daukazu**   *You have as much money as I.*

35. The Excessive

Too easy, too slowly, etc., is expressed in Basque by adding **-egi** to the adjective or adverb: **errazegi**   *too easy,* **gazteegi**   *too young,* **polikiegi**   *too slowly. Too much, too many* is **gehiegi** (or **sobera** or **larregi**); all other words are regular. For example: **Kotxe berri bat erosi behar dut, hau** *zaharregia* **da eta**   *I must buy a new car, since this one is too old.*

An alternative way to express *too* is to place **sobera** or **lar** in front of the adjective or adverb.

THE CASE SYSTEM

36. Basic Case Suffixes

The simplest and most basic forms of the case suffixes are those used with proper nouns, as follows:

NAME OF CASE	AFTER VOWELS	AFTER CONS.	MEANING
Absolutive	—	—	—
Ergative	-k	-ek	—
Dative	-ri	-i	*to, for*
Possessive-Genitive	-ren	-en	*of, 's*
Benefactive	-rentzat	-entzat	*for*
Comitative	-rekin	-ekin	*with*
Instrumental	-z	-ez	*by, about*
Inessive	-n	-en	*in, at*
Allative	-ra	-a (-era)	*to*
Ablative	-tik	-tik, -dik	*from, through*
Local-Genitive	-ko	-ko, -go	*of, from*

The last four cases (inessive, allative, ablative, and local-genitive) are known as the local cases. These are not normally suffixed to noun phrases denoting animate beings.

37. Placement and Forms of Case Endings

Case endings in Basque are always added to the very last element in the noun phrase; thus they may be attached to a determiner (including the article), a noun, an adjective, an adjectival, or a pronoun. Case suffixes added to common nouns, adjectives, and adjectivals can have the following three forms:

(a) a "singular" form, in which the case suffix is combined with the singular article (-a);

(b) a "plural" form, in which the case suffix is combined with the plural article (-ak);

(c) a form called "indefinite" (**mugagabe**) in Basque grammar, in which the article is not present.

The indefinite case endings are the same as those for proper nouns except in the local cases. Regularly declined determiners and pronouns (e.g., **asko**, **zein**, **zerbait**, **elkar**) take the indefinite endings too.

38. The Case Endings

(a) After vowels:

	SINGULAR	PLURAL	INDEFINITE	PROPER NOUNS
Absolutive	-a	-ak	—	—
Ergative	-ak	-ek	-k	-k
Dative	-ari	-ei	-ri	-ri
Possessive-Genitive	-aren	-en	-ren	-ren
Benefactive	-arentzat	-entzat	-rentzat	-rentzat
Comitative	-arekin	-ekin	-rekin	-rekin
Instrumental	-az	-ez	-z, -taz*	-z
Inessive	-an	-etan	-tan	-n
Allative	-ra	-etara	-tara	-ra
Ablative	-tik	-etatik	-tatik	-tik
Local-Genitive	-ko	-etako	-tako	-ko

(b) After consonants:

	SINGULAR	PLURAL	INDEFINITE	PROPER NOUNS
Absolutive	-a	-ak	—	—
Ergative	-ak	-ek	-ek	-ek
Dative	-ari	-ei	-i	-i
Possessive-Genitive	-aren	-en	-en	-en
Benefactive	-arentzat	-entzat	-entzat	-entzat
Comitative	-arekin	-ekin	-ekin	-ekin
Instrumental	-az	-ez	-ez, -etaz*	-ez
Inessive	-ean	-etan	-etan	-en
Allative	-era	-etara	-etara	-a (-era)
Ablative	-etik	-etatik	-etatik	-tik, -dik†
Local-Genitive	-eko	-etako	-etako	-ko, -go†

*-**(e)taz** with determiners and pronouns (e.g., **asko**taz, **zein**etaz).
†-**dik** and -**go** after the letters **n** and **l**.

39. Rules for Adding Suffixes

When endings beginning with a vowel are added to a stem ending in the letter **r**, this letter is nearly always doubled in writing: **txakur** *dog*, **txakurra**, **txakurrak**, etc.; **zahar** *old*, **zaharra**, **zaharrak**, etc. Very few words, as exceptions, keep the single **r**; for example: **ur** *water*, **ura**; **paper** *paper*, **papera**; **plater** *plate*, **platera**.

Words ending in an **a** in their dictionary form, such as **neska** *girl*, **alaba** *daughter*, **familia** *family*, **gauza** *thing*, and **gela** *room*, take the endings for vowels, but whenever these endings themselves begin with a vowel the **a** of the stem is dropped. Thus **neska** has **nesk-a**, **nesk-ak**, **nesk-aren**, **nesk-ek**, **nesk-ei**, etc.

40. Irregularly Declined Determiners and Pronouns

(a) Demonstratives:

SINGULAR	hau	hori	hura
	honek	horrek	hark
	honi	horri	hari
	honen	horren	haren
	honentzat	horrentzat	harentzat
	honekin	horrekin	harekin
	honetaz	horretaz	hartaz
	honetan	horretan	hartan
	honetara	horretara	hartara
	honetatik	horretatik	hartatik
	honetako	horretako	hartako

PLURAL	hauek	horiek	haiek
	hauek	horiek	haiek
	hauei	horiei	haiei
	hauen	horien	haien
	hauentzat	horientzat	haientzat
	hauekin	horiekin	haiekin
	hauetaz	horietaz	haietaz
	hauetan	horietan	haietan
	hauetara	horietara	haietara
	hauetatik	horietatik	haietatik
	hauetako	horietako	haietako

(b) Personal pronouns:

ni	gu	zu	zuek
nik	guk	zuk	zuek
neri*	guri	zuri	zuei
nere*	gure	zure	zuen
neretzat*	guretzat	zuretzat	zuentzat
nerekin*	gurekin	zurekin	zuekin
nitaz	gutaz	zutaz	zuetaz

*Or **niri**, **nire**, etc., or **eni**, **ene**, etc.

(c) **Zer**, **nor**, **bat**, and **batzu**:*

zer	nor	bat	batzu(ek)
zerk	nork	batek	batzu(e)k
zeri	nori	bati	batzuei
zeren	noren	baten	batzuen
zerentzat	norentzat	batentzat	batzuentzat
zerekin	norekin	batekin	batzuekin

zertaz	nortaz	batez	batzu(e)taz
zertan	**	batean, batetan	batzu(e)tan
zertara		batera, batetara	batzu(e)tara
zertatik		batetik, batetatik	batzu(e)tatik
zertako		bateko, batetako	batzu(e)tako

*Ezer like zer; inor like nor.
**Norengan etc. (see 58).

41. The Absolutive Case

	SING.	PLUR.	INDEF.	PROPER N.
vowel +	-a	-ak	—	—
consonant +	-a	-ak	—	—

This is the "zero" case, in which there is really no case suffix at all. It is also neutral in meaning, used when no particular case mark is required. It is the case of the subjects of intransitive verbs (**Badator autobusa** *The bus is coming*), direct objects (**Ardo zuria nahi dut** *I want white wine*), complements of *to be* and other copulative verbs (**Pello nere semea da** *Pello is my son*), and when mentioning something in isolation (**Euskal Etxea** *the Basque Club*) or as a vocative (**Maitea!** *Dear!*).

42. The Ergative Case

	SING.	PLUR.	INDEF.	PROPER N.
vowel +	-ak	-ek	-k	-k
consonant +	-ak	-ek	-ek	-ek

The ergative case is used to indicate the subject or agent of transitive verbs: **Nere semeak kotxe berria erosi du** *My son has bought a new car.* To use this case correctly, it is essential to know whether the verb is transitive or intransitive in Basque, and this cannot always be deduced by logic alone. The transitivity or intransitivity of the verb will be evident from its conjugated form: for example: **erosi du** is obviously transitive—otherwise the auxiliary would not be **du**.

43. The Dative Case

	SING.	PLUR.	INDEF.	PROPER N.
vowel +	-ari	-ei	-ri	-ri
consonant +	-ari	-ei	-i	-i

The dative is the Basque indirect object case. It is probably the most difficult case for English speakers to learn to use. It often translates the preposition *to*, sometimes *for* or even *from*—sometimes English simply uses a different construction: **Baserria erakutsiko diot Pellori** *I'll show the farm to Pello* (or *I'll show Pello the farm*); **Emaiozu dirua nere semeari** *Give the money to my son* (*Give my son the money*); **Zer esan diezu haurrei?** *What did you tell the children?* (*What did you say to the children?*); **Maiteri galdetuko diogu** *We'll ask Maite*; **Nere lagunari erosi diot sarrera bat** *I* *bought a ticket for my friend* or *from my friend* (according to context); **Aitari karta bat idatzi diot** *I've written a letter to father* or *for father* (according to context); **Neska horri ama hil zaio** *That girl's mother has died* or *That girl has lost her mother*; **Neri ez zait gustatzen ardoa** *I don't like wine*. The dative does *not* translate *to* in the sense of spatial movement, which is expressed by the allative case (e.g., **Californiara** *to California*, **klasera** *to class*).

44. The Possessive-Genitive Case

	SING.	PLUR.	INDEF.	PROPER N.
vowel +	-aren	-en	-ren	-ren
consonant +	-aren	-en	-en	-en

This is the more basic of the two genitive cases in Basque. It translates into English as *'s* or *of*: **neskaren kotxea** *the girl's car*; **euskararen lagunak** *friends of the Basque language*. The possessive-genitive case forms of the personal pronouns—**nere, gure, zure, zuen**—are the words for *my, our,* and *your* (also *mine, ours,* and *yours*). *His, her(s), its,* and *their(s)* are rendered by the possessive-genitive of the demonstratives **haren, haien,** or by **bere** and **beren/euren** (which are really reflexive possessives, but are used generally by many speakers): **nere herria** *my town*; **zure kartak** *your letters*; **haren semea** or **bere semea** *his son*. Nouns, pronouns, or noun phrases in the genitive case are adjectivals (see 27).

Direct objects of verbal nouns go into either the absolute or the possessive-genitive case; thus we have either **etxe bat erostea** *buying a house* or **etxe baten erostea** *the buying of a house*. The former construction is more common in the south, the latter in the north.

45. The Benefactive Case

	SING.	PLUR.	INDEF.	PROPER N.
vowel +	-arentzat	-entzat	-rentzat	-rentzat
consonant +	-arentzat	-entzat	-entzat	-entzat

This case can almost always be translated into English as *for*: for example: **Karta hau zure lagunarentzat da** *This letter is for your friend*; **Zuretzat ardo zuria ekarri dut** *I've brought some white wine for you*. Thus the case often means *for the benefit of* or *intended for*. The English preposition *for*, however, is used in various other senses, many of which cannot be rendered correctly in Basque with the benefactive case—English speakers learning Basque tend to overuse this case.

46. The Comitative Case

	SING.	PLUR.	INDEF.	PROPER N.
vowel +	-arekin	-ekin	-rekin	-rekin
consonant +	-arekin	-ekin	-ekin	-ekin

This case is usually equivalent in meaning to the English preposition *with*: **Nere anaiarekin bizi da** *He lives with my brother*; **Pellorekin euskara ikasten ari naiz**

I'm studying Basque with Pello. Note that Basques prefer to say that they speak *with* someone rather than *to* someone: **Zure aitarekin hitz egingo dut**   *I'll speak to your father.*

47. The Instrumental Case

	SING.	PLUR.	INDEF.	PROPER N.
vowel +	-az	-ez	-z, -taz	-z
consonant +	-az	-ez	-ez, -etaz	-ez

Although this case has various functions, many modern speakers make limited use of it. However, the present tendency in the literary language is toward reestablishing the instrumental, even to the point of overusing it.

The indefinite form of the instrumental is found in numerous adverbial-type expressions, such as **eskuz**   *by hand,* **oinez**   *on foot,* **egunez**   *by day,* **inglesez**   *in English,* **beldurrez**   *for fear,* **nere ustez**   *in my opinion.* A more caselike use of the instrumental is meaning *about, concerning:* **Gaur euskal historiaz hitz egin du**   *Today he spoke about Basque history.* It is also required in the object of certain verbs, mostly intransitive in form; for example: **gogoratu** or **oroitu**   *remember,* **baliatu**   *use,* **arduratu**   *be in charge of,* **konturatu**   *realize.*

48. The Inessive Case

	SING.	PLUR.	INDEF.	PROPER N.
vowel +	-an	-etan	-tan	-n
consonant +	-ean	-etan	-etan	-en

The inessive case expresses two main notions, which are closely related: *place where* and *time when.* In either use it is most often the translation of the prepositions *in, at,* or *on.* Place where: **Californian**   *in California;* **herrian**   *in the town* (or *downtown*); **autobusean**   *on the bus;* **mendietan**   *in the mountains;* **eskolan**   *at school;* **etxean**   *at home;* **bere eskuan**   *in his hand.* Time when: **igandean**   *on Sunday;* **arratsaldean**   *in the afternoon;* **momentu horretan**   *at that moment;* **urte hartan**   *in that year;* **bostetan**   *at five (o'clock);* note that even if there is no preposition in English, the inessive is required if we are saying *when:* **aste honetan**   *this week;* **datorren igandean**   *next Sunday;* **Zer ordutan dator autobusa?**   *What time does the bus come?* Numerous inessive expressions express an activity or a state: **lanean**   *working (at work);* **ametsetan**   *dreaming;* **lotan**   *asleep, sleeping.* In a person or other animate being must be expressed with the postposition **-gan** or **baitan** (e.g., **neregan** or **nere baitan**   *in me*), see 58.

49. The Allative Case

	SING.	PLUR.	INDEF.	PROPER N.
vowel +	-ra	-etara	-tara	-ra
consonant +	-era	-etara	-etara	-(er)a

The allative case expresses the notion *where to:* **Californiara noa**   *I am going to California;* **Nere anaia etxera etorriko da gaur**   *My brother is coming home today;*

Herri txiki*etara* dirua ekartzen dute turistek   *Tourists bring money to the small towns;* **Parise*ra* idatzi behar duzu**   *You must write to Paris. From . . . to . . . is* expressed with an ablative and an allative: **baserri*tik* herri haundi*ra***   *from the farm to the city;* **bederatzi t'erdie*tatik* hamarre*tara***   *from nine-thirty to ten (o'clock);* **kale-*tik* kale*ra***   *from street to street.* This case must not be confused with the dative; both are usually translated into English as *to,* but they have different meanings. To say *to* an animate being, if the dative is not used, we must use the postposition **-gana**; **Zure aitaren*gana* joango naiz**   *I will go to your father* (see 58). Adding the letters **-ino, -ntz,** and **-ko** onto the end of the above forms, we obtain three modified types of allative. The first means *as far as* or *until,* the second *toward,* and the third *for, destined for:* **Californiarai*no***   *as far as California;* **mendi*rantz***   *toward the mountain;* **Arratsalde*rako* utziko dugu**   *We'll leave it for the afternoon.*

50. The Ablative Case

	SING.	PLUR.	INDEF.	PROPER N.
vowel +	-tik	-etatik	-tatik	-tik
consonant +	-etik	-etatik	-etatik	-tik, -dik

This case is principally used to express three notions: *where from, which way,* and *since when. Where from* (usually translating the preposition *from*): **Gaur Californiz*tik* dator**   *He's coming from California today;* **Kotxe*tik* aterako zara?**   *Will you get out of the car?;* **bederatzi t'erdie*tatik* hamarretara**   *from nine-thirty to ten. Which way* (generally translated *through* or *by*): **Leiho*tik* aterako zara?**   *Will you get out through the window?;* **Bihar zure etxe*tik* pasa behar dut**   *I have to pass by your house tomorrow. Since when* (normally translated *since*): **igande*tik***   *since Sunday.* The idea of *from* an animate being is usually expressed either by the postposition **-gandik** (see 58) or by the dative case: **Pelloren*gandik* erosi dut kotxea** or **Pello*ri* erosi diot kotxea**   *I bought the car from Pello.*

51. The Local-Genitive Case

	SING.	PLUR.	INDEF.	PROPER N.
vowel +	-ko	-etako	-tako	-ko
consonant +	-eko	-etako	-etako	-ko, -go

This is the second genitive case (cf.44). It is often translated *of* (or *'s*), sometimes *in* or *from.* As for when to use which genitive: the possessive-genitive is used when the possessor is a person or other animate being (**Pellor*en* etxea**   *Pello's house*) and with postpositions (**etxe*aren* inguruan**   *around the house*); the local-genitive is used when the idea is *pertaining to a place or to a time* (**etxe*ko* giltzak**   *the keys of the house,* **arratsalde*ko* autobusa**   *the afternoon bus*). Unfortunately these rules do not cover all cases, and sometimes it is difficult to state the precise reason for choosing one kind of genitive over the other. Note how the local-genitive is used to translate *in* (or *on* or *at*): **Klase*ko* bi neska baserrietan bizi dira**   *Two girls in the class live on farms.* The same case translates *from* when referring to place of origin: **Californiz*koak* dira**   *They are from California.* Remember that genitive expressions are adjectivals (see 27).

POSTPOSITIONS

52. Use of Postpositions

Postpositions are used in Basque to express relationships not covered by a case suffix, or when we wish to specify the relationship more precisely than the simple case suffixes permit. As an example of the former, while *with* is translated perfectly by the comitative case (**zurekin** *with you*), *without* can only be expressed by the postposition **gabe** (**zu** *gabe* *without you*). As an example of the latter, **kotxearen barruan** *inside the car* is a more specific and exact way of saying **kotxean** *in the car*. As their name clearly indicates, postpositions (unlike *pre*positions) are always placed after the noun phrase to which they refer. Each postposition requires that the preceding noun phrase be in a given case, and this gives us a convenient way of classifying them. Some postpositions, however, permit more than one case in the governed noun phrase, with or without a change of meaning. Note also that since most postpositions are in origin nouns themselves, they often have their own case endings (compare English *on top of, in front of,* etc.). In the following sections, only the more common Basque postpositions are mentioned.

53. Postpositions Governing the Possessive-Genitive

(a) Postpositions in the inessive expressing position: **ai(n)tzinean** *in front of*; **alboan** *next to*; **artean** *between, among*; **atzean** *behind*; **aurrean** *in front of*; **azpian** *under*; **barnean** or **barruan** *inside*; **erdian** *in the middle of*; **gainean** *on, on top of, over*; **gibelean** *behind*; **inguruan** *around*; **ondoan** *next to*; **ostean** *behind*; **pean** *beneath*: **mahaiaren azpian** *under the table*; **bi kale hauen artean** *between these two streets*; **zure aurrean** *in front of you*.

(b) Postpositions in the allative expressing motion toward: **artera, azpira, erdira, gainera, ondora,** etc.: **Ur guztia Pelloren gainera erori zen** *All the water fell on Pello.*

(c) Postpositions in the ablative expressing motion from: **artetik, gainetik, ondotik,** etc.: **Gure artetik joan da** *He has gone from among us.*

(d) Postpositions in the ablative expressing which way: **atzetik** *behind, after*; **aurretik** *in front of, before, past*; **azpitik** *from below*; **ondotik** *by the side of, past.*

(e) Others: **alde** *for, in favor of*; **antzera** *like*; **arabera** *according to*; **aurka** or **kontra** *against*; **ondoren** *after*; **ordez** *instead of.*

54. Postpositions Following the Noun Directly

Most postpositions that govern the possessive-genitive also allow a plain noun to precede in the stem form, that is, lacking both article and case suffix. Mainly inanimate nouns are so constructed. Thus: **mahai gainean** *on the table*; **Paris**

inguruan *around Paris*; **zeru pean** *under the sky*. **Aldean** *in the neighborhood of, around*, **aldera**, and **aldetik** are normally used this way: **Paris aldera joan da bizitzera** *He's gone to live in the Paris area.*

The same kind of construction can be used with **gabe** (or **barik**) *without*, **arte** *until*, and with **bezala** (or **legez**) in the sense *as* (*a*): **diru gabe** *without money, penniless*; **arratsalde arte** *until the afternoon*; **Irakasle bezala lan egiten du** *He works as a teacher*; **Irakasle bezala lan egiten dute** *They work as teachers.*

55. Postpositions Governing the Absolutive

Arte *until* (see also 54) sometimes takes on absolutive, as in **zortziak arte** *until eight o'clock*; **Gabonak arte** *until Christmas.*

Gabe (or **barik**) *without* may be used with the absolutive: **mahai hau gabe** *without this table*. To translate *without any/with no*, the postposition is employed with the partitive suffix **-(r)ik**: **ardorik gabe** *with no wine*. This postposition is also preceded by the plain noun in stem form: **diru gabe** *without money.*

56. Postpositions Governing Other Cases

Dative: **buruz** *about, concerning*, or *toward*; **esker(rak)** *thanks to, owing to.*

Instrumental: **gainera** *besides, other than, as well as*; **gero** or **geroztik** *after, following, since.*

Inessive: **barna, gaindi, zehar** *through, across.*

Ablative: **aparte** *apart from, besides*; **hurbil** or **gertu** *near*; **urrun** or **urruti** *far from.*

57. The Postposition -gatik

The postposition **-gatik** (also **-gaitik**) *because of, on account of, in exchange for, for* is placed after the possessive-genitive or the absolutive and is written with the preceding word like a suffix: **eguraldiagatik** *because of the weather*; **turistenga-tik** *on account of the tourists*; **zuregatik** or **zugatik** *because of you.*

58. Animate Local Postpositions

When we need to express the spatial notion of one of the local cases with reference to an animate being, rather than simply using the local case suffix, special postpositions are used, as follows: **-gan** or **baitan** *in*; **-gana** *to*; **-gandik** (also **-ganik**) *from*. These are placed after the possessive-genitive or the absolutive. The forms based on **-gan-** are written with the preceding word like suffixes. Thus: **neregan (nere baitan, nigan, ni baitan)** *in me*; **aitarengana (aitagana)** *to father*; **Pelloren-gandik** *from Pello*; **gizon batengandik** *from a man.*

SIMPLE VERB FORMS

59. Use of Simple Verb Forms

The most basic finite verb forms in Basque are those contained in a single word, such as **da** *is*; **du** *has (it)*; **ditu** *has (them)*; **noa** *(I) am going*; **zentozen** *(you) were coming*; **zatoz!** *come!* The number of such simple verb forms that are widely used in modern spoken Basque is very limited, however. Beyond a number of commonly known forms, compound verb forms are used instead. The main verbs with important simple forms are: **eduki** *have, hold*; **egon** *be, stay*; **esan** or **erran** *say*; **etorri** *come*; **ibili** *go about*; **izan** *be*; **jakin** *know*; **joan** *go*; and **ukan** or **izan** *have*. The only tenses of simple forms in common use are the simple present, the simple past, and the simple imperative.

In literary Basque a wider range of simple verb forms is used than in colloquial Basque. Among the verbs with simple forms not listed above are **ekarri** *bring* (present **dakar, dakartza**, etc.); **erabili** *use* (**darabil, -tza**); **eraman** or **eroan** *carry, take* (**darama/daroa, -tza**); **etzan** *lie* (**datza** *lies*); **iraun** *last* (**dirau** *lasts*); **irudi** *seem* (**dirudi** *seems*). These are all transitive except for **etzan**.

60. The Simple Tenses

Although other simple tenses exist, only the present, past, and imperative are normally used in simple verb forms in modern spoken Basque.

The simple present tells how things are now or what is happening now: **Irakaslea naiz** *I am a teacher*; **Badator autobusa** *The bus is coming*; **Ez dakit** *I don't know.*

The simple past tells how things were or what was happening at a particular time in the past: **Irakaslea nintzen** *I was a teacher*; **Bazetorren autobusa** *The bus was coming*; **Ez nekien** *I didn't know.*

The simple imperative expresses an order or instruction: **Zatoz!** *Come!*; **Zaude hemen!** *Wait here!*

61. Verbs with Simple Tenses

Izan is the verb *to be*: **Irakaslea *naiz*** *I am a teacher.* In the third person it can also express *there is/are*: **Ba*da* eliza bat** *There is a church.* **Izan** is also used as an auxiliary. It is intransitive.

Ukan (izan) means *to have*: **Diru asko *duzu*** *You have a lot of money.* Sometimes it translates *to be*: **Hau Pello *dugu*** *This is Pello.* It is also used as an auxiliary and is transitive.

Egon is another verb meaning *to be*, and also *stay* or *wait*: **Isilik *dago*** *He is silent*; **Zaude hemen!** *Wait here!* It is characteristic of western dialects and is intransitive.

Etorri means *come*: **Ba***dator* autobusa   *The bus is coming.* It is intransitive.

Joan means *go* (somewhere): **Nora** *zoaz?*   *Where are you going?* It is intransitive.

Ibili means *go, move* (etc.), even *be*: **Lagunekin** *dabil*   *He's out with friends.* It is intransitive.

Eduki means *have, hold, keep*: **Diru asko** *daukazu*   *You have a lot of money.* It is very characteristic of western dialects and is transitive.

Jakin means *know* (a fact, something, how to do something), like *savoir* in French and *saber* in Spanish: **Ez** *dakit*   *I don't know.* It is transitive.

Esan (erran) means *say, tell*: **Nik ez** *diot* **hori**   *I don't say that/I'm not saying that.* It is transitive.

62. *Simple Tenses of* **Izan**

(a) Simple present:

(ni)	**naiz**	*I am*
(hura)	**da**	*he/she/it is, there is*
(gu)	**gara**	*we are*
(zu)	**zara**	*you (sg.) are*
(zuek)	**zarete**	*you (pl.) are*
(haiek)	**dira**	*they are, there are*

(b) Simple past:

(ni)	**nintzen**	*I was*
(hura)	**zen**	*he/she/it was, there was*
(gu)	**ginen**	*we were*
(zu)	**zinen**	*you (sg.) were*
(zuek)	**zineten**	*you (pl.) were*
(haiek)	**ziren**	*they were, there were*

63. *Simple Tenses of* **Ukan** (**Izan***)*

(a) Simple present, third person singular object:

(nik)	**dut**	*I have (him/her/it)*
(hark)	**du**	*he/she/it has (him/her/it)*
(guk)	**dugu**	*we have (him/her/it)*
(zuk)	**duzu**	*you (sg.) have (him/her/it)*
(zuek)	**duzue**	*you (pl.) have (him/her/it)*
(haiek)	**dute**	*they have (him/her/it)*

(b) Simple present, third person plural object:

(nik)	**ditut**	*I have (them)*
(hark)	**ditu**	*he/she/it has (them)*
(guk)	**ditugu**	*we have (them)*

(zuk)	**dituzu**	*you (sg.) have (them)*
(zuek)	**dituzue**	*you (pl.) have (them)*
(haiek)	**dituzte**	*they have (them)*

(c) Simple past, third person singular object:

(nik)	**nuen**	*I had (him/her/it)*
(hark)	**zuen**	*he/she/it had (him/her/it)*
(guk)	**genuen**	*we had (him/her/it)*
(zuk)	**zenuen**	*you (sg.) had (him/her/it)*
(zuek)	**zenuten**	*you (pl.) had (him/her/it)*
(haiek)	**zuten**	*they had (him/her/it)*

(d) Simple past, third person plural object:

(nik)	**nituen**	*I had (them)*
(hark)	**zituen**	*he/she/it had (them)*
(guk)	**genituen**	*we had (them)*
(zuk)	**zenituen**	*you (sg.) had (them)*
(zuek)	**zenituzten**	*you (pl.) had (them)*
(haiek)	**zituzten**	*they had (them)*

64. *Simple Tenses of* **Egon**

(a) Simple present:

(ni)	**nago**	*I am*
(hura)	**dago**	*he/she/it is, there is*
(gu)	**gaude**	*we are*
(zu)	**zaude**	*you (sg.) are*
(zuek)	**zaudete**	*you (pl.) are*
(haiek)	**daude**	*they are, there are*

(b) Simple past:

(ni)	**nengoen**	*I was*
(hura)	**zegoen**	*he/she/it was, there was*
(gu)	**geunden**	*we were*
(zu)	**zeunden**	*you (sg.) were*
(zuek)	**zeundeten**	*you (pl.) were*
(haiek)	**zeuden**	*they were, there were*

(c) Simple imperative:

(zu)	**zaude!**	*be!/wait!*
(zuek)	**zaudete!**	*be!/wait!*

65. *Simple Tenses of* **Etorri**

(a) Simple present:

(ni)	**nator**	*I'm coming*
(hura)	**dator**	*he's/she's/it's coming*
(gu)	**gatoz**	*we're coming*
(zu)	**zatoz**	*you're (sg.) coming*
(zuek)	**zatozte**	*you're (pl.) coming*
(haiek)	**datoz**	*they're coming*

(b) Simple past:

(ni)	**nentorren**	*I was coming*
(hura)	**zetorren**	*he/she/it was coming*
(gu)	**gentozen**	*we were coming*
(zu)	**zentozen**	*you (sg.) were coming*
(zuek)	**zentozten**	*you (pl.) were coming*
(haiek)	**zetozen**	*they were coming*

(c) Simple imperative:

(zu)	**zatoz!**	*come!*
(zuek)	**zatozte!**	*come!*

66. *Simple Tenses of* **Joan**

(a) Simple present:

(ni)	**noa**	*I'm going*
(hura)	**doa**	*he's/she's/it's going*
(gu)	**goaz**	*we're going*
(zu)	**zoaz**	*you're (sg.) going*
(zuek)	**zoazte**	*you're (pl.) going*
(haiek)	**doaz**	*they're going*

(b) Simple past:

(ni)	**nindoan**	*I was going*
(hura)	**zihoan**	*he/she/it was going*
(gu)	**gindoazen**	*we were going*
(zu)	**zindoazen**	*you (sg.) were going*
(zuek)	**zindoazten**	*you (pl.) were going*
(haiek)	**zihoazen**	*they were going*

(c) Simple imperative:

(zu)	**zoaz!**	*go!*
(zuek)	**zoazte!**	*go!*

67. *Simple Tenses of* **Ibili**

(a) Simple present:

(ni)	**nabil**	*I'm going, moving,* etc.
(hura)	**dabil**	*he's/she's/it's going*
(gu)	**gabiltza**	*we're going*
(zu)	**zabiltza**	*you're (sg.) going*
(zuek)	**zabiltzate**	*you're (pl.) going*
(haiek)	**dabiltza**	*they're going*

(b) Simple past:

(ni)	**nenbilen**	*I was going, moving,* etc.
(hura)	**zebilen**	*he/she/it was going*
(gu)	**genbiltzan**	*we were going*
(zu)	**zenbiltzan**	*you (sg.) were going*
(zuek)	**zenbiltzaten**	*you (pl.) were going*
(haiek)	**zebiltzan**	*they were going*

68. *Simple Tenses of* **Eduki**

(a) Simple present, third person singular object:

(nik)	**daukat**	*I have (him/her/it)*
(hark)	**dauka**	*he/she/it has (him/her/it)*
(guk)	**daukagu**	*we have (him/her/it)*
(zuk)	**daukazu**	*you (sg.) have (him/her/it)*
(zuek)	**daukazue**	*you (pl.) have (him/her/it)*
(haiek)	**daukate**	*they have (him/her/it)*

(b) Simple present, third person plural object:

(nik)	**dauzkat**	*I have (them)*
(hark)	**dauzka**	*he/she/it has (them)*
(guk)	**dauzkagu**	*we have (them)*
(zuk)	**dauzkazu**	*you (sg.) have (them)*
(zuek)	**dauzkazu**	*you (pl.) have (them)*
(haiek)	**dauzkate**	*they have (them)*

(c) Simple past, third person singular object:

(nik)	**neukan**	*I had (him/her/it)*
(hark)	**zeukan**	*he/she/it had (him/her/it)*
(guk)	**geneukan**	*we had (him/her/it)*
(zuk)	**zeneukan**	*you (sg.) had (him/her/it)*
(zuek)	**zeneukaten**	*you (pl.) had (him/her/it)*
(haiek)	**zeukaten**	*they had (him/her/it)*

(d) Simple past, third person plural object:

(nik)	**neuzkan**	*I had (them)*
(hark)	**zeuzkan**	*he/she/it had (them)*
(guk)	**geneuzkan**	*we had (them)*
(zuk)	**zeneuzkan**	*you (sg.) had (them)*
(zuek)	**zeneuzkaten**	*you (pl.) had (them)*
(haiek)	**zeuzkaten**	*they had (them)*

69. *Simple Tenses of* **Jakin**

(a) Simple present, third person singular object:

(nik)	**dakit**	*I know*
(hark)	**daki**	*he/she/it knows*
(guk)	**dakigu**	*we know*
(zuk)	**dakizu**	*you (sg.) know*
(zuek)	**dakizue**	*you (pl.) know*
(haiek)	**dakite**	*they know*

(b) Simple past, third person singular object:

(nik)	**nekien**	*I knew*
(hark)	**zekien**	*he/she/it knew*
(guk)	**genekien**	*we knew*
(zuk)	**zenekien**	*you (sg.) knew*
(zuek)	**zenekiten**	*you (pl.) knew*
(haiek)	**zekiten**	*they knew*

70. *Simple Tenses of* **Esan** (**Erran**)

(a) Simple present, third person singular object:

(nik)	**diot**	*I say*
(hark)	**dio**	*he/she/it says*
(guk)	**diogu**	*we say*
(zuk)	**diozu**	*you (sg.) say*

| (zuek) | **diozue** | *you (pl.) say* |
| (haiek) | **diote** | *they say* |

(b) Simple past, third person singular object:

(nik)	**nioen**	*I said*
(hark)	**zioen**	*he/she/it said*
(guk)	**genioen**	*we said*
(zuk)	**zenioen**	*you (sg.) said*
(zuek)	**zenioten**	*you (pl.) said*
(haiek)	**zioten**	*they said*

AUXILIARY VERBS

71. *The Auxiliaries*

The four auxiliary verbs used to form compound tenses in Basque are **izan**, **ukan**, **edin**, and **ezan**. **Izan** and **ukan** are also used as main verbs, meaning *to be* and *to have*, respectively (see above). **Edin** and **ezan** can only be used as auxiliaries. Except in eastern dialects the first two are both commonly called **izan**, the name **ukan** not being used. This is confusing, so this book uses the eastern name **ukan** in referring to the second verb. The last two verbs really have no name in Basque, and **edin** and **ezan** are only employed in grammatical discussions.

    Izan and **edin** are intransitive, while **ukan** and **ezan** are transitive. Basque compound tenses fall into two large groups; in the first, **izan** or **ukan** is employed, in the second, **edin** or **ezan**:

	Auxiliary with intransitive verbs	Auxiliary with transitive verbs
First group of tenses	**IZAN**	**UKAN**
Second group of tenses	**EDIN**	**EZAN**

72. *Tenses of the Auxiliaries*

Although there are also other tenses in which the auxiliaries can be used, in this book we shall only study the most important forms, which belong to the following tenses:

Tenses of **IZAN** and **UKAN**:	Examples of **IZAN**:	Examples of **UKAN**:
Present	**da** (73)	**du** (74)
Past	**zen** (75)	**zuen** (76)
Conditional	**litzateke** (77)	**luke** (78)
Hypothetic	**balitz** (79)	**balu** (80)
Tenses of **EDIN** and **EZAN**:	Examples of **EDIN**:	Examples of **EZAN**:
Imperative	**zaitez** (81)	**ezazu** (82)
Present Potential	**daiteke** (83)	**dezake** (84)
Conditional	**liteke** (85)	**lezake** (86)
Present Subjunctive	**dadin** (87)	**dezan** (88)

These are given approximately in decreasing order of importance, and the following tables present them in the same order.

Note on the Following Tables

The intransitive auxiliaries (**izan** and **edin**) change form according to the person of the subject. Consequently there are six forms for each tense. The transitive auxiliaries (**ukan** and **ezan**) change form according to the persons of both subject and direct object; there are thus twenty-eight forms for each tense (since certain combinations, such as *I-me*, *I-us*, *you-you*, are inexistent). Of the twenty-eight, the most frequently used forms are the twelve corresponding to a third person singular or plural object (**hura** or **haiek**). The full set of forms is given in the following tables only for the present, past, and imperative (for second person subjects); in the other tables only the twelve most common transitive forms are given in each case.

No matter whether the verb is intransitive or transitive, if it has an indirect object in the dative case the auxiliary alters its form according to the person of this dative object. The most important dative-intransitive and dative-transitive auxiliary forms are given in 89–93.

73. Present of **Izan**

ni	**naiz**
hura	**da**
gu	**gara**
zu	**zara**
zuek	**zarete**
haiek	**dira**

74. Present of **Ukan** (**Izan**)

	DIRECT OBJECT					
	ni	*hura*	*gu*	*zu*	*zuek*	*haiek*
nik		**dut**		**zaitut**	**zaituztet**	**ditut**
hark	**nau**	**du**	**gaitu**	**zaitu**	**zaituzte**	**ditu**
guk		**dugu**		**zaitugu**	**zaituztegu**	**ditugu**
zuk	**nauzu**	**duzu**	**gaituzu**			**dituzu**
zuek	**nauzue**	**duzue**	**gaituzue**			**dituzue**
haiek	**naute**	**dute**	**gaituzte**	**zaituzte**	**zaituzte**	**dituzte**

75. Past of **Izan**

ni	**nintzen**
hura	**zen**
gu	**ginen**
zu	**zinen**
zuek	**zineten**
haiek	**ziren**

76. *Past of* **Ukan** *(***Izan***)*

| | DIRECT OBJECT | | | | | |
	ni	hura	gu	zu	zuek	haiek
nik		nuen		zintudan	zintuztedan	nituen
hark	ninduen	zuen	gintuen	zintuen	zintuzten	zituen
guk		genuen		zintugun	zintuztegun	genituen
zuk	ninduzun	zenuen	gintuzun			zenituen
zuek	ninduzuen	zenuten	gintuzuen			zenituzten
haiek	ninduten	zuten	gintuzten	zintuzten	zintuzten	zituzten

77. *Conditional of* **Izan**

ni	**nintzateke**
hura	**litzateke**
gu	**ginateke**
zu	**zinateke**
zuek	**zinatekete**
haiek	**lirateke**

78. *Conditional of* **Ukan** *(***Izan***)*

| | DIRECT OBJECT | |
	hura	haiek
nik	**nuke**	**nituzke**
hark	**luke**	**lituzke**
guk	**genuke**	**genituzke**
zuk	**zenuke**	**zenituzke**
zuek	**zenukete**	**zenituzkete**
haiek	**lukete**	**lituzkete**

79. *Hypothetic of* **Izan**

ni	**banintz**
hura	**balitz**
gu	**bagina**
zu	**bazina**
zuek	**bazinete**
haiek	**balira**

80. *Hypothetic of* **Ukan** *(***Izan***)*

| | DIRECT OBJECT | |
	hura	haiek
nik	**banu**	**banitu**

hark	**balu**	**balitu**
guk	**bagenu**	**bagenitu**
zuk	**bazenu**	**bazenitu**
zuek	**bazenute**	**bazenituzte**
haiek	**balute**	**balituzte**

81. Imperative of **Edin**

zu	**zaitez**
zuek	**zaitezte**

82. Imperative of **Ezan**

	DIRECT OBJECT			
	ni	*hura*	*gu*	*haiek*
zuk	**nazazu**	**ezazu,** **zazu, -zu**	**gaitzazu**	**itzazu**
zuek	**nazazue**	**ezazue,** **zazue, -zue**	**gaitzazue**	**itzazue**

The forms **zazu**, **-zu**, **zazue**, and **-zue** are common contractions used in both speech and formal writing.

83. Present Potential of **Edin**

ni	**naiteke**
hura	**daiteke**
gu	**gaitezke**
zu	**zaitezke**
zuek	**zaitezkete**
haiek	**daitezke**

84. Present Potential of **Ezan**

	DIRECT OBJECT	
	hura	*haiek*
nik	**dezaket**	**ditzaket**
hark	**dezake**	**ditzake**
guk	**dezakegu**	**ditzakegu**
zuk	**dezakezu**	**ditzakezu**
zuek	**dezakezue**	**ditzakezue**
haiek	**dezakete**	**ditzakete**

85. Conditional of **Edin**

ni	**ninteke**
hura	**liteke**

gu	gintezke
zu	zintezke
zuek	zintezkete
haiek	litezke

86. Conditional of Ezan

	DIRECT OBJECT	
	hura	haiek
nik	nezake	nitzake
hark	lezake	litzake
guk	genezake	genitzake
zuk	zenezake	zenitzake
zuek	zenezakete	zenitzakete
haiek	lezakete	litzakete

87. Present Subjunctive of Edin

ni	nadin
hura	dadin
gu	gaitezen
zu	zaitezen
zuek	zaitezten
haiek	daitezen

88. Present Subjunctive of Ezan

	DIRECT OBJECT	
	hura	haiek
nik	dezadan	ditzadan
hark	dezan	ditzan
guk	dezagun	ditzagun
zuk	dezazun	ditzazun
zuek	dezazuen	ditzazuen
haiek	dezaten	ditzaten

89. Dative Forms: Present of Izan

	INDIRECT OBJECT					
	neri	hari	guri	zuri	zuei	haiei
ni		natzaio		natzaizu	natzaizue	natzaie
hura	zait	zaio	zaigu	zaizu	zaizue	zaie
gu		gatzaizkio		gatzaizkizu	gatzaizkizue	gatzaizkie
zu	zatzaizkit	zatzaizkio	zatzaizkigu			zatzaizkie
zuek	zatzaizkidate	zatzaizkiote	zatzaizkigute			zatzaizkiete
haiek	zaizkit	zaizkio	zaizkigu	zaizkizu	zaizkizue	zaizkie

Note: for completeness the full paradigm is given here, but the twelve forms corresponding to *hura* and *haiek* in this table are actually used many times more often than the other forms.

90. Dative Forms: Present of **Ukan** (**Izan**)

	neri	hari	guri	zuri	zuei	haiei
			INDIRECT OBJECT			
			DIRECT OBJECT: *hura*			
nik		diot		dizut	dizuet	diet
hark	dit	dio	digu	dizu	dizue	die
guk		diogu		dizugu	dizuegu	diegu
zuk	didazu	diozu	diguzu			diezu
zuek	didazue	diozue	diguzue			diezue
haiek	didate	diote	digute	dizute	dizuete	diete
			DIRECT OBJECT: *haiek*			
nik		dizkiot		dizkizut	dizkizuet	dizkiet
hark	dizkit	dizkio	dizkigu	dizkizu	dizkizue	dizkie
guk		dizkiogu		dizkizugu	dizkizuegu	dizkiegu
zuk	dizkidazu	dizkiozu	dizkiguzu			dizkiezu
zuek	dizkidazue	dizkiozue	dizkiguzue			dizkiezue
haiek	dizkidate	dizkiote	dizkigute	dizkigute	dizkizuete	dizkiete

91. Dative Forms: Past of **Izan**

	neri	hari	guri	zuri	zuei	haiei
			INDIRECT OBJECT			
ni		nintzaion		nintzaizun	nintzaizuen	nintzaien
hura	zitzaidan	zitzaion	zitzaigun	zitzaizun	zitzaizuen	zitzaien
gu		gintzaizkion		gintzaizkizun	gintzaizkizuen	gintzaizkien
zu	zintzaizkidan	zintzaizkion	zintzaizkigun			zintzaizkien
zuek	zintzaizkidaten	zintzaizkioten	zintzaizkiguten			zintzaizkieten
haiek	zitzaizkidan	zitzaizkion	zitzaizkigun	zitzaizkizun	zitzaizkizuen	zitzaizkien

Note: for completeness the full paradigm is given here, but the twelve forms corresponding to *hura* and *haiek* in this table are actually used many times more often than the other forms.

92. Dative Forms: Past of **Ukan** (**Izan**)

	neri	hari	guri	zuri	zuei	haiei
			INDIRECT OBJECT			
			DIRECT OBJECT: *hura*			
nik		nion		nizun	nizuen	nien
hark	zidan	zion	zigun	zizun	zizuen	zien
guk		genion		genizun	genizuen	genien
zuk	zenidan	zenion	zenigun			zenien
zuek	zenidaten	zenioten	zeniguten			zenieten
haiek	zidaten	zioten	ziguten	zizuten	zizueten	zieten

	DIRECT OBJECT: *haiek*					
nik		nizkion		nizkizun	nizkizuen	nizkien
hark	zizkidan	zizkion	zizkigun	zizkizun	zizkizuen	zizkien
guk		genizkion		genizkizun	genizkizuen	genizkien
zuk	zenizkidan	zenizkion	zenizkigun			zenizkien
zuek	zenizkidaten	zenizkioten	zenizkiguten			zenizkieten
haiek	zizkidaten	zizkioten	zizkiguten	zizkizuten	zizkizueten	zizkieten

93. Dative Forms: Imperative of **Ezan**

	INDIRECT OBJECT			
	neri	*hari*	*guri*	*haiei*
	DIRECT OBJECT: *hura*			
zuk	iezadazu, -(i)dazu	iezaiozu, -(i)ozu	iezaguzu, -(i)guzu	iezaiezu, -(i)ezu
zuek	iezadazue, -(i)dazue	iezaiozue, -(i)ozue	iezaguzue, -(i)guzue	iezaiezue, -(i)ezue
	DIRECT OBJECT: *haiek*			
zuk	iezazkidazu, -(i)zkidazu	iezazkiozu, -(i)zkiozu	iezazkiguzu, -(i)zkiguzu	iezazkiezu, -(i)zkiezu
zuek	iezazkidazue, -(i)zkidazue	iezazkiozue, -(i)zkiozue	iezazkiguzue, -(i)zkiguzue	iezazkiezue, -(i)zkiezue

The forms preceded by hyphens are common contractions used in both speech and formal writing.

COMPOUND TENSES

94. *Tenses Formed with Auxiliaries* **Izan** *and* **Ukan**

In this book we study the following nine compound tenses formed with the auxiliaries **izan** (intransitive) or **ukan** (transitive):

Three with the auxiliary in the present:

Present Habitual: **hasten da, erosten du** (97);
Near Past: **hasi da, erosi du** (98);
Future: **hasiko da, erosiko du** (99);

Three with the auxiliary in the past:

Past Habitual: **hasten zen, erosten zuen** (100);
Remote Past: **hasi zen, erosi zuen** (101);
Future-in-the-Past: **hasiko zen, erosiko zuen** (102);

One with the auxiliary in the conditional:

First Conditional: **hasiko litzateke, erosiko luke** (103);

Two with the auxiliary in the hypothetic:

General Hypothetic: **hasiko balitz, erosiko balu** (or **hasten balitz, erosten balu**) (104);
Past Hypothetic: **hasi balitz, erosi balu** (105).

95. *Tenses Formed with Auxiliaries* **Edin** *and* **Ezan**

In this book we also study the following four compound tenses formed with the auxiliaries **edin** (intransitive) or **ezan** (transitive):

Imperative: **has zaitez, eros ezazu** (106);
Present Potential: **has daiteke, eros dezake** (107);
Second Conditional: **has liteke, eros lezake** (108);
Present Subjunctive: **has dadin, eros dezan** (109).

96. *General Structure of Compound Tenses*

Each compound tense in Basque requires a main verb in one of four forms:

- (a) the habitual form (ending in **-t[z]en**): **hasten, joaten, etortzen, bukatzen, saltzen, ateratzen;**
- (b) the dictionary form (ending in **-i, -n, -tu,** or **-du** or having no special ending): **hasi, joan, etorri, bukatu, saldu, atera;**
- (c) the future form (the dictionary form plus **-ko, -go,** or **-en**): **hasiko, joango** or **joanen, etorriko, bukatuko, salduko, aterako;**
- (d) the stem form: **has, joan, etor, buka, sal, atera.**

The auxiliaries of the first group (**izan** and **ukan**, cf.71) can combine with the first three forms of the main verb, and the auxiliaries of the second group (**edin** and **ezan**) with the stem form of the main verb:

COMPOUND TENSE	FORM OF MAIN VERB	AUXILIARY
FIRST GROUP =	Habitual/Dictionary/Future +	{ IZAN UKAN
SECOND GROUP =	Stem	+ { EDIN EZAN

97. The Present Habitual

PRESENT HABITUAL =	Habitual form of main verb + Present of { IZAN UKAN **hasten** da **erosten** du

This tense is often used to express a habitual action or state in the present. But like the English "present habitual" (*I come, she works*, etc.) it has other uses too. It is the most frequently used present tense, except for the simple present of a few verbs (**izan, ukan, egon, etorri, joan, ibili, eduki, jakin**, etc.). **Goizetan Edurnek** *lan egiten du*; **arratsaldeetan, berriz,** *ikasten du*   *In the mornings Edurne works; in the afternoon, on the other hand, she studies*; **Bilbora** *joaten da* **egunero**   *He goes to Bilbao every day*; **Mikelek Donostia ongi** *ezagutzen du*   *Mikel knows San Sebastian well*; **Zer entzuten duzu?**   *What do/can you hear?*; **Ikusten dut,** **baina** *ez dut ulertzen*   *I see it, but I don't understand it.*

Like the English present, this tense may refer to the future in *if* and time clauses: **Bihar bero** *egiten badu* **hondartzara joango gara**   *If it's warm tomorrow we'll go to the beach*; **Edurne** *etortzen denean,* **hasiko gara**   *When Edurne comes, we'll begin.*

98. The Near Past

NEAR PAST =	Dictionary form of main verb + Present of { IZAN UKAN **hasi** da **erosi** du

(a) This tense corresponds to the English simple past (*I came, she worked*, etc.) when referring to something that occurred *today*. **Gaur zer ordutan** *altxatu zara?*   *What time did you get up this morning (today)?* **Bazkaldu aurretik liburudendara** *joan naiz,* **eta liburu hauek** *erosi ditut*   *Before lunch I went to the bookstore, and I bought these books*; **Hiru t'erdiak arte** *ez gara* **etxera** *itzuli* **eta, berandu** *bazkaldu dugu*   *Since we didn't return home until three-thirty, we ate lunch late.* If any of these sentences referred to yesterday or some previous time, rather than today, the remote past tense would be used, not the near past as here.

(b) This tense can also translate the English perfect (*I have come, she has worked*, etc.) no matter whether the event has taken place today or earlier. **Hiru aldiz** *izan naiz* **Californian**   *I've been to California three times*; **Nola** *ikasi duzu* **euskara hain ongi?**   *How have you learned Basque so well?*

99. The Future

FUTURE =

Future form of main verb + Present of	{	IZAN
		UKAN
hasiko	**da**	
erosiko	**du**	

(a) This tense expresses the future: **Bihar hondartzara** *joango (joanen) gara* We'll go to the beach tomorrow; **Orain** *bazkalduko dut* I'm going to have lunch now.

(b) It can also be used to express a wish, a request, or an offer: **Pixka bat gehiago** *hartuko duzu*? Will you have a little more?; **Atea** *irekiko duzu* **mesedez?** Would you please open the door?; **Leihoa ere** *irekiko dut*? Shall (should) I open the window too?

(c) It is also common, especially in the spoken language, for this tense to express a conjecture about something in the present: **Non dago katua? Ez dakit. Etxean** *egongo da* Where is the cat? I don't know. I suppose it's in the house.

100. The Past Habitual

PAST HABITUAL =

Habitual form of main verb + Past of	{	IZAN
		UKAN
hasten	**zen**	
erosten	**zuen**	

Like the present habitual, this tense may express a habitual action or state, but its use is not confined to this notion. **Txikia nintzenean eskolara** *joaten nintzen* **egunero** When I was little I used to go to school every day; **Ongi** *ezagutzen nuen* I knew him well; **Zer** *esaten zenuen* **lehentxeago?** What were you saying a short while ago?

101. The Remote Past

REMOTE PAST =

Dictionary form of main verb + Past of	{	IZAN
		UKAN
hasi	**zen**	
erosi	**zuen**	

This tense corresponds to the English simple past (*I came, she worked*, etc.) when referring to something that happened *anytime earlier than today*. **Atzo gauean zer ordutan** *oheratu zinen*? What time did you go to bed last night?; **Zure aita mila bederatzirehun eta berrogeian** *joan zen* **Ameriketara** Your father went to America in nineteen-forty; **Eta gero zer** *gertatu zen*? And then what happened? If the event occurred today, the remote past tense cannot be used and the near past tense must be employed instead.

102. The Future-in-the-Past

FUTURE-IN-THE-PAST =

Future form of main verb	+ Past of	IZAN UKAN
hasiko	zen	
erosiko	zuen	

(a) This tense may express that something was or was not to happen in the future from a point of view situated in the past. This sense occurs mostly in reported speech, and the corresponding English sentence contains *would*: **Joango nintzela** esan nuen eta joango naiz   *I said I would go, and I will go.*

(b) The same tense is often used to translate the English "perfect conditional" tense, expressing what would have been the result of a condition that was not fulfilled, and translates *would have*: **Ez** *nuen* **hori** *pentsatuko*   *I wouldn't have thought so;* **Euskaraz esan banu,** *ez zuen ulertuko*   *If I had said it in Basque, he wouldn't have understood.*

(c) It is also used, above all in colloquial speech, to express a conjecture about something supposed to have happened at some time earlier than the present: **Norbaitek deitu du kanpoan nengoelarik; nor izango zen?** *Someone called while I was out; who can it have been?* **Egunkarian** *irakurriko* **zenuen**   *You probably read it in the newspaper.*

103. The First Conditional

FIRST CONDITIONAL =

Future form of main verb	+ Conditional of	IZAN UKAN
hasiko	litzateke	
erosiko	luke	

This tense expresses what would happen if a hypothetical condition were to be fulfilled; the equivalent English sentence will contain *would*: **Aberatsa (izango) banintz, etxe handi bat** *erosiko nuke*   *If I were rich, I would buy a big house;* **Nola konponduko zinateke** bakarrik?   *How would you get by on your own?*

In northern dialects, the second conditional is used for this purpose.

104. The General Hypothetic

GENERAL HYPOTHETIC =

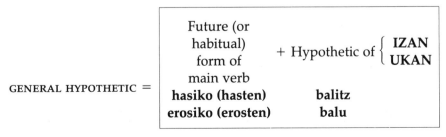

Future (or habitual) form of main verb	+ Hypothetic of	IZAN UKAN
hasiko (hasten)	balitz	
erosiko (erosten)	balu	

This tense is always used with the prefix **ba-**   *if* and expresses a hypothetical condition that might or might not be fulfilled at the present or in the future. **Izena jakingo banu, esango nizuke**   *If I knew the name, I would tell you.* It can also express a wish: **Jakingo banu!**   *If only I knew!*

The future form (**hasiko balitz**) is used in the south, the habitual form (**hasten balitz**) in the north.

105. The Past Hypothetic

$$\text{PAST HYPOTHETIC} = \boxed{\begin{array}{l} \text{Dictionary form} \\ \text{of main verb} \end{array} + \text{Hypothetic of} \left\{ \begin{array}{l} \textbf{IZAN} \\ \textbf{UKAN} \end{array} \right. \\ \quad \textbf{hasi} \qquad\qquad \textbf{balitz} \\ \quad \textbf{erosi} \qquad\qquad \textbf{balu}}$$

This tense, always used with the prefix **ba-**   *if*, expresses a hypothetical condition that in fact was not fulfilled. **Hori** *jakin banu*, **ez nintzen etorriko**   *If I had known that, I wouldn't have come.*

Some speakers place **izan** after the main verb, without changing the meaning: **Hori** *jakin izan banu*, **ez nintzen etorriko.**

106. The Imperative

$$\text{IMPERATIVE} = \boxed{\begin{array}{l} \text{Stem form} \\ \text{of main verb} \end{array} + \text{Imperative of} \left\{ \begin{array}{l} \textbf{EDIN} \\ \textbf{EZAN} \end{array} \right. \\ \quad \textbf{has} \qquad\qquad \textbf{zaitez} \\ \quad \textbf{eros} \qquad\qquad \textbf{ezazu}}$$

This tense is used in commands and requests. The auxiliary is frequently omitted, leaving only the main verb. *Utz itzazu* **loreak hemen** or *Utz* **loreak hemen**   *Leave the flowers here*; *Egon zaitez* **pixka bat** or *Egon* **pixka bat**   *Wait a minute.*

The simple imperative can also be used, in the case of verbs that have such a tense: *Zaude* **pixka bat**   *Wait a minute.*

In western colloquial speech, the dictionary form is regularly used in place of the stem form: *Utzi (itzazu)* **loreak hemen.**

107. The Present Potential

$$\text{PRESENT POTENTIAL} = \boxed{\begin{array}{l} \text{Stem form} \\ \text{of main verb} \end{array} + \text{Present potential of} \left\{ \begin{array}{l} \textbf{EDIN} \\ \textbf{EZAN} \end{array} \right. \\ \quad \textbf{has} \qquad\qquad \textbf{daiteke} \\ \quad \textbf{eros} \qquad\qquad \textbf{dezake}}$$

This tense is used to translate the English verb *can*, expressing ability or possibility. **Gaur** *joan naiteke*   *I can go today*; **Merkatuan** *eros dezakezu*   *You can buy it in the market.*

Can can also be expressed with **ahal** (see 117): **Gaur** *joan (joaten) ahal naiz*; **Merkatuan** *erosi (erosten) ahal duzu*. *Can't* is frequently translated by **ezin** (cf. 118): **Ezin duzu erosi merkatuan** = **Ez duzu erosi (erosten) ahal merkatuan** = **Ez dezakezu eros merkatuan**   *You can't buy it in the market.*

In western colloquial speech, the dictionary form is regularly used in place of the stem form: **Merkatuan** *erosi dezakezu*.

108. The Second Conditional

SECOND CONDITIONAL =
$$
\begin{array}{l}
\text{Stem form} \\
\text{of main verb} \\
\textbf{has} \\
\textbf{eros}
\end{array}
+ \text{Conditional of}
\begin{cases}
\textbf{EDIN} \\
\textbf{EZAN}
\end{cases}
\begin{array}{l}
\\
\\
\textbf{liteke} \\
\textbf{lezake}
\end{array}
$$

(a) This tense can be used as a conditional potential, expressing *would be able to, would be possible, could*: **Bihar** *joan ninteke*, **nahi baduzu**   *I could go tomorrow, if you like*; **Euskaraz jakingo (jakinen, jakiten) bazenu, Euskal Herria hobeki** *ezagut zenezake*   *If you knew Basque, you would be able to know the Basque Country better.*
In western colloquial speech, the dictionary form is regularly used in place of the stem form: *ezagutu zenezake*.

(b) In the northern dialects, this tense replaces the first conditional and simply translates *would*: **Aberatsa (izaten) banintz, etxe handi bat** *eros nezake*   *If I were rich, I would buy a big house*; **Nola** *konpon zintezke* **bakarrik?**   *How would you get by on your own?*

109. The Present Subjunctive

PRESENT SUBJUNCTIVE =
$$
\begin{array}{l}
\text{Stem form} \\
\text{of main verb} \\
\textbf{has} \\
\textbf{eros}
\end{array}
+ \text{Present subjunctive of}
\begin{cases}
\textbf{EDIN} \\
\textbf{EZAN}
\end{cases}
\begin{array}{l}
\\
\\
\textbf{dadin} \\
\textbf{dezan}
\end{array}
$$

(a) With suffix **-n** (as in paradigms 87–88): in a main clause with first person plural forms, it translates *let's* (first person imperative): *Ikus dezagun!* *Let's see!*

(b) With suffix **-n**: in subordinate clauses, it is used to express purpose, and also in the complements of certain verbs, particularly **nahi ukan**. **Bilbora ekarri zaitut hau** *ikus dezazun*   *I have brought you to Bilbao in order for you to see this/so that you will see this*; **Gurekin** *etor zaitezen* **nahi dugu**   *We want you to come with us.*

(c) With suffix **-la** (in place of the final **-n** in the paradigms given): in a main clause with third person forms, it expresses the speaker's wish (third person imperative): *Sar dadila!*   *Let him come in!*

(d) With suffix **-la**: in subordinate clauses, this form can be used in indirect commands: *Sar dadila* **esango diot**   *I'll tell him to come in.*

110. Auxiliary Agreement in Compound Tenses

The auxiliary in compound tenses in Basque agrees in number and person with the subject, direct object, and indirect object (when these exist) and varies according to whether the verb is used intransitively or transitively, and with or without an object in the dative case. There are four possibilities:

(a) intransitive (or *NOR*): **sartzen da**   *it goes in.*
(b) transitive (or *NOR-NORK*): **sartzen du**   *he puts it in.*
(c) intransitive-dative (or *NOR-NORI*): **sartzen zaio**   *it goes into it.*
(d) transitive-dative (or *NOR-NORI-NORK*): **sartzen dio**   *he puts it into it.*

Thus each tense has an intransitive and a transitive auxiliary (**izan** and **ukan**, respectively, in group one tenses, **edin** and **ezan**, respectively, in group two tenses), and there exist dative forms for each of these auxiliaries. It is often necessary to know how a given verb is used: whether it is intransitive or transitive, and whether it requires a dative complement. Such information will be given in good dictionaries.

111. Intransitivization and Dativization

Any normally transitive verb may in compound tenses be employed intransitively by eliminating the (ergative) *subject*, thus obtaining an impersonal sense. By eliminating the subject, **nik**, from **ikusten** *dut*   *I see it*, for instance, we get **ikusten** *da*   *one sees it, it is seen*; from **hitz egiten** *dute*   *they speak* by omitting *they* we get **hitz egiten** *da*   *one speaks*; from **ezagutzen** *ditugu*   *we know them* we obtain **ezagutzen** *dira*   *they are known*, and so on. The agent is never expressed in this construction, which is otherwise often equivalent to an English passive.

Verbs generally not taking a dative object often can have one added, indicating that the person placed in the dative is affected by or interested in the event or state described. **Aita joan** *da* means *father has left*; **Aita joan** *zait* would be translated *my father has left*, because the dative **neri**, implied by **zait**, indicates *me* as an interested party. **Atea irekiko** *dizut*, rather that *dut*, means *I'll open the door **for you*** and is more idiomatic Basque than **Atea irekiko dut zuretzat**.

Intransitivization and dativization may be combined: **Atea irekiko** *zaizu*   *The door will be opened for you.*

PERIPHRASTIC TENSES

112. *Introduction to Periphrastic Tenses*

The term *periphrastic tenses* covers a variety of other constructions, besides the compound tenses, involving a main verb in nonfinite form and some finite verb employed like an auxiliary. Such constructions are syntactically looser than the compound tenses and can be used with various tenses of the auxiliary. The following periphrastic constructions are covered here:

Ari: **hasten ari da, erosten ari zen** (113)
Other continuous constructions: **hasten dago, erosten zebilen** (114);
Nahi (gura, gogo): **hasi nahi du, erosi nahi zuen** (115);
Behar (beharra, beharrik): **hasi behar du, erosi behar zuen** (116);
Ahal: **hasi/hasten ahal da, erosi/erosten ahal zuen** (117);
Ezin: **ezin da hasi, ezin zuen erosi** (118);
Ohi: **hasi/hasten ohi da, erosi/erosten ohi zuen** (119);
The perfect: **hasia da, erosia zuen** (120).

113. *Use of* **Ari**

(a)

Habitual form of main verb	+ **ARI IZAN**
hasten **erosten**	**ari da** **ari zen** **ari izan (aritu) da** **aritzen da** etc.

(b)

Word expressing activity	+ **ARI IZAN**
hizketan **lanean** **futbolean**	**ari da** **ari zen** **ari izan (aritu) da** **aritzen da** etc.

This construction expresses continuous activity. **Ari izan** is a compound verb. **Zer idazten ari zara?** or **Zer ari zara idazten?** *What are you writing?*; **Lanean ari**

zen *He was working;* **Zer/Zertan ari zara hemen?** *What are you doing here?* **Ari izan** is always intransitive, except in a few idiomatic weather expressions (e.g., **Euria ari du** or **da** *It is raining*).

114. *Other Continuous Constructions*

Habitual form / activity word	+ EGON/IBILI/ . . .
	dago
	dabil
hasten	zegoen
erosten	zebilen
hizketan	egon da
	ibiltzen da
	etc.

The verbs **egon, ibili,** and a few others may be used in the same manner as *ari izan* to express continuous activity. Each of these verbs lends a certain nuance to the expression in accordance with its specific meaning; thus the notion conveyed by **egon** is more static, while **ibili** conveys the idea of movement or activeness. **Telebista ikusten dago** *He's watching television;* **Lana bilatzen dabil** *He's looking for work.* **Egon** and **ibili** are, of course, both intransitive.

15. *Use of* **Nahi** *(***Gura, Gogo***)*

Dictionary form of main verb	+ NAHI (GURA, GOGO) UKAN
	nahi du
	nahi zuen
hasi	nahi luke
erosi	nahi izan du
	etc.

This construction expresses *want to* (*do something*). **Nahi ukan** is a transitive compound verb: **Etxera joan nahi dut** *I want to go home;* **Zure herria ikusi nahi nuke** *I would like to see your town.* In this construction the use of intransitive **izan** instead of **ukan** when the main verb is intransitive (e.g., **Etxera joan nahi naiz**), although quite common, is considered less correct. **Gura** and **gogo** (or **go**) are used as synonyms of **nahi** in certain dialects.

Note that *to want somebody else to do something* is expressed by using the form in **-t(z)ea** or the subjunctive in **-n**: **(Zu) etxera joatea nahi dut** or **Etxera joan zaitezen nahi dut** *I want you to go home;* **(Haiek) zure herria ikustea nahi nuke** or **Zure herria ikus dezaten nahi nuke** *I would like them to see your town.* If *want* is in the negative, **-t(z)ea** becomes **-t(z)erik**: **Ez dut (zu) etxera joaterik nahi** *I don't want you to go home.*

116. Use of **Behar** (Beharra, Beharrik)

(a)

Dictionary form of main verb	+ **BEHAR UKAN**
hasi **erosi**	**behar du** **behar zuen** **behar luke** **behar izan du** etc.

(b)

Dictionary form of main verb	+	**BEHARRA** (neg. **BEHARRIK**)	+ **UKAN** or **EDUKI**
hasi **erosi**			**beharra du (dauka)** **beharra zuen (zeukan)**

ez du (dauka) hasi beharrik
ez zuen (zeukan) erosi beharrik

These constructions both express the idea *must, have to, need to*. The second is perhaps more emphatic, but they are often interchangeable. **Etxera joan behar(ra) dut** *I have to go home*. In the negative, however, (b) means *needn't*, while (a) often means *mustn't*: **Hori ez duzu egin** *beharrik* **nahi ez baduzu** *You needn't do that if you don't want to*; **Hori ez duzu inoiz ere egin** *behar* *You must never ever do that*. The conditional of (a) translates *should, ought to*: **Etxera joan behar(ko) nuke** *I should go home/I ought to go home*. Use of intransitive **izan** in (a) with intransitive verbs (e.g., **Etxera joan behar naiz**) is heard, but considered less correct.

117. Use of **Ahal**

Dictionary or habitual form of main verb	+ **AHAL** + { **IZAN** / **UKAN** }
hasi (hasten)	**ahal da** **ahal zen** **ahalko da**, etc.
erosi (erosten)	**ahal du** **ahal zuen** **ahalko du**, etc.

This construction can be used to express ability or possibility in the various tenses, translating *can, could, will be able to*, etc. In the simple tenses it is an alternative to the potential tenses (**has daiteke** = **hasi/hasten ahal da**, **eros lezake** = **erosi ahalko luke**, etc.). The construction with **ahal** may be used in the positive and negative, but in western dialects it is better to use **ezin** for the negative. **Bihar joan (joaten)**

ahalko zara *You will be able to go tomorrow;* **Ez du lan egiten ahal** *He is unable to work* (eastern).

Ahal is used with **izan** or **ukan** depending on whether the main verb is intransitive or transitive. If, however, the main verb is omitted from the sentence, **ahal ukan** is used: **Etorriko naiz, ahal ba***dut* *I will come, if I can.*

118. Use of **Ezin**

EZIN + { **IZAN** / **UKAN** } +	Dictionary form or main verb
Ezin da	
Ezin zen	
Ezin izan da	**hasi**
Ezingo da, etc.	
Ezin du	
Ezin zuen	
Ezin izan du	**erosi**
Ezingo du, etc.	

This construction expresses impossibility (i.e., the negation of the construction with **ahal**); according to the tense, it translates *cannot, could not, was not able to, will not be able to*, etc. **Ezin dut ulertu hori** *I cannot understand that;* **Nere aita ezin zen etorri** *My father couldn't come.* **Izan** or **ukan** is used with **ezin**, depending on whether the main verb is intransitive or transitive. However, if the main verb is omitted, **ezin ukan** is used: **Bihar etorri nahi nuke, baina ezin** *dut* *I would like to come tomorrow, but I can't. It cannot be, it is impossible* is translated **Ezin(a) da** or **Ezinezkoa da.**

119. Use of **Ohi**

Dictionary or habitual form of main verb	+ OHI +	Present or past of { **IZAN** / **UKAN** }
hasi (hasten)	**ohi da** **ohi zen**	
erosi (erosten)	**ohi du** **ohi zuen**	

This construction expresses the notion of habituality more emphatically than the present and past habitual compound tenses. **Gure Andoni igandeetan etorri (etortzen) ohi zaigu ikustera** *Our (son) Andoni has the custom of coming to see us on Sundays.* **Izan** or **ukan** is used, depending on whether the main verb is intransitive or transitive.

120. The Perfect Construction

Participle (= dictionary form) + **-A** (sg.)/**-AK** (pl.) + {	**IZAN** **UKAN**
hasia	**da** **zen** **izan da**, etc.
erosia	**du** **zuen** **izan (ukan) du**, etc.

This construction, particularly frequent in the eastern dialects, emphasizes the perfect aspect—that is, the idea of completion or termination of the action. (When this emphasis is not required, the near or remote past compound tenses can be used.) **Aita Ameriketan izana da** *Father was in America (at one time)*; **Izen hori entzuna dut** *I've heard that name (I don't know where, but I know I've heard it)*. **Izan** is used when intransitive and **ukan** when transitive; if intransitive, the participle agrees in number with the subject: **Aita eta ama Ameriketan izanak dira**; if transitive, with the direct object: **Izen horiek entzunak ditut.**

In the past this construction translates the English pluperfect (*I had come*): **Orduan aita Ameriketara joana zen** *At that time father had gone to America.*

OTHER FEATURES OF THE VERB

121. Compound Verbs

Compound verbs, which are very common in Basque, are made up of two parts, one of which is itself a verb while the other part is not. The verbal part may be any of several common verbs, such as **izan**, **ukan (izan)**, **egin**, **eman**, **hartu**, etc. Those with **egin** are particularly numerous. Examples of compound verbs include **bizi izan** *live* (literally *be alive*), **ari izan** *be doing something* (literally, *be active*), **balio ukan** *be worth, cost* (*have value*), **uste ukan** *think, believe* (*have opinion*), **behar ukan** *need* (*have need*), **nahi ukan** *want* (*have wish*), **lan egin** *work* (*make work*), **hitz egin** *speak* (*make word*), **lo egin** *sleep* (*make sleep*), **amets egin** *dream* (*make dream*), **barre egin** *laugh* (*make laughter*), **negar egin** *cry, weep* (*make weeping*), **min eman** *hurt* (*give pain*).

122. Compound Verbs with **Izan** or **Ukan**

Since **izan** and **ukan** are verbs that have simple tenses, the compound verbs formed with these are most often used in the simple tenses:
Simple present: **bizi** *da* *lives*, **balio** *du* *is worth, costs*;
Simple past: **bizi** *zen* *lived*, **balio** *zuen* *was worth, cost*.

    Nahi ukan and **behar ukan** have a commonly used simple conditional too: **nahi** *luke* *would like*, **behar** *luke* *ought to, would need* (*to*).

    Like **izan** and **ukan** themselves, compound verbs incorporating these also have compound tenses:
Present habitual: **nahi** *izaten du*, **balio** *izaten* (**ukaten**) *du*;
Near past: **bizi** *izan da*, **balio** *izan* (**ukan**) *du*; etc.

    But in compound tenses calling for the future form or stem form, these forms of **izan** or **ukan** are normally omitted; in place of the future form, **-ko** is added to the first part instead; for example:
Future: **bizi**ko da, **balio**ko du;
First conditional: **bizi**ko litzateke, **balio**ko luke;
Present potential: **bizi** *daiteke*, **balio** *lezake*;
Present subjunctive: **bizi** *dadin*, **balio** *dezan*.

123. The Particles **Ote** and **Omen** (Ei)

The particles **ote** and **omen** can be used to modify the value of a whole sentence.

    Ote normally appears in questions and conveys that one does not know the answer to the question; in main clauses it can be translated *I wonder . . . .*: **Etorriko ote da?** *I wonder if he'll come*; **Non ote dago Andoni?** *I wonder where Andoni is.* But it can also be used in indirect questions: **Galdetu zidan Andoni ezagutzen ote nuen** *He asked me if I knew Andoni by any chance.*

Omen (or **ei** in Bizkaian) is employed in statements and indicates that whatever is being stated is not actually asserted by the speaker, but is only what somebody else claims: **Bihar etorriko omen da** *He says he'll come tomorrow (or somebody else says so)*; **Herri libre batean bizi omen gara** *We supposedly live in a free country (that's what some people say!).*

As shown by these examples, the place of **ote** and **omen** is immediately in front of the conjugated auxiliary or main verb. In negative sentences **ez** precedes them: **Ez omen dator** *They say he's not coming (Apparently he's not coming).*

124. Subordination Markers

The verb in a subordinate clause in Basque must generally take a suffixed or prefixed marker, as opposed to the verb of a main clause, which has no such marker. The four subordination markers are **-(e)n**, **-(e)la**, **ba-**, and **bait-**. Each of these is used in certain kinds of subordinate clauses, and they are always added to the conjugated verb form. Compare:

MAIN CLAUSE	SUBORDINATE CLAUSE
Nor dator? *Who's coming?*	**(Ez dakit) nor datorren** *(I don't know) who's coming.*
Etorriko da *He'll come.*	**(Uste dut) etorriko dela** *(I think) he'll come.*
Etorri nahi dute *They want to come.*	**Etorri nahi badute, (etor daitezela)** *If they want to come (let them come).*
Ez zen etorri *He didn't come.*	**(Etxera joan ginen), ez bait zen etorri** *(We went home) since he didn't come.*

125. Rules for Adding -(e)n and -(e)la

(a) After consonants the endings are usually **-en** and **-ela**: **naizen/naizela**, **dabilen/dabilela**, **natorren/natorrela**, **goazen/goazela**.

(b) Sometimes **-en** and **-ela** are used after vowels too: **duen/duela**, **zaituen/zaituela**, **dagoen/dagoela**, **dioen/dioela** (from **dio** *he says*), **dakien/dakiela**.

(c) The forms **da**, **dira**, **gara**, and **zara** drop the final **a** and **-en/-ela** is added: **den/dela**, **diren/direla**, **garen/garela**, **zaren/zarela**.

(d) Other forms ending in a vowel take **-n** and **-la**, including all forms with the endings **-gu**, **-zu**, **-te**, **-o**, and **-e**: **dugun/dugula**, **zaizun/zaizula**, **zareten/zaretela**, **dion/diola** (from **dio**, dative form of **ukan**), **duzuen/duzuela**, **noan/noala**, **daukan/daukala**, **dauden/daudela**.

(e) The first person ending **-t** changes to **-da-** and **-n/-la** is added: **dudan/dudala** (from **dut**), **ditudan/ditudala** (from **ditut**), **zaidan/zaidala** (from **zait**), **dizkizudan/dizkizudala** (from **dizkizut**).

(f) In the past tense, which already ends in **-(e)n** (e.g., **zen**, **nuen**, **zegoen**), nothing is added for the first form; for the second form **-n** is *replaced* by **-la**: **zen/zela**, **nuen/nuela**, **zegoen/zegoela**, etc.

126. The Subordination Marker -(e)n

(a) In indirect questions: **Ez dakit** *etorriko den* *I don't know if he will come*; **Galdetuko diogu** *noiz etorri nahi duen* *We'll ask him when he wants to come.*

(b) In exclamations: **Zer polita den!**   *How pretty it is!*

(c) In relative clauses: ***Etorri den* gizona frantsesa da**   *The man who has come is French.*

(d) With conjunctions: **nahi duzun bezala**   *as you want;* **hitz egiten dudan bitartean**   *while I'm talking,* etc.

(e) We sometimes find **-(e)n** or **-(e)na** used in indirect statements, rather than the usual **-(e)la**.

(f) This marker also appears in the subjunctive (109).

127. *The Subordination Marker* **-(e)la**

(a) In indirect statements: **Uste dut *etorriko dela***   *I think (that) he'll come.*

(b) In circumstance clauses (also **-[e]larik**): **Euskara ikasi behar zenuke *hemen zaudela*(rik)**   *You ought to learn Basque while you're here;* **Ikusten duda-la(rik), hori esango diot**   *When I see him, I'll tell him that.*

(c) This marker also appears in the subjunctive (109).

128. *Other Suffixes*

The suffixes **-(e)nean**, **-(e)nez**, **-(e)nik**, **-(e)larik**, and **-(e)lako** are in reality the subordination markers **-(e)n** and **-(e)la** with various case suffixes, etc., added on. Each gives rise to subordinate clauses:

-(E)NEAN, translates *when*: **Nere dirua bukatzen denean itzuliko naiz**   *When my money runs out I'll go back.*

-(E)NEZ, translates *as*: **Esan duzunez, hori ez da gure kasua**   *As you said, that is not our case.*

-(E)NIK, sometimes used in indirect statements (instead of **-[e]la**) when the main verb is in the negative: **Ez dut uste etorriko denik**   *I don't think he'll come.*

-(E)LARIK, forms circumstance clauses, translating *while, when,* and the like (see 127b for examples).

-(E)LAKO, translates *because*: **Etorri da zerbait egin behar duelako**   *He has come because he has to do something.*

129. *Rules for Adding* **Ba-** *and* **Bait-**

Ba- is always prefixed to the conjugated verb form without any other change. In the negative, **ez** precedes **ba-**: *badator,* etortzen *ba*da, ez *ba*dator, ez *ba*da etortzen (or **etortzen ez *ba*da**).

Bait-, on the other hand, alters the beginning of the conjugated verb form to which it is prefixed, or else is altered itself. There are two ways to spell it. It is written either as a separate word in front of the verb form, without reflecting any change (e.g., **bait dator, etortzen bait gara**), or as a prefix, the changes in pronunciation being shown (e.g., **baitator, etortzen baikara**). **Ez** is placed before **bait-** in the negative: **ez bait dator, ez bait gara etortzen**.

The changes brought about by **bait-** depend on the first letter of the verb form and are illustrated by these examples:

bait Da = baiTa
bait Gara = baiKara
bait Zara = baiTZara
bait Naiz = baiNaiz
bait Litzateke = baiLitzateke

In pronunciation these changes should always be observed.

130. The Subordination Marker **Ba-**

(a) This **ba-** (not to be confused with the affirmative particle **ba-** mentioned in 11) means *if*: ***Etortzen bada* galdetuko diot** *If he comes I'll ask him*; ***Eguraldi ederra bazegoen* zergatik ez zinen atera?** *If the weather was fine why didn't you go out?*; ***Jakingo banu* esango nizuke** *If I knew I would tell you.* The notion of *if* may be reinforced if desired by placing **baldin** *if* before **ba-**, without altering either the structure or the meaning; **ba-** can never be omitted, though. **Etortzen (baldin) bada, galdetuko diot.**

(b) Followed by **ere** in the sense of *even*, we can translate *even if* or *although*: **Etortzen bada ere, beranduegi izango da** *Even if he comes, it will be too late;* **Lan egin behar dut, gaur igandea bada ere** *I have to work, although today is Sunday.*

(c) Followed by **bezala**, we translate *as if*: **Jakin balu bezala erantzun zuen** *He answered as if he had known.*

131. The Subordination Marker **Bait-**

(a) To translate *because, since, as*: **Gaur ez da etorriko, *igandea bait da*** *He won't come today, because it's Sunday.*

(b) To indicate vaguely a connection between an utterance and its context (untranslatable): **Hori bait da nik nahi dudana** *That's what I want;* **Ez bait dakit** *Well, I don't know.*

NONFINITE VERB FORMS

132. Introduction to Nonfinite Forms

Nonfinite verb forms are used in many kinds of subordinate clauses, in verb complements, and also for compound and periphrastic tenses. Where it is possible to choose between using a finite or a nonfinite verb, it is often not only easier but also more in line with the style of the Basque language to use the nonfinite construction. Here are some examples of such equivalent constructions:

Geldituko gara *filmea bukatzen den arte.*
Geldituko gara *filmea bukatu arte.*
We'll stay until the movie ends.
Gaur ikusi dugun **filmea Frantzian egina zen.**
Gaur ikusi(tako) **filmea Frantzian egina zen.**
The movie we saw today was made in France.
Gurekin etor zaitezen **nahi dugu.**
(Zu) *gurekin etortzea* **nahi dugu.**
We want you to come with us.
Sar dadila **esango diot.**
Sartzeko **esango diot.**
I'll tell him to come in.

133. Principal Parts of the Basque Verb

If we know three nonfinite forms of a Basque verb, all other nonfinite forms can be obtained by mechanically adding or substituting certain endings. These three principal parts are the dictionary form, the stem form, and the habitual form. Here are some examples:

DICTIONARY FORM	STEM FORM	HABITUAL FORM	
bukatu	buka	bukatzen	*finish*
hartu	har	hartzen	*take*
ezagutu	ezagut	ezagutzen	*know*
poztu	poz	pozten	*be glad*
saldu	sal	saltzen	*sell*
kendu	ken	kentzen	*take (from, off)*
ibili	ibil	ibiltzen	*go (about)*
etorri	etor	etortzen	*come*
hasi	has	hasten	*start, begin*
idatzi	idatz	idazten	*write*
atera	atera	ateratzen	*go/take out*
hil	hil	hiltzen	*die, kill*

joan	joan	joaten	*go*
entzun	entzun	entzuten	*listen, hear*

These and the future form (**bukatuko, ibiliko,** etc.) are also the four forms used in compound tenses.

134. The Dictionary Form or Supine

We call this the dictionary form because it is the form of the verb given in most dictionaries, vocabularies, and in general when referring to a verb. Dictionary forms end in **-tu, -du,** and **-i** or else have no special ending; **-du** is the variant of **-tu** employed after **n** or **l** (compare: **bukatu, hartu, ezagutu, poztu,** but **kendu, saldu**). Practically all new verbs introduced into Basque take **-tu** or **-du** in their dictionary form. In this way many adjectives, nouns, and other words are transformed into verbs: **garbi** *clean,* **garbitu** *to clean;* **triste** *sad,* **tristetu** *sadden, become sad;* **poz** *joy,* **poztu** *be glad, rejoice;* **galde** *question,* **galdetu** *ask;* **bat** *one,* **batu** *unify, collect;* **urrun** *far,* **urrundu** *go far away;* **ohera** *to bed,* **oheratu** *go to bed.*

135. The Future Form

The future form is only used in certain compound tenses: the future (**hasiko da**), the future-in-the-past (**hasiko zen**), the first conditional (**hasiko litzateke**), and the hypothetic (**hasiko balitz**). The future form need not be given among the principal parts because it is easily derived from the dictionary form. Unless the dictionary form ends in **n**, the addition of **-ko** to it will give us the future form: **bukatu-ko, hartu-ko, ezagutu-ko, poztu-ko, saldu-ko, kendu-ko, ibili-ko, etorri-ko, hasi-ko, idatzi-ko, atera-ko, hil-ko.** If the infinitive ends in **n**, we can add **-go** or **-en: joan-go** or **joan-en, entzun-go** or **entzun-en.** (Western dialects use **-go** and the others use **-en**; in literary Basque both are acceptable.)

136. The Stem Form

We call this the stem form because it has no special ending and is obtained by removing the ending of the dictionary form if there is one. Usually, then, we drop **-tu, -du,** or **-i** to find the stem form, as in **buka-tu, har-tu, poz-tu, sal-du, ken-du, ibil-i, etor(r)-i, has-i, idatz-i;** or else the dictionary form and stem form are identical: **atera, hil, joan, entzun.** A very few verbs whose dictionary form ends in **-tu** have a stem form in **-t** (e.g., **ezagutu—ezagut**).

The stem form of verbs is used in written Basque and in the northern dialects, but in the south the dictionary form replaces it in all its uses, leaving only two principal parts, the dictionary form and the habitual form, in these spoken dialects.

137. The Habitual Form

The habitual form has various uses; its name is not very appropriate because the form is only habitual in meaning in one such use—to form the present habitual (**hasten da**) and past habitual (**hasten zen**) compound tenses. Its other uses are examined below. Habitual forms end in **-tzen** or **-ten,** according to the following rules:

- (a) If both the stem form and the dictionary form end in **-n** (e.g., **joan, entzun**), this **-n** is changed to **-ten: joaten, entzuten.**
- (b) If the stem form ends in **s** or **z** (e.g., **poz-tu, has-i**), **-ten** is added: **pozten, hasten.**

If the stem ends in **ts**, **tx**, or **tz** (e.g., **idatz-i**), this is changed to **s**, **x**, or **z** and -**ten** is added: **idazten**.

(c) To all other stems -**tzen** is added: **bukatzen, hartzen, saltzen, kentzen, ibiltzen, etortzen, ateratzen, hiltzen**.

Note: **ezagut** (stem), **ezagutzen** (habitual form).

138. Principal Nonfinite Forms

Forms obtained from the habitual form:
verbal noun: **bukatze(a), entzute(a)** (139–140);
-*t(z)en* (*habitual form*): **bukatzen, entzuten** (141);
-*t(z)era*: **bukatzera, entzutera** (142);
-*t(z)eko*: **bukatzeko, entzuteko** (143);
-*t(z)ean*: **bukatzean, entzutean** (144).

Forms obtained from the dictionary form:
dictionary form: **bukatu, entzun** (145);
adverbial participle in -*tuz, etc.*: **bukatuz, entzunez** (146);
participle: **bukatu(a), entzun(a), bukatuta, entzunda, bukaturik, entzunik, bukatutako, entzundako** (147–149);
   Stem form: **buka, entzun** (150).

139. The Verbal Noun (-t[z]ea)

By dropping the final **n** of a verb's habitual form, we get the form called the verbal noun—habitual form: **bukatzen, ezagutzen, saltzen, idazten, entzuten**; verbal noun: **bukatze, ezagutze, saltze, idazte, entzute**. As the name indicates, the verbal noun is employed as a noun expressing the action of the verb. Because it is a noun, it is most often found with the article, consequently ending in -**tze-a** or -**te-a**: **bukatzea, ezagutzea, saltzea, idaztea, entzutea**. However, it can take other endings too, depending on its function in the sentence, just like a noun: **bukatzeari, ezagutzearekin, entzuteak, idazterik**, etc.

Although functioning in the sentence like a noun, the verbal noun is verbal in the sense that it can freely take a subject and complements, which are generally placed in front of it.

Saltzea **debekatua da**   *Selling is forbidden.*
Tabakoa saltzea **debekatua da**   *Selling tobacco is forbidden.*
Tabakoa haurrei saltzea **debekatua da**   *Selling tobacco to children is forbidden.*
Haurrak tabernetan sartzea **debekatua da**   *It is forbidden for children to enter bars.*

140. Common Uses of the Verbal Noun

(a) As subject of the verb *to be* with an adjective as complement: *Ikastea* **ona da**   *It is good to learn* (*To learn is good*); **Inportantea da** *ariketak egitea*   *It is important to do the exercises*; **Zaila da** *esatea*   *It is difficult to say.*

(b) As subject of certain verbs: *Liburuak irakurtzea* **ez zait gustatzen**   *I don't like reading books; Ameriketara joateak* **diru asko balio du**   *It costs a lot of money to go to America.* In this example the verbal noun (**joateak**) takes the -**k** of the ergative because it is the subject of **balio ukan**   *cost*, transitive.

(c) As direct object of **nahi ukan**   *want*: (*Zu*) *etxera joatea* **nahi dut**   *I want you to go home.* This use of the verbal noun is unnecessary when one wants to do something oneself (rather than wanting *someone else* to do something, as here) for then the dictionary form of the main verb is used instead: **Etxera joan nahi dut** *I want to go home.*

141. Common Uses of -t(z)en (Habitual Form)

(a) In certain compound tenses, including the present and past habitual.

(b) In certain periphrastic tense constructions: continuous constructions with **ari izan, egon, ibili,** etc.; with **ahal** and **ohi** (in eastern dialects).

(c) In the verb complements of various verbs, such as **hasi** *start;* **ikasi** *learn;* **irakatsi** *teach;* **jakin** *know (how to);* **lagundu** *help;* **saiatu** *try;* **utzi** *let, allow:*

Erretzen hasi zara? *Have you started smoking?*

Orain *irakurtzen* **ikasi behar dut.** *Now I need to learn to read.*

Nork irakatsi zizun gazta *egiten***?** *Who taught you to make cheese?*

Ez dakit euskaraz *idazten.* *I don't know how to write in Basque.*

Lagunduko didazu afaria *prestatzen***?** *Will you help me make dinner?*

Saiatzen da dena *ulertzen.* *He tries to understand everything.*

Ez dizut *ordaintzen* **utziko, nere gonbidatua bait zara.** *I won't let you pay because you are my guest.*

142. Use of -t(z)era

This form is in origin the verbal noun (**-t[z]e**) plus the allative case ending **-ra**: **bukatzera, ezagutzera, saltzera, idaztera, entzutera.** It is one way of translating into Basque the English construction *"to + infinitive"*: **Zure etxea** *ikustera* **etorri naiz** *I have come to see your house.* It is mainly used with verbs that by nature require a complement in the allative, expressing *to* in the sense of movement. These include **etorri** *come;* **joan** *go;* **ekarri** *bring;* **eraman** *take;* **sartu** *enter;* **atera** *come/go out;* **bidali** *send;* etc. We cannot use it, for example, in the sentence *I want to see your house,* or in *I paid 100 pesetas to enter the museum,* because, unlike the verbs mentioned above, *want* and *pay* have nothing to do with movement, so we must say **Zure etxea** *ikusi* **nahi dut** and **Ehun peseta ordaindu dut museoan** *sartzeko.*

143. Common Uses of -t(z)eko

(a) When the English construction *"to + infinitive"* means *in order to* or *for the purpose of,* it is translated by the form **-t(z)eko** (verbal noun plus **-ko**): **Liburu batzu erosi ditut** *irakurtzeko* *I've bought some books to read;* **Landare hau** *jateko* **ona da** *This plant is good to eat.*

(b) It also translates *"to + infinitive"* in indirect commands and requests, as complements of verbs such as **esan** (in the sense of *tell [someone to do something]*), **eskatu** (*ask [someone to do something]*): **Esan Mikeli** *etortzeko* *Tell Mikel to come.*

144. Use of -t(z)ean

This form, which consists of the verbal noun (**-t[z]e**) and the inessive case ending **-an**, is mainly used to refer to the time when something occurs, will occur, or has occurred: **Euskaraz** *egitean***, huts asko egiten ditu** *When speaking Basque, he makes a lot of mistakes;* **Etxera** *sartzean***, lapurra ikusi nuen** *On entering the house, I saw the thief;* **Mikel** *ikustean* **galdetuko diot** *When I see Mikel I'll ask him.* Phrases with the **-t(z)ean** form can be replaced by a clause with the suffix **-(e)nean**:

Mikel ikusten dudanean ⎫
Mikel ikustean   ⎬ galdetuko diot.
                            ⎭

145. Some Uses of the Dictionary Form

(a) In certain compound tenses, including the near past and the remote past.

(b) In certain periphrastic tense constructions: with **nahi, behar(ra), ahal, ezin,** and **ohi.**

(c) Instead of the stem form (in western nonliterary usage).

(d) Followed by conjunctions such as **arte**   *until;* **baino lehen**   *before;* **bezala** *as;* **bitartean**   *while;* **eta gero**   *after;* **gabe**   *without;* **-z gero** *having*:

Egon hemen zure ama *etorri* arte.   *Stay here until your mother comes.*

Kafea *egin* bitartean zigarro bat erre zuen.   *While making coffee he smoked a cigarette.*

Entzun zuen ezer *esan* gabe.   *He listened without saying anything.*

Hona *etorriz* gero, euskara ikasi behar zenuke.   *Having come here, you ought to learn Basque.*

(e) When using a verb on its own without any tense being shown (even if understood): **Zer egingo dugu?** *Bazkaldu?*   *What shall we do? Eat lunch?*

(f) As a participle (147).

146. The Adverbial Participle in -tuz, etc.

This form is obtained by adding the instrumental ending **-(e)z** to the dictionary form: **bukatuz, hartuz, salduz, hasiz, idatziz, ateraz, entzunez.** (In some dialects it is common to add **-az** instead: **bukatuaz, hasiaz, entzunaz,** etc.) It can often be used to translate the English present participle (ending in *-ing*) when this is part of an adverbial clause: **Bere erlojuari *begiratuz*, joan behar zuela esan zuen**   *Looking at his watch, he said he had to go.*

147. The Participle

The Basque participle is identical to the dictionary form: thus **bukatu, hartu, saldu, ibili, hasi, atera, hil, joan,** etc., can all be used as participles. The participle is an adjective: **Aulki hau *hartua* dago**   *This seat is taken;* **Ardi *galdu* bat dabil han** *There's a lost sheep over there.* The participle can have a subject and complements (in English the "agent" subject will have the preposition *by*): **Frantzian egina**   *made in France;* **nik egina**   *made by me.* These participles are perfective in meaning: they express something that has already happened (the seat has been taken, the sheep is lost, etc.). The participles of transitive verbs are most often understood passively; those of intransitive verbs are necessarily active; for example: **atzo etorria**   *having come yesterday, who/which came yesterday.*

The participle is used to form the periphrastic perfect tenses (see 120): **Aita Ameriketan *izana* da**   *Father was in America;* **Izen hori *entzuna* dut**   *I've heard that name;* **Orduan aita Ameriketara *joana* zen**   *At that time father had gone to America.*

148. The Suffixes -ta and -(r)ik

(a) When using a participle predicatively (e.g., **Atea *irekia* da**   *The door is open;* **Aulki guztiak *hartuak* dira**   *All the seats are taken;* etc.), western speakers prefer the verb **egon**: **Atea irekia *dago*; Aulki guztiak hartuak daude;** they also often suffix **-ta** (**-da** after **n** or **l**) or **-(r)ik** to the participle instead of the article: **Atea ireki*ta* dago; Aulki guztiak hartu*ta* daude; Hori esan*da* dago**   *That has been said* (or **hartu*rik*, esan*ik*,** etc.). These forms are invariable, and thus the same for singular and plural: **Nekatuta nago** *I am tired;* **Nekatuta gaude** *We are tired.*

(b) The same forms in **-ta** or **-(r)ik** may be used as perfective adverbial participles: **Hori** *ikusirik (ikusita)*, **erabaki bat hartu zuen** *Having seen that, he made a decision;* **Oso** *nekaturik (nekatuta)* **bukatuko dugu** *We'll end up very tired.*

149. Attributive Participles

A participle used attributively may be placed after the noun it qualifies like any adjective: **ardi galdua** *a lost sheep.* However, the attributive participle is often placed in front of the noun instead. This is done in two ways.

(a) In the north, the participle is simply placed in front of the noun, preceded if necessary by its subject or complements: *Atzo galdu* **ardia ikusia duzu?** *Have you seen the sheep that got lost yesterday?*

(b) In the south, the participle so used takes the suffix **-tako** (**-dako** after **n** or **l**): *Atzo galdutako* **ardia ikusi duzu?** *Have you seen the sheep that got lost yesterday?* Some Basques use **-(r)iko** instead: *Atzo galduriko* **ardia ikusi duzu?**

150. Uses of the Stem Form

In the spoken dialects of the west, the stem form is not generally used; the dictionary form is used instead in the following functions. In the written language, however, the stem form should be used, as also in spoken eastern Basque.

(a) In compound tenses of the second group, such as the imperative (**Utz itzazu loreak hemen**), the present potential (**Merkatuan** *eros* **dezakezu**), the second conditional (**Euskal Herria hobeki** *ezagut* **zenezake**), and the subjunctive (*Ikus* **dezagun!;** *Sar* **dadila!;** **Gurekin** *etor* **zaitezen nahi dugu**).

(b) In certain expressions, such as **Egia** *esan* . . . *To tell the truth* . . . ; **oro** *har* *on the whole, altogether* (literally, *take all*); **Hor** *konpon*! *Tough luck!;* **Zer** *egin*? *What should we do?;* **Ez dakit nola** *has* *I don't know how to begin.*

COORDINATE CLAUSES

151. Coordinating Conjunctions

The most important coordinating conjunctions in Basque are the following:

Eta *and*: **Mikel** *eta* **Itziar** *Mikel and Itziar*; **aita** *eta* **ama** *father and mother*; **jan** *eta* **edan** *eat and drink*; **bai** *eta* **ez** *yes and no*; **asko** *eta* **asko** *many, many*; **Jantziko naiz** *eta* **joango gara** *I'll get dressed and we'll go*. The pronunciations **ta** and **da** are used a lot in speech, but in writing **eta** should normally be used. Exceptions: numbers (**hogei***ta***bat**) and times (**hiru** *t'***erdiak**).

Baina (or **bainan**, and in some dialects **baino[n]**) *but*: **Nahi dut,** *baina* **ezin dut** *I want to, but I can't*; *Baina* **uste nuen . . .** *But I thought . . .* **Baina** may express surprise: *Baina* **zer da hau?** *What is this?* At the *end* of a clause, it can mean *though*: **Hori uste dut, ez dakit** *baina* *That's what I think, though I don't know.*

Edo *or*: **Frantsesa** *edo* **espainola ikasten ari da, ez dakit zein** *He's studying French or Spanish, I don't know which*; **Kafea** *edo* **zerbait nahi duzu?** *Do you want some coffee or something?* To say *or something*, **zerbait** may be omitted: **Kafea** *edo* **nahi duzu?**

Ala *or*: **Zer ikasten ari da, frantsesa,** *ala* **espainola?** *What is he studying, French or Spanish?* **Bai** *ala* **ez?** *Yes or no?* **Ala** is used when asking for a choice, as in these examples: otherwise **edo** should be used to translate *or*. **Ala** is sometimes placed at the end of a yes-no question, as if to say *or what?*: **Bazoaz** *ala*? *What, are you leaving?*

152. Uses of **Eta**

In addition to translating *and*, **eta** has the following uses:

    (a) It may mean *etc.* (also **eta abar**), *and so on*, implying the inclusion of others not mentioned: **Gaur goizean Xabier eta ikusi ditut** *I saw Xabier and his gang/X. and the rest/X. and his family this morning.*

    (b) For *Xabier and I*, instead of **Xabier eta ni**, we may say **Xabier eta biak** or **Xabier eta biok** (**biak/biok** *the two*).

    (c) In speaking **eta** can be used practically like *er*, *um*, without meaning anything, in the middle of a sentence: **Gure semea eta . . . Ameriketan da** *Our son's, er . . . in America.* This usage is mainly eastern colloquial.

    (d) **Eta** is also often inserted after a conjunction appearing at the beginning of a clause or phrase, usually without affecting the meaning: **nahiz (eta)** *even if, although*; **baldin (eta)** *if*; **zeren (eta)** *because*; **edo eta** *or.*

    (e) Placed at the end of a clause, preceded by the dictionary form of a verb, it expresses sequence in time: **Etxera joan eta amarekin hitz egingo dut** *I'll go home and (then) I'll talk to mother.* The **eta** may be followed by **gero** *then*; **berehala** *immediately*; **bi ordu beranduago** *two hours later*; or some similar expression: **berria jakin eta berehala** *immediately upon hearing the news.*

(f) Placed at the end of a finite clause, it gives the sentence the force of an explanation, and may be translated *since* or *because*: **Ezin dugu ezer erosi, gaur igandea da** *eta* *We can't buy anything, since today's Sunday.* In this usage **eta** is more or less synonymous with the subordination marker **bait-**: **Ezin dugu ezer erosi, gaur igandea** *bait* **da.**

153. **Bai**, **Ez**, *and* **Ere**

Ere most often means *too* (*also*) in positive sentences and *either* in negative sentences and is placed *after* the part of the sentence to which it refers: **Ni** *ere* **joango naiz** *I'll go too*; **Gaur** *ere* **euria egin du** *It rained today too*; **Gaur** *ere* **ez du euririk egin** *It didn't rain today either.*

Bai and **ez** usually mean *yes* and *no*. However, when repeated, **bai . . . bai . . .** means *both . . . and . . .* and **ez . . . ez . . .** means *neither . . . nor . . .* : *Bai* **frantsesak,** *bai* **espainolak, gure kontra ditugu** *Both the French and the Spanish are against us*; *Ez* **frantsesek,** *ez* **espainolek,** *ez* **gaituzte konprenitzen** *Neither the French nor the Spanish understand us.* In this construction the second **bai** or **ez** may be reinforced by placing **ere** *after* the second item: *bai* **frantsesak,** *bai* **espainolak ere** *both the French and the Spanish too*; *ez* **haiek,** *ez* **besteak ere** *neither those nor the others either.*

Conversely, when the verb is omitted, **ere** is normally strengthened by adding **bai** or **ez** as the case may be: **Ni** *ere* **bai** *Me too*; **Gaur** *ere* **ez** *Nor today either.* If, however, the phrase begins with **eta** *and*, it is more usual to put **bai** or **ez** in front of **eta**, and to end the phrase with **ere**: **Mikel pozik dago,** *bai eta* **ni** *ere* *Mikel is happy, and so am I*; **Atzo ez zuen euririk egin,** *ez eta* **gaur** *ere* *Yesterday it didn't rain, nor did it today.* **Bai eta** and **ez eta** are frequently contracted to **baita** and **ezta**.

To say *And also . . .* eastern Basques say **Eta ere . . .** ; westerners never use this expression, and instead usually say **Eta gainera . . .**

Ere is never used as the first word of a sentence or clause. To avoid this, **gainera** *furthermore* can be used instead: *Gainera* **nere gurasoak Ameriketan bizi dira** *Also/Furthermore, my parents live in America.*

154. *Other Uses of* **Ere**

(a) **Ere** is often best left untranslated in English, merely emphasizing the idea of *furthermore*, as in **berriz (ere)** *again*; **badaezpada (ere)** *just in case*; or *at all*, as in **inor (ere)** *anybody* (*at all*); **inon (ere)** *nowhere* (*at all*); **nolanahi (ere)** *in any case, anyway.* **Bat ere** means *none at all, no . . . at all*, or simply *at all*: **Ez nago** *bat ere* **nekatuta** *I'm not at all tired.* **Hala ere** and **hala eta guztiz (ere)** mean *however.*

(b) **Ere** can sometimes be translated *even*: **Mikel** *ere* **etorri zen** *Even Mikel came*; **Oraingoan irabazten badute** *ere* *Even if they win this time.*

Note: the equivalent of **ere** in the Bizkaian dialect is **be**.

155. **Edo . . . edo . . .** ; **bestela**

By repeating **edo** (or one of its synonyms **nahiz, zein**), we express *either . . . or . . .* in Basque: *edo* **gaur** *edo* **bihar** (*nahiz* **gaur** *nahiz* **bihar**) *either today or tomorrow*; *Edo* **hura hona etorriko da,** *edo* **ni harengana joango naiz** *Either he'll come here, or I'll go to him.*

Bestela means *otherwise*: **Eraman euritakoa;** *bestela* **bustiko zara** *Take your umbrella; otherwise you'll get wet.* *Or else* can be translated by **edo bestela**: **Deitu,** *edo bestela* **nik deituko dizut** *Call, or else I'll call you.*

SUBORDINATE CLAUSES

156. Indirect Statements

Indirect statements are used to say what someone states, thinks, knows, hears, etc. The usual way to form indirect statements in Basque is by using the subordination marker **-(e)la** (127): **Uste dut** *etorriko dela* *I think (that) he'll come.*

More rarely we find the markers **-(e)n** (126) or **-(e)na** used in indirect statements.

When the verb of saying, thinking, etc., is in the negative, the indirect statement may take the marker **-(e)nik** (128) rather than **-(e)la**: **Ez dut uste** *etorriko denik* *I don't think he'll come.*

157. Indirect Questions

Indirect questions are questions that are subordinated to another part of the sentence, expressing what someone asks or doesn't know. In Basque indirect questions the subordination marker **-(e)n** (126) is used: **Ez dakit** *etorriko den* *I don't know if he will come;* **Galdetuko diogu** *noiz etorri nahi duen* *We'll ask him when he wants to come.* Note that in the first example *if* is not translated into Basque at all. This *if* (meaning *whether*) is not to be confused with *if* expressing a condition, as in *If he comes, you'll see him* (**Etortzen bada, ikusiko duzu**).

The word **ea** is sometimes placed at the beginning of indirect questions without adding much to the meaning: **Ez dakit** *ea* **etorriko den**; **Galdetuko diogu** *ea* **noiz etorri nahi duen**. Without a main clause, **ea** can be translated *Let's see . . .* or *I wonder . . .* : **Ea etortzen den!** *We'll see if he comes!*

158. Indirect Commands and Requests

Indirect commands and requests express what someone tells or asks someone else to do. There are two ways to form indirect commands and requests in Basque.

    (a) In the first construction, which closely parallels the English structure *X tells/asks Y to do . . .* , the verb takes the nonfinite form in **-t(z)eko** (143), which here corresponds to the English infinitive *to do*: **Esan Mikeli** *etortzeko* *Tell Mikel to come;* **Sartzeko eskatuko diot** *I'll ask him to come in;* **Zer esan diozu? Diru gehiago** *ekartzeko* *What did you tell him? To bring more money.*

    (b) In the second construction, which is less used, the subjunctive in **-(e)la** (109, 127) is employed instead: **Sar dadila esango diot** *I'll tell him to come in.*

To tell is **esan** (**erran**); *to ask, request* is **eskatu** in the south, **galde egin** in the north; *to order, command* is **agindu**.

159. Conditions (If Clauses)

If is expressed by using the subordination marker **ba-** (130), which may be accompanied by the word **baldin**: *Etortzen (baldin) bada*, **galdetuko diot** *If he comes, I'll ask him.*

The tense of the Basque verb allows us to distinguish clearly "straightforward" (e.g., **etortzen bada** *if he comes*) and "hypothetical" (e.g., **etorriko balitz** *if he were to come, if he came*) conditions:

TYPE	WHEN?	TENSE USED	EXAMPLE
Straightforward	Present or Future	Present Habitual	**etortzen bada** *if he comes*
Straightforward	Past	Near or Remote Past, Past Habitual	**etorri bada/etorri bazen** *if he came*, **etortzen bazen** *if he used to come*
Hypothetical	Present or Future	General Hypothetic	**etorriko (etortzen) balitz** *if he came*
Hypothetical	Past	Past Hypothetic	**etorri balitz** *if he had come*

160. Reason Clauses (Because Clauses)

(a) The suffix **-(e)lako** (128) is much used, especially in the standard language, to express *because*: **Etorri da** *zerbait egin behar duelako* *He has come because he has to do something.*

(b) The prefix **bait-** (131) is another way to translate *because, since, as, for*: **Etorri da** *zerbait egin behar* **bait du.** This usage belongs to central and eastern dialects.

(c) The word **eta** placed at the end of the clause (152) has the same effect: **Etorri da** *zerbait egin behar du eta.* This usage is found in western dialects.

(d) In speech the word *because* is often translated directly into Basque by a word such as **ze, zeren (eta)**, or **zergatik**: **Etorri da** *ze/zeren/zeren eta/zergatik zerbait egin behar du.* This construction is considered by many inappropriate to the written language today; when used, **zeren** is the most literary form, while **zergatik** is considered the most vulgar.

(e) Less commonly, the suffix **-agatik** is added to the verbal noun: **Hori esaten du** *irakaslea izateagatik* *He says that because he is a teacher.*

(f) *Because of* is **-gatik** (57).

161. Purpose Clauses (So That Clauses)

(a) The verb takes the form in **-t(z)eko** (143): **Euskara irakatsiko dizut** *gure herria konprenitzeko* *I'll teach you Basque so that you understand our country.*

(b) Alternatively, the verb is in the subjunctive with the ending **-(e)n** (109, 126): **Euskara irakatsiko dizut gure herria konpreni dezazun.**

162. Concessive Clauses (Although Clauses)

(a) *Although* and *even if* can be translated by the conjunction **nahiz (eta)**, which is placed at the beginning of the clauses and usually takes the verb in dictionary form: *Nahiz eta* **etorri, beranduegi izango da** *Even if he comes,* *it will be too late;* **Lan egin behar dut,** *nahiz* **gaur igandea izan** *I have to work, although today is Sunday.* However, . . . *nahiz* **gaur igandea** *den* is also possible.

(b) Alternatively, the finite verb may be used with the subordination marker **ba-** and followed by **ere** (130, 154): **Etortzen bada ere, beranduegi izango da; Lan egin behar dut, gaur igandea bada ere.**

(c) A third possibility is to use the dictionary form plus **arren** or **-agatik**: **Lan egin behar dut, gaur igandea** *izan arren/izanagatik.*

163. *Time Clauses* (When *Clauses*)

(a) The conjunction *when* can be translated by the suffix **-(e)nean** (128): *Nere* **dirua bukatzen denean itzuliko naiz** *When my money runs out, I'll go back.*

(b) Eastern dialects use **-(e)larik** instead of **-(e)nean**: *Nahi duzularik* **joanen gara** *When you like we'll go.* In other dialects **-(e)larik** or **-(e)la** (127, 128) may be used to translate *while* or *when*: **Euskara ikasi behar zenuke,** *hemen* **zaudela(rik)** *You ought to learn Basque while you're here.*

(c) The suffix **-t(z)ean** (144) provides another way to express time: *Nere dirua* **bukatzean itzuliko naiz.**

164. *Other Time Clauses* (Before, After, While, Until)

(a) *Before* is translated by **baino lehen, aurretik,** or **aitzin** after the dictionary form (145): **Beti gosaltzen dut** *lanera joan baino lehen/joan aurretik/joan aitzin* *I always have breakfast before I go to work* (*before going to work*).

(b) *After* is **eta gero, ondoren, ondoan,** or **ostean,** following the dictionary form: *Filmea bukatu eta gero/bukatu ondoren . . .* **etxera joango gara** *After the movie ends we'll go home.*

(c) *While* is **bitartean** with the dictionary form: *Kafea egin bitartean* **zigarro bat erre zuen** *While making coffee he smoked a cigarette.*

(d) *Until* is **arte** with the dictionary form: **Egon hemen** *zure ama etorri arte* *Stay here until your mother comes.*

Most of these conjunctions may be used with the finite verb with subordination marker **-(e)n** (e.g., **Egon hemen** *zure ama etortzen den arte*), but the construction with the dictionary form is more usual.

165. *Manner Clauses* (Like, As, As If)

(a) *Like* is **bezala,** placed after a declined noun phrase, adverb, etc.: *Nere aitak* **bezala hitz egiten duzu** *You talk like my father* (i.e., *as my father talks*); **Bihar euria egingo du** *gaur bezala* *Tomorrow it will rain like today.*

(b) *As* (in the sense *like, in the way that*) is also **bezala,** placed after the dictionary form (145) or the subordination marker **-(e)n** (126), or the suffix **-nez** (128): *Esan bezala,* **hori ez da gure kasua** or *Esan duzun bezala . . .* or *Esan duzunez . . .* *As you have said, that is not our case.*

(c) *As* (in the sense *when, while*) is **-(e)la** or **-(e)larik** (127, 128): *Atetik sartzen* **zela(rik) ezagutu nuen** *I recognized him as he was coming through the door.*

(d) *As* (in the sense *since, because*): see 160.

(e) *As if* is translated by **bezala** following the verb with the subordination marker **ba-** (130): *Jakin balu bezala* **erantzun zuen** *He answered as if he had known.*

166. Formation of Relative Clauses

(a) To form relative clauses containing a finite verb, the verb takes the subordination marker **-(e)n** (126) and is placed at the end of its clause: *Etorri den* **gizona frantsesa da**   *The man who has come is French*; ***Etxe hartan bizi diren* senar-emazteak Ameriketan izanak dira**   *The couple who live in that house were in America*; ***Hemen edaten dugun* ardoa Errioxakoa da**   *The wine we drink here is from Rioja*; ***Bizi garen* herrian bi auzo daude**   *In the town in which we live there are two neighborhoods*; **Hemen bizi zen *maite nuen* neska bat**   *A girl whom I loved lived here*; ***Nahi duzun* guztia emango dizut**   *I will give you everything you want*.

(b) Relative clauses with a perfective aspect may be formed using the participle (149) placed at the end of its clause. In the south, the participle takes the ending **-tako (-dako)**: *Atzo galdu(tako)* **ardia ikusi duzu?**   *Have you seen the sheep that got lost yesterday?*; *Etorri(tako)* **gizona frantsesa da**   *The man who has come is French*.

167. Placement of Relative Clauses

(a) The normal position for relative clauses is *in front of* the noun they qualify— the opposite of the English order: *etorri den* **gizona** = *the man **who has come***. (See examples in 166.) Relative clauses therefore behave like adjectivals (see 27).

(b) Sometimes, particularly in the spoken language, the relative clause is placed after the qualified noun instead, and takes the article **-a** or **-ak**: **Bi lagun ikusi ditut** *Ameriketan izan direnak.* This form is better avoided by the elementary student, however.

(c) The noun qualified by the relative clause may not appear in the sentence at all; in this case the article or whatever determiner is appropriate must be suffixed to the last word of the relative clause, which is always the verb: ***Etorri dena* frantsesa da**   *He who has come / The person who has come is French*; ***Etxe hartan bizi direnak* Ameriketan izanak dira**   *The people (They) who live in that house were in America*; **Hemen bizi zen *maite nuen bat***   *Here lived one whom I loved*; ***Nahi duzuna* emango dizut**   *I will give you what (or whatever) you want* (see 28).

MISCELLANEOUS
DIFFICULTIES

168. *Palatalization*

The consonants **TT**, **DD**, **Ñ**, **LL**, **X**, and **TX** (2, 3) may appear in Basque as "palatalized" forms of other consonants, as follows:

ORDINARY CONSONANT	PALATALIZED CONSONANT
T	**TT**
D	**DD**
N	**Ñ**
L	**LL**
S	**X (TX)**
Z	**X (TX)**
TS	**TX**
TZ	**TX**

(At the beginning of a word **TX** is used as the palatalized form of **S** or **Z** in many dialects.)

Palatalized consonants may be used in place of the corresponding ordinary consonants:

(a) with an expressive effect: in diminutives (**[t]xakur** *small dog*); forms of endearment (**amoña** *granny*); pejorative forms (**gixon** *little man*); and names of persons or animals (**Antton** *Anthony*, **Pintto** *Spot* [Spanish *Pinto*]).

(b) automatically in many dialects for various reasons (such palatalizations should not normally be put into writing).

169. **Bat** *Meaning* A, An

(a) As observed in 16, the English indefinite article *a, an* is sometimes expressed in Basque by the article **-a**: **Hura baserria da**; **Nere anaiak kotxe berria erosi du.** However, the numeral **bat** is often used too: **Lagun** *batek* **esan dit; Baserri** *batean* **bizi dira.**

(b) It is quite common in western Basque to use **bat** preceded by a noun phrase ending in **-(r)en** (the indefinite form of the possessive-genitive case ending); this construction means *a, a certain, some*, in a more vague sense than the usual use of **bat** as above: *Lagunen batek* **esan dit** *A friend/Some friend told me* (*I don't remember or it doesn't matter who*); *Baserriren batean* **bizi dira** *They live in some farmhouse or other.*

170. Myself, Himself, *etc.*

(a) *I myself, he himself*, etc., which have an *emphatic* sense, are expressed in Basque by special intensive pronouns (22) such as, for the first person, **neu**, **neroni**, or **nihaur**: *Neu/Neroni/Nihaur* **joan naiz** *I myself went/I went myself*; and in the third person by **bera**: *Berak* **egin zuen** *He himself did it/He did it himself.*

With the intensive pronouns of the first type (**neu**, etc.) the combination of ordinary and emphatic pronouns is possible, as in English: **ni neu** *I myself*; *Nik neuk* **ikusi dut** *I've seen it myself.* Similarly we have **hura bera** for *he himself, she herself.*

(b) When *myself*, etc., is *reflexive*, a different construction is necessary in Basque. *Self* is then translated by **burua** (literally, *head*), preceded by the possessive: *Bere burua* **hil zuen** *He killed himself*; *Nere burua* **maite dut** *I love myself.*

(c) When *myself*, etc., is part of an idiomatic expression in English, with no real reflexive meaning, it will not be translated: *to enjoy oneself* is simply **ondo pasa** (transitive), **dibertitu**, or **jostatu** (both intransitive).

171. Own

(a) *My own, his own*, etc., can usually be translated by the possessive forms of the intensive pronouns (22). Thus *my own* is **neure**, **neronen**, or **nihauren**. *His/her/its own* is **bere** (or **beraren**, if not reflexive). *Neure* **etxean ikusi nuen** *I saw it in my own house.*

(b) *I did it on my own* is best translated *Neronek/Nihaur(e)k* **egin nuen** or *Nik neuk* **egin nuen** (i.e., *I did it myself*). *I live on my own* (*alone*) is *Bakarrik* **bizi naiz**.

172. *The Adjectivalizing Suffix* -ko

Many adverbs, postpositions, and case endings can have the suffix **-ko** (**-go** after **n** or **l**) added to them, turning them into adjectivals (27): **gaurko egunkaria** *today's newspaper*; **hemengo ardoa** *the wine from here*; **nolako gizona?** *what kind of man?*; **euskarazko liburuak** *books in Basque*; **kontrako eritziak** *contrary opinions*; **gu bezalako jendea** or **gu bezalakoak** *people like us*.

(a) With adverbs, especially of time or place: **gaurko**, **oraingo**, **biharko**, **atzoko**, **lehengo**, **betiko**, **eguneroko**, **hemengo**, **horko**, **hango**, **nongo**, **noizko**, **nolako**, **halako**, **bestelako**, etc.

(b) With postpositions: **aldeko**, **aurkako**, **kontrako**, **gabeko**, **bezalako**, **aparteko**, **urrutiko**, etc. Postpositions that are inessive forms (53) are turned into adjectivals by using the local-genitive suffix instead: **arteko**, **atzeko**, **aurreko**, **azpiko**, **gaineko**, etc.

(c) With case endings: comitative (**-(r)ekiko**), instrumental (**-zko**), benefactive (**-(r)entzako**), allative (**-(e)rako**), ablative (**-(e)ti(ka)ko**).

173. Bigger and Bigger

To express *X-er and X-er* or *more and more X*, the Basque construction is **gero eta** + comparative: **gero eta handiago(a)** *bigger and bigger*; **gero eta zailago(a)** *more and more interesting*; **gero eta hobe(a)** *better and better*; **gero eta polikiago** *more and more slowly.*

174. As Big as Possible

As X as possible is expressed by the construction **ahalik eta** + superlative: **ahalik eta handiena**   *as big as possible*; **ahalik eta polikien(a)**   *as slowly as possible*.

175. Time Expressions

Only some of the most common are mentioned.

(a) *Time when* requires the inessive case: **igandean**   *on Sunday*; **maiatzean**   *in May*; **bostetan**   *at five o'clock*; **zer ordutan?**   (*at*) *what time?*; **aste hone-tan**   *this week*.

(b) *For* (*a period of time*) is expressed in various ways, including the absolutive, instrumental, and (colloquially) inessive cases: **bi aste**   *for two weeks*; **hiru orduz**   *for three hours*; **lau astetan**   *for four weeks*. The verbs **egin**, **eman**, and **eraman** are used to say how much time was spent or taken some-where or doing something; **Bost egun** *egin/eman dute* **hemen**   *They've been here for five days*; **Urte bat** *daramat* **euskara ikasten**   *I've been studying Basque for a year*.

(c) *Ago*: *Three days ago* can be expressed as **orain hiru egun**, **orain dela hiru egun**, or **duela hiru egun**.

(d) *In* (*so many days/years/ . . . time*) is **hemendik** (counting from the present) or **handik** (counting from the past) followed by the allative: **hemendik egun batzutara**   *in a few days* (*from now*); **handik urte batera**   *in a year*.

(e) *By* is **-ko** or **-(e)rako**: **biharko**   *by tomorrow*; **iganderako**   *by Sunday/for Sunday*.

176. Time

(a) *Time* (*in general*), thought of as something quantifiable, is **denbora**: **zenbat denbora?**   *how much time, how long*; **denbora luzea**   *a long time*; **denbora bukatu da**   *time is up*.

(b) *Time* meaning a point in time is **ordu** or **tenore**: **Joateko ordua/tenorea da**   *It is time to go*; **Zer ordu/tenore da?**   *What time is it?*

(c) *Time* meaning a specific period is **denbora** or **garai**: **gerra denboran/garaian**   *in the war* (*in the time of the war*); **garai hartan**   *at that time, in those times*.

(d) *Time, while, stretch of time* is **aldi**: **aldi luze bat**   *a long while*; **aldian behin**   *once in a while*. **Aldi** is much used to form compounds: **gerraldi**   *period of war*; **eurialdi**   *period of rain*; even **denboraldi**   *period of time*.

(e) *In three, five, ten, etc., times*, *times* is **aldiz** or **bider**: **hiru aldiz** or **hiru bider**   *three times*, etc. *Twice* is **bi aldiz**, **bi bider**, or **birritan**. *Once* is **behin**. *How many times?* is **zenbat aldiz** or **zenbat bider**.

(f) *For the first, second, etc., time* is **lehen aldiz**, **bigarren aldiz**, etc.

177. Telling the Time

Whole hours: *Hour* is **ordu** or **oren**; *1:00* is **ordu bata(k)**. *2:00*, **biak** or **ordu biak**. *3:00, 4:00*, etc., to *12:00*: **hiru(r)ak**, **lau(r)ak**, **bostak**, **seiak** . . . **hamabiak** (or **hiru orenak**, **lau orenak**, etc.). *At 1:00, at 2:00, at 3:00*, etc.: **ordu batean**, **(ordu) bietan**, **hiru(r)etan**, etc.

Half hours: *1:30*   **ordu bat (e)t'erdiak**; *2:30*   **(ordu) bi t'erdiak**; *12:30*   **ha-mabi t'erdiak**. *At 1:30, at 6:30*: **ordu bat t'erdietan**, **sei t'erdietan**.

Quarter hours: *1:15* **ordu bata(k) eta laurden**; *5:15* **bostak eta laurden**; *12:45* **ordu bata(k) laurden gut(x)i**; *4:45* **bostak laurden gut(x)i**. *At 1:15, at 4:45*: **ordu bata(k) laurden gut(x)itan, bostak laurden gut(x)itan**.

Other fractions after the hour: *1:05* **ordu bata(k) eta bost**; *2:10* **(ordu) biak eta hamar**; *3:20* **hiru(r)ak eta hogei**; *7:25* **zazpiak eta hogeitabost**. *At 1:05, at 3:20*: **ordu bata(k) eta bostetan, hiru(r)ak eta hogeietan**.

Other fractions before the hour: *12:55* **ordu bata(k) bost gut(x)i**; *1:50* **(ordu) biak hamar gut(x)i**; *4:40* **bostak hogei gut(x)i**; *10:35* **hamaikak hogeitabost gut(x)i**. *At 12:55, at 4:40*: **ordu bata(k) bost gut(x)itan, bostak hogei gut(x)itan**.

178. Izan *and* Egon

In the north, only **izan** is used in the sense *to be* except for a few expressions such as **lo dago** *he is asleep*, thus: **Nola zara?** *How are you?*; **Baiona Lapurdin** *da* *Bayonne is in Lapurdi*; **Leihoa hetsia** *da* *The window is closed*; **Beñatekin** *izan naiz* *I was with Beñat*; *Bada* **ogia hemen** *There is bread here*. **Egon** means *remain, stay, wait*.

In the south, both **izan** and **egon** are commonly used for *to be*, although they are not usually interchangeable. The opposition is in general terms the same existing in Spanish between *ser* and *estar*. To say where something is (*Mikel is in Donostia*) and to express existence (*There is bread here*), the main tendency is to use **egon**, though **izan** is also possible: **Mikel Donostian dago (da)**; **Badago (bada) ogia hemen**. **Izan** is used to express a quality: **Taberna hau** *handia da/zikina da* *This bar is big/is dirty (by nature)*; **egon** is used to express a state: **Taberna hau** *beteta dago/zikina dago* *This bar is full/is dirty (right now)*. The farther west we go, the more commonly **egon** is used for *to be*. But **egon** is never used as an auxiliary in compound tenses: **hasten** *da*, **hasi** *da*, **hasiko** *da*, etc. **Hasten dago** *he/she/it is starting* (used in Bizkaia) is a form of continuous tense (114).

179. Ukan (Izan) *and* Eduki

In the east, only **ukan (izan)** is used to express *have*: **Zenbat anai-arreba** *dituzu?* *How many brothers and sisters do you have?*; **Ez** *dut* **dirurik** *I have no money*; *Badut* **zure liburua** *I have your book*. **Eduki** means *hold* or *keep*.

In Gipuzkoa, both **izan** and **eduki** are used for *have*: **Zenbat anai-arreba dituzu/dauzkazu? Ez dut/daukat dirurik; Zure liburua dut/daukat**. In Bizkaia **eduki** is mainly used. However, **izan** is used for the auxiliary: **erosi** *dut*, etc.; and in compound verbs (121, 122): **behar** *dut*, etc.

180. Hi *and* Xu

Hi is a pronoun meaning *you* that implies much greater familiarity with the person addressed than **zu**. **Xu** (the palatalized form of **zu**, 168) is only used in some parts of the east; it also expresses familiarity, but not to such a degree as **hi**.

Hi is declined as follows: **hi, hik, hiri, hire, hiretzat, hirekin, hitaz**. **Xu** is declined like **zu**.

Hi and **xu** are never used with verb forms corresponding to **zu**; they have their own verb forms instead. The primary **hi**-forms can be obtained from first person singular (**ni**) forms, as follows: (*a*) If the **ni**-form starts with **n**, the **hi**-form will start with **h** (e.g., *naiz* *I am* → *haiz* *you are*); (*b*) If the **ni**-form ends in **t**, the **hi**-form will end in **k** if addressing a male, **n** if a female (e.g., **du***t* *I have* → **du***k* or **du***n* *you have*); (*c*) If the **ni**-form has **-da-**, the **hi**-form will have **-a-**, talking to a male, or **-na-**, talking to a female (e.g., **zi***da***n** → **zi***a***n** or **zi***na***n**).

For **xu**-forms, simply change **z-** to **x-** or **-zu** to **-xu** (e.g., *xinen*, *duxu*).

When using either **hi** or **xu**, it is obligatory to use allocutive verb forms too (181).

181. Allocutive Forms (**Hika**, **Zuka**, **Xuka**)

Besides the "neutral" finite verb forms taught in this book, Basque has "allocutive" forms. In these, a second person element representing the person addressed is incorporated into the verb even when not taking part in the "action" of the verb. Thus, in male **hika**, **Gaur igandea da** *Today is Sunday* becomes **Gaur igandea *duk***, **Ikusiko dugu** *We'll see* becomes **Ikusiko *diagu***, and **Kafea gustatzen zait** *I like coffee* becomes **Kafea gustatzen *zaidak***. Although these sentences say nothing about the person addressed, he "appears" in the verb. Similarly, when speaking to a female with **hi**, *Today is Sunday* is **Gaur igandea *dun***. In **zuka** we have **Gaur igandea *duzu***; and in **xuka**, **Gaur igandea *duxu***.

Allocutive forms *must* be used whenever using **hi** or **xu** (180). In some eastern dialects, they are also used with **zu**. Since **xu** is restricted to the east, the only allocutive forms known throughout all the dialects, and thus the more important generally, are the forms for **hi**. Use of these sets of allocutive forms is called **hika**, **zuka**, and **xuka**. Eastern Basques say **toka** and **noka**, referring to male and female **hika**, respectively.

182. Translating the Passive

Basically Basque has no distinct passive construction as we have in English; Basque does not usually differentiate between such sentences as *The men cook dinner* and *Dinner is cooked by the men* the way we can in English. Both of these sentences can be translated in any of the following ways: **Gizonek afaria prestatzen dute**, **Gizonek prestatzen dute afaria**, **Afaria gizonek prestatzen dute**, **Afaria prestatzen dute gizonek**. Basque word order is determined by considerations of focus and topic, as we saw in 8 and 9.

When required to translate an English passive sentence into Basque, there are three ways of dealing with the problem:

(a) Make the sentence active: *That book **is known** by all students* = *All students know that book* **Ikasle guztiek ezagutzen dute liburu hori**.

(b) If there is no agent expressed, employ intransitivization (111): **Liburu hori Euskal Herrian bakarrik ezagutzen da** *That book is known only in the Basque Country.*

(c) Use a participial construction (147): **Liburu hori, denek ezagutua . . .** *That book, known by all . . .* Note that the agent is in the ergative case in Basque.

183. Uses of **Egin**

(a) **Egin** means *make* or *do* and is transitive: **Nere aitak egin zuen mahai hau** *My father made this table*; **Zer egin duzu?** *What have you done?*

(b) **Egin** is used as the verbal element in many compound verbs (121): **lan egin** *work*; **hitz egin** *speak*; **lo egin** *sleep*; **amets egin** *dream*. These too are transitive: **Gaur lan egin dut** *Today I worked.*

(c) **Egin** also means *become*, *get* and is then intransitive: **Miren laster handia egingo da** *Miren will soon grow up (become big)*; **Oso berandu egin zen** *It* *got very late.* With dativization (111): **Miren laster handia egingo zaizu; Oso berandu egin zitzaigun**.

(d) **Egin** may be used with no meaning of its own, but preceded by the real verb of the sentence in dictionary form: see unit 25, note D. This construction is heard frequently in western dialects. In Bizkaian, it is used to make the verb the focus of the sentence (8).

184. *Weather Expressions*

For expressions such as *it is raining, it's hot, I'm cold,* see unit 13, note A.

IMPORTANT WORD-FORMING SUFFIXES

185. -tasun

This is the most frequent suffix for forming abstract nouns. It is very productive and can be compared to *-ness* in English, with which it is synonymous. Examples: **eder-tasun** *beauty*; **garbitasun** *cleanliness*; **berotasun** *warmth*; **bakartasun** *loneliness, solitude*; **anaitasun** *brotherhood*; **gizontasun** *manliness*; **zailtasun** *difficulty*.

186. -keria

This is another suffix forming abstract nouns. Unlike **-tasun**, which is neutral in connotation, **-keria** is felt by many to convey a pejorative feeling: **zikinkeria** *dirt, filth*; **zozokeria** *stupidity*; **tontokeria** *foolishness*; **astakeria** *foolish act* (from **asto** *donkey*).

187. -keta

Forms nouns denoting actions, often synonymous with verbal nouns formed from the same verbs: **garbiketa** or **garbitze** *act of cleaning*. Further examples: **erosketa** *shopping*; **ariketa** *activity, exercise*; **hizketa** *talk* (from **hitz** *word*); **negoziaketa** *negotiation*.

188. -tza

Forms nouns expressing action, profession, or collectivity: **laguntza** *help*; **bizi-tza** *life*; **arrantza** *fishing* (from **arrain** *fish*); **ekintza** *act* (from **ekin** *carry out*); **bertsolaritza** *activity or profession of* **bertsolari**; **nekazaritza** *farming*; **jendetza** *crowd, multitude*; **ezkontza** *marriage* (from **ezkondu** *marry*).

189. -tzaile *and* -le

These two suffixes form nouns denoting the agents of the verb to which the suffixes are added: **ikasle** *student*; **irakasle** *teacher*; **idazle** *writer*; **irakurle** *reader*; **entzule** *listener*; **erosle** *buyer*; **saltzaile** *seller*; **hiltzaile** *killer*; **lagunt-zaile** *helper*; **antolatzaile** *organizer*. These suffixes are thus equivalent to *-er* in English and are just as productive as their English counterpart. The general rule is to add **-tzaile** to the stems of verbs whose dictionary form is in **-tu**, **-du**, or nothing (e.g., **antolatu**, **saldu**, **hil**), and **-le** to those whose dictionary form is in **-i** (e.g., **ikasi**); verbs in **-n** (e.g., **entzun**) drop the **n** and add **-le**.

190. -ari *and* -lari

These form nouns denoting people associated with the word to which they are added: **dendari** *storekeeper*; **tabernari** *barman or barwoman*; **pilotari** *pilota player*; **bertsolari** *bertso singer*; **hizkuntzalari** *linguist*.

191. -zale

Forms nouns denoting people who like, favor, collect, or are otherwise associated with the thing expressed by the noun to which it is added. **Diruzale** *money-lover*; **mendizale** *mountain hiker*; **euskaltzale** *friend of the Basque language*; **liburuzale** *book-lover, book collector*; **rugbyzale** *rugby fan, rugby player*. These words may also be used as adjectives: **diruzale** *money-loving*, etc.

192. -(t)ar

Forms nouns denoting place of origin or nationality: **donostiar** *person from San Sebastian* (*Donostia*); **bilbotar** *person from Bilbao*; **bizkaitar** *Bizkaian*; **gipuzkoar** *Gipuzkoan*. Sometimes **-dar** is used: **irundar** *person from Irun*. Such words are also used as adjectives.

193. -tegi

Denotes *place*, especially *place where something is kept*: **kafetegi** *coffee shop, café*; **gozotegi** *candy store, pastry shop*; **liburutegi** *bookcase, library*. Sometimes **-degi** is used: **arrandegi** *fish store* (from **arrain** *fish*); **okindegi** *bakery* (from **okin** *baker*).

194. -dun

The meaning of the nouns or adjectives formed with this suffix—*characterized by, possessing*—reminds us that it originates from **duen**, relative form of **du** (*has*). So **bizardun** *bearded* (*person*) is in origin **bizar duen** *who has a beard*; **haurdun** *pregnant* is **haur duen** *who has a child*; and **euskaldun** *Basque-speaking* (*person*), and by extension *Basque* (*person*), is really **euskara duen** *who has the Basque language.*

195. -tsu

This suffix, which forms adjectives and is also added to other adjectives to make them vaguer in meaning, can be thought of as similar to *-ish* in English (which gives *childish* from *child*, and *smallish* from *small*). Examples: **menditsu** *mountainous*; **euritsu** *rainy*; **berdintsu** *similar.*

196. -garri

Many adjectives are formed by means of this suffix: **harrigarri** *surprising, strange*; **izugarri** *terrible*; **interesgarri** *interesting*; **aspergarri** *boring*; **maitagarri** *affectionate, amiable.*

197. -txo, -txu, -tto, -ño (*Diminutives*)

These, and some other less-used suffixes, form diminutives and may be added to nouns and adjectives; **-txo** is popular in Gipuzkoa, **-txu** in Bizkaia, **-tto** and **-ño** in dialects to the east. Examples: **Josetxo (Josetxu)**; **umetxo** *little child, baby*; **haunditxo** *a bit big*; **ttipiño** *little*; **andereño** *Miss, schoolmistress*; **batto, baño** *one* (from **bat**).

198. -ki

This is the most important adverb-forming suffix, equivalent to *-ly* in English. It can be added to most adjectives: **ederki** *beautifully, fine*; **hobeki** *better* (adverb); **normalki** *normally*; **ofizialki** *officially*; **historikoki** *historically*; **biziki** *vividly, very.*

199. -ka

This is another suffix that forms adverbs, mostly associated with action or movement: **presaka** *hurriedly, in a hurry*; **korrika** *running*; **pixkaka** or **apurka** *little by little, gradually*; **isilka** *secretly, silently*; **milaka** *by thousands*; **saltoka** *by jumps, by leaps*.

200. -erazi *(Causative Verbs)*

The suffix **-erazi** or **-arazi** is added to verb stems to form causative verbs, that is, verbs meaning *make someone/something do . . .* : **sarrerazi** *cause to enter*; **jakinerazi** *let know*.

SOME WORD LISTS

201. Principal Time Adverbs

aspaldian *lately*
atzo *yesterday*
aurten *this year*
behin *once*
behin ere *ever*
beranduago *later*
berehala *immediately*
berriro *again*
berriz *again*
beti *always*
bihar *tomorrow*
biharamunean *the next day*
bitartean *meanwhile*
egun *today*
etzi *the day after tomorrow*
gaur *today*

gero *then, afterward*
herenegun *the day before yesterday*
iaz (igaz) *last year*
inoiz *ever*
laster *soon*
lehen *before*
maiz *often*
noiz? *when?*
noizbait *sometime*
ondoren *afterward*
orain *now*
oraindik *still, yet*
oraino *still, yet*
orduan *then*
sarri *often; soon*
sekula *ever*

202. Days of the Week; Months; Dates

(a)

astelehen(a) *Monday*
astearte(a) *Tuesday*
asteazken(a) *Wednesday*
ostegun(a) *Thursday*

ostiral(a) *Friday*
larunbat(a) *Saturday*
igande(a) *Sunday*

Note: these are the standard names; other names are used in some places.

(b)

urtarril(a) *January*
otsail(a) *February*
martxo(a) *March*
apiril(a) *April*
maiatz(a) *May*
ekain(a) *June*

uztail(a) *July*
abuztu(a) *August*
irail(a) *September*
urri(a) *October*
azaro(a) *November*
abendu(a) *December*

Note: these are the standard names; other names are used in some places.

(c)

Dates are usually expressed as follows: **bost***a* *the fifth*; **hogeitazazpia** *the twenty-seventh*; **bost***ean* *on the fifth*; **hogeitazazpi***an* *on the twenty-seventh*; **martxo***aren* **bost***a* (**martxo***aren* **5***a*) *March 5*; **1983***ko* **martxo***aren* **5***a* (**1983.III.5**) *March 5, 1983.*

203. Numbers

(a)

1	bat	22	hogeitabi
2	bi	23	hogeitahiru
3	hiru	24	hogeitalau
4	lau	30	hogeitahamar
5	bost	31	hogeitahamaika
6	sei	32	hogeitahamabi
7	zazpi	40	berrogei
8	zortzi	50	berrogeitahamar
9	bederatzi	60	hirurogei, hiruretan hogei
10	hamar	70	hirurogeitahamar, hiruretan hogei eta hamar
11	hamaika		
12	hamabi	80	laurogei, lauretan hogei
13	hamahiru	90	laurogeitahamar, lauretan hogei eta hamar
14	hamalau		
15	hamabost	100	ehun
16	hamasei	101	ehun eta bat
17	hamazazpi	200	berrehun
18	hamazortzi, hemezortzi	300	hirurehun
19	hemeretzi	1,000	mila
20	hogei	1984	mila bederatzirehun eta laurogeitalau
21	hogeitabat		

(b)

lehen (1.) *first*

bigarren (2.) *second*

hirugarren (3.) *third*

laugarren (4.) *fourth*

bostgarren (5.) *fifth*

hamargarren (10.) *tenth*

hogeitabatgarren (21.) *twenty-first*

milagarren (1000.) *thousandth*

(c)

bana *one each*

bina *two each*

hiruna *three each*

zenbana? *how many each?*

204. Geography

   (a) The Country and its provinces:

Euskal Herria or **Euskadi**   *the Basque Country*

Provinces: **Araba, Bizkaia, Gipuzkoa, Lapurdi, Nafarroa, Nafarroa Beherea** or **Baxe-Nafarra, Zuberoa**

   (b) Provincial capitals:

Baiona   *Bayonne, cap. of Lapurdi*

Bilbo   *Bilbao, cap. of Bizkaia*

Donibane Garazi   (Fr. *Saint-Jean-Pied-de-Port*), *cap. of Nafarroa Beherea*

Donostia   *San Sebastian, cap. of Gipuzkoa*

Gasteiz   (Sp. *Vitoria*), *cap. of Araba*

Iruñea   *Pamplona, cap. of Nafarroa*

Maule   (Fr. *Mauleon*), *cap. of Zuberoa*

   (c) Foreign countries, etc.:

Alemania   *Germany*

Espainia   *Spain* (**Estatu Espainola**   *the state of Spain*)

Estatu Batuak *the United States*
Europa *Europe*
Frantzia *France* (**Estatu Frantsesa** *the state of France*)
Hego Amerika *South America*
Inglaterra *England*
Ipar Amerika *North America*

VOCABULARIES

The following Basque-English and English-Basque vocabularies do not constitute a dictionary, needless to say, only a word list whose scope is limited mostly to the lexicon specifically introduced in this book. Nevertheless they should prove of considerable practical use to the student, since one of the book's objectives is to acquaint the learner with as much useful vocabulary as possible. The Basque-English section includes references to places in the book where each word is presented or explained; following up these references will often help to clarify the meaning and/or use of a word. Numbers preceded by R indicate paragraphs of the reference section; plain numbers refer to the units. The English-Basque vocabulary has been made very concise for reasons of space; be warned that some of its entries are ambiguous as they stand; to resolve any doubts, the user is best advised to look up the Basque word in the Basque-English section, where clarification may be found. For example, if we look up *cold* in the English-Basque list we find **hotz** and **katarro**—what is the difference? The answer is found in the Basque-English vocabulary, where **katarro** is given as *cold* (*the ailment*). Furthermore we find out that **hotz** is dealt with in unit 13 and **katarro** in unit 20; in these units we are able to see the manner and contexts of use. Likewise, the English-Basque vocabulary tells us that *kiss* is **musu** or **musu eman**; the Basque-English section will clarify that the former is the noun and the latter the verb.

BASQUE-ENGLISH VOCABULARY

a 14 *Bizk. variant of* **hura**

abandonatu abandon

abantzu 14 (*Nor.*) almost

abar 37, R152 **eta** * etc., and so on

abendu 12, R202 December

aberats 28 rich

abere farm animal

abertzale 37 nationalist, patriot, patriotic

abesbatza choir

abesti song

abiatu 23 set out, start out

aborto abortion

abrigo coat

abuztu 12, R202 August

adar horn

adarkada butt (of animal with its horn)

adierazi 36 (*verb*) express

adin 11 age

adina R34 as much as, as many as

adineko 11 aged, elderly, senior citizen

adio 4, 14, 32 good-bye

adiskide 14, 31 friend

aditu 25 hear, listen, understand: **Aditu!** Hey! I say!

aditz verb

adizu 3 **Adizu!** (*sg.*), **Adizue!** (*pl.*) Hey! I say! (*literally, Listen!, from the verb* **aditu**)

adoratu worship

adreza 14 (*Nor.*) address

afaldu 15 have dinner

afari 30 dinner

ageri *da it is evident

agertu 31 appear, show up; show, demonstrate

agian 21 perhaps. / 36 hopefully

agindu R158 order, command

agur 4, 19 good-bye. / (*Nor.*) hello

agurtu 36 greet, say hello or goodbye

ahal 33, R112, R117, R141, R145 (be) able, can. / R174 *ik eta . . . (*with superlative*) as . . . as possible

ahalmen ability, power

ahantzi 36 forget

ahaztu 36 *variant of* **ahantzi**

ahizpa 11, 15 sister (*of a girl or woman*)

aho 20, 36 mouth

aintzinean R53 *variant of* **aitzinean**

aipatu 38 mention, refer to

aire 36 air

aisa at ease; easily

aita 5 father

aitona 11, 32 grandfather

aitzin R164 before

aitzina 14, 33 (*East.*) forward, ahead

aitzinean 32, R53 (*East.*) in front (of)

aizu *common variant of* **adizu**

akabo that's the end of (it)

akitu 14 (*East.*) tire, get tired; tired (*participle*)

akuilu goad, prod

al 34 *interrogative particle*: **Hau behar (al) duzu?** Do you need this?

ala 6, 21, R151 or (*exclusive; used, for example, in questions eliciting a choice*): **Zer nahi duzu, kafea ala tea?** What do you want, coffee or tea?

alaba 27 daughter

alai 30 merry, jolly

alajaina by Jove!

alan 14 *Bizk. variant of* **hala**

alboan 24, R53 beside, next to

aldapa 33 slope, hill

aldatu 36 (*verb*) change

alde 11 side, area, part: **Alde Za-**

harra *the Old Part, the Old Town.* /
24, R53 (*postposition*) for, in favor
of / 31 * **egin** go away, leave

aldean R54 (*postposition*) in the
neighborhood of, around. / *So also*
aldera, aldetik, aldeko

aldebat completely

alderdi side, direction, aspect /
party (political)

aldi 27, R176 period, time. / 20, 36
*z times: **hiru aldiz** three times

aldizkari magazine, journal, peri-
odical

Alemania R204 Germany

alfer 26 useless, idle, lazy

alferrik 37 useless, uselessly, in
vain

alferrikako useless, pointless

alkarregaz 14 *Bizk. variant of*
elkarrekin

altxatu 13, 15 get up, rise. / 15 lift
up, raise

ama 5 mother

amaitu 14, 22, 24 finish, end

amatxo 14 mom, mother (*familiar*)

Amerika 5, 27 America: **Ame-**
riketan, **Ameriketara**, etc.,
in/to/ . . . America

amerikano 1 *noun & adj.* American

amets 31 (*noun*) dream. / 31, R121
* **egin** (*verb*) dream

amodio 35 (*noun*) love

amona 11, 34 grandmother

amorratu be furious; furious (*partici-
ple*)

amorrazio fury

anaia 11, 12, brother

andereño 32 young lady. / 32 Miss:
Urkiaga andereñoa Miss Urkiaga

Andoni 1 Anthony

andre 29, 32 lady. / 29, 32 Mrs.: **Bor-**
daberri andrea *Mrs. Bordaberri.* /
32 *madam.* / 32 **etxeko** * woman of
the house, housewife

andregai 32 fiancée

anitz 14, 32, R12 (*East.*) many,
much

anormal abnormal

Antiguo 1 Antiguo

antz resemblance. / *eko *similar*
(*to*). / *see also* **antzera**. / *a denez it
seems, it would seem, apparently

antzera 32, R53 like: **zure antzera**,
zu bezala, **zu le(ge)z** like you

apaiz 26 priest

aparkatu 24 (*verb*) park

aparte 11, R56 (*postposition and ad-
verb*) besides, apart (from)

aperitibo aperitif, snack

apez *variant of* **apaiz**

apiril 12, R202 April

apropos suitable, convenient

apuntatu sign on, sign up, put
down one's name. / note down

apunte note

apur 14, R12, R31 * **bat** a little

apurtu 36 (*verb*) break

Araba R204 a Basque province

arabar (people) from Araba

arabera R53 (*postposition*) according
to

arantza 31 thorn

Arantza 1 Arantza (*a girl's name*)

arazi 35, R200 *causative suffix:* **jakin**
arazi let (someone) know, tell, in-
form (*literally, cause to know*)

arazo 25, 29 problem, matter, busi-
ness, question, issue

arbola 16 tree

ardao 14 *Bizk. variant of* **ardo**

ardi 13 sheep

ardo 2 wine. / 2 * **beltz** red wine;
* **gorri** rosé wine (*in the south*),
red wine (*in the north*);
* **zuri** white wine

are R31 even: **are txikiagoa** even
smaller

argazki 38 photograph

argi 37 light, bright, clear: **argi**
dago it's clear, it's obvious

argitaratu publish

ari 9, 15, R112, R113, R121, R141
* **naiz** I am (doing): **Zer ari**
zara? what are you doing?;
Irakurtzen ari naiz I am reading;
Euskaraz ari gara We're speaking
Basque

arin 14 fast, quick(ly)

aritu talk. *variant of* **ari izan** (*see* **ari naiz**)

armario 12 cupboard, closet

arnasa 20 breath. / 20 * **hartu** breathe; breathe in. / 20 * **bota** breathe out

arno 14 *Nor. variant of* **ardo**

arrain 6 fish

arraio 19 **Arraioa!** My goodness!

arrankatu 24 start (a car)

arrantzale 11 fisherman

arrapalada rush, precipitation

arrapostu 14 (*Nor.*) answer, reply

arraro 23 strange, odd

arrasto 23 trace

arrats 34 evening

arratsalde 3 afternoon: **Arratsalde on!** Good afternoon!

arraultze 9 egg

arrazoi reason. / 23 * **a dut** I am right

arreba 11, 12 sister (*of a boy or man*)

arren R162 although

arropa 12 clothes

arrotz strange, foreign

arte 18, R54, R55, R145, R164 (*conjunction and postposition*) until. / 2, 4 **Gero *!** See you later!; **Ikusi *!** See you! Bye! / (*noun*) art

artean 16, R53 (*postposition*) between, among. / *So also* **artera**, **artetik**, **arteko**

artio 14, 34 *Nor. variant of* **arte** until: **Sarri artio!** See you later!

artzain 31 shepherd, sheepherder

asanblada 28 assembly, meeting (often political, trade union, etc.)

askaldu 14 (*East.*) have breakfast

askatasun 25, 37 freedom, liberty

askatu 25 set free, liberate; untie, undo, loosen

aski 34, R12 enough, quite a lot. / R31 quite, rather / 15 * **tan** many times, often / 29, R31 * **z** much (*with a comparative*): **askoz haundiagoa** much bigger

asko 2, R12 many, much, a lot

asmatu 28 guess, get it right; make up, invent

asmo 22 idea, intention: **Californiara joateko asmoa dut** I intend to go to California

aspaldi 27 some time ago, long ago. / R201 * **an** lately: **Aspaldian ez zaitut ikusi!** I haven't seen you lately! Long time no see!

aspirina 20 aspirin

aste 10 week

astearte 7, R202 Tuesday

asteazken 7, R202 Wednesday

astebukaera 31 weekend

asteburu 31 weekend

astelehen 7, R202 Monday

asti 34 time (i.e., enough time to do something): **Ez dut astirik telebista ikusteko** I have no time to watch television

asto 26 donkey. / 26 idiot, fool

atari doorway

ate 10 door

atera 13, 15, R142 go out, leave. / 15 take out, extract

aterabide way out, solution

ateraldi outing, trip

ats 33 *variant of* **arrats**

atsegin 2 pleasant, nice. / 26 * **dut** I like

atzapar claw

atzean 16, R53 (*postposition and adverb*) behind. / *So also* **atzera**, **atzetik**, **atzeko**

atzeman 14 (*East.*) find

atzo 20, 26, R201 yesterday

aukera 24 chance, opportunity. / 24 choice

aulki 12 chair

aupa hey! hi!

aurka 38, R53 against

aurkeztu present; introduce

aurkitu 12, 15 find. / 11, 15 exist, be, be found: **Udaletxearen aurrean zubi bat aurkitzen da** There is a bridge in front of the City Hall

aurpegi 21 face

aurrean 16, R53 (*postposition and adverb*) in front (of). / *So also* **aurrera** (*see*), **aurretik** (*see*), **aurreko**

aurrekontsigna *see* **kontsigna**

aurrera 16 forward, ahead, on, onward

aurretik 12, R164 (*conjunction, postposition, or adverb*) before

aurten 26, 36, R201 this year

auskalo Who knows!?

auto 14, 31 car

autobus 7 bus

auzabide village path

auzo 35 neighborhood, part of a town or village

auzolan communal work

axola 22 **ez zait** * I don't care; **bost** * **zait** I couldn't give a darn

azaldu appear, turn up; describe, explain

azaro 12, R202 November

azkar 16 fast, quickly. / 26 clever, smart

azken 9, 25 last: **azken autobusa** the last bus

azpian 16, R53 (*postposition*) below, under. / *So also* **azpira**, **azpitik**, **azpiko**

azterketa 10 exam, test

aztertu examine, investigate, study

azukre 9 sugar

ba 2 (*or* **bada**) well, then. / *variant of* **ba-**, *esp. before* **omen**, **ote**, **al**, *etc.* / 14, 34 *Nor. variant of* **bai**

bada 36 *variant of* **ba**, well, then

bai 1 yes. / 2, R153 * **eta**, **baita** and also; **ere** * too, also. / 8 really (*in exclamations*): **Bai harrigarria!** That's really strange! How strange!

baietz 21, 32 so

baikor 25 positive, optimistic

baina 2, R151 but

bainan R151 *variant of* **baina**

baino 27, R34 than. / 30 (*Bizk.*) equivalent to **baizik**. / R151 *variant of* **baina**

Baiona R204 Bayonne, a Basque town

bait 28, R124, R129, R131, R152, R160 (*subordination marker*) because, for, as

baita 2 and also, so: **Baita ni(k) ere** So do I, So am I, *etc.* / **bait da**

baitan R48–50, R58 (*postposition; used with animate beings*) in. / *So also* **baitara** (*allative*), **baitarik** (*ablative*)

baizik 30 but, but rather: **Ez naiz Pello Joseba baizik** I am not Pello but Joseba. / **ez . . .** * only, not/nothing/no one but . . . : **Zu baizik ez dut inor maite** I love no one but you, I only love you

bakar 14, R26 (*adjective*) only, single

bakarrik 5, 14 (*adverb*) only. / 5, 11 alone: **Bakarrik bizi naiz** I live alone

bake 29, 34 peace

bakoitz 19, R26 each

balantzaka swinging, swaying, moving from side to side

baldin 37, R130, R152, R159 if

bale okay

baliatu 36 use: **Zure liburuaz baliatuko naiz** I will use your book

balio value. / 6, R121 * **du** it costs; it is worth

baliteke 33 perhaps

baltz 14 *Bizk. variant of* **beltz**

bana 32, R203 one each: **Sagar bana emango dizuet** I'll give you each an (one) apple; **erdi bana** half each

banatu distribute, give out, share out

banku 14, 24 bank

baratze 13 vegetable garden

bardin 14 *Bizk. variant of* **berdin**

barik 14, 21, R54, R55 (*Bizk.*) without

bariku 14 (*Bizk.*) Friday

barkatu 2 **Barkatu!** I'm sorry! Excuse me!

barna 14, 33, R56 (*East.*) through, across

barnean 14, 32, R53 *East. variant of* **barruan**

barra 2 bar, counter

barre 24, R121 * **egin** laugh. / laughter

barregarri laughable, ridiculous, funny

barrena *variant of* **barna**

barri 14 *Bizk. variant of* **berri**

barriro 14 *Bizk. variant of* **berriro**

barriz 14 *Bizk. variant of* **berriz**

barruan 6, R53 inside. / *So also* **barrura, barrutik, barruko**

baserri 1 farm, farmhouse

baserritar 37 **baserri** person, farmer

baso 1 forest. / 18 (drinking) glass, tumbler

bat 1, 2, R12, R40, R203 one. / R17, R169 a, an. / 9 ***etik bestera** from one place to another. / 33, R23 * **ere** at all, any: **Hori ez zait bat ere gustatzen** I don't like that at all; **Bat ere ez daukat** I don't have any, I have none. / 40 **bat-batean** suddenly; by improvisation

batasun 36 unity

batera together

batipat especially

batu 36 unify, gather together

batua (or **euskara batua**) standard "unified" Basque

batzu (or **batzuk, batzuek**) 2, R12, R17, R40 some (*plural*). / 15 ***tan** sometimes

bazkaldu 15 have lunch

bazkari 30 lunch

bazter corner, edge

be 14, R154 *Bizk. variant of* **ere**

bedeinkatu bless; blessed (*participle*)

bederatzi 1, R203 nine

bederen at least

begi 36 eye

begira 1 look!

begitarte face

beha 14 (*Nor.*) waiting: **zure beha** waiting for you. / 14 (*Nor.*) looking, look!

behar 9, R121 * **dut** I need. / 10, 15, R112, R116 * **dut** I must, I have to, I need to: **Etxera joan behar dut** I have to go home. / 14 (*Bizk.*) (*noun*) work; * **egin** (*verb*) work; ***rean** working

beharbada 16 perhaps, maybe

beharrean instead of

behartu 36 force, compel

behean 16 (*adverb*) below, downstairs. / *So also* **behera** (see), **behetik, beheko**

behera 17 down

beherakada slump, setback

behi 13 cow

behin 32, R176, R201 once. / R23, R201 * **ere** ever

behintzat 6 certainly, indeed; at least

belar 28 grass, herb

belarri 36 ear

beldur 27, 35 * **naiz** I am afraid

bele crow, raven

belodrama velodrome

beltz 2 black. / 2 **ardo** * red wine

beltzaran dark, dark-skinned

belu 14 (*Bizk.*) late

benetako real, genuine

benetan 5 really, seriously

beno 23 *variant of* **bueno**

bentana 14 (*Bizk.*) window

ber 14 same: **gauza bera** or **ber gauza** the same thing. / *Note: the* r *is not doubled*

bera 2, 20, 21, R22 he, him, she, her, it. / R170 he himself, she herself

berak 2, 21, R22 they, them

berandu 2 late. / R201 ***ago** later

berant 14 *Nor. variant of* **berandu**

beraz 31, 32 therefore, so

berba (*Bizk.*) word. / 14 (*Bizk.*) * **egin** talk, speak

berbetan 14 (*Bizk.*) talking

berde 3 green

berdin 2 same, similar. / 2 **Berdin da!** It doesn't matter! Never mind! / 22 * **zait** I don't mind, I don't care. / 3 **Berdin!** Same to you! (*reply to* **Egun on, Arratsalde on** *etc.*)

bere 13, 21 his, her, its (*reflexive in northern usage*)

bereganatu 36 attract, assimilate

berehala 16, 26, R201 straightaway, immediately

beren 13, 21 their (*reflexive in northern usage*)

berezi 35 special

berezitasun 36 specialty, distinctness

bero 13 hot; heat

berpiztu revive

berrehun 6 two hundred

berri 3 new. / 31 news, piece of news

berriketa chatter, gossip

berrikuntza renovation

berriro 25, 201 again

berriz 12, R201 again. / 11 on the other hand, but: **Zu joan zaitezke, ni berriz ez naiz joango** You may go, but I'm not going

berrogei 3, R203 forty

bertan 30 right there, immediately

bertso 40 verse

bertsolari 40 verse singer

bertze *East. variant of* **beste**

besarkada 25 (*noun*) hug

besarkatu 35 (*verb*) hug

besta 14, 36 *East. variant of* **festa**

beste 3, R17, R26 other, another: **beste tokia** the other place; **beste etxe bat** another house. / 9 *****rik** anything else; *****rik ez** nothing else, no more, nothing but, only

bestela 16, R155 otherwise

bestelako 31 different, another kind of

bete 5 full. / 10, 15 fill, fill out, fulfill, satisfy, make full, become full. / 31 one, a (*with periods, measures, etc.*): **aste bete** one week, a week; **baso bete ur** or **baso bat ur** a glass(ful) of water (*compare:* **baso bat** one glass, a glass (*the object*)

beti 15, R201 always

betidanik always (*in the past*): **Betidanik maite zaitut** I have always loved you

bezain 32, R34 as . . . as: **zu bezain gaztea** as young as you

bezainbat as much as, as many as (*cf.* **adina**)

bezala 18, R54, R126, R130, R145, R165 like, as

bezpera day before, eve

bi 1, R203 two. / 7 *****ak** both

bibolin fiddle. / ***** **jotzaile** a fiddler

bidali 14, 30, R142 send

bide 16 way, course. / **-en *****z** by means of

bider R176 times: **hiru bider** three times

biera 14 (*Nor.*) beer

bigarren 25, R203 second

bihar 17, 22, 26, R201 tomorrow

biharamun 31, R201 next day: **Biharamunean alde egin zuen** He left (on) the next day

bihotz 36 heart

bihurtu 23 return. / 33 become, turn into

bikain fine, excellent

bila 25, 31 looking for, in search of: **Liburu horren bila nabil** I'm looking for that book

bilakatu 35 become

bilatu 10 look for

Bilbo R204 Bilbao, a Basque town

bildu 28 meet, gather, collect

bildur 35 *variant of* **beldur**

bina R203 two each

birika lung

birtute virtue

bitartean 18, R145, R164, R201 while, meanwhile

bitxi strange, unusual; pretty

bixigu 6 sea bream (a kind of fish popular in the Basque Country)

bixkotx 14 (*Nor.*) cookie

bizar 28 beard

bizardun bearded

bizi life. / 5, R121 ***** **naiz** I live. / *****rik** alive

biziki 14, 34, R31 (*East.*) very

bizitza 27 life

Bizkaia R204 a Basque province

bizkaitar   15 Bizkaian (native of or pertaining to Bizkaia)

bizkar   back (part of body)

bizkitartean   *East. variant of* **bitartean**

bola   bowling

boltsa   7 bag

bon   14 (*Nor.*) well, well then

borda   14 (*East.*) farmhouse

borroka   29 (*noun*) fight, struggle. / 29 *n fighting. / 29 * **egin** (*verb*) fight

borrokatu   25 (*verb*) fight

borta   14 (*Nor.*) door, gate

bortitz   hard, harsh, severe, cruel

bortxatu   (*verb*) force, oblige; rape

bortz   *East. variant of* **bost**

bost   1, R203 five

bota   12 throw, pour

botika   20, 36 medicine; pharmacy

botila   9 bottle

boz   voice

buelta   16, 24 * **eman**   turn around. / 17 * **bat eman**   go for a walk

bueltatu   return

bueno   23 well, well then, let's see

bukatu   3, 15 finish, end

bulego   24 office

buru   20, 36 head: **buruko mina**   headache. / R170 -self: **nere burua**   myself; **bere burua**   himself, herself, itself. / leader, head

buruz   26, R56 (*postposition*) about, concerning; **Euskal Herriko historiari buruz**   about Basque history

busti   get wet, wet

da   1 is, he is, she is, it is. / R151 *variant of* **eta**

dakit   5 I know (*from the verb* **jakin**)

dantza   (*noun*) dance. / *n egin (*verb*)   dance

dantzatu   36 (*verb*) dance

datorren   26, 31 next (*from the verb* **etorri**): **datorren igandean**   next Sunday

deabru   devil: **non deabru . . . ?**   where the devil . . . ?

debekatu   28 forbid, prohibit, ban

defenditu   25 defend

definizio   definition

dei   (*noun*) call. / * **egin**   (*verb*) call

deitu   12, 15, 24 call. / 10, 15, 24 be called

delegazio   office, branch delegation

demagogia   demagogy

dena   17, 18, R26 all, everything / 18 **denak**   all, everyone

denbora   22, R176 time

denda   7 store

deritzan   called

desberdin   37 different

despentsa   storeroom (where food, etc., is kept)

deus   14, 32, R23 *East. synonym of* **ezer**

dialekto   14 dialect

dibortziatu   11 get divorced; divorced (*participle*)

diputazio   24 provincial government, provincial government building

diru   19 money

dohain *or* **dohainik**   28   free (of charge)

dolar   14 dollar

domeka   14 (*Bizk.*) Sunday

Donibane   R204 St. John (place name): Donibane Garazi, a Basque town

Donostia   1, R204 San Sebastian, a Basque town

donostiar   27 (native) of San Sebastian

dotore   elegant

duda   doubt

duro   9 five-peseta coin, five pesetas

ea   8 c'mon! (*interjection used to encourage someone to do something*). / 38 let's see. / R157 *particle used in indirect questions*

ebaki   37 (*verb*) cut. / 21 **kafe ***   coffee with a drop of milk

edan   16 (*verb*) drink

edari   (*noun*) drink

eder   3 fine, beautiful

ederki   2 (*adv.*) fine, very well, great. / 2 **Ederki!**   Fine! Great! Wonderful!

edertasun   32 beauty

ederto   14, 21 (*Bizk.*) fine

edertu   make beautiful, decorate

edo   6, R151 or. / R155 **edo . . . edo . . .**   either . . . or . . .

edonon   33 anywhere

edozein   30, R12 any: **Ez dut edozein egunkari irakurtzen**   I don't read (just) any newspaper

edozer   37, R12 anything; any

eduki   12, 13, R59, R61, R68, R179 have

Edurne   1 Edurne (a girl's name)

egarri   thirst: **egarri naiz**   I am thirsty

egia   26 truth. / 26, 37 ***zko**   true, real

egiazki   14 truly, really

egile   36 doer, maker, author

egin   6, 13, 15, 24, R183 do, make. / 15, 22, 24, R183 get, become. / 25, R183 (*emphatic element*). / R121, R183 (*element forming many compound verbs, e.g.,* **lan egin**, **hitz egin**, **lo egin** . . .)

egiteko   thing to do, task

egoera   23, 37 situation

egoki   36 suitable, convenient

egon   6, 12, 13, R59, R61, R64, R114, R141, R178 be

eguasten   14 (*Bizk.*) Wednesday

egubakoitz   14 (*Nor.*) Saturday

eguen   14 (*Bizk.*) Thursday

eguerdi   32 midday, noon

egun   3 day: **Egun on!**   Good day! Good morning! / 32 birthday: **Gaur nere aitaren eguna da**   Today is my father's birthday. / 14, R201 (*East.*) today. / **gaur** *   these days, nowadays

egunero   15 every day, daily

egunkari   29 newspaper

eguraldi   13 weather

eguzki   13 sun

ehun   5, R203 a hundred, one hundred. / 23 ***eko**   percent: **ehuneko zazpi (%7)**   seven percent (7%)

ei   R123 (*Bizk.*) *see* **omen**

ekain   12, R202 June

ekarri   16, R59, R142 bring. / 6 **Ekarri . . . !**   Bring . . . ! Give me . . . !

ekialde   11 east

ekin   do, set about, keep (doing): **ametsari ekin**   dream, daydream

elaberri   31 novel

elementu   11 element

eliza   16 church

elkar   34 each other: **Urrun zaudenean idatziko diogu elkarri**   When you are far away we'll write to each other

elkarrekin   7 together

elkartasun   25 unity, solidarity

elkartu   25 unite

elur   13 snow

emaidazu   9 give me (*imperative form of* **eman**)

emakume   3 woman

eman   18, R121 give. / 9 **emaidazu**   give me (*imperative form*)

emazte   27 wife. / 14 (*Nor.*) woman

ene   10, 34 my (*variant of* **nere**)

engainatu   deceive

entregatu   hand over

entsalada   6 salad

entzun   7, 9 listen, hear

ep   8 hey!

epa   3 hi, hi there

epel   warm

era   34 way, manner: **era honetan** or **era honetara**   (in) this way. / 38 kind, sort

erabaki   28 decide

erabat   completely, totally

erabili   29, R59 use

erabilpen   use, utilization

eraiki   build

erakasle   *variant of* **irakasle**

erakusketa   exhibition, show

erakustoki   showroom, gallery

erakutsi   23 show

eraman   16, R59, R142 take (*some-*

thing/someone somewhere), carry, convey

erantzun 12 (*verb*) answer / 34 (*noun*) answer, reply

erazi R200 *causative suffix*

erdaldun 37 non-Basque speaker, non-Basque-speaking: **Nere ama erdalduna da** My mother doesn't speak Basque

erdara 9 Spanish or French (*depending on the context*), language other than Basque, foreign language: **erdaraz** in Spanish, *etc.*

erdi 2, R26 half. / 2 **bost t'erdiak** half past five

erdian 8, R53 (*postposition and adverb*) in the middle. / *So also* **erdira**, **erditik**, **erdiko**

ere 1, R153, R154 too, also. / R153 either. / R130, R154, R162 even: **etortzen bada ere** even if he comes

erein sow, plant

eritasun illness

erloju watch, clock

ero crazy

eroan 21, R59 (*Bizk.*) carry, take

erori 22, 24 fall: **Boligrafoa erori zaizu** You've dropped your pen

erosi 9 buy

erosle buyer, customer

erran 14, 35, R59, R61, R70, R158 (*East.*) say, tell (*see* **esan**)

erraz 19 easy, easily

erraztasun ease, facility

erre 15 burn; smoke

errebista magazine

erreka 32 stream, brook

errepresio 14 repression

erretreta retirement

errez *or* **errex**: *variants of* **erraz**

errezeta 20 prescription

erro root

esan 8, 9, R59, R61, R70, R143, R158 say, tell: **Zer esan duzu?** What did you say? / 33 * **nahi dut** I mean; * **nahi du** it means. / 37 **esate baterako** for example, for instance

eseri 6, 12 sit (down); sitting (*participle*)

eskabide petition, request

eskaratz 14 (*Bizk.*) kitchen

eskas little, not enough, scarce, poor

eskasia scarcity, shortage

eskastu become scarce

eskatu 18, R143, R158 ask for; order (*in a restaurant, etc.*); ask (*someone to do something*)

esker 2 **Eskerrik asko, Esker anitz, Mila esker** thank you. / 31 * **ak eman** (*verb*) thank. / R56 (*postposition*) thanks to, owing to

esklabo slave

eskola 10 school

eskolume schoolchild

esku 7 hand

eskualde 35 region, district

eskualdun 14 *Nor. variant of* **euskaldun**

eskuara 14 *Nor. variant of* **euskara**

eskubi *variant of* **eskuin**

eskubide 28 (*noun*) right: **Ez duzu eskubiderik** You have no right

eskuin 16 right (*opposite of left*)

eskuma 25 right (*opposite of left*)

eskutitz 38 letter

esnatu wake up, awaken

esne 9 milk

esnezale milkman

Espainia R204 Spain

espainol 8 Spanish

esperantza hope

espero 16 * **dut** I hope; I expect

Espiritu Santu 26 Holy Ghost

estali (*verb*) cover

estatu 8 state, political entity. / 8, R204 * **espainola** the Spanish state, the state of Spain; *similarly* * **frantsesa**, *etc.* / R204 **Estatu Batuak** the United States

estrenatu use for the first time, inaugurate

estropada boat race

estu 23 narrow, tight

estuki 36 narrowly, tightly

eta 1, R151 and. / R152 etc. / R152

er, um. / R152 *meaningless particle.* /
15, R152, R160 (*at end of clause or
sentence*) as, since, because

etengabe   continuously, nonstop

etorri   2, 7, 10, 12, R59, R61, R65,
R142 come

etsipen   desperation

etxe   1 house

etxeratu   go home, get home

etzan   R59 lie down

etzi   R201 the day after tomorrow

eurak   21 (*Bizk.*) they, them

euren   14, 21 *Bizk. variant of* **beren**

euri   13 rain. / 13 * **egin** (*verb*)   rain

euritsu   rainy

Europa   R204 Europe

Euskadi   10, R204 the Basque Coun-
try. / *Note: the term* **Euzkadi** *was in-
vented by Sabino Arana, the founder of
the Basque Nationalist Party; the tradi-
tional name of the country is* **Euskal
Herria**

euskal   15 Basque, of Basques or the
Basque language: **Euskal Herria**
the Basque Country; **euskal
filologia**   Basque studies

Euskal Herria   8, R204 the Basque
Country

euskaldun   1 *noun & adj.* Basque
(person)

euskaldundu   28 become an Eu-
skaldun, learn Basque

euskalduntasun   Basque-ness

euskalduntze   28 activity of learning
(or teaching) Basque

euskalki   Basque dialect

euskara   3 Basque (*i.e., the Basque
language*): **euskaraz**   in Basque

eusko   Basque

ez   1 no. / 1, R6, R11, R19, R23,
R129, R130 not. / R153 neither, nor

ezagun   26 well-known

ezagutu   7 know, be acquainted
with. / 12 get to know, meet

ezarri   38 place, set up, put; sit

ezaugarri   feature, characteristic

ezer   13, 21, R23, R40 anything

ezetz   21 not

ezezkor   25 negative, pessimistic

ezik   37 unless, except

ezin   19, R112, R118, R145 unable,
impossible, cannot

ezker   16 left

ezkondu   11, 27, 33, get married,
marry; married (*participle*)

ezpain   lip

ezti   honey

eztitu   sweeten, soften

eztul   20 (*noun*) cough. / 20 * **egin**
(*verb*)   cough

fabrika   27 factory

famatu   16 famous

familia   12 family

farmazia   20 pharmacy

farre   *variant of* **barre**

federazio   federation

festa   36 fiesta

filme   36 film, movie

filologia   15 philology, language and
literature major

finitu   14 (*Nor.*) finish, end

fite   14 (*East.*) soon, quickly

foto   photo

franko   9, 33 franc (*unit of currency*)

frantses   8 French

Frantzia   R204 France

frente * **eman**   face up to, confront

frogatu   33 try, test, prove

fruta   7 fruit

futbol   38 soccer, football

gabe   13, R19, R54, R55, R145
(*postposition and conjunction*) with-
out

Gabon   3 (*form of* **Gau on**)   Good
evening, Good night

gai   14 subject; material

gaileta   9 cookie

gailur   summit, peak

gaindi   R56 (*East.*) through

gainean   16, R53 (*postposition and ad-
verb*) on, on top (of), over. / *So also
gainera (see), gainetik, gaineko*

gainera   6, R153 (*conj.*) furthermore,
also, besides, too. / R56 (*postposi-
tion*) besides, other than, as well as

gaiso   20, 37 (*also* **gaisorik**) sick, ill. /
poor: **Gaiso Maritxu!** *or* **Maritxu
gaisoa!** Poor Maritxu!

gaisoaldi   period of illness

gaixo   *variant of* **gaiso**

gaizki   16 badly, bad, wrong

gaizto   26 bad, naughty, mischievous. / **belar ***   weed

galant   31 handsome, good-looking

galde   14, 34, R158 * **egin**   ask; (*Nor.*) ask for; ask (*someone to do something*)

galdegai   R8 (*gram. term*) focus

galdera   33 question

galdetu   12 ask

galdu   14, 15, lose, get lost; lost (*participle*)

galeper   quail (a bird)

galera   loss, damage, demise

ganadu   cattle

garai   38, R176 period, time

garbi   22 clean, clear

garbitu   18 (*verb*)   clean, clear

garesti   9 expensive

gartzela   37 prison

gasna   14 *East. variant of* **gazta**

gasolina   24 gasoline

Gasteiz   R204 Vitoria, a Basque town

gau   3 night, evening: **Gau on!** or **Gabon!**   Good evening! Good night!

gaualde   dusk

gaur   13, 26, R201 today

gauza   7 thing

gazi   salty, bitter

gazta   9 cheese

gaztai   14 *Bizk. variant of* **gazta**

gaztaina   chestnut

gazte   3 young. / 3 young person

gaztelu   castle

gazteria   youth

gaztetoki *or* **gaztetxe**   youth club

gehiago   10, 27, R12, R32 more (*comparative of* **asko** *and* **anitz**)

gehiegi   21, 28, R12 too much, too many

gehien   11, 27, R26, R33 most (*superlative of* **asko** *and* **anitz**). / 15 ***etan** most often, usually

gela   12 room

gelditu   18, 24 remain, stay, be left, stop, be, get. / 22, 24 have left, have: **Ehun dolar gelditzen zaizkit**   I have a hundred dollars left

geltoki   24 (bus or train) station

geografia   11 geography

geografiko   11 geographical

geratu   14, 22, 24, stay, remain, stop

gero   6, 26, R201 afterward, later, then. / 2 **Gero arte!**   See you later! / 12, R145, R164 **eta *** (*conjunction*)   after. / 30, R56, R145 **z ***   after, following, upon; since; if. / 30 now (*in warnings*): **Ez esan gero ez nizula abisatu**   Now don't say I didn't warn you. / R173 * **eta** (*with comparatives*)   . . . -er and . . . -er, more and more . . . : **gero eta haundiago**   bigger and bigger

geroni   R22 we ourselves

geroztik   R56 since

gertatu   24 happen

gertu   R56 near, close. / ready

geu   R22 ourselves

geza   not salty, mild

gezur   8, 26 lie, falsehood, (something) untrue, not true: **Hori gezurra da!**   That isn't true

gezurti   liar, untruthful

gibelean   33, R53 (*East.*) behind

gidatu   21, 24 drive

giltza   24 key

gipuzkera   Gipuzkoan dialect

Gipuzkoa   R204 a Basque province

gizon   3 man

goazen   2 let's go (*from the verb* **joan**)

gobernu   28 government

gogo   24, R112, R115 wish, desire. / ***ko**   to (one's) liking, favorite

gogor   27 hard

gogoratu   31 remember

goian   16 (*adverb*) above, upstairs. / *So also* **gora** (*see*), **goitik**, **goiko**

goilare   37 spoon

goiz   13 (*adverb*) early. / 15 (*noun*) morning: **goizean goiz**   early in the morning

golpe   stroke, blow; coup

golpeka   by blows

gona   skirt

gonbarazio   comparison

gonbidatu   38 invite

gonbido   invitation

gora   17 up

gorde   30 keep, hide, put away

gordin   raw; unripe; crude, un-polished

gorputz   36 body

gorri   2 red. / 2 **ardo ***   rosé wine (*in the south*); red wine (*in the north*)

gosaldu   13 have breakfast

gose   6 hungry, hunger: **Gose naiz** I'm hungry; **Goseak nago**   I'm hungry (*colloquial*)

goseti   hungry, starving, famished

gotzai   bishop

goxo   8, 9 delicious, tasty, good (*of food, drink, etc.*)

goxoki *or* **gozoki**:   candy, sweet

gradu   20 degree

gramatika   19 grammar

gramo   9 gram (*unit of weight*)

grazia   gracefulness, wittiness, wit

gripe   flu, influenza

Gros   1 Gros

gu   2, R22, R40 we, us

gudari   warrior, fighter

guhaur   R22 we ourselves

gura   14, 21, R112, R115 (*Bizk.*) *** dut**   I want

guraso   parent

gure   3 our. / 5 ***a, *ak**   ours

guri   soft, tender

gustagarri   pleasing

gustatu   3, 12, 22, 24 like: **gustatzen zait**   I like (it)

gustora   to (one's) liking, happy

guti   3, R12 few, little. / 3 to, of (*telling the time*): **bostak laurden guti**   a quarter to five. / 16 *** gora behera**   more or less. / ***enez**   at least

gutxi   3 *variant of* **guti**

guzi   3, 14 *variant of* **guzti**

guzti   3, R26 all, every. / 23 ***ra**   altogether, totaling, total

guztiz   28, R31 totally, extremely

haboro   R32 (*East*) more

hagin   (back) tooth

haginkada   (*noun*) bite

haiek   1 those (*plural of hura*). / 2, R22 they, them

hain   19, 32, R31 so: **hain erraz**   so easy

hainbat   37, R12, R31 so many, so much; many, much. / as many as, as much as

hainbeste   R12, R23 so many, so much

haitz   rock. / *variant of* **haritz**

haize   13 wind, air

hala   9, R23 like that, that way. / 26 *** ere**   *see* **halere**

halako   9 like that, that kind of

halaz ere   *variant of* **hala ere**

halere   26 however

hamabi   1, R203 twelve

hamaika   1, R203 eleven. / many, any number of

hamar   1, R203 ten

hameka   14 *East. variant of* **hamaika**

han   1, R23 (over) there

handi   6 big, large, great. / 11 grown up, adult

hanka   leg

hantxe   12 (just) over there (*intensive form of* **han**)

haragi   6 meat

haran   33 valley

hari   wire, thread

haritz   oak

harrapatu   29 catch

harri   13 stone, rock

harrigarri   19 surprising, amazing

harritu   30 surprise, be surprised. / **harritzeko**   surprising

harrobi   quarry

hartu   9, 12, R121 take; have (to drink): **Zer hartuko duzu?**   What will you have to drink? / 5 here you are! (*when handing something to someone*)

haserre   16 angry

haserretu   36 get mad, get angry

hasi   10, 15 start, begin

hats breath

hau 1, R12, R23, R40 this. / 8 what . . . ! (*used in exclamations*): **Hau (da) bakea!** What peace!

hauek 1 these (*plural of hau*)

haundi *variant of* **handi**

haur 1 child

haurregozte abortion

hautatu choose

hauteskunde election

hauxe 12 this (*intensive form of hau*)

hazi 31 grow, grow up; bring up. / seed

hedatu spread

hegal wing, side, edge

hego wing

Hego Amerika R204 South America

hegoalde 11 south

helbide 10 address

heldu 33 arrive. / 35 (*East.*) * **naiz** I'm coming. / 11 adult, mature

hemen 1, R23 here

hemengo 9 from here, local

hementxe 12 (right) here (*intensive form of hemen*)

herenegun R201 the day before yesterday

heriotze 37 death

herri 1 town, village, country. / 28 people: **Herriak irabaziko du** The People will overcome. / folk: **herri kanta** folk song

herrialde 8, 14 region, province, country

herritar citizen, local inhabitant

hetsi 10, 15, 16, (*verb*) close

hezkuntza education

hi R180 you

hika *see R181*

hil 11, 21 die; dead (*participle*). / month

hilabete 13 month

hiltzorian near death

hiri 8 city, town

hiriburu 8 capital

hiru 1, R203 three

hiruna R203 three each

hirurehun 6 three hundred

hirurogei 5, R203 sixty

historia 14 history

historiko 35 historical

hitz 19 word. / 12, 24, R121 * **egin** talk, speak

hizketan 9 talking: **hizketan ari gara** we are talking, we are conversing

hizkuntza 14 language

hiztegi dictionary

hobe 16, 27, R32 better (*comparative of on*). / 28 **Hobe!** So much the better!

hobeki 20, 27, R32 (*adverb*) better (*comparative of ongi*)

hobekien R33 (*adverb*) best

hoberen 27, R33 (*also* **onen**) best (*superlative of on*)

hobeto 27, R32 (*adverb*) better (*comparative of ondo*)

hobetu 36 improve, get better

hogei 2, R203 twenty

hogoi 14 *Nor. variant of* **hogei**

hola *variant of* **honela, horrela**

hona 8 here (*direction toward*): **Etorri hona** Come here. / * **hemen** here is

hondartza 7 beach

hondatu 24 break down

honela 9, R23 like this, this way

honelako 9 like this, this kind of

honez *variant of* **honetaz** (*form of hau*)

hor 1, R23 there

hori 1, R12, R23, R40 (*demonstrative*) that (not far away). / 32 so: **Hori esan dizut** I told you so. / 22 yellow

horiek 1 those (*plural of hori*)

horixe 2 **Horixe!** That's right! (*intensive form of the demonstrative hori*)

horregatik 29 for that reason, therefore, that's why. / 8 **Ez** * You're welcome, Don't mention it (*in response to Eskerrik asko*)

horrela 9, R23 like that, that way

horrelako 9 like that, that kind of

horrenbeste so many, that many

hotel 14 hotel

hots that is to say, viz.

hotz 13 cold

hoztu 36 get cold

hun 14 *East. variant of* **on**

hura 1, R12, R23, R40 that (over there). / 2, R22 he, him, she, her, it

hurbil 34, R56 near, close: **zubitik hurbil** near the bridge

hurbildu 36 approach, come near, bring near

hurrengo 23 next

huts 17, 18 **ik* empty, pure. / 21 **kafe *** black coffee. / 23 zero

ia 14 almost

iaz 26, R201 last year

ibai 11 river

ibili 7, 13, R59, R61, R67, R114, R141 be, go, go along, walk, move

idatzi 14 write. / 10 be written, be spelled: **Nola idazten da?** How do you spell it?

idazkari 10 secretary

idazle 31 writer

ideia 24 idea

iduri 14 (*East.*) *** zait**, *synonym of* **iruditzen zait** (*see*)

igan 33 *East. variant of* **igo(n)**

igande 7, R202 Sunday

igaro pass; spend (time)

igaz R201 *variant of* **iaz**

Igeldo 1 Igeldo

igeritegi swimming pool

igo 33 go up, rise

igon 33 *Bizk. variant of* **igo**

igorri 14 send

ihaurri plenty, abundant

ihesi escaping, in flight

ijeneru engineer

ikaragarri 38 tremendous, terrible

ikasgai 28 lesson

ikasi 5, 10 learn, study

ikasle 1 student

ikurrin 37 flag

ikusgarri 35 worth seeing, admirable

ikusi 3, 9, 12, 13 see, watch. / 4 **Ikusi arte!** See you! Bye!

ilargi moon

ile 36 hair

ilun 38 dark, obscure, unclear

ilunabar dusk, nightfall

imajinatu imagine

indar strength, force

industria 11 industry

industrial 11 industrial

informazio information

Inglaterra R204 England

ingles 11, 19 English; Englishman, Englishwoman

inguru environment, surroundings

inguruan 11, R53 (*postposition and adverb*) around

inmigrante 14 immigrant

inoiz 16, 21, R23, R201 ever: **inoiz ez** never

inola R23 in any way

inon 21, R23 anywhere: **inon ez** nowhere

inor 18, 21, R23, R40 anyone, anybody: **inor ez** no one, nobody

inporta 22 **ez zait *** I don't care. / **ez dio *** it doesn't matter

inportante 28 important

interesatu 22, 24 be interested (in): **Historia interesatzen zait** I am interested in history

interesgarri 38 interesting

Iñaki 1 Iñaki (a boy's name)

Ipar Amerika R204 North America

iparralde 8 north

Iparraldea 8 the northern Basque Country, the French Basque Country

ipini 38 put

ipuin 26 tale, story

irabazi 27, 36 earn, win, gain. / 27 **ogia *** earn a living

irabazle 36 winner

iragan pass, spend (time)

irail 12, R202 September

irakasle 10 teacher, instructor, professor

irakatsi 28 teach

irakurri 14 read

irakurtu 14 *Nor. variant of* **irakurri**

iraultza revolution

iraun 35, R59 last, endure

ireki 6, 12, 15 open

iritsi 23 arrive, reach

irrati 29 radio

irrintzi loud high-pitched cry

irten 22, 24 leave, go out, come out

irudi 36, R59 seem: **Badirudi euria egingo duela** It seems that it's going to rain

irudimen imagination

iruditu 13, 22, 24 seem: **iruditzen zait** it seems to me

Iruñea R204 Pamplona, a Basque town

isildu 36 be/become silent

isilik 19 quiet, silent

isilka secretly

isilune silence, pause

itaundu 14 (*Bizk.*) ask

itsaso 1 sea, ocean

itsasportu 11 seaport

itsu blind

itsusi 11 ugly

iturri fountain; source, origin

itxaron 24 wait

itxaropen (*noun*) hope

itxi 10, 16 *variant of* **hetsi**

itxoin 24 *variant of* **itxaron**

itzali 37 extinguish, put out, go out, die out

Itziar 1 Itziar (a girl's name)

itzuli 13, 15 return, go back, come back

izan 12, 15, R59, R61, R62, R71–73, R75, R77, R79, R89, R91, R94, R96, R110, R121, R122, R178 be; *auxiliary verb*. / 15, R59, R61, R63, R71, R72, R74, R76, R78, R80, R90, R92, R94, R96, R110, R121, R122, R179 have; *auxiliary verb*

izeba 11 aunt

izeko 14 (*Bizk.*) aunt

izen 3, 7 name: **X dut izena** My name is X

izenburu title

izenlagun R27 (*gram. term*) adjectival

izigarri 14 (*Nor.*) very

izkiriatu 14 (*Nor.*) write

izorratu 24 ruin, bust, f--k up (vulgar)

izter *or* **iztar** thigh

izugarri (*also* ***izigarri***) R31 very

jabe 38 owner, master

jada already

jai 10 holiday, fiesta, day off

jaiki 35 get up

Jainko 39 God

jaio 11, 27 be born: **Idahon jaioa naiz** or **Idahon jaio nintzen** I was born in Idaho

jaioterri 11 birthplace, hometown

jaitsi 33 go down, come down

jakin 5, 19, R59, R61, R69 know. / 29 find out, learn. / 35 * **arazi** let (someone) know, tell, inform

jakina 30 of course

jan 16 eat. / **jaten eman** feed

janari food

jantzi 27 (*verb*) get dressed, dress, put on (clothes). / 27 (*noun*) dress

jarabe 20 (cough) syrup

jarraitu 23, 24 continue, go on

jarraitzaile 36 follower

jarrera position, posture, attitude

jarri 18 put, put on, place; provide; place oneself. / 14 (*East.*) sit

jaso lift, raise, pick up, put away

jatetxe 14, 16 restaurant

jator 24 nice, "cool"

jaun 29, 32 gentleman. / 29, 32 Mr.: **Arregi jauna** Mr. Arregi. / 32 sir. / 32 lord: **jaun eta jabea** lord and master

Jaungoiko God

jaurlaritza 28 **(Eusko) Jaurlaritza** the Basque government

jaurtiki *or* **jaurti** throw

jende 6 people (*often singular in Basque*)

jente *variant of* **jende**

jetzi (*verb*) milk

jezarri 14 (*Bizk.*) sit

jin 14, 34 (*Nor.*) come

jo 27 hit, strike. / play (a musical instrument): **pianoa jo** play the piano. / go to, speak to, write to, approach

joan   2, 7, 9, 10, R59, R61, R66, R142 go. / 26, 31 * **den**   last: **joan den larunbatean**   last Saturday

Jon   1 John

Joseba   1 Joseph

josi   sow; riddle (with bullets, etc.)

justizia   justice

kadira   14 (*Nor.*) chair

kafe   2, 7 coffee. / 21 * **huts**   black coffee; * **ebaki**   coffee with a drop of milk; *see also* **kafesne**

kafesne   13 coffee with hot milk

kafetegi   13 cafe

kai   pier, wharf

kaixo   2 hello

kaka   30 shit, dirt. / 30 * **egin** (*verb*)   shit. / 17 **Kaka!, Kaka zaharra!**   Shit!

kale   2 street

kalte   36 (*noun*) harm, damage. / 36 * **egin** (*verb*)   harm, do harm

kanbiatu   14 change

kanpaina   28 campaign

kanpin   35 campground

kanpoan   9 outside. / *So also* **kanpora, kanpotik, kanpoko**

kantaldi   37 concert, song recital

kantari   singer

kantatu   29 sing

kaña   2 glass of tap beer

kapitulu   31 chapter

kario   14 (*East.*) expensive

Karmele   1 Karmele (girl's name)

karnet   33 identity card; driver's license, etc.

karrika   14, 32 (*East.*) street

karta   14, 36 letter

kartel   29 poster

karu   14 (*Bizk.*) expensive

kasu   17, 32 (*East.*) **Kasu!**   Be careful! Watch out! / case

katarro   20 cold (*the ailment*)

katedral   24 cathedral

katu   22 cat

kausitu   35 (*East.*) find

kendu   18 take (from), take away, take off

kia   8 No way! (*exclamation expressing denial or disagreement*)

kilo   9 kilo, kilogram (*unit of weight*)

kilometro   9 kilometer (*unit of distance*)

kinka   * **larrian**   in a critical situation

kirol   38 sport

kirolari   sportsman/-woman, sports-loving

kiroldegi   sports center

kito   that's all

klase   5 class

klima   climate

koadro   16 picture. / **metro** * square meter

kolore   36 color

kolpe   *variant of* **golpe**

kolpera   suddenly

koma   comma. / 23 point (*in decimal numbers*): **zazpi koma hiru bederatzi (7,39)** seven point three nine (7.39)

komeni   38 * **da**   it is advisable, it suits

komun   12 bathroom, toilet

kondizio   condition

konduzitu   drive

konforme   24 * **egon**   agree

konkretu   specific

konpondu   25 fix, repair, arrange, solve. / 27 get along, manage

konprenitu   14 understand

kontatu   26 tell (a story, experience, etc.). / 26 count

kontent   14 (*East.*) happy

kontestu   context

kontra   14, R53 (*postposition and adverb*) against, opposed (to)

kontrolatu   (*verb*) control

kontsigna   rallying cry, slogan

kontu   19 account, bill. / * **kontari**   telling stories

konturatu   29 realize

kontuz   17, 32 **Kontuz!**   Be careful! Watch out!

koñak   21 brandy

kopa   2, 21 glass of liqueur; stemmed glass

korrika   26, 29 running, rushing, in a hurry

kosta   8 coast

kostatu   22, 24 find it difficult (to): **Kostatzen zait Maite ulertzea**   I find it difficult to understand Maite

kotxe   13 car

kritika   25 criticism

kritikatu   25 criticize

kross   cross-country running/cycling

kultura   19 culture

kutsu   32 trace, touch, flavor

kutxa   box, trunk

labana   37 knife

laborantza   35 farming

ladrilo   brick

lagun   2 friend. / person, inhabitant

lagundu   38 (*verb*) help; accompany

laguntza   38 (*noun*) help

laister   *variant of* **laster**

laket   * **zait**   I like (it)

lan   9 (*noun*) work. / 15, 24, R121 * **egin** (*verb*)   work. / 9 *ean working: **lanean ari naiz**   I am working

lan egin   11 (*verb*) work

lanbide   11 occupation

landu   cultivate, develop

lanegun   workday, weekday

langar   drizzle

langile   11 worker

lantegi   10 workshop, factory

lapur   26 thief

Lapurdi   R204 a Basque province

lapurtu   30 rob

lar   R35 (*Bizk.*) too: **lar handia**   too big

larehun   *variant of* **laurehun**

larogei   *variant of* **laurogei**

larregi   22, R12 (*Bizk.*) too much, too many

larri   38 serious, bad

larru   skin

larunbat   7, R202 Saturday

lasai   2 **Lasai!**   Never mind! Don't worry!

lasaitasun   33 calm, tranquillity

laster   18, 26, R201 soon

latin   Latin

latz   rough, hard, harsh

lau   1, R203 four

laurden   2, R26 quarter. / 2 **zortziak eta laurden**   a quarter past eight; **hirurak laurden gutxi**   a quarter to three

laurehun   6 four hundred

laurogei   5, R203 eighty

laztan   affection, caress

laztasun   harshness

legatz   6 hake

lege   36 law

legez   23, R56 (*Bizk.*) like

lehen   9, 16, 25, R203 first: **lehen liburua**   the first book, book one. / 26, R201 (*adverb*) before, earlier. / 10, R145, R164 **baino** * (*conjunction or postposition*)   before: **etorri baino lehen**   before (you) come / came. / 27 *ago   earlier, before. / 28 *go   of before, earlier, previous: **lehengo asanbladan**   in the previous meeting; **lehengo egunean**   the other day

lehenbailehen   as soon as possible

lehenbiziko   25 first

lehenengo   9, 16, 25 first: **lehenengo liburua**   the first book, book one

lehengusu   cousin

lehiaketa   competition

leiho   12 window

leku   24 place

letxua   9 lettuce

lez   23 (*Bizk.*) *variant of* **legez**

libera   9, 14, 33 franc (*unit of currency*)

libra   9 pound (*unit of weight*)

libre   6 free, available, unoccupied

liburu   12 book

liburudenda   26 bookstore

literatura   31 literature

litro   9 liter (*unit of volume*)

lo   20, 22, 24, R121 * **egin**   sleep. / * **hartu, lokartu, loak hartu**   fall asleep

lodi   36 thick, fat

logela   12 bedroom

lokale   premises

lore   9 flower

lortu   28, 31 get, achieve, obtain, gain

lotsa 37 shame, shamefulness. / 37 * **naiz** I am shy

lotsagarri 38 shameful, disgraceful, outrageous

lur 13 land, piece of land

lurralde 11 region, country, territory

lusagar 14 (*Nor.*) potato

luzatu lengthen; delay, postpone; offer, provide

luze 24 long

madarikatu damned, darned

magazina 14 (*Nor.*) store

mahai 6 table

maiatz 12, R202 May

maila 10 level

maindire 30 sheet

maitasun 31, 34 (*noun*) love

maitatu love

maite 36 love, dear, darling, beloved: **nere aita maitea** my dear father. / 14, 21 * **dut** (*verb*) love; (*Nor.*) like

Maite 1 Maite (a girl's name)

maiz 35, R201 often

makila 27 stick

maldizio curse

maldizioka cursing

malkartsu rough, rugged

manifestazio 29 demonstration

mankomunitate community, association

mantendu maintain

mapa 23 map

markatu 34 (*verb*) dial

martitzen 14 (*Bizk.*) Tuesday

martxo 12, R202 March

materiale material

Maule R204 a Basque town

mediku 20, 28 doctor, physician

Mediterraneo 11 Mediterranean

mehe 36 thin

mekaniko 25 mechanic

mekauen 17 Darn it!

mende 31 century. / 31 rule, domination

mendebalde 11 west

mendi 1 mountain, hill

menperatu dominate

merezi 37 * **du** it is worth, it is worthwhile

merkatu 7 market

merke 9 cheap

mesedez 2, 17 please

metro 9, 11 meter (*unit of length or distance*)

Mikel 1 Michael

mila 6, R203 a thousand, one thousand; thousand

milaka 37 thousands, by the thousands

milesker (*Nor.*) thank you

milioi 6 million: **milioia** or **milioi bat** a million, one million; **bi milioi** two million

min 20, 36 pain, ache: **buruko mina** headache. / 36, R121 * **egin**, * **eman** (*verb*) hurt

mingain 20 tongue

ministeritza ministry

mintzatu 14, 28, 32 talk, speak

mintzo 35 * **naiz** I speak

mirari miracle, marvel

Miren 1 Mary

mito myth

modu 3 **zer** * **z** how (*informal*): **Zer moduz?** How're you doing?

moko beak

moldatu (*verb*) form, formulate, arrange, adapt

momentu moment

morroi 30 servant, boy

motel 8 kid, buddy (*very informal*): **Kaixo motel!** Hi there!

motz short, deficient, poor, ugly

mozkor drunkenness

mozkorti drunken; drunkard

mozkortu get drunk; drunk (*participle*)

moztu 36 cut; shorten; interrupt

muga 11 limit, boundary, border. / * **egin** border on, be adjacent to

mugagabe R37 (*gram. term*) indefinite

mugatu 36 delimit, limit, restrict, determine, define

mundu 31 world

musika 38 music

musu 25 (*noun*) kiss. / * **eman** (*verb*) kiss

mutiko boy

mutil 1 boy, guy, fellow

mutu silent, mute

mutur 11 edge, end

nafar 27 Navarrese, from Navarre

Nafarroa R204 Navarre, a Basque province. / R204 * **Beherea** or **Baxe** * Low Navarre, a Basque province

nagusi 11 main, chief, principal. / 21 boss, owner

nahasi confused

nahi 2, 3, R121 * **dut** I want: **Zer nahi duzu?** What do you want? What would you like? / 10, 15, R112, R115, R140, R145 * **dut** I want to: **Etxera joan nahi dut** I want to go home. / 16 * **nuke** I would like. / 22 *ago dut I prefer; *ago nuke I would prefer, I'd rather

nahiko(a) 27, R31 quite, rather, enough. / 28, R26 quite a lot, plenty, enough

nahitaez 28 like it or not, necessarily

nahiz 31, R152, R162 although, even if

nazio nation

nazional 28 national

nazionalitate 11 nationality

neba 14 (*Bizk.*) brother (*of a girl or woman*)

negar weeping, tears. / 37, R121 * **egin** cry, weep

negu 26 winter

nekatu 6 tire, get tired; tired (*participle*)

neke hard work, effort; fatigue

nekez hardly, barely, with difficulty

nere 3 my. / 5 *a, *ak mine

neroni 36, R22, R170 I myself

neska 1 girl

neskame maid, female servant

neskatxa girl

neu R22, R170, R171 myself

neurri 37 measure, degree, extent:

Euskara ikasiko duzu erabiltzen duzun neurrian bakarrik You will only learn Basque to the extent that you use it, . . . inasmuch as you use it

ni 2, R22, R40 I, me

nihaur 35, R22, R170 I myself

nire 10 *variant of* **nere**

nobela 31 novel

noiz 13, R23, R201 when (*in questions*)

noiz-behinka now and then, occasionally

noizbait 21, 27, R23, R201 sometime

noka *see R181*

nola 5, R23 how. / 8 **Nola?** What? Pardon? (*expresses that one did not understand what was said*)

nolabait R23 somehow

nolako 9, 18 what kind of, what . . . like: **nolako letxuak** what kind of lettuces; **Nolakoa da zure etxea?** What is your house like?

nolatan, nolaz *variants of* **nola**

non 5, R23 where

nonbait 19, 21, R23 somewhere

nor 7, R40 who

norbait 12, 21, R23 someone, somebody

normal normal

normalki normally

noski 12 of course

numero number

obra building works

odol blood

ofizial 14 (*adjective and noun*) official

ogi 9 bread

ohe 12 bed

oheratu 36 go to bed, put to bed

ohi R112, R119, R141, R145 usually, customarily

oihan 14 (*East.*) wood, forest

oilasko 9 chicken

oilo 13 hen

oin 36 foot. / 7 *ez on foot: **Oinez joango naiz** I'll walk there. / 14 *Bizk. variant of* **orain**

oinarri 38 footstone, foundation, base, basis. / 38 *zko basic

okela   14 (*Bizk.*) meat

okerrago   27, R32 worse (*comparative of oker and gaizki*)

okerren   R33 worst

olan   14 *Bizk. variant of* **hola**

olio   9 oil

omen   37, R123 *a particle used with verbs*: **Hona etorriko omen da**   It is rumored that he will come here

on   2 good. / 3 **Egun *!**   Good day! Good morning! **Arratsalde *!** Good afternoon! **Gau on!** *or* **Gabon!**   Good evening! Good night!

onartu   38 accept, approve

ondiño   14 *Bizk. variant of* **oraindik**

ondo   14, 18 well; good!

ondoan   11, R53 (*postposition and adverb*) by, beside, next to. / *So also* ***ondora, ondotik, ondoko.*** / R164 after

ondoren   12, R53, R164, R201 (*conjunction, postposition, or adverb*) after, afterward. / (*noun*) consequence, result

ondorio   consequence, result

ongi   2 well. / 2 **Ongi!**   Good! Fine! Okay!

ontsa   34 *variant of* **untsa**

oparotasun   abundance, generosity

optimista   25 optimistic, optimist

orai   14 *East. variant of* **orain**

orain   1, 26, R23, R201 now. / 38, R175 *** dela**   ago: **orain dela bost urte**   five years ago

oraindik   10, 26, R201 still, yet

oraino   14, R201 (*also* **ono**) *East. variant of* **oraindik**

oraintxe   12, 26 right now, just now, just (*intensive form of* **orain**)

ordaindu   13 pay

ordez   16, R53 (*postposition or conjunction*) instead of

ordu   1, R177 hour. / 1, R176, R177 time (of day)

orduan   3, R23, R201 then, at that time

oren   14, R177 (*Nor.*) hour: **hiru orenak**   three o'clock

oroitu   36 remember

orri   10 sheet of paper, form

orrialde   page

ortu   14 (*Bizk.*) vegetable garden

osaba   11 uncle

osasun   38 health

osatu   36 complete, complement, constitute

osin   nettle

oso   2, R31 very: **oso ona**   very good. / 19, R26 whole, all

ospatu   celebrate, hold (a meeting, etc.)

ospe   31 fame, renown

ostalari   30 innkeeper

ostatu   5 (small) hotel

ostean   R53, R164 (*Bizk.*) behind; after

ostegun   7, R202 Thursday

ostikada   (*noun*) kick

ostiral   7, R202 Friday

ote   37, R123 *a particle used with verbs*: **Hona etorriko ote da?**   I wonder if he'll come here

oto   14 *Nor. variant of* **auto**

otoi   (*Nor.*) please!

otsail   12, R202 February

otto   14 (*Nor.*) uncle

pake   *variant of* **bake**

pakete   9 packet, package, parcel

paper   12 paper

paraje   place, spot

pare   26 pair. / 20, 26 *** bat**   a couple

parke   park

parte   28 *** hartu**   take part, participate

partidu *or* **partida**: game, match

pasa   23, 24 pass, go by, cross

pasaporte   14, 33 passport

paseiatu   22, 24 go for a stroll, go for a walk, go for a ride

pastila   20 pill

patata   9 potato

patxaran   12 a liqueur made with sloe berries and anisette

pean   R53 beneath. / *So also* ***pera, petik, peko***

pelota   38 ball; handball, pelota, jai alai

pelotari   38 jai alai player
pena   17 shame, pity; grief
pentsatu   18 think
pentsu   fodder
pertsona   8 person
pesadunbre   grief
pesimista   25 pessimistic, pessimist
pezeta   5, 9 peseta (*unit of currency*)
pezta   5 *variant of* **pezeta**
pila   *variant of* **pilo**
pilo   26, R12 * **bat**   a lot, loads
pilota   38 *variant of* **pelota**
pilotari   38 *variant of* **pelotari**
pintatu   (*verb*) paint
Pirineo   11 Pyrenee
pixka   5, R12, R31 * **bat**   a little bit, a little, some
piztu   37 turn on, come on (a light, etc.)
plater   18 plate, bowl, dish. / *Note: the r is not doubled, e.g.,* **platera**, **platerak**
plaza   7 plaza
plazer   14, 17, 34 (*Nor.*) * **baduzu**   please
pobre   31 poor
poliki   16 slowly
polit   2 pretty
politika   policy. / politics
polizia   33 policeman, police
populazio   23 population
portu   port, harbor
portzentaia   23 percentage
postal   14 postcard
poxpolu   19 match
poz   32 joy
pozik   13 happy
poztu   3, 15 be glad, be pleased: **Pozten naiz!**   I'm glad! I'm pleased! Pleased to meet you!
preguntau   14 (*Bizk.*) ask
presa   36 hurry, haste: **presa daukat**   I'm in a hurry
presaka   38 hurriedly, fast
presentatu   present; introduce
preso   38 prisoner
prest   6 ready
prestatu   38 prepare, get ready
prezio   price

pribatu   14 private
primeran   8 (*adverb or exclamation*) great, perfect(ly), excellently
probintzia   8 province
problema   13 problem
proiektu   28 project
proposamen   proposal
protesta   25 (*noun*) protest
protestatu   25 (*verb*) protest
puska   piece, part
puskatu   36 break
putzu   well; puddle
rugby   rugby
sagar   apple
sagardo   13 cider
sagardotegi   13 cider house, place where cider is made and sold
saiatu   24 try
sakabanatu   disperse
sakon   deep, profound
sakratu   25 sacred
salbamendu   salvation
salda   18 (clear) soup, broth
saldu   7, 9 sell
saloi   12 living room
saltzaile   26 seller
samar   36 rather, quite, pretty: **haundi samarra**   rather big; **gaizki samar**   pretty bad(ly)
santu   holy, sacred
sarde   pitchfork
sari   prize, reward
sarrera   37 entry, entrance. / 37 ticket
sarri   21, R201 often. / 34, R201 soon, straightaway. / 14 **Sarri artio!** (*Nor.*) See you later!
sartu   10, 12, 15, R142 come in, go in, get in, enter. / 15 put in
saskibaloi   basketball
segidan   straightaway
segitu   33 continue, follow: **Horrek beti berdin segitzen du**   He (She) is always the same; **Segi, segi!**   Go on, continue!
segur   *or* **seguru**   sure
segurki   36 surely, no doubt
sei   1, R203 six
seilu   14 stamp

sekula 36, R23, R201 ever: **sekula ez** never

sekulako fantastic, great

semaforo 25 traffic light, stoplight

seme 26 son

senar 27 husband

sendo 38 strong, vigorous

sentitu 20, 24 feel

serio serious

serios *variant of* **serio**

seriotasun seriousness

sinadura signature

sinatu (*verb*) sign

sinbolo 25 symbol

sinetsi 36 believe

sinistu 36 *variant of* **sinetsi**

sinpatiko 11 pleasant, nice (*generally of people*)

so (*East.*) looking (at)

sobera 33, R12, R35 too much, too many; too

soinu sound

soldadu 33 soldier

solomo 18 loin steak of pork

sopa *variant of* **zopa**

sorgin witch

sorleku birthplace

sormen creativity

soro field

sorrera birth

sortu 33 be born, arise, appear; create

sos 29 (*usually plural*) money

soziologia sociology

su 19 fire. / 19 a light (e.g., a match)

sukalde 12 kitchen

sukar 20 fever

ta R151 *variant of* **eta**

tabako 14 tobacco

taberna 2 bar

tabernari 32 barman

tailer 25 workshop, (car) repair shop, garage

talde 29 group

tanta (**ttantta**) 17 drop: **euri ttantta** raindrop

teatro 36 theater

teilatu roof

telebista 12 television

telefono 11, 12, telephone; telephone number

tenedore 37 fork

tenis tennis

tenore 14, 34, R176 (*East.*) time (of day): **Zer tenore da?** What time is it?

terreno ground, terrain

tipi (*East.*) small

tipula 9 onion

toka *see R181.* / a game

toki 3 place, room, space

tomate 9 tomato

tonelada ton

tonto 26 dumb, stupid; dummy

tontor summit, top

topatu meet, find, discover

tori 8 here you are (*when handing something to someone*)

tortila 13 omelet

traktore tractor

trankil 14 calm, tranquil

tren 22 train

tripa 20 stomach

tristatu sadden

triste 30 sad

ttantta 14 (*Nor.*) aunty. / drop

ttipi 14 *variant of* **tipi**

turismo 11 tourism, tourist industry

turista 14 tourist

txakur 22 dog

txalo applause

txantxetan joking, jokingly

txar 3 bad

txaranga street band

txarto 23 (*Bizk.*) badly, bad

txerri 13 *variant of* **zerri**

txiki 2 small, little

txintxo *variant of* **zintzo**

txokolate 13 chocolate; cocoa

txuleta 6 steak on a bone (beef); chop (lamb, pork)

uda 26, 36 summer

udaberri 26, 36 spring

udal municipality; town council

udaletxe 24 town hall, city government

udara 36 *variant of* **uda**

udazken 26, 36 autumn, fall

ugazaba chief, master, boss

ukan 14 (*Nor.*) have (*see* **izan**)

ukatu deny, refuse

ulertu 12 understand

ume 31 child. / 38 young (of animals)

umegai fetus

umetza childhood

umezurtz 31 orphan

umoretsu good-natured

une moment

unibertsitate 15 university

untsa 14, 34 well

ur 9 water. / *Note: the* r *is not doubled, e.g.,* **ura**, **uretan**

urdin 13 blue

Urgull 1 Urgull

uri 14 *Bizk. variant of* **hiri** town. / 14 *East. variant of* **euri**

urre 30 gold

urri 10, 12, R202 October

urrun 13, R56, far, far away

urrundu go far away, move away

urruti 13, R56 *variant of* **urrun**

urtarril 12, R202 January

urte 6 year

urten 14 *Bizk. variant of* **irten**

urtero every year

usain 38 smell, hint, air

usatu use

uste 5, R121 * **dut** I think, I believe

ustel rotten

utzi 19 leave, let. / 27 lend

uztail 12, R202 July

Xabier 1 Xavier

xahutu spend (money)

xakur *variant of* **txakur**

xarmangarri charming

xarmant charming

xede objective, goal, purpose

xuri *variant of* **zuri**

xu R180 you

xuka *see R181*

xurgatu suck

zabal 36 wide, broad

zabaldu 14 open. / 30 spread, widen

zabalik 14, 16 (*adjective or adverb*) open

zahagi wineskin

zahar 1, 2 old: **Alde Zaharra** the Old Part, the Old Town

zail 19 difficult, hard

zain 9 waiting: **Zure zain nago** (or **Zain naukazu**) I am waiting for you

zaindu 37 look after, protect, watch (over)

zaku sack

zakur dog

zaldi 28 horse

zapata 26 shoe

zapatu 14 (*Bizk.*) Sunday

zarata noise

zati piece, part

zauri 14 (*Nor.*) come here! / wound, injury

zazpi 1, R203 seven

ze R12 (*determiner*) what: **ze(r) kolore?** what color? / R160 because

zehar 11, R56 across, through, throughout

zeharo thoroughly, completely

zein 3, R12, R23 which

zelai 11 flat, open (*of land*)

zelako 14 *Bizk. variant of* **nolako**

zelan 14, 21 *Bizk. variant of* **nola**

zenbait 33, R12, R23 some, a few, certain: **Zenbait alderdi politikori negoziatzea ez zaie interesatzen** Some political parties are not interested in negotiating

zenbaki 12 number

zenbat 1, R12, R23 how many, how much

zendako (*East.*) why

zentro center

zentzu sense

zeozer 14 something (*from* **zer edo zer**)

zer 1, R12, R23, R40 what

zer moduz 3 how (*informal*): **Zer moduz?** How're you doing?

zerbait 12, 21, R23 something

zerbeza 12 beer

zeren R152, R160 because

zergatik 19 why. / R160 (*substandard*) because

zerori   R22 you yourself
zeroriek   R22 you yourselves
zerri   13 pig
zertxobait   something, a little bit
zeru   13 sky; heaven
zeu   22 yourself
zeuek   22 yourselves
zigarro   15 cigarette
zigor   whip; punishment
zigortu   punish, oppress
zimurtu   wrinkle
zinez   really, seriously, honestly
zintzo   faithful, honest
zoin   14 *Nor. variant of* **zein**
zonbait   14 *Nor. variant of* **zenbait**
zonbat   14 *Nor. variant of* **zenbat**
zopa   soup. / pieces of bread soaked in soup, wine, or milk
zoragarri   delightful, wonderful
zorigaitz   35 ***ez**   unfortunately
zorion   32 happiness, good luck / 32 **Zorionak!**   Congratulations! Happy birthday! Happy anniversary! etc. / 35 ***ez**   fortunately
zoritxar   bad luck. ***rez**   unfortunately

zoro   38 crazy, mad
zorrotz   sharp; severe, cutting
zortzi   1, R203 eight
zu   2, R22, R40 you (*singular*). / 3 **Bai eta zuri ere!**   Same to you! (*reply to Egun on, Arratsalde on, etc.*)
Zuberoa   R204 a Basque province
zubi   24 bridge
zuek   2, R22, R40 you (*plural*)
zuen   3 your (*plural*). / 5 ***a, *ak**   yours (*plural*)
zuhaitz   tree
zuhaur   R22 you yourself
zuhaurek   R22 you yourselves
zulo   38 hole, lair
zure   3 your (*singular*). / 5 ***a, *ak**   yours (*singular*)
zuri   2 white. / 2 **ardo ***   white wine
zurito   2 very short glass of tap beer (popular in bars)
zuritu   whiten, whitewash
zutabe   column
zuzen   15 straight
zuzendari   38 director, conductor
zuzendaritza   directorate

ENGLISH-BASQUE VOCABULARY

a *bat*
able *ahal*
about *buruz*
above *goian*
abroad *atzerrian*
accept *onartu*
accident *istripu*
accompany *lagundu*
account *kontu*
ache *min*
achieve *lortu*
across *zehar, barna, gaindi*
address *helbide, adreza*
adult *handi, heldu*
advisable *komenigarri;*
　—be advisable: *komeni izan*
afraid *beldur*
after *ondoren, ondoan, ostean, eta gero*
afternoon *arratsalde;*
　—Good afternoon: *Arratsalde on*
afterward *gero, ondoren*
again *berriz, berriro*
against *kontra*
age *adin*
ago *orain dela;*
　—long ago: *aspaldi*
agree *konforme egon*
ahead *aurrera, aitzina*
air *aire*
airport *aireportu*
all *guztia, dena, osoa; guztiak, denak;*
　oro;
　—that's all: *kito*
all right *ongi; bale*
allow *utzi*
almost *ia, abantzu*
alone *bakarrik*
also *ere, be; gainera*
although *nahiz*
altogether *dena(k) batera; guztira*
always *beti*

amazing *harrigarri*
America *Amerika;*
　—in America: *Ameriketan*
American *amerikano*
among *artean*
an *bat*
and *eta (ta)*
angry *haserre;*
　—get angry: *haserretu*
animal *animalia, abere*
another *beste bat*
answer *erantzun, arrapostu*
any *bat ere; edozein, edozer*
anybody *inor*
anyone *inor; edonor*
anything *ezer, deus; edozer*
anything else *besterik*
anywhere *inon; edonon*
apart *aparte*
apartment *pisu*
appear *agertu*
apple *sagar*
appointment *ordu, zitu*
approve *onartu*
April *apiril(a)*
argue *diskutitu, eztabaidatu*
arise *sortu*
arm *beso*
around *inguruan*
arrange *konpondu*
arrive *heldu, iritsi*
as *bezala; eta*
as . . . as *bezain*
as many as *adina*
as much as *adina*
as well (as) *gainera*
ask *galdetu, galde egin, itaundu, pre-*
　guntau
ask (someone to do something)
　eskatu, galde egin
ask for *eskatu, galde egin*

aspirin   *aspirina*
assembly   *asanblada*
at all   *bat ere*
at least   *gut(x)ienez, bederen, behintzat*
August   *abuztu(a)*
aunt   *izeba, izeko, ttantta*
autumn   *udazken*
available   *libre*
away   *kanpora, kanpoan*
back   *atzera;*
  —go/come back: *itzuli*
bad   *txar, gaizto; larri; gaizki, txarto*
bad luck   *zoritxar*
badly   *gaizki, txarto*
bag   *boltsa*
ball   *pelota (pilota)*
ban   *debekatu*
bank   *banku*
bar   *taberna*
barman   *tabernari*
base   *oinarri*
basic   *oinarrizko*
basis   *oinarri*
basketball   *saskibaloi*
Basque   *Euskal Herriko, Euskadiko,
  eusko; euskaldun; euskarazko, euskal;
  euskara;*
  —learn Basque: *euskara ikasi, euskal-
  dundu;*
  —in Basque: *euskaraz*
Basque Country   *Euskal Herria,
  Euskadi*
Basque dialect   *euskalki*
Basque government   *Eusko Jaurlaritza*
Basque language   *euskara*
bath   *bainu*
bathroom   *komun*
be   *izan, egon, gelditu, ibili*
beach   *hondartza*
beard   *bizar*
beautiful   *eder*
beauty   *edertasun*
because   *eta, zeren, zeren eta, ze*
become   *bihurtu, bilakatu, egin*
bed   *ohe*
bedroom   *logela*
beer   *zerbeza, biera, kaña, zurito*
before   *aurretik, lehen, lehenago; aurre-
  tik, baino lehen*

begin   *hasi*
behind   *atzean, gibelean, ostean*
believe   *sinetsi (sinistu), uste izan*
bell   *kanpaia; txirrin*
below   *azpian, behean*
beneath   *azpian, pean*
beside   *ondoan, alboan*
besides   *aparte, gainera*
best   *hoberen, onen; hobekien, ondoen*
better   *hobe; hobeki, hobeto*
between   *artean*
bicycle   *bizikleta*
big   *handi*
bill   *kontu*
bird   *txori*
birthday   *egun, urtebetetze*
birthplace   *jaioterri*
Bizkaian   *bizkaitar*
black   *beltz*
black coffee   *kafe huts*
blanket   *manta*
blind   *itsu*
blood   *odol*
blouse   *brusa*
blue   *urdin*
boat   *txalupa, barku*
body   *gorputz*
boil   *egosi*
bone   *hezur*
book   *liburu*
bookstore   *liburudenda*
boot   *bota*
border   *muga*
born:
  —be born: *jaio, sortu*
boss   *nagusi*
both   *biak*
bottle   *botila*
bowl   *plater (sakon)*
box   *kaja, kutxa*
boy   *mutil, mutiko, morroi*
brandy   *koñak*
bread   *ogi*
break   *apurtu, puxkatu, hautsi*
break down   *hondatu, aberiatu, izo-
  rratu*
breakfast   *gosari, askari;*
  —have breakfast: *gosaldu, askaldu*
bream   *bixigu*

breast *bular*
breath *arnasa*
breathe *arnasa hartu*
bridge *zubi*
bright *argi*
bring *ekarri*
bring up *hazi*
broad *zabal*
brother *anaia, neba*
brown *marroi*
building *etxe*
burn *erre*
bus *autobus*
busy *okupatu*
but *baina; berriz; baizik*
button *botoi*
buy *erosi*
by *ondoan*
bye *gero arte! ikusi arte!*
café *kafetegi*
call *deitu;*
  —be called: *deitu*
calm *lasai, trankil; lasaitasun*
campaign *kanpaina*
campground *kanpin*
can *ahal izan; lata*
candy *goxoki*
cannot *ezin*
cap *txapel*
capital *hiriburu*
car *auto, kotxe*
care:
  —I don't care: *berdin zait, ez zait axola, ez zait inporta*
careful:
  —be careful: *kontuz, kasu*
carefully *kontuz, arretaz*
carry *eraman, eroan*
cat *katu*
catch *harrapatu*
cathedral *katedral*
catholic *katoliko*
celebrate *ospatu*
center *zentro*
century *mende*
certain *segur(u); zenbait*
certainly *behintzat, dudarik gabe, duda barik*
chair *aulki, kadira*

chance *aukera*
change *aldatu, kanbiatu*
chapter *kapitulu*
charge *kobratu*
cheap *merke*
check *txeke; kontu*
cheese *gazta (gasna)*
chest *bular*
chicken *oilasko*
chief *nagusi*
child *haur, ume*
chocolate *txokolate*
choice *aukera*
choose *aukeratu, hautatu*
chop *txuleta*
Christian *kristau, giristino*
Christmas *Gabonak*
church *eliza;*
  —go to church (mass): *mezatara joan, meza entzun*
cider *sagardo*
cider house *sagardotegi*
cigarette *zigarro*
cinema *zine*
city *hiri*
class *klase*
clean *garbi; garbitu*
clear *argi, garbi; garbitu*
clever *azkar*
climb *igo*
clock *erloju*
close *hetsi (itxi); hurbil, gertu*
closet *armario*
clothes *arropa*
cloud *hodei*
coast *kosta*
cocoa *txokolate*
coffee *kafe;*
  —white coffee: *kafesne;*
  —black coffee: *kafe huts*
coffee with a little milk: *kafe ebaki, ebaki*
cold *hotz; katarro*
collect *bildu*
color *kolore*
come *etorri, jin*
come back *itzuli*
come down *jaitsi*
come here! *etorri, zatoz, zauri (xauri)*

come in *sartu*
come on *ea; piztu*
come out *atera, irten*
company *enpresa*
competition *lehiaketa*
concerning *buruz*
concert *kantaldi*
conductor *zuzendari*
congratulations *zorionak*
consequence *ondorio*
continue *jarraitu, segitu*
convenient *egoki*
cookie *gaileta, bixkotx*
cool *fresko; jator*
copy *kopia; kopiatu*
corner *izkina*
correct *zuzen; zuzendu*
cost *balio izan*
cough *eztul; eztul egin*
cough syrup *jarabe*
count *kontatu*
country *herri, herrialde, nazio;*
    lurralde
couple *pare*
course *ikastaro;*
    —of course: *jakina, noski*
cousin *lehengusu, kusi*
cow *behi*
crazy *zoro (txoro)*
create *sortu*
criticism *kritika*
criticize *kritikatu*
cry *negar egin*
culture *kultura*
cup *taza*
cupboard *armario*
custom *ohitura, usaia*
cut *ebaki, moztu*
damage *kalte; kalte egin*
damp *busti*
dance *dantza; dantza egin, dantzatu*
danger *arrisku*
dark *ilun*
darling *maite*
darn it *mekauen*
daughter *alaba*
day *egun;*
    —every day: *egunero;*
    —these days: *gaur egun*

dead *hil*
dear *maite*
death *heriotze*
December *abendu(a)*
decide *erabaki*
deep *sakon*
defend *defenditu*
degree *gradu; neurri*
delicious *goxo*
delightful *zoragarri*
demonstration *manifestazio*
deserve *merezi izan*
desk *mahai, idazmahai*
dial *markatu*
dialect *dialekto;*
    —Basque dialect: *euskalki*
dictionary *hiztegi*
die *hil*
different *desberdin, diferente, bestelako*
difficult *zail, gaitz (gatx), neke;*
    —be difficult: *kostatu*
dinner *afari;*
    —have dinner: *afaldu*
director *zuzendari*
dirty *zikin*
disgraceful *lotsagarri*
dish *plater*
district *eskualde*
divorced *dibortziatu*
do *egin*
doctor *mediku*
dog *txakur, zakur*
dollar *dolar*
donkey *asto*
door *ate, borta*
down *behera, beheti*
downstairs *behean, behera*
dozen *dozena*
dream *amets; amets egin*
dress *jantzi, soineko; jantzi (verb);*
    —get dressed: *jantzi*
drink *edan; edari*
drive *gidatu, konduzitu, eraman*
driver *txofer*
driver's license *(konduzitzeko) karnet*
drop *erori; tanta (ttantta)*
dry *lehor*
dumb *tonto*
dummy *tonto*

each *bakoitz;*
   —one each: *bana*
each other *elkar*
ear *belarri*
early *goiz*
earn *irabazi*
earth *lur*
easily *erraz*
east *ekialde*
easy *erraz*
eat *jan*
egg *arraultze*
eight *zortzi*
eighty *laurogei*
either *ere;*
   —either . . . or: *edo . . . edo*
electric *elektriko*
element *elementu*
eleven *hamaika*
else:
   —anything else: *besterik;*
   —nothing else: *besterik ez;*
   —something else: *beste zerbait, zerbait gehiago;*
   —or else: (*edo*) *bestela*
empty *hutsik*
end *bukatu, amaitu, finitu; bukaera, amaiera; mutur*
England *Inglaterra*
English *ingles*
Englishman *ingles*
enjoy *atsegin izan*
enjoy oneself *ongi pasa*
enough *aski, nahiko*
enter *sartu*
entrance *sarrera*
entry *sarrera*
escape *ihes egin*
especially *batez ere*
etc. *eta abar, etab.*
Europe *Europa*
even *ere, are*
even if *nahiz*
evening *arrats* (*ats*)*, gau*
ever *inoiz, sekula, behin ere*
every *guzti*(*ak*)*, oro*
every day *egunero*
every year *urtero*
everyone *denak*

everything *dena*
exactly *zehazki*
exam *azterketa*
example *adibide;*
   —for example: *adibidez, esate baterako*
excellent *bikain*
except *ezik, izan ezik, baizik*
excuse me! *barkatu!*
exercise *ariketa*
exist *izan, aurkitu*
expect *espero izan*
expensive *garesti, karu, kario*
explain *esplikatu, azaldu*
express *adierazi*
extent *neurri*
extremely *guztiz*
eye *begi*
face *aurpegi*
factory *fabrika, lantegi*
fall *erori; udazken*
fall asleep *lo hartu* (*loak hartu, lokartu*)
fame *fama, ospe*
family *familia*
famous *famatu*
far *urrun* (*urruti*)
farm *baserri*
farmer *baserritar*
farmhouse *baserri, borda*
farming *nekazaritza, laborantza*
fast *arin, azkar, presaka*
father *aita*
favor:
   —in favor (of): *alde*
favorite *gogoko*
fear *beldur*
February *otsail*(*a*)
feel *sentitu*
fellow *mutil*
fever *sukar*
few *guti* (*gutxi*)*;*
   —a few: *zenbait, batzu*
fiancée *andregai*
field *zelai; alor, soro*
fiesta *festa, jai*
fifty *berrogeitahamar*
fight *borroka; borroka egin, borrokatu*
fill *bete*

fill out *bete*
film *filme*
finally *azkenean*
find *aurkitu, atzeman, kausitu*
find out *jakin*
fine *eder, bikain*
fine! *ongi! ondo! untsa! ederki! ederto!*
finish *bukatu, amaitu, finitu*
fire *su*
first *lehen, lehenbiziko, lehenengo;
   lehenbizi, lehenengo, lehenik*
fish *arrain*
fisherman *arrantzale*
five *bost*
five-peseta coin *duro*
fix *konpondu*
flag *ikurrin*
flat *zelai*
flavor *gustu, kutsu*
flower *lore*
folk dance *herri dantza*
folk song *herri kanta*
follow *jarraitu, segitu*
following *ondoko*
food *janari*
fool *asto*
foot *oin*
football *futbol*
forbid *debekatu*
force *indar*
foreign *atzerritar, arrotz*
forest *baso, oihan*
forget *ahantzi (ahaztu)*
fork *tenedore*
form *forma; orri*
fortunately *zorionez*
forty *berrogei*
forward *aurrera, aitzina*
fountain *iturri*
four *lau*
four hundred *laurehun*
franc *franko, libera*
France *Frantzia, Estatu Frantsesa*
free *libre, aske; dohain, dohainik;*
   —set free: *askatu*
freedom *askatasun*
French *frantses; erdara*
Friday *ostiral(a)*
friend *lagun, adiskide*

frighten *ikaratu, izutu (izitu)*
front:
   —in front (of): *aurrean, aitzinean*
fruit *fruta (fruitu)*
full *bete*
furthermore *gainera*
gain *irabazi, lortu*
game *joko, partidu*
garage *garaje; tailer*
garden *lorategi; baratze, ortu*
gasoline *gasolina*
gather *bildu, batu*
general *orokor*
gentleman *jaun*
geographical *geografiko*
geography *geografia*
get *egin, gelditu; lortu; iritsi*
get along *konpondu*
get in *sartu*
get out *atera, alde egin*
get up *altxatu, jaiki*
Gipuzkoa *Gipuzkoa*
girl *neska, neskatxa*
give *eman*
give back *itzuli*
give me *emaidazu, ekarri*
glad *pozik;*
   —be glad: *poztu*
glass *baso, kopa*
go *joan, ibili*
go away *alde egin, joan*
go back *itzuli*
go by *pasa*
go down *jaitsi*
go in *sartu*
go on *jarraitu, segitu*
go out *atera, irten; itzali*
go up *igo (igon, igan)*
God *Jainko(a), Jaungoiko(a)*
gold *urre*
good *on; goxo*
good! *ongi! ondo! untsa!*
good afternoon *arratsalde on*
good day *egun on*
good evening *gau on, gabon*
good morning *egun on*
good night *gau on, gabon*
good-bye *adio, agur*
good-looking *eder*

goodness:
—my goodness! *arraioa!*
government *gobernu;*
—Basque government: *Eusko Jaurlaritza*
gram *gramo*
grammar *gramatika*
grandfather *aitona, aitaita (attitta), aitatxi*
grandmother *amona (amoña), amama (amuma), amatxi*
grass *belar*
great *handi; ederki*
great! *ederki! primeran!*
green *berde*
ground *lur*
group *talde, multzo*
grow *hazi*
grow up *hazi*
grown up *handi*
guess *asmatu*
guest *gonbidatu*
Guipuzcoa *Gipuzkoa*
guy *mutil*
hair *ile*
hake *legatz*
half *erdi*
hand *esku;*
—on the other hand: *berriz, bestalde*
handball *pelota (pilota)*
handsome *eder*
happen *gertatu*
happiness *zorion*
happy *pozik, kontent, gustora, alai*
happy birthday *zorionak*
hard *gogor; zail, gaitz (gatx), neke*
harm *kalte; kalte egin*
have *izan, ukan, eduki; hartu*
have to *behar izan*
he *hura, bera*
head *buru*
headache *buruko min*
health *osasun*
hear *entzun, aditu*
heart *bihotz*
heat *bero; berotu*
heaven *zeru*
hello *kaixo*
help *lagundu; laguntza*

hen *oilo*
her *hura, bera; haren, bere*
herb *belar*
here *hemen, hementxe; hona (honera)*
here you are *hartu; tori*
hers *harena(k), berea(k)*
hey! *adizu!; aditu!; aupa!*
hi *epa*
hide *ezkutatu, gorde*
high *altu*
hill *mendi; aldapa*
him *hura, bera*
his *haren, bere*
historical *historiko*
history *historia*
hit *jo*
hole *zulo*
holiday *jai*
Holy Ghost *Espiritu Santua*
home *etxe; etxera;*
—at home: *etxean*
hometown *jaioterri*
honey *ezti*
hope *espero izan; esperantza;*
—I hope (so): *ojala, agian*
horse *zaldi*
hot *bero*
hotel *hotel, ostatu*
hour *ordu, oren*
house *etxe*
housewife *etxeko andre*
how *nola, zer moduz*
how many *zenbat*
how much *zenbat*
however *halere, hala ere*
hug *besarkatu; besarkada*
hundred *ehun*
hunger *gose*
hungry *gose, goseak*
hurry:
—in a hurry: *korrika, presaka*
hurt *min eman, min egin*
husband *senar*
I *ni*
I myself *ni neu, neroni, nihaur*
idea *ideia, asmo*
identity *nortasun*
identity card *karnet*
idiot *asto*

if *baldin*
ill *gaiso, gaisorik*
imagine *imajinatu*
immediately *berehala, bertan*
immigrant *inmigrante, etorkin*
important *inportante, garrantzitsu*
impossible *ezinezko, ezin*
indeed *benetan, dudarik gabe*
independence *independentzia*
industrial *industrial*
industry *industria*
influence *eragin*
inform *jakin arazi*
information *informazio*
innkeeper *ostalari*
inside *barruan, barnean*
instead of *ordez, beharrean*
instructor *irakasle*
instrument *tresna*
intend *asmoa izan/eduki*
intention *asmo*
interested *interesatu;*
    —be interested: *interesatu*
interesting *interesgarri*
international *nazioarteko*
introduce *presentatu, aurkeztu*
invite *gonbidatu*
island *irla*
issue *arazo; zenbaki*
it *hura, bera*
its *haren, bere*
jacket *jaka, txaketa*
jai alai *pelota (pilota)*
jai alai player *pelotari*
January *urtarril(a)*
job *lan*
joke *txiste*
joy *poz*
July *uztail(a)*
June *ekain(a)*
just *oraintxe*
just now *oraintxe*
keep *gorde, atxeki*
key *giltza, gako*
kid *mutil*
kill *hil*
kilo(gram) *kilo*
kilometer *kilometro*
kind *mota;*

    —that kind of: *halako, horrelako, holako;*
    —what kind of: *nolako*
king *errege*
kiss *musu; musu eman*
kitchen *sukalde, eskaratz*
knife *labana, ganibet*
knock *jo*
know *jakin, ezagutu;*
    —well-known: *ezagun*
Labourd *Lapurdi*
lady *andre*
land *lur*
language *hizkuntza*
large *handi (haundi)*
last *azken, joan den; iraun*
last night *atzo gauean, bart a(rra)tsean*
last week *joan den astean, lehengo astean*
last year *iaz*
late *berandu, berant, belu*
lately *aspaldian, azken boladan*
later *gero, geroago, beranduago*
laugh *barre egin*
law *lege*
lazy *alfer*
lazybones *alfer, alferrontzi*
learn *ikasi*
least *gut(x)ien*
leather *larru*
leave *utzi; joan, alde egin, atera, irten*
left *ezker;*
    —be left, have left: *gelditu, geratu*
leg *zango, hanka*
lemon *limoi*
lend *utzi*
less *gut(x)iago*
lesson *ikasgai*
let *utzi*
let know *jakin arazi*
let's go *goazen*
let's see *ea*
letter *eskutitz, karta*
lettuce *letxua*
level *maila*
liberate *askatu*
liberty *askatasun*
library *liburutegi, biblioteka*
license *karnet*

lie   *gezur; gezurra esan*
lie down   *etzan*
life   *bizi, bizitza*
lift   *jaso*
lift up   *altxatu*
light   *argi; su; semaforo; piztu; arin*
like   *gustatu, atsegin izan, maite izan,*
   laket izan; bezala, legez, antzera;
   —I'd like: *nahi nuke, gura nuke;*
   —what . . . like: *nolako, zelako*
like that   *hala, halako*
like this   *honela, hola; honelako, holako*
limit   *muga*
lip   *ezpain*
liqueur   *kopa*
list   *zerrenda*
listen   *entzun*
liter   *litro*
literature   *literatura*
little   *txiki, tipi (ttipi); guti (gutxi,*
   gitxi);
   —a little, a little bit: *pixka bat, apur*
   bat
live   *bizi izan*
living room   *saloi, egongela*
local   *bertako, hemengo*
long   *luze*
look!   *begira!*
look (at)   *begiratu, behatu*
look (like)   *iruditu*
look after   *zaindu*
look for   *bilatu*
looking for   *bila*
lord   *jaun*
lose   *galdu*
lost   *galdu;*
   —get lost: *galdu*
lot:
   —a lot: *asko, anitz, pilo bat*
love   *maite izan; maitasun, amodio*
low   *baxu, apal*
Low Navarre   *Baxenabarra, Nafarroa*
   Beherea
luck   *zorion; suerte*
lunch   *bazkari;*
   —have lunch: *bazkaldu*
machine   *makina*
mad   *zoro (txoro); haserre;*
   —get mad: *haserretu*

madam   *andrea*
maid   *neskame*
mail   *posta; bidali*
main   *nagusi*
make   *egin*
make up   *asmatu*
man   *gizon*
manner   *era*
many   *asko, anitz, hamaika, hainbat;*
   —so many: *hainbeste, hainbat*
map   *mapa*
March   *martxo(a)*
market   *merkatu*
married   *ezkondu*
marry:
   —get married: *ezkondu, esposatu*
mass (ceremony)   *meza;*
   —go to mass: *mezatara joan, meza*
   entzun
master   *jabe*
match   *poxpolu, su; partidu*
material   *gai*
matter   *arazo;*
   —it doesn't matter!   *berdin da, ez*
   da axola, ez dio inporta;
   —what's the matter?   *zer duzu? zer*
   gertatzen da?
mature   *heldu*
May   *maiatz(a)*
maybe   *baliteke, beharbada, agian, men-*
   turaz
me   *ni*
mean   *esan nahi izan*
meanwhile   *bitartean*
measure   *neurri; neurtu*
meat   *haragi, okela*
mechanic   *mekaniko*
medicine   *botika*
Mediterranean   *Mediterraneo(a)*
meet   *bildu; ezagutu*
meeting   *asanblada, bilera*
mention   *aipatu*
merry   *alai*
meter   *metro*
midday   *eguerdi*
middle:
   —in the middle: *erdian*
midnight   *gauerdi*
milk   *esne*

million   *milioi*

mind:
   —never mind!   *berdin da!*

mine   *nerea(k), neurea(k), nirea(k), enea(k)*

minute   *minutu*

mischievous   *gaizto*

Miss   *andereñoa*

mistake   *huts*

modern   *moderno*

moment   *momentu, une*

Monday   *astelehen(a)*

money   *diru, sos*

month   *hilabete, hil*

moon   *ilargi*

more   *gehiago, haboro*

more and more   *gero eta gehiago, gero eta . . . -ago*

more or less   *gut(x)i gora behera*

morning   *goiz;*
   —good morning: *egun on*

most   *gehien*

mother   *ama, amatxo*

mountain   *mendi*

mouth   *aho*

move   *ibili, mugitu, aldatu*

movie   *filme*

movie theater   *zine*

Mr.   *jaun(a)*

Mrs.   *andre(a)*

much   *asko, anitz;*
   —so much: *hainbeste, hainbat*

music   *musika*

must   *behar izan*

my   *nere, neure, nire, ene*

myself   *neu, neroni, nihaur; nere burua*

name   *izen*

narrow   *estu*

nation   *nazio, aberri*

national   *nazional*

nationalist   *abertzale*

nationality   *nazionalitate*

naughty   *gaizto*

Navarre   *Nafarroa*

Navarrese   *nafar, nafartar*

near   *hurbil, gertu*

necessarily   *nahitaez*

necessary   *beharrezko, nahitaezko*

need   *behar izan*

neighborhood   *auzo*

neither   *ez, ez eta, ezta; ez bata (eta) ez bestea*

never   *inoiz ez, sekula ez*

never mind   *lasai, berdin da, ez dio axola*

new   *berri*

news   *berri(ak)*

newspaper   *egunkari*

next   *hurrengo, datorren*

next day   *biharamun*

next to   *ondoan, alboan*

nice   *atsegin, sinpatiko, jator*

night   *gau*

nine   *bederatzi*

ninety   *laurogeitahamar*

no   *ez*

no one   *inor ez*

no way!   *kia! inola ere ez!*

nobody   *inor ez*

noise   *zarata*

none   *bat ere ez*

noon   *eguerdi*

nor   *ez, ez eta, ezta; ere, ere ez*

normal   *normal*

north   *iparralde, ipar*

North America   *Ipar Amerika*

nose   *sudur*

not   *ez; ezetz*

nothing   *ezer ez, deus ez*

nothing else   *besterik ez*

novel   *elaberri, nobela*

November   *azaro(a)*

now   *orain;*
   —just now, right now: *oraintxe*

nowadays   *gaur egun*

nowhere   *inon ez*

number   *numero, zenbaki*

obscure   *ilun*

obtain   *lortu, eskuratu*

occupation   *lanbide*

ocean   *itsaso*

October   *urri(a)*

odd   *arraro*

of course   *jakina, noski*

office   *bulego*

official   *ofizial*

often   *askotan, maiz*

oil   *olio*

okay! *ongi! ondo! untsa! bale! kon-
  forme!*
old *zahar*
Old Town *Alde Zaharra*
omelet *tortila*
on *gainean*
on top (of) *gainean*
once *behin*
one *bat*
one each *bana*
onion *tipula*
only *bakar; bakarrik, besterik ez*
onward *aurrera*
open *ireki, zabaldu*
opinion *eritzi*
opportunity *aukera*
optimist *optimista*
optimistic *optimista*
or *edo, ala*
or else *(edo) bestela*
orange *laranja*
order *eskatu; agindu*
organization *erakunde*
organize *eratu, antolatu*
orphan *umezurtz*
other *beste;*
  —the other day: *lehengo egunean;*
  —on the other hand: *bestalde, berriz*
otherwise *bestela*
ought:
  —I ought: *behar(ko) nuke*
our *gure*
ours *gurea, gureak*
ourselves *geu, geroni, guhaur; gure
  buruak*
out *kanpora*
outside *kanpoan*
over *gainean; bukatu*
over there *han, hantxe*
owe *zor izan*
owing to *esker*
owner *jabe, nagusi*
package *pakete*
packet *pakete*
page *orrialde*
pain *min*
paint *pintatu; pintura*
pair *pare*
Pamplona *Iruñea*

paper *paper*
pardon *barkatu*
pardon? *nola?*
parents *gurasoak, aita (eta) amak,
  aitamak*
park *parke; aparkatu*
part *zati, parte, alde;*
  —take part: *parte hartu*
part of town *auzo*
participate *parte hartu*
pass *pasa*
passport *pasaporte*
path *bide*
patxaran *patxaran*
pay *ordaindu, pagatu*
peace *bake*
peaceful *lasai, baketsu*
pelota *pelota (pilota)*
pelota player *pelotari*
pen *boligrafo*
pencil *lapitz*
people *jende; herri*
percent *ehuneko*
percentage *portzentaia*
perhaps *beharbada, agian, menturaz,
  baliteke*
period *aldi, garai*
permission *baimen*
person *pertsona*
peseta *pezeta (pezta)*
pessimist *pesimista*
pessimistic *pesimista*
pharmacy *farmazia, botika*
philology *filologia*
phone *telefono; deitu (telefonoz), tele-
  fonatu*
photograph *argazki, foto*
physician *mediku*
pick up *jaso*
picture *koadro*
piece *zati*
pier *kai*
pig *zerri (txerri)*
pill *pastila*
pity *pena*
place *leku, toki*
plane *abioi, hegazkin*
plant *landare*
plate *plater*

play *jolastu, jokatu; jo*
plaza *plaza*
pleasant *atsegin, sinpatiko*
please *mesedez, plazer baduzu*
pleased:
   —be pleased: *poztu*
pleased to meet you *pozten naiz*
plenty *nahiko, frango*
pocket *poltsiko*
police *polizia*
policeman *polizia*
poor *pobre; gaiso*
population *populazio*
possible *posible*
post office *postetxe*
postcard *postal*
poster *kartel*
potato *patata, lusagar*
pound *libra*
pour *bota*
power *indar*
practice *praktika*
prefer *nahiago izan, gurago izan*
prepare *prestatu*
prescription *errezeta*
present *oraingo; opari*
president *presidente, lehendakari*
pretty *polit*
previous *lehengo*
price *prezio*
priest *apaiz*
principal *nagusi*
prison *gartzela*
prisoner *preso*
private *pribatu*
prize *sari*
probably *segur aski*
problem *problema, arazo*
professor *irakasle*
prohibit *debekatu*
project *proiektu*
promise *hitz eman*
properly *ongi*
protect *zaindu*
protest *protesta; protestatu*
prove *frogatu*
province *probintzia, herrialde*
provincial government *diputazio*
public *publiko*

put *ipini, jarri, ezarri*
put away *gorde*
put in *sartu*
put on *jarri, jantzi*
put out *itzali*
Pyrenee(s) *Pirineo(ak)*
quarter *laurden*
queen *erregina*
question *galdera, galde, itaun; arazo*
quick *azkar, arin*
quickly *azkar, arin, fite*
quiet *isilik;*
   —be quiet, become quiet: *isildu*
quite *aski, nahiko, samar;*
   —quite a lot: *aski, nahiko*
radio *irrati*
rain *euri; euri egin*
rather *aski, nahiko, samar;*
   —I'd rather: *nahiago nuke, gurago nuke*
reach *iritsi*
read *irakurri*
ready *prest, gertu*
real *egiazko, benetako*
realize *konturatu*
really *benetan, egiazki*
reason *arrazoi;*
   —for that reason: *horregatik*
recognize *ezagutu*
red *gorri;*
   —red wine: *ardo beltz, ardo gorri*
region *eskualde, herrialde, lurralde*
religion *erlijio*
remain *gelditu, geratu*
remember *gogoratu, oroitu*
remove *kendu*
rent *alkilatu*
repair *konpondu*
reply *erantzun, arrapostu*
repression *errepresio*
restaurant *jatetxe*
result *ondorio, emaitza*
return *itzuli, bihurtu, bueltatu*
revolution *iraultza*
rich *aberats*
right *zuzen;*
   —you're right: *arrazoia duzu;*
   —right! that's right!: *horixe!*
right (not left) *eskuin, eskubi, eskuma*

right (noun) *eskubide*
right now *oraintxe*
right there (*hor/han*) *bertan*
rise *igo* (*igon, igan*)
river *ibai*
road *karretera, bide*
rob *lapurtu*
rock *harri, haitz*
room *gela; leku, toki*
rosé wine *ardo gorri*
rough *latz*
round *borobil*
rugby *rugby*
rule *mende*
run *korrika joan, korrika etorri, korrika egin*
run away *ihes egin*
sacred *sakratu*
sad *triste*
salad *entsalada*
salt *gatz*
same *berdin, ber*
Saturday *larunbat(a), egubakoitz(a)*
say *esan, erran*
school *eskola*
science *zientzia*
sea *itsaso*
sea bream *bixigu*
seaport *itsasportu*
second *bigarren*
secretary *idazkari*
see *ikusi*
see you *ikusi arte*
see you later *gero arte*
seem *iruditu, irudi*
sell *saldu*
seller *saltzaile*
send *bidali*
senior citizen *adineko*
sentence *perpaus, esaldi*
September *irail(a)*
serious *benetako, serio, larri*
seriously *benetan, seriotan*
servant *morroi, neskame*
service *zerbitzu*
set free *askatu*
set out *abiatu*
seven *zazpi*
seventy *hirurogeitahamar*

several *zenbait*
shame *lotsa, ahalge; pena*
shameful *lotsagarri*
sharp *zorrotz*
she *hura, bera*
sheep *ardi*
sheepherder *artzain*
sheet *maindire*
sheet of paper *orri*
shepherd *artzain*
ship *txalupa, untzi, itsasuntzi*
shirt *alkondara*
shit *kaka*
shit! *kaka (zaharra)!*
shoe *zapata*
shop *denda, magazina*
short *motz, labur*
shout *oihu egin*
show *erakutsi*
shower *dutxa*
shut *hetsi* (*itxi*)
shy *lotsati;*
   —be shy: *lotsa izan, ahalge izan*
sick *gaiso, gaisorik*
side *alde*
silent *isilik;*
   —be silent, become silent: *isildu*
silver *zilar*
similar *berdin, berdintsu*
since *gero, geroztik; eta*
sing *kantatu*
singer *kantari*
sir *jaun(a)*
sister *ahizpa, arreba*
sit *eseri, jarri, ezarri*
situation *egoera*
six *sei*
six hundred *seirehun*
sixty *hirurogei*
skin *larru*
skirt *gona*
sky *zeru*
sleep *lo egin*
slope *aldapa*
slowly *poliki*
small *txiki, tipi* (*ttipi*)
smart *azkar*
smell *usain*
smoke *ke; erre*

snow *elur*
so *beraz; hain; baietz; hori*
so many *hainbeste, hainbat*
so much *hainbeste, hainbat*
soap *xaboi*
soccer *futbol*
soldier *soldadu*
solidarity *elkartasun*
solve *konpondu*
some *batzu, zenbait; pixka bat, apur bat*
somebody *norbait*
somehow *nolabait*
someone *norbait*
something *zerbait, zer edo zer (zeozer)*
sometime *noizbait*
sometimes *batzutan*
somewhere *nonbait*
son *seme*
song *kanta, abesti*
soon *laster, sarri, fite*
sorrow *pena*
sorry:
   —I'm sorry! *barkatu!*
Soule *Zuberoa*
sound *soinu*
soup *zopa, salda*
south *hegoalde, hego*
South America *Hego Amerika*
sow *josi*
Spain *Espainia, Estatu Espainola*
Spanish *espainol; erdara*
speak *hitz egin, berba egin, mintzatu*
special *berezi*
spell *idatzi*
spend *gastatu, xahutu; pasa, eman*
spoon *goilare*
sport *kirol*
spread *zabaldu*
spring *udaberri*
stairs *eskailera(k)*
stamp *seilu*
stand up *altxatu*
star *izar*
start *hasi*
start (a car) *arrankatu*
start out *abiatu*
state (political entity) *estatu*

station *geltoki*
stay *gelditu, geratu*
steak *xerra; txuleta*
steal *lapurtu*
stick *makila*
still *oraindik, oraino, ondiño; geldi(rik)*
stomach *tripa*
stone *harri*
stop *gelditu, geratu*
store *denda, magazina*
storm *ekaitz*
story *ipuin*
straight *zuzen*
straightaway *berehala, sarri*
strange *arraro*
stream *erreka*
street *kale, karrika*
strength *indar*
strike *jo*
string *soka*
strong *azkar, sendo*
struggle *borroka*
student *ikasle*
study *ikasi, estudiatu*
stupid *tonto*
subject *gai*
such *halako*
suddenly *bat-batean*
sugar *azukre*
suit *komeni izan*
suitable *egoki*
summer *uda (udara)*
sun *eguzki*
Sunday *igande(a), domeka*
supper *afari;*
   —have supper: *afaldu*
sure *seguru (segur)*
surprise *sorpresa; harritu*
surprising *harrigarri*
sweet *gozo*
symbol *sinbolo*
system *sistema*
table *mahai*
take *hartu, kendu; eraman, eroan*
take away *kendu*
take off *kendu*
take out *atera*
take part *parte hartu*

tale   *ipuin*

talk   *hitz egin, berba egin, mintzatu, elekatu*

talking   *hizketan, berbetan, eleka*

tall   *altu, luze*

tasty   *goxo*

taxi   *taxi*

tea   *te, dute*

teach   *irakatsi*

teacher   *irakasle*

telephone   *telefono; deitu (telefonoz), telefonatu*

television   *telebista*

tell   *esan, erran, kontatu, jakin arazi*

ten   *hamar*

terrible   *ikaragarri*

test   *azterketa, froga; frogatu*

than   *baino*

thank   *eskerrak eman, eskertu*

thank you   *eskerrik asko, esker anitz, mila esker, milesker*

thanks to   *esker*

that   *hori, hura*

that's all   *kito*

that's right   *horixe!*

that's why   *horregatik*

theater   *teatro*

their   *haien, beren, euren*

theirs   *haiena(k), berena(k), eurena(k)*

them   *haiek, berak, eurak*

then   *orduan; gero; ba, bada*

there   *hor, han*

therefore   *beraz, horregatik*

these   *hauek*

they   *haiek, berak, eurak*

thick   *lodi*

thief   *lapur*

thin   *mehe*

thing   *gauza*

think   *pentsatu; uste izan*

thirsty:
   —I'm thirsty: *egarri naiz*

thirty   *hogeitahamar*

this   *hau, hauxe*

those   *horiek, haiek*

thousand   *mila*

thousands   *milaka*

three   *hiru*

three each   *hiruna*

three hundred   *hirurehun*

through   *zehar, barna, gaindi*

throughout   *zehar*

throw   *bota*

Thursday   *ostegun(a)*

ticket   *txartel, sarrera*

tight   *estu*

time   *denbora; garai, ordu, tenore; aldi; asti*

times   *aldiz, bider*

tired   *nekatu, akitu*

tobacco   *tabako*

today   *gaur, egun*

together   *elkarrekin*

toilet   *komun*

tomato   *tomate*

tomorrow   *bihar;*
   —the day after tomorrow: *etzi*

tongue   *mingain, mihi*

tonight   *gaur gauean*

too   *ere (be), gainera; -egi, sobera, lar*

too many   *gehiegi, sobera, larregi*

too much   *gehiegi, sobera, larregi*

tool   *tresna*

tooth   *hortz, hagin*

totally   *guztiz*

touch   *kutsu*

tourism   *turismo*

tourist   *turista*

tourist industry   *turismo*

town   *herri, hiri;*
   —in town: *herrian*

town hall   *udaletxe*

trace   *arrasto; kutsu*

traffic light   *semaforo*

train   *tren*

translate   *itzuli*

tree   *arbola, zuhaitz*

tremendous   *ikaragarri*

trousers   *fraka(k), galtza(k)*

true   *egiazko*

truly   *egiazki*

truth   *egia*

try   *saiatu; frogatu*

Tuesday   *astearte(a), martitzen(a)*

turn around   *buelta eman*

turn into   *bihurtu*

turn on   *piztu*
twelve   *hamabi*
twenty   *hogei*
two   *bi*
two each   *bina*
two hundred   *berrehun*
ugly   *itsusi*
unable   *ezin*
uncle   *osaba, otto*
under   *azpian*
understand   *ulertu, aditu, konprenitu*
unfortunately   *zoritxarrez, zorigaitzez*
unite   *elkartu*
United States   *Estatu Batuak*
unity   *batasun, elkartasun*
university   *unibertsitate*
unless   *ezik*
until   *arte, artio*
up   *gora, goiti*
upstairs   *goian, gora*
us   *gu*
use   *erabili, baliatu*
useless   *alfer*
uselessly   *alferrik*
usually   *gehienetan; ohi*
valley   *haran*
value   *balio*
vegetable garden   *baratze, ortu*
verb   *aditz*
verse   *bertso*
verse singer   *bertsolari*
very   *oso, biziki, izugarri*
village   *herri*
Vizcaya   *Bizkaia*
wait   *itxaron, egon, zain egon*
waiting   *zain, beha*
wake up   *esnatu*
walk   *ibili; oinez joan, oinez etorri,*
    oinez ibili;
    —go for a walk: *buelta bat eman,*
    paseiatu
wall   *pareta, orma*
want   *nahi izan, gura izan*
war   *gerra*
warm   *epel*
watch   *ikusi; erloju*
watch out   *kontuz, kasu*
water   *ur;*
    —bottled water: *ur mineral*

way   *bide; era;*
    —that way: *hala, horrela, hola;*
    —in any way: *inola;*
    —a long way: *urrun, urruti*
we   *gu*
we ourselves   *gu geu, geroni, guhaur*
weak   *ahul, makal*
weapon   *arma*
wear   *jantzi, eraman*
weather   *eguraldi*
wedding   *ezkontza*
Wednesday   *asteazken(a), eguasten(a)*
week   *aste*
weekend   *asteburu, astebukaera*
weird   *arraro*
welcome   *ongi etorri;*
    —You're welcome: *Ez horregatik! Ez*
    da zergatik! Ez da zeren!
well   *ongi, ondo, untsa; ba, bada;*
    bueno, beno, bon;
    —as well (as): *gainera*
well then   *bueno, beno, bon*
well-known   *ezagun*
west   *mendebalde*
wet   *busti*
wharf   *kai*
what   *zer (ze)*
what?   *nola? zer?*
what (a) . . . !   *hau . . . !*
what kind (of)   *nolako*
what's up?   *zer dugu?*
when   *noiz*
where   *non*
which   *zein*
while   *bitartean*
white   *zuri (txuri)*
white coffee   *kafesne* (with a lot of
    milk); *ebaki* (with a drop of milk)
who   *nor, zein*
whole   *oso*
whose   *noren*
why   *zergatik, zertako, zendako*
wide   *zabal*
widen   *zabaldu*
wife   *emazte*
win   *irabazi*
wind   *haize*
window   *leiho, bentana*
wine   *ardo (ardao, arno)*

winter   *negu*
wish   *gogo*
witch   *sorgin*
without   *gabe, barik*
woman   *emakume, emazte*
wood   *baso, oihan; egur*
word   *hitz, berba*
work   *lan, behar; lan egin, behar egin*
worker   *langile*
working   *lanean, beharrean*
workshop   *lantegi, tailer*
world   *mundu*
worry   *kezkatu;*
   —don't worry: *lasai, egon lasai*
worse   *okerrago*
worst   *okerren*
worth:
   —be worth: *balio izan; merezi izan*
worth seeing   *ikusgarri*
worthwhile:
   —be worthwhile: *merezi izan*
write   *idatzi, izkiriatu*

writer   *idazle*
wrong   *gaizki, oker*
year   *urte;*
   —this year: *aurten;*
   —last year: *iaz*
yellow   *hori*
yes   *bai*
yesterday   *atzo;*
   —the day before yesterday: *herene-gun*
yet   *oraindik, oraino, ondiño*
you   *zu, hi, xu; zuek*
you yourself   *zu zeu, zerorri, zuhaur*
young   *gazte*
young lady   *andereño*
young person   *gazte*
your   *zure, hire; zuen*
yours   *zurea(k), hirea(k); zuena(k)*
yourself   *zeu, zerorri, zuhaur, heu*
yourselves   *zeuek, zerorrek, zuhaurek*
zero   *zero, huts*

INDEXES

The purpose of this index is to help the user of the book locate information about grammar and other not strictly lexical matters. There are three lists: Concepts (grammatical and other); Basque Suffixes and Prefixes; and English Words and Suffixes. Note that there is no list of Basque words, for which the reader must refer to the preceding Basque-English vocabulary. References preceded by an R are to paragraphs of the reference section; plain numbers refer to the study units.

CONCEPTS

ability, R107

ablative, R50, R53, R56, R58; 7

absolutive, R20, R41, R55, R57–58, R175

abstract nouns, R185

accent, R5

adjectivals, R27–28, R44, R51, R172; 3, 9

adjectives—attributive, R25; 3

adjectives—predicate, R24, R30; 2, 6

adverbial participle, R146; 19

adverbs, R27, R29, R198–199; 16

adverbs of manner: *see* manner adverbs

adverbs of place: *see* place adverbs

affirmative sentences, R6, R11

affricate consonants, R3

age, 5, 11

agent, R42, R147

agent nouns, R189

agreement, 8

ailments, 20

allative, R43, R49, R53, R55, R58; 7

allocutive, R180–181

alphabet, R1

animate noun phrases, R36, R48–51, R58

animate possessor, R51

annoyance, 17

approval, 8

article—omission of, R20, R24

articles, R12, R15–18, R20–21, R24–26, R30, R33, R41; 1, 2, 3

asking for repetition, 8

assimilation, R5

attention—attracting, 4, 8

auxiliary agreement, R110; 12, 15, 19, 20, 21, 23, 24

auxiliary verbs, R71–96; 2, 5

auxiliary—omission of, R106, R145; 18

benefactive, R45; 13, 32

born—saying where one was, 11

case endings (synopsis), R36, R38

case endings—placement and forms of, R37

causative verbs, R200

circumstance clauses, R127–128; 30

comitative, R46; 12

command, R106; 17

comparative, R32, 27

comparative—modification of, R31

comparison of adjectives and adverbs, R31–35

comparison of equality, R34; 32

complement of copulative verbs, R41

compound tenses, R94–111

compound verbs, R121–122, R183

concession, R162; 31

condition, R104–105, R130, R159; 22, 24, 28

conditional, R72, R77–78, R85–86; 28, 29; *see also* first conditional, second conditional

conjecture, R99, R102; 19, 30

conjunctions, R126, R145, R151–R165; 6, 18

consonants, R2–3

continuous, R113–114; 9, 15

dates, R202; 6, 12, 25

dative, R43, R49, R56, R110–111; 13, 22, 24

dativization, R111

days of the week, R202; 7

degree modifiers, R31

demonstratives, R12, R22–23, R40; 1, 2

derivation, R185–200

BASQUE SUFFIXES AND PREFIXES

ENGLISH WORDS AND SUFFIXES